谨以此书纪念潘序伦

先生诞辰 130 周年

• 潘序伦研究文丛 •

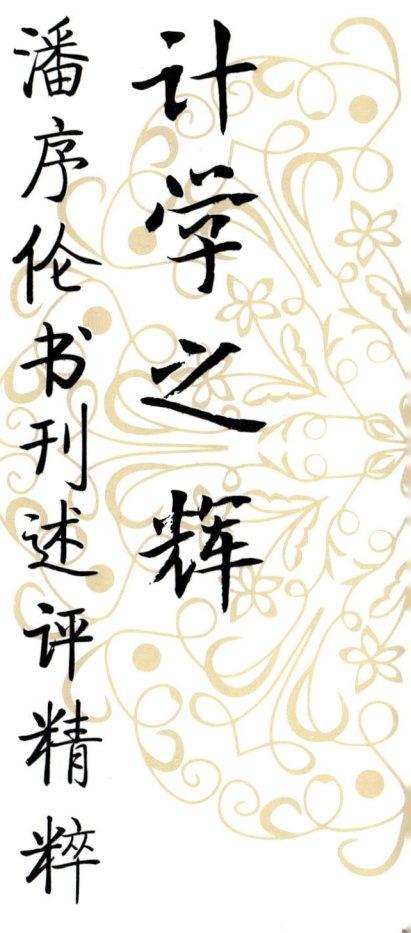

计学之辉
潘序伦书刊述评精粹

《计学之辉——潘序伦书刊述评精粹》编委会 编

立信会计出版社

图书在版编目 (CIP) 数据

计学之辉：潘序伦书刊述评精粹 /《计学之辉——潘序伦书刊述评精粹》编委会编 . —上海：立信会计出版社，2023.7
（潘序伦研究文丛）
ISBN 978-7-5429-7048-0

Ⅰ.①计… Ⅱ.①计… Ⅲ.①潘序伦（1893-1985）—会计学—文集 Ⅳ.① F230-53

中国版本图书馆 CIP 数据核字（2022）第 153552 号

策划编辑　　彭秋龙
责任编辑　　彭秋龙
封面设计　　吴博闻

计学之辉：潘序伦书刊述评精粹
JIXUE ZHI HUI: PAN XULUN SHUKAN SHUPING JINGCUI

出版发行	立信会计出版社		
地　　址	上海市中山西路 2230 号	邮政编码	200235
电　　话	（021）64411389	传　真	（021）64411325
网　　址	www.lixinaph.com	电子邮箱	lixinaph2019@126.com
网上书店	http://lixin.jd.com		http://lxkjcbs.tmall.com
经　　销	各地新华书店		
印　　刷	常熟市人民印刷有限公司		
开　　本	710 毫米 ×960 毫米	1/16	
印　　张	39	插　页	8
字　　数	460 千字		
版　　次	2023 年 7 月第 1 版		
印　　次	2023 年 7 月第 1 次		
书　　号	ISBN 978-7-5429-7048-0/F		
定　　价	188.00 元		

如有印订差错，请与本社联系调换

聰明密微

蔡元培題

執兩用中

蔣夢麟

學優萊孔

馬寅初

竭誠委史　獎進宏业　惟会计書
功用乃彰　立信翻業　協助工商
歷时五秩　譽滿八方　前途发展
日進无疆

　　立信会计师事務所成立五週紀念
　　　任鴻雋敬祝

正鼎衡平

立信會計師事務所五周紀念

史量才敬題

周禮設司會載師二官會計之制度也以九賦斂財賄以九式節財用會計之法度也

立信會計師事務所五週紀念 監察院贈

于右任

珍贵的会计史料　经典的学术文献
——《计学之辉——潘序伦书刊述评精粹》序

胡玉明[*]

在近代中国会计的发展历程中，潘序伦先生作为现代会计的奠基人，毕生致力于会计事业，为会计事业的建立与发展作出了不可磨灭的历史贡献。他成功地将会计职业升华为会计事业，建立了会计实业、会计教育、会计出版产学研三位一体的会计事业发展体系，不仅开创了现代中国会计发展的先河，在世界会计发展史上也是空前的典范。他推动中国会计走上了科学化、正规化发展道路，引领了中国会计的发展方向，促进了中国会计的发展进程。他对中国会计事业产生了重大影响，从而奠定了其在中国会计发展中的历史地位，被誉为"中国现代会计之父"。

《计学之辉——潘序伦书刊述评精粹》一书，系统地梳理了潘序伦先生重要的会计论述、主要会计专著、教材序言、评介及会计专业期刊发刊词，集中展示了中国会计理论精华，是研究中国近代会计史与经济史不可或缺的资料，是中国近代会计研究的经典文献，是近代中国会计发展的缩影。其再现了潘序伦先生作为理论家、教育家、实业家的会计情怀与变革创新精神。本书的出版，对当代会计出版具有重要的启示与借鉴作用，具有较高的理论价值与积极的现实意义。

---

[*] 作者系暨南大学教授、博士生导师。

潘序伦先生是现代会计理论研究的引领者

会计理论是运用逻辑形式对会计实践行为的本质及其演变与发展规律,进行研究后所形成的系统、全面的理性认识,是会计实务的原则和标准。会计理论的作用是解释会计现象、评价会计实务、规范会计活动和指导会计实践。

潘序伦先生是现代中国会计理论研究的引领者,他毕生从事会计研究,著述等身,出版教材专著及译著四十余部,发表各种学术论文二百余篇。他创立的会计学说及提出的具有创新性、前瞻性、科学性及实用性的一系列学术观点,对中国会计乃至全球会计发展产生了深远的历史影响,对解释会计现象、指导会计实践、推进会计发展发挥了积极的引领作用。

会计诚信是潘序伦会计理论的核心。他是会计诚信学说的创始人,将传统文化中的诚信涵养融入会计职业,创立了会计诚信文化,既传承了东方传统文化的精髓,又吸收了西方契约文明的内核,奠定了会计诚信的根基,成为会计行业的灵魂,对会计诚信建设具有重大现实意义。

潘序伦先生对诚信有独到的认识与深刻的理解。他指出,"信用是生产要素之一,在社会中其重要且胜于资本,因信用所赋予者无限止,无穷时也,故社会信用制度亟须确立;而社会信用制度之保障,则在经济公开之实施,且必假手于超然之会计师,方能收确实之效果。质言之,会计师为社会信用制度之保障者,如会计师职业有充分之进展与运用,然后社会信用制度方能有切实彻底之保障也"。他认为,"会计师应'诚信'二字最为重要,成功失败之机,实可谓全在于此"。会计师在为其提供服务的过程中,要超然独立,不偏不倚，提供真实、准确的信息，服务于社会，取信于公众。信誉是会计师的生命，是会计师行业的基石。建立信用，取信于社会，争取社会对会计的信任，是会计行业生存发展的首要任务。

他创造性地提出了"信以立志，信以守身，信以处事，信以待人，毋忘立信，当必有成"的会计诚信学说。这一学说不仅具有重要的理论意义，同时还具有极强的现实价值。其所蕴含的深刻内涵与运行的路径，对会计行业诚信建设产生了深远的历史影响。经过长达近百年的岁月沉淀，潘序伦先生的会计诚信学说已经演化为注册会计师行业的基石，也对全球会计诚信建设发挥了启示效应。

假账是经济发展的"毒瘤"，是会计行业长期存在的顽疾，也是全球会计存在的难题，从美国的安然、施乐、世界通讯、安达信等巨型公司到中国的琼民源、康美药业、辅仁药业等，泛滥成灾的财务造假事件，不仅给证券市场造成了巨大的损失，也重挫了投资者的信心，动摇了会计的信用体系。人们在谴责财务造假的同时，将矛头指向担任鉴证责任的注册会计师行业，指责其把关不严，在执业过程中缺失独立性、公正性，逾越职业道德底线甚至触犯法律，不仅没有发挥应有的监督作用，还损害了投资者利益，阻碍了市场经济秩序与资本市场发展，影响了社会经济健康运行。

潘序伦先生对假账问题有清醒的认识与深刻的思考，对假账危害、造假目的、假账原因等进行了全面的阐述。他将假账问题上升到中华文化及民族危机的高度，认为假账与文化有内在的联系，中华民族的固有道德文化是"礼义廉耻"，造假账是违背礼义廉耻，"如果不尽快考虑假账问题，

同时谋得彻底的解决的话,礼义廉耻谈不上,文化之邦也大成问题"。在他看来,造假账不仅危及中华文化,更会加重当时的民族危机。他指出,"假账是社会上一种变态的心理,为人所不信,为社会所不齿",假账"毒害社会、破坏道德、腐蚀文化",是一种欺骗,欺骗债权人,欺骗股东或董事会,欺骗政府,而假账的主要目的是逃避捐税和政府管制。

他从行业、企业、社会、政府角度入手,提出了治理假账的对策,形成了全方位立体系统的治理假账思想。他提出,治理假账首先是会计师不核假账。他言行一致,以身作则,率先垂范,身体力行,当时宣布不做查账工作,不愿同流合污,玷污了自己的神圣任务。其次是工商界不做假账。假账目的是逃避捐税,潘序伦先生认为,多纳税是对国家的应有贡献,工商界应对社会有贡献,才算是成功的商人。再次是发动社会舆论制裁造假。他指出,工商界人士一般会顾全信用,大都不愿意丧失自己的信用。如果公开报道其造假账,将使其丧失信用,这对他威胁最大。因此,发动舆论制裁,可以减少假账。最后是治理假账需要政府加强管制,修订和完善有关制度。

潘序伦先生治理假账思想具有重要的启示:强化注册会计师行业的职业道德建设,充分发挥专业作用,以诚信为本、质量为先,大力提高审计质量和专业化水平。加强企业会计人员职业道德教育和健全公司治理结构,自觉规范执业行为,增强自律性、恪守公正性,提供真实准确的会计信息。充分发挥社会舆论对造假行为的监督作用,遏制会计造假的蔓延。政府要建立完善的制度体系,制定具体的管理举措,采取严厉的处罚手段,从严打击造假行为,推动行业健康发展。

潘序伦先生是中国会计优秀文化的传播者

中华优秀传统文化是中华民族的根和魂,是中华文明的智慧结晶和精华所在,是最深厚的文化软实力,是中华民族的独特优势,积淀着中华民族最深沉的精神追求,代表着中华民族独特的精神标识,是中国特色社会主义植根的文化沃土,是中华民族在世界文化激荡中站稳脚跟的根基。

在中国会计发展史上,中国会计建立的四柱清册、连环账谱、改良中式簿记、增减记账法等,形成了独特的方法体系,演化成为中华文化不可分割的重要组成部分。中国会计文化有着极为丰厚的底蕴,无论是遗留的会计物质文化,还是提出的一系列会计思想精华,以及建立的会计方法体系,都以其完备的制度设计、超卓的思想识见、领先的专业技术、深厚的历史文化积淀而独树一帜,对世界会计文化进步产生了深远影响。

20世纪初,由我国近代学者蔡锡勇编著的《连环账谱》会计专著,借鉴意大利借贷复式簿记的原理,吸收中国传统收付账法的精华,用中国自主的语言文字作为记账规则,建立了适用于中国工商企业的账簿组织系统,是中国具有自身特色的会计方法体系。《连环账谱》为后来中式簿记改良与改革奠定了思想与理论基础,对改良中式簿记产生了直接的影响,为中国会计变革发挥了示范效应,蔡锡勇被誉为"中国的帕乔利"。《连环账谱》是中国人创作的第一部本土化会计著作,是中国近代会计发展史上的重大历史事件。其不仅开创了中国会计专著撰写出版的先河,也改写了中国千年来会计无专著的历史,在中国会计发展史上具有里程碑意义。

潘序伦先生对《连环账谱》给予了高度评价。在《论连环账谱》一文中，潘序伦全面地介绍了《连环账谱》的基本内容、主要方法及账簿体系，系统地阐述了《连环账谱》的科学原理，高度评价了《连环账谱》的作用和意义。他指出，"《连环账谱》一书，实为现代化双式会计之著作，而在我国学术史上，自有其价值极大之贡献与不可湮没之功绩也"。"双式会计之功勋，及其创拟适合中国书写与计算习惯用之双式会计之贡献"，"其行文之简练，在任何同类会计著作中，无有过之者"，"'连环'两字，用以名双式，表现其方法之精奥""技术方面之变化，为会计在方法上之重大进展，亦为会计现代化之划时代的进步"。

潘序伦先生是会计改革的先锋，在积极推行新式簿记，改良会计制度设计等方面，作出了突出的贡献。挖掘与整理优秀的中国会计文化，探寻中国会计文化的渊源和精髓，从源远流长、博大精深的传统文化中汲取营养，实现对优秀会计文化的传承，具有深远的历史意义。

潘序伦先生是会计教育的奠基人

教育是我国经济发展与国家强大的保障，是中华民族伟大复兴的战略工程。作为我国教育重要组成的会计教育，是一切会计工作的基础，所有的会计工作都与会计教育有着密切的联系，从某种程度上说，会计教育决定着会计的一切，会计教育事关会计事业的持续健康发展，会计教育的方向、模式、质量等，对会计行业发展具有重大的影响。

潘序伦先生的会计教育是从主持暨南商科大学部和创建会计系开始的。

1924年秋潘序伦先生回国，次年任暨南商科大学部主任，创办暨南会计学系并亲任系主任。在任职初，潘序伦先生就提出了增设预课、分设学系、增加课程的商科教育改革计划，随即得到当时暨南学校校长姜琦的支持并很快在暨南学校实施，这一思路开阔、富有前瞻性的教学改革在当时国内尚属首创。潘序伦先生不仅是会计改革的先行者，也是会计教学方法的创新者。他主张理论与实务相结合，在暨南商科专设"会计实习"科，实行教学与实习相结合的教学方法，成为当时上海各大学会计学科教学的主要方法。潘序伦先生治学严谨，尽管教务管理工作繁忙，他仍讲授簿记、成本会计、审计学等骨干课程，讲解通晓易懂，深受学生拥戴。1927年潘序伦先生从暨南学校辞职，开启了由他主导推动的系统的中国民间会计教育进程，成为中国会计教育的发展的引领人。

潘序伦先生成立民间会计学校、设立会计师事务所、创办会计刊物、出版会计教材，开创了系统会计教育的先河，推动了中国系统会计教育的形成和发展。一方面，他开展大规模的普通基础会计教育，坚持传统与创新相结合，不断推进教学改革，形成了独具特色的会计办学体系，为国家培养了大批的财会管理人员，吸引了众多的人才投身会计事业，成为我国会计事业的中坚骨干力量，在社会主义现代化建设中发挥了积极作用。另一方面，他掀起了轰轰烈烈的改良与改革中式簿记的世纪大讨论，积极改革和改良中国旧式会计体系，探索建立科学、规范的现代会计体系，对中国会计教育事业的规范发展，起到了重要的推动作用。

编著出版会计专业教材论著，是潘序伦先生发展会计教育的历史功绩。教材作为沟通会计理论与会计实践的桥梁，既是理论承接，又是实践指引，是会计教育的主要工具。潘序伦先生借鉴西方国家先进的会计理论与方法，结合当时我国的实际，着手并组织力量编写出版会计教材及著作。其中既有基础的初级会计簿记教材，也有高级簿记教材；既有营利企业的会计教材，也有非营利的政府及官厅会计教材；既有会计专业教材，也有审计专业教材；既有共性会计通用教材，也有分行业的会计教材；既有会计核算教材，也有成本及材料管理与财务决算分析教材；既有会计专著，也有会计工具书；既有会计教科书，也有会计相关应用书；既有会计实践练习用书，也有会计辅导丛书。除自己编写教科书外，他还翻译西方国家会计名著教材。会计专业教材版本之多、体系之科学、结构之合理、内容之丰富、品种之齐全、质量之可靠，前所未有。这些内容新颖、繁简得当、结构合理、理论与实务并重的教材，不仅满足了当时会计教育的需要，在会计教学中发挥了重要的作用，也奠定了中国会计专业教材的历史地位，形成了当代高校会计专业教材的基本格局，为中国会计教材建设及会计教学，发挥了奠基及引领作用。

潘序伦先生是中国现代会计学科的奠基人，他建立的产学研三位一体的会计发展模式，在中国会计教育发展史上具有划时代的历史意义。他彻底革新了传统会计的理念，改变了中国落后的会计核算方法，将数千年来仅作为记录经济活动及财务收支简单工具的会计，上升为具有核算管理功能的科学方法体系，使会计成为具有独立思想理论和系统方法的社会科学。潘序伦先生开创了系统会计教育的先河，为社会培养了大批会计专业人才，推动了中国会计事业的进步，引领了中国现代会计的繁荣发展，为当代会计教育的发展提供了丰富的实践经验和丰厚的知识积淀，为当代会计发展奠定了坚实的基础，为中国会计发展作出了不可磨灭的历史贡献。

潘序伦先生是会计出版的开拓者

出版行业是我国文化产业的重要组成部分，是国家软实力与核心竞争力的代表。会计专业出版作为出版行业主体，是会计思想与知识的重要载体和传播媒介，在社会发展的历史进程中，承载了会计学人探索会计学科理论结晶，记录了会计学领域探索者的耕耘足迹，是提高会计专业人员知识能力及专业水平，促进会计学科理论和实践发展的有力工具。会计专业出版在会计专业知识与思想的传播过程中，具有不可替代的重要地位；在反映最新会计科研与教学成果、传承中华民族优秀传统会计文化方面功不可没。

潘序伦先生是中国会计出版的先驱。他创建的会计专业出版社，出版了会计教材、专著、译著、工具书、教科书、辅导书、会计相关应用图书等超过百种，印发量达数百万册。这些图书对传播会计研究成果，普及会计专业知识，提高会计专业人员知识能力及专业水平，促进会计学科理论和实践发展，发挥了舆论导向作用，在当代仍有较高的理论价值与实践意义。

他倡导与建立的图书出版编辑方法，对出版工作具有极强的指导性。他指出"著书立说，原非易事，设若草率从事，无妥善合理之编制方法，则系统紊乱，读者仍难免茫无头绪，则虽汗牛充栋，于事何补"。他提出"各书材料必须切实，说理不厌详明，编制注重合理，文笔力求畅达"。他强调"各书所作学理及实务之讨论，无一不参照本国实情，其中尤注意于法律规定及商界习俗""书中对于理论之研讨，实例之说明，其重要者均不

厌其详,列举例题反复申述,使学者阅读以后,即可全部明了,而无扞格不通或一知半解之苦"。他要求"各书之编制,悉经苦心计划,不论巨纲细目,均使枝节相承,其间组织系统,均使可合可分。盖如是始能有条不紊,易于了解也""一书文笔之流利畅达与否,亦颇重要。盖如文字生涩难读,则读者亦每难了解。故编辑书之际,对此标准亦极端注意,一稿之成,必经数度修润,以待全部顺妥而后已"。潘序伦先生提出的这些编辑方针,不仅对保障图书出版质量发挥了指导作用,对现代图书编辑出版也有积极的借鉴意义。

在主导图书编辑出版的同时,潘序伦先生还主持和创办了《会计季刊》《立信会计季刊》《会计学报》《立信月报》《立信校刊》《立信会计月报》《立信月刊》等一系列自成体系、风格独特、兼容并包的会计专业期刊。这些会计期刊始终以会计学术研究为导向,时刻关注不同时期理论研究的重点、难点,刊发了一系列高质量文章,为学术研究指明了方向,发挥了专业刊物应有的学术影响力,是会计学术研究的指南。这些刊物紧扣时代的发展脉搏,具有强烈的时代感与主动参与意识,注重结合时事热点问题,刊发有针对性与建设性的文章,并对热点问题进行回应与解答,为会计实践提供了理论指导。这些刊物具有极强的变革意识与创新精神,刊发了大量改良传统簿记和推广新式会计的文章,为推动传统簿记向新式会计转变,发挥了舆论导向作用。这些刊物密切关注西方会计前沿发展动态与趋势,及时介绍了西方最新译著与会计理念,促进了中外会计学术的交流。潘序伦先生的办刊策略,不仅奠定了立信刊物在当时中国会计界的影响力,也对现代会计专业期刊出版具有积极的启迪效应与指导意义。

中华优秀传统文化是中华民族的精神命脉。面向未来,更需要我们深入挖掘和阐发中华优秀传统文化,汲取中华优秀传统文化中的营养和智慧,在创造性转化和创新性发展中展现中华优秀传统文化的独特魅力。在中国会计文化杰出代表的思想家、教育家潘序伦先生那里,有太多需要传承与弘扬的内容,值得学界充分挖掘、认真学习、有效利用。对此,《计学之辉——潘序伦书刊述评精粹》一书进行了有益的探索。是为序。

编者序

2023年是全面贯彻落实党的二十大精神的开局之年，是我国开启全面建设社会主义现代化国家新征程的起步之年。回首过去，中华民族经受住了无数次的历史考验。在一次次的民族危机中，一代又一代的学人砥砺前行，用行动诠释责任与担当，用人格书写人生与理想。展望未来，我们要坚定"四个自信"，为实现中华民族伟大复兴中国梦而不懈努力。

文化自信来源于中华民族五千多年历史所孕育的中华优秀传统文化。许多思想家、文学家、教育家、出版家、经济学家和会计学家遗留的丰富文献具有很高的历史文化价值。这些文献的整理与出版，对于加强文化内涵建设、深化学术研究、完善学科理论体系等方面具有重要作用。

会计文化是中华优秀传统文化的重要组成部分，"导源甚古"。近代以来，随着商业经济的发展与西学东渐的盛行，我国开始涌现了第一批会计学家，如潘序伦、谢霖、徐永祚、杨汝梅等。他们大都以会计为职业，致力于会计实务探索、会计知识传播和会计学术研究。近代中国会计文化由此繁荣，并被视为中国现代会计文化的肇基。"三位一体"立信会计事业的创办者潘序伦因其众多贡献而被誉为"中国现代会计之父"。在会计界，潘序伦又被誉为"计学光辉"。狭义的"计学"[①]是指会计和审计两门学科，"光辉"意为明亮

[①] 张连起在《计学撮要·前言》中指出，之所以选取《计学撮要》这一书名，是因为"计学"一词，一是能囊括会计审计两门学科，简约而高效；二是能接续20世纪30年代短暂而恒久的会计文化传统。当是时也，潘序伦先生被誉为"计学光辉"，而另一位大家杨汝梅先生也主张狭义的计学乃会计审计之学。

夺目的光芒。这也是本书书名之由来。

人们不禁产生疑问，何种原因让潘序伦在会计界拥有如此高的声誉？潘序伦在实践中形成了哪些思想，其内涵分别是什么？潘序伦在各个时期的心路历程又是如何？潘序伦的计学之路对于当代社会有何启示与作用？这些问题的答案都可在本书中寻得。

本书系根据潘序伦发表的论述整理而成，以论文为主，辅以书刊序言等。近代时局动荡，文献保存有限，且或破损严重，或模糊不清，文献的整理颇费心力。因感于潘序伦的独特人格与家国情怀，故编者每于闲暇之余加以整理，未尝中辍。仰赖各方支持，今始得以付梓。

2023年是潘序伦先生诞辰130周年，也是立信会计出版社成立82周年。"随文化学术之推进而臻于发扬光大，此本社之初志，亟愿国内会计学者、同业先进，有以辅助而砥砺之，则甚幸"。潘序伦的初志，也是当代立信人前进的方向。让我们在"诚信、奋斗、创新"的新时代立信精神的感召下，与会计界同仁携手共进！

《计学之辉——潘序伦书刊述评精粹》编委会

彭秋龙

2023年7月14日

出版说明

1. 本书将原文献中的繁体竖排或繁体横排改成简体横排。

2. 为尽量保持原文风格面貌且兼顾现代阅读习惯，本书仅对异形字和错字进行了修正，对于原文中专名（人名、地名、书名等）及其译名皆一仍其旧，其中或有与现今通行者有较大区别而可能导致阅读障碍的，由编者加注进行说明。

3. 由于当时特殊的历史背景，文中部分观点可能存在局限性。此外，个人的思想历程与多方面因素有关，读者须予以体会与思考。

4. 本书对原文中标点符号进行调整，力求符合当前规范。

5. 本书除了对少量合著作品的著者姓名予以列示，其他由潘序伦单独撰写的文章均不再列示著者姓名。

6. 本书以□来标示难以识别的文字。

7. 第一篇中被转载的部分论文因报刊来源不同而略有差异。

8. 为符合当时实际需要，"立信会计丛书"修订、再版情况普遍，而图书修订版序言只选择其中一个版本，故部分序言未予纳入。此外，潘序伦为会计界同仁作序不少，第三篇图书序言部分以立信会计图书用品社出版的图书为重点。

9. 所引文章中的纪年，1949年10月1日前的民国纪年予以保留，并在括号内标注其对应的公历纪年，1949年10月1日后均采用公历纪年。

10. 原文中1949年10月1日前对于中国共产党和国民党当局政治机构及职务的称呼均予保留。

11. 本书对部分文章内容进行了节选。

12. 2008年由立信会计出版社出版的《潘序伦文集》，可与本书形成相互补充的关系。

13. 本书部分文章采用"建国"等表述，为尊重原著，均予保留。

目录

第一篇　潘序伦重要撰述及贡献

会计诚信文化的首倡者

01 会计师职业与信用制度之关系 /4

02 会计师秘诀 /6

03 会计从业员应有的修养 /11

04 怎样做一个会计师 /13

会计学术研究的开拓者

01 会计名辞之研究 /16

02 对于改良中式簿记之批评 /20

03 中国会计学社概况：本社对于国家社会应尽之责任 /26

04 和解及破产会计概要（节选）/28

05 清算及和解破产会计原理之研究 /34

06 我国会计学术与会计职业之回顾与前瞻 /55

07 常用会计名词之改正及其说明 /65

08 国立编译馆拟定经济学名词初审本中与会计有关各名词之讨论 /76

09 政府会计之组织及其种类 /99

10 我国工商会计应有之改革 /108

11 会计学之新趋势 /113

会计相关法律法规建设的推动者

01 有限公司会计公开问题 /118

02 潘序伦对工商会议之提案 /123

03 潘序伦李文杰等呈请修改《破产法》/125

04 修正公司条例草案（节选）/128

05 潘序伦请修正商号注册收费意见 /148

06 对于我国新颁所得税法规之意见 /151

07 致财政部所得税事务处函（一）
——陈述对于第一类营利事业所得税征收 /160

08 致财政部所得税事务处函（二）
——对于征收须知草案续陈应行补充改正各点 /170

09 搞活经济和会计立法 /178

会计职业发展的引领者

  01 会计师查账之应用 /182

  02 中国之会计师职业 /186

  03 会计职业之准备 /193

  04 我国会计师职业及其对于发展工商业之任务 /197

  05 中国会计师业的过去与今后

    ——中国会计师职业概况 /201

  06 会计之效用 /220

  07 会计职业指导 /225

  08 我国会计职业及会计学之进展 /229

  09 会计人才之出路 /233

  10 我国新兴的会计职业 /236

会计教育研究与实践的奠基者

  01 近来中国之高等商业教育 /246

  02 改进暨南学校商科大学旧制高中计划书 /249

  03 求学与任职合而为一 /267

  04 从职业补习教育说到本校 /269

  05 怎样研究会计学?(一) /275

  06 怎样研究会计学?(二) /282

  07 会计学修习法 /286

08 大学商学院及农法学院"会计学"教材纲要草案 /293

09 我怎样会学成"会计"的 /304

会计"知行合一"理念的实践者

01 非常时期之会计问题 /314

02 股份有限公司盈余转作股本问题之研究 /325

03 股份有限公司增减资本问题（节选）/331

04 股份有限公司股利及分红之分派 /348

05 政策决算的利弊 /375

06 币值变动声中几个困难的会计问题（节选）/382

07 假账问题 /387

坚守家国情怀的爱国者

01 义勇军赋怀 /402

02 王志莘潘序伦发起募集思源助学基金宣言 /403

03 为苏属数十万难民请命 /405

04 当今会计人员对于国家社会应尽之职责 /407

第二篇　潘序伦书介与书评

书介

01 编辑立信会计丛书之经过与现状 /414

02 二年来之立信会计丛书 /429

03 遗产税著述介绍 /433

04 编纂立信会计丛书之动机与经过 /435

书评

01 为讨论"改良中式簿记"致徐永祚君书 /440

02 论连环账谱 /451

03 史学园地里的一朵新葩

——读《中国会计史稿》(上册)后 /460

第三篇　潘序伦书刊序言

图书序言

01《簿记及会计学》序 /466

02《公司会计》序 /467

03《高级商业簿记教科书》编者序言 /469

04《政府会计》引言 /473

05《会计名辞汇译》序言 /475

06《会计学》序言 /480

07《成本会计教科书》序 /485

08《会计学教科书》序 /486

09 《银行会计》序 /489

10 《交通会计》序 /490

11 《各业会计制度（第一集）》序 /492

12 《高级会计学》序 /494

13 《"改良中式簿记"之讨论》序 /495

14 《初级商业簿记教科书》序 /497

15 《实用官厅会计》序 /498

16 《各业会计制度（第二集）》序言 /499

17 《铁道会计》序 /500

18 《无形资产论》序 /501

19 《陀氏成本会计》序 /502

20 《电业会计》序 /503

21 《劳氏成本会计》序言 /504

22 《股份有限公司会计》(原名《公司会计》)序 /505

23 《决算表之分析及解释》(潘志甲版)序言 /508

24 《决算表之分析》序 /509

25 立信会计教科书序 /510

26 《实用政府会计》序 /512

27 《商业常识》序 /513

28《商业应用文作法》序 /514

29《公有营业会计》序 /515

30《政府会计人员手册》序 /516

31《工业会计》序 /518

32《商业概论》序 /519

33《成本会计制度设计方法》序 /520

34《调查统计》序 /521

35《材料管理与会计》序 /522

36《商业算术》序 /523

37《会计准则》译者序言 /524

38 "立信会计译丛"总序 /527

39《合并决算表》译者引言 /529

40《决算表之分析及解释》(潘序伦版)译者引言 /532

41《基本会计学》序 /533

42《初级成本会计》序言 /535

43《高级商务簿记教程》序言 /536

44《简易商业簿记教程》序 /542

发刊词与复刊词

01《经济汇报》弁言 /544

02 《会计学杂志》发刊词 /545

03 《会计学报》会计师潘序伦先生序 /547

04 《立信会计季刊》第二卷第一期弁言 /548

05 《会计学报》序 /549

06 《立信月报》发刊辞 /551

07 工商业决算问题专号序言 /553

08 《立信会计专科学校卅年级级刊》序 /554

09 《立信会计月报》发刊词 /555

10 《立信会计专校第一届毕业纪念刊》校长序 /557

11 《立信会计专科学校复校第一届毕业纪念刊》校长序 /558

12 《立信会计专科学校职业训练班毕业纪念刊》校长序 /560

13 《立信会计专科学校复校后第三届毕业纪念刊》校长序 /562

14 《上海立信高级会计职业学校第一届毕业纪念》潘校长序 /563

第四篇　潘序伦论著概览

潘序伦论文概览 /567

潘序伦图书概览 /585

附录

立信会计图书用品社简史 /589

立信会计专科学校关于申请恢复"立信会计图书用品社"的请示 /592

立信校训

信以立志　信以守身
信以处事　信以待人
毋忘"立信"当必有成

潘序伦时年九十有一
一九八三年十月十五日

第一篇

潘序伦重要撰述及贡献

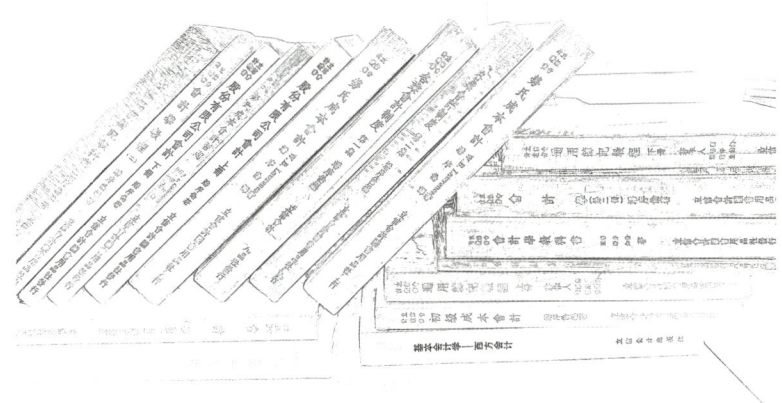

导读

陈毓圭在《会计是一种技能》[①]一文中提出,以潘序伦为代表的老一辈会计学家、会计教育家、会计职业家是中国现代会计事业的开拓者。改革开放以来中国会计画卷之宏伟,得益于老一辈打下的底色。

从潘序伦身上,我们不仅能感受到近代会计教育家的精神风骨和人格魅力,还能体会到其作为一代学术大师的治学精神和学术传统。潘序伦提出的会计诚信文化观,是其在守望中国传统文化的基础上,吸纳了西方会计思想和理论的精髓,并将其自觉运用于会计实业、会计人才培养、会计出版等实践活动中,形成的独特文化观。

今天我们循着潘序伦留下的足迹,开始了新的会计征途。潘序伦倡导立信,实践立信,"立信"已经在无数会计人的心底留下了深深的烙印。赓续会计文化,传承先辈精神,是会计文化发展的内在要求,是时代赋予我们的使命。鉴于此,在近现代文献中探寻和发掘潘序伦的撰述成果及贡献,不仅意义重大,而且十分迫切。吉光片羽,后辈视之,弥足珍贵。

---

① 陈毓圭.会计是一种技能[J].会计之友,2021(15):9-10.

会计诚信文化的首倡者

01 会计师职业与信用制度之关系

研究经济学者,莫不知天然人工资本与商业组织为生产四大原素。但今日生产制度,日见演进,生产要素,亦有加增之势。故最近之经济学者,已有将广告及信用二端,并入称为生产六要素者,实因近世企业界中信用之推行日广,其效用亦日著。就各种大小企业之本身而言,苟无信用以资周转,其能维持营业现状不致闭门停业者,百中殆不一二。觏故每当社会发生恐慌,信用制度一时破坏,则企业之牵连倒闭者踵相接也。

我国信用制度之设立,虽远在千百年前,但近世纪间,其发达实远逊欧美各国。然而最近数十年中,银行事业勃兴,大小企业,均逐渐注重利用信用以为筹措短期长期资本之方法。且以我国商店流动资本,大都缺乏,尤不能不仰仗于短期贷款,以供贸迁需要。然而社会信用制度,如何始可得相当之保障,如何始可维系于不敝,遂为当今识者申论之要点。闲尝考之,能维系信用制度,保障社会全体者,惟赖社会各企业,厉行经济公开之法,而经济公开之实施,不必假手于与企业本身无利害关系之第三者,第三者惟何?即十年来我国之新兴职业会计师而已。

完美之会计师,必具优良之道德,高深之学识,充分之经验与干练之才能四项,故恒能根据其观察之所得,对各企业之内容,为平允诚确之评论。兼以处境超然,职业独立,各种法令,对会计师之事业,复有严峻规定，利诱威逼之所不能及，外而同业竞争，社会清认，故足为会计师之暮鼓晨钟。且承办业务，限于与本人无切身利害关系之事，尤能以冷静之头脑，旁观之态度，言所欲言，无所顾忌，故在欧美各邦，莫不视会计师之查账报告为可靠确实之文件，向银行贷款，如未备曾经会计师确实证明之贷借对照表，往往不能得良好结果焉。

会计师之查账报告，为各企业财政实况所由表见之文书，社会全体，根据此项报告，而定放款投资之去取，不利之资金运用，因而免除，因经济之不公开，或公开而不彻底而发生之种种不幸事件而消灭，企业倒闭数量，借此减少，经济恐慌之发生，亦可于事前防止，信用制度，遂得维持不隳。就企业本身言，因经济之彻底公开，与会计师之负责证明也，无信用者变而为有信用。有信用者变而为更有信用，社会人士，亦竞愿予以融通资金之便利，事业因之发展，利益借此增厚，是则会计师事业之进展一步，即全社会信用制度之保障，巩固一步，社会全体莫不实受其惠，然则会计师事业之在今日，实处扼要之地位可知。

准前所述，因得结论曰，信用为生产要素之一，在近代社会中，其重要且胜于资本，因信用所赋予者无限止，无穷时也。故社会信用制度，亟须确立；而社会信用制度之保障，则在经济公开之实施，且必假手于超然之会计师，方能收确实之效果。质言之，会计师为社会信用制度之保障者，如会计师职业有充分之进展与运用，然后社会上信用制度，方能有切实彻底之保障也。

（载《经济汇报》1928年第4卷第1期第8—9页）

02 会计师秘诀

会计师为世界各国最近新兴之职业,即在此项职业发达最早之英国,计其历史,亦不过五十余年耳。我国在十年之前,未闻有会计师之名,遑论其业?然近年社会对于此项职业,需要渐增,业此者亦日众。来日进步,未可限量。不过就目下而论,此项职业,确在幼稚时代。社会对于会计师,既未尽悉其需要,而会计师亦未能完全博得社会之信任。余尝研究中国会计师职业尚未能迅速发达之原因,深觉其患不在社会不识会计师,而在会计师自身货色不吃硬,果真国内有吃硬之会计师,不怕社会不请教。故余第一层所欲声明者,会计师成功秘诀,应反求诸己,无待求诸人也。

求己之道,可分四方面着想,四者苟缺其一,决无成功之望。请分说于下:

一、学识

常人之意,以为具有医药智识,便可作医师;具有建造学识,便可做建筑师;具有会计簿记学识,便可做会计师。此在医师建筑师或然,而在会计师则殊不然。会计师固然应具备各种簿记会计专门学识(如银行簿记、官厅簿记、工厂会计、投资会计等),然仅有极完全良好之会计簿记学识,只可在一机关内之会计科任一事务员或主任,决不能做会计师,因会计师所行使之职务,并不限于会计一部分,实无往而不与商业全体有关也。故各种商业常识如商业管理、商业组织、工厂管理、商业理财、销售学、商品学、银行、货币、财政、税则、兑汇,以及商业政策、劳工问题等科,靡不应习之有素,更应熟谙本国各项实业法令,而以民法、民事诉讼法、商人通例、公司条例、海商法、保险法、破产法、商标法、注册条例及细则等为尤要。苟对于各种不同之工商专业,有特殊研究者尤佳,然此非可期诸常人耳。盖会计师执行业务之范围,断难以一业一部为限。有时对事对物,出具证明书或鉴定书,非赖有充分之商业常识,难以正确无误,而代委托人处理其私有权利,无不在与法律发生关系也。

依北洋政府所颁《会计师注册章程》,凡曾在国内外大学或专门学校之商科或经济科肄业三年得有卒业文凭者,或曾在资本五十万元以上之银行或公司,充任会计职员五年者,均得呈请政府为会计师。资格之限制过宽,人才之趋降太甚。依余所知,有在经济科卒业,从未习过簿记会计而呈准为会计师者;有在银行公司数年,专司记账核对之事,对于商业及会计普通智识毫无研究,亦得呈准为会计师者。会计师之本领低浅若此,而欲求社会之信用委任,真如缘木而求鱼也。

二、经验

仅有充分之学识,断不能作一良好之会计师,必有充分之经验以佐之,方可胜任而愉快。此在各种职业皆然,不仅会计师一业如此也。余初为委托人办案,因缺乏经验,不仅步步如入荆棘,且有时明知其误而卒生错误。例如第一次向官厅具呈,明知应贴用印花,然而缮发时竟至忘却,以致呈文被官厅退回。又如缮备注册文件发送呈请书时,自谓已核对数次,完全合法。然官厅指出不合各点,将呈文驳回,则又哑然自笑。盖依智识而论,则驳回诸点，固无不知之有素，特未加注意耳。至于查账方面，有待于经验之处更多。前年有本埠某工厂厂主，托余查核两年账目之盈亏，依照账册记载，逐年所亏甚巨。余以检查所得，向厂主直言不讳，且语侵该厂经理，谓应使之负责。乃厂主反心中坦然，殊无愠意，且事事为余解释，更为经理辩护。余意此厂主必中经理蛊惑之毒，私心为之忧虑不置，孰意其后经理私行语余，账上之亏，系厂主故意将各种开支数目放大，使账目上有蚀无余，则厂内工人，不致发生加薪要求耳。余自得此经验之后，对于各处委托检查之账目，究属为盈为亏，每不敢于数目字上加以深信。必须在数目字之后，再加探究，以为决定也。

语云，熟能生巧。会计师查账之技能，全赖乎此。惟欲求会计师之经验，最好在著名之会计师事务所中，实习二年至三年，仅在一银行公司中实习，则时倍而功不逮半也。因银行公司之中，其所可求得之经验，只限于一业，且只限于一部。若在会计师事务所中服务，则各种经验，皆可历得。因所接办之事，各业皆有，各地皆有；正如大套戏法，各有巧妙，变化无穷也。

三、才能

会计师应具之才能，对事对物，应有精细敏速之观察，公平准确之判断；对人应有机警温和忠勇诚实之性格；处理事务，应有勤奋缜密而有规则之习惯。盖会计师所接之事务及人，良窳美恶，无不具备，而事务有时忙迫异常，非赖有上述各种才能，实难以应付裕如也。

四、道德

学识、经验及才能，在会计师执行事务之时，固无一项可缺，然根本上究不若道德之重要。因商界环境，千变万化，利诱威胁，无所不有，会计师苟无强固之道德观念，则在在可以代人舞弊，为己舞弊。然会计师之职业，实为商界保障信用而设，苟有不道德行为，而自丧信用，则此项职业，即失其根本存在之理由。故会计师第一应具有不屈于任何诱惑或威胁之勇气与信念，依其学识、经验及才能之所及，观察账目之是非与确误，从直报告，毫无隐徇；且绝对不可敷衍塞责，苟非检查结果确有把握，决不为人出具证明书或鉴定书。尤应保守其超然独立之地位，不握政权，不营商业，不在与己身有利害关系之事，行使其职业上应有之职权。更绝不泄露职务上所得悉他人商业上之秘密。凡此诸点，会计师皆应守身如玉，丝毫不肯苟且，否则不仅信用一失，职业全隳，即人格上良心上亦无以自安也。

会计师应具美德，断难缕述，而诚信二字，最为重要，成功失败之机，实可谓全在于此。证之以余个人之经验阅历，益深信之而不疑。余作会计师数年，自谂于学识、经验及才能方面，实无一不去成功之标准甚远，然所以幸能以此项职业自立者，实赖始终抱持诚信之旨，不肯苟且耳。西人谚云："诚信是无上良策。"（Honesty is the best policy.）信然，余请述余个人经验一二则以实余言。

某年余与某二职业家合办一案，案中遗有委托人余资数千金。在法律，办案之人，分而藏之，决无他虑。在道德则有类于侵匿行为，深觉不妥，同事二人，决从法律入手，并借他事要挟，不许余有异议。当时余之为难情形，实难以言语形容。后决难逃三人从二之习惯，惟将一己应得之份，私返诸原委托人，因此得其信任。以后渠有案委托余一人办理，所得正当

报酬之数,实较诸二人不义而取之数为倍蓰。此以诚字而得成效之实例也。

又某年某大商号,以账册托余查核证明。惟经理某君私语余曰,账内详情,不必细查,君只签一字于报告书中,便可将公费奉酬也。余曰不然,苟且证明,不仅与职业道德大有妨碍,且与将来业务亦大有损害,君今日因有苟且证明之需要,故来光顾。余倘依君之意,今日虽得君之微酬,然焉知不因此而失君信任之心,设他日尊处另有账册,必须认真检查者,君将疑我苟且,不我委托矣。当时某君对于余之信实,颇为钦佩。未隔半年,即有其他委托事项,嘱为认真办理,报酬之数,较先一次所许者十倍也。

总之会计师如不能以诚信二字取信于人,则人将无有以重要事项委托办理者。所办之事,均系无关紧要或不入正途之事。会计师之职业,尚有希望耶?故会计师除应具有充分之学识、经验及才能外,尚必具有高尚之道德,而诚信二字,尤为会计师成功秘诀之最大要素也。

(载《生活》周刊 1928 年第 3 卷第 21 期第 227—230 页)

03　会计从业员应有的修养

任何企业或团体，不论它的范围是大是小，既做了社会中间的一分子，当然脱离不了经济方面的活动。所以少不掉要请一个会计员去司理账目，所以从这一点讲，会计职业确乎要比旁的职业灵活些，它的范围也比较广泛些。一机关可以不必请教工程师律师或者医师，可是一个会计员是少不了的，这可以说是会计职业界独有的优越权利。

在一企业的整个组织中，会计是对内的，营业是对外的，对内的责任，有时比对外还要重要。所谓对内，当然是指企业的管理和设计，如果在这方面不能表现良好的成绩，那么一切对外活动也自然无从谈起。一企业要求管理完密，总不外根据以往的经验，察看目前的处境，来确定它日后应行采取的方策。会计记录的最大功用就是在供给这种经验上的资料，作为企业当局抉择管理方针的章本。所以从这一点讲，会计从业员又有其"至重且大"的责任。

明了了会计从业员的责任，也就同时明了会计员道德修养的重要。会计员应有的道德修养，当然很多，但是最重要的莫过于"诚"和"信"。"诚""信"这两个字，虽说是人人都应具有的，不过在会计员一方面，因为他职务的关系，这点尤其重要。"会计"在整个企业之中是处于稽核的地位，如果他本身缺少了公正、廉洁、忠实、诚恳的四种条件，也自然无从去尽他分内的职任。

此外，会计从业员对于体育和智育两方面，也当要十分注意。一般而论，会计员的工作是比较繁重的，他的办公时间普通总比旁的职员要延长些，因为任何机关在办公（或营业）时间终了的时候，也同时是会计员工作最紧张的时候。所以会计从业员应当借业余的时候去注意他们身体，要把自己训练得像一个健全的工具，以便应付他所从事的琐屑而重要的工作。一般从事会计工作的人，很少是身体健康的，这实是目前会计从业同仁最应注意的一个问题。

关于智育方面的修养，是说会计从业员应该要从事新智识的搜求。换句话说，他们应当从事加强他们本位的工具，努力研究新的会计原理。所谓智识，当然不是限于书本的，以宇宙之大，随时随地都布满着需要我们研究的事物。拿会计从业员来讲，他所从事的一机关，就是他应加研究的绝好资料，他应当注意这个机关的内部组织，随时设法改善它的会计制度，万物的进步是要靠人们继续不断地研究的！

益友社成立周年，有社刊特辑的出版，主编先生向我讨篇文章。我因社友中间极多我的同业，所以草就这篇短文，作为颂辞的代替品。

（载《益友》1939年第2卷第4—5期合刊第18页）

04 怎样做一个会计师

考会计师制度实为经济进化后之产物，当此工商业勃兴，企业组织日益复杂之秋，举凡创始之设计，平时之检查，收束之清理，纳税之计算，以及商事上各种注册登记事项，胥有赖乎会计师之整理擘画，或指导办理。且会计师处于超然之地位，本其独立不倚之精神，证明企业界财务上之各种真相，以坚社会之信用，而供公众投资之参考，其影响所及，正不独直接之利害关系人而止，此美国所有公共会计师之称。

会计师之职责既如是重大，其在社会上之地位又如是其重要，所以国家制定会计师之法令对于其服务道德、学验修养，不得不有严格之限制也明矣。

查《会计师条例》第三条规定云"在会计师考试未举行前，凡中华民国人民，具有下列资格者经经济部（现由考选委员会办理）审查合格者，得为会计师。一、在国立或国内经教育部立案，在国外经教育部认可之公私立大学独立学院或专科学校之商科，或经济科毕业者。二、曾在专科以上学校教授会计主要科目二年以上或在各级政府或其所属机关，或在有实收资本十万元以上之公司，任会计主要职员二年（闻考选委员会有定为三年说）以上，或在会计师事务所助理主要会计事务二年（闻考选委员会有定为三年说）以上者"。

以上仅为法律对于会计师之学识及经验作一最低限度之规定而已，实则会计师除具备上列之条件及经济上财政上商业上会计上审计上法律上专门之学识及丰富经验外，尚应具备积极性之服务道德。

（一）公正。夫会计师之作用，小而言之，为各个企业信用之保障，大而言之，则为整个社会信用之保障，初非为保全个人利私之计也。是以执行职务时应公正处理，不得稍存偏私，致失社会公正人之地位。

（二）诚信。我国古贤常言："人而无信，不知其可。"又曰："民无信不立。"西哲亦云："诚信为最美之方策。"是以诚信一端实为各业所倚赖，而会计师以地位之重要尤为然焉。

（三）廉洁。夫廉洁为公正诚信之根本，会计师苟存贪念，则将时时以收益报酬为重，而办事之结果难免偏私或欺伪矣！

（四）勤奋。会计账目事项之繁重，较凡百他事为甚。故会计师执行业务，办理一案，所需之时间，常须兼旬隔月，久久不辍，非如医师之奏一刀、开一方，律师之撰一状、出一庭之简便也。苟不以勤奋之精神，努力从事，则不仅遇事拖延，使委托人感受重大之不便，即会计师本身，亦将感于收入之微薄，不足以自赡矣。

（载《社会服务》1943 年第 3 期第 6 页）

会计学术研究的开拓者

01 会计名辞之研究

潘序伦博士讲　　王士企笔记

我国最近二十年来，新式会计日渐通行，研究者日渐众多，会计书籍亦年有出版，惟因多系译自外国而来，译名各不统一，研究者咸觉有烦难之感。民国二十年（1931年），有多人合著之会计名词，试译之出版，开会计名词研究之倪端。但尚未臻完备，因之余有《会计名辞汇译》，本年内且将为第二次之出版。今日所欲讲者，非每一名词之提出研究，而系研究会计名词之方法。

会计之学，发达最速者首推美国。书籍之出版亦最多。我国现对会计既日感研究之兴趣，故译自美国者日多。惟翻译之事，殊非易易。综观翻译上之困难问题，允有四端，兹略述于后。

（一）原名本不妥当者今乃直译之。其如原名 fixed assets 与 fixed liabilities 译为固定资产与固定负债。要知固定二字原不妥当，资产与负债只有长期与短期（long term and short term）之分，固无所谓流动与固定之分也。惟资本之性质则为固定，因企业在进行状态下，其资本始终不发生变动。至企业清理时，资本乃发生摇动。但清理之事，亦非常有，吾人殊不应顾及。普通之固定资产，均因耗损而折旧，故何得谓为固定？但吾人对此有不能过取严格者，盖习惯已深改亦非易也。又如原名 tangible assets

与 intangible assets 译为有形资产与无形资产，原名亦属不妥。应收账款、应收票据、存货与现金等等凡可为视觉触觉之对象者均为有形资产。不知商标、执照等固亦彰彰然众目所可共睹者。倘应收账款可谓为有形资产，则商标执照何尚不可谓为有形资产耶？实言之，有形资产与无形资产之分别，不在物体之有形与无形，乃在获得该项资产时所花之成本是否与其价值相等。有形资产之成本，皆与其价值相等。至于无形资产之价值则未必与其成本相等。而乃逐渐构成者也，其如商誉然。"新闻报"三字在一般人脑筋中已属根深蒂固，其价值可达万元，但一考其成本，固与不出名之报馆然，并未专化若干之成本以求获得此巨额之商誉也。由此观之，有形资产之实际性质为成本资产，而无形资产则为无成本资产。然亦非一概如此，其如商誉有时亦得购入，则将何以处之乎？此诚会计名词之困难也。再如，原名 reserve 一字译名为准备，此实亦不妥，因用于公积金准备（surplus reserve）则可用于评价准备（valuation reserve）则不可，保险公司之准备实为负债性质，银行之准备则为资产性质，其如现金准备与保证准备，固毫无准备之意义在内也，美之 Cool 主张准备不应用于倒账而曰倒账准备（bad debts reserve），须改为倒账折让（bad debts allowance）。统言之，所有评价账户均不应有准备二字，凡资产性质之准备应称之曰资金（fund），凡负债性质之准备应称之曰应付未付负债（accrued liabilities）。

（二）原名妥当译名不妥。例如原名 balance sheet 可译为资产负债表、贷借对照表与平准表公司法中规定之名称为资产负债表。会计法中闻尚用借贷对照表，政府会计及铁路会计则例中规定之名称为平准表。分别论之译为贷借对照表甚不妥当，因严格言之试算表（trial balance）始为贷借对照，以证明账户之确实与否为目的之表格。用于原文 balance sheet 反使失去原来之真意。

考 balance sheet 之原意，balance 为一名词用作形容词，表示编制差额试算表后，将所有评价账户或抵销账户与其主要账（main a/c）轧平，只以其轧平后之余额列入一张表格（sheet）中，为是而成之报告表，称之曰 balance sheet。

资产负债表之译名亦属不妥，因负债之外尚有纯值而负债亦决不能代表纯值者也。

至平准表一译名，则仅有两方平准之意，自 balance sheet equation 而来，但 balance sheet 用账户式尚可表示平准，若用表格式则无从表示平准矣。

又如损益计算书，原名为 profit and loss statement 亦已译错，盖书之一字实不能译之于 statement。Statement 只可译为表，不能译为书。但习惯上皆用书，殊难改去。计算二字亦不必列入译名中，因翻译名词之要件为涵义切当、习用普遍与用字简赅，故可省去，仅译为损益表已可。

（三）原名有两种意义，译名只成一种意义。例如，accounts receivable 与 accounts payable，今译为应收账款与应付账款，但 accounts receivable 与 accounts payable 普通均自卖货与买货之赊账而来，故应译为应收客账与应付客账。然则，不自卖货与买货而来者，亦常有之。此足见原名有两种意义矣。又如 account 一字，英文中有所谓 auditing the accounts，是为"账目"之意。但亦常有译为"账户"或"会计科目"者，"账户"与"会计科目"二字意思相同，账户者即会计科目也。但考之实际意义，账户实为会计科目在总账上之格式，其如现金之账户。

至会计科目则为账目之分类（classification of accounts）由此亦可知 account 之意义，有账户与会计科目之不同也。又如 surplus 之译名为公积金，夫金者，资金也，只可代表资产，决不能代表负债方面之纯值。此为《公司法》上之规定，实铸大错。考 surplus 有 legal surplus 与 free surplus 之分别，前者译为公积甚佳，因乃法律上规定所应提出之公积也。后者则应译为盈余，包含本期损益与滚存盈余二者。

（四）有种原名为中文所不能译出者。例如原名中之 revenue income，profit 与 gain 等，中文中无相当之译名。Profit 与 gain 意义相同，无法分开。Income 则普通指 nor operating 者而言，revenue 则为 income from business，其实以上之分别，均嫌勉强，为人为之区别而非自然之区别。求得一切合原意之译名诚难也。又如 audit examine，verify test，scrutinize 等，意义均无非中文之"查账""查核""检查"等，无标准之分别；audit 有正式查账之意思，examine 有考察之意思，verify 有查核、核对之意思，test 有抽查之意思；scrutinize 有一部分检查之意思，应用时固漫无标准，欲求妥当之译名亦非易事。

（五）有种原名译出后嫌生硬。例如，cash basis 今译为现收现付制，accrual basis 今译为应收应付制，均嫌生硬。Accrued interest 为应收利息，但利息应收可依法索偿，只表示于将来可收到，在现今有不应收到为资产之意思。此须审慎翻译之。十年前之未收资产，在现今已不能收到，何可谓为应收，故有将 accrual basis 译为发生制者，以 cash basis 译为给付制。

（载《会计期刊》1934 年创刊号第 1—4 页）

02 对于改良中式簿记之批评

潘序伦先生讲演　向邦权记

诸位同学，兄弟到此地来讲演的次数已经很多了，记得每次来到贵校，总觉得更有一种欣欣向荣的气象。今天承唐文恺先生的邀请，要我到此地来讲演，不过我近来因为著作计划还没有完成，没有时间来预备作有高深的演讲，所以还是来讲一个实际的题目，就是对于改良中式簿记的批评。

这是关于会计方面的题目，会计在商学上是一个很重要且很实用的学科，簿记是会计的初阶，所以簿记的讨论，是研究商学的根本问题。我国自从海通以来，中外接触，影响所及，任何事情，常有中西的纷争。簿记是科学上的原理原则，本无所谓中西之分，但最近徐永祚氏却提倡改良中式簿记，他的详细计划，在会计杂志特刊上可以看到。我们站在客观的立场上，对于这一个问题来加以科学的研究后，很不赞成，觉得有讨论的必要，现在分两部分来讨论：不重要点的讨论，重要点的讨论。

（一）不重要点的讨论。我此地所谓不重要点，就是名称外表格式等等。就名称方面讲，簿记学冠以中式，我们不能赞成，因科学原理，不应有中西之分，要在何者能达到完满的目的就是了，否则也一定要根本的出发点不同方可。像主观之哲学或风俗习惯，可有中西的分别，譬如日历有中西，衣服有中西，就是因为风俗习惯根本不同的缘故。医学有中西，就是因为中医与西医的出发点根本不同，一则偏于哲学，一则重于科学的缘故。但是讲到客观的科学，就不应该有中西之分，难道物理学化学都须有中西的分别么？簿记是科学原理，当然也不应有中和西的分别，我们立在科学的立场上来讨论，簿记只有"以人名账为主的簿记和不以人名账为主的簿记""以现金为主的簿记和以财产为主的簿记""单式簿记和复式簿记"等区别而无所谓"中式簿记和西式簿记""新式簿记和旧式簿记"的分别。我们要晓得就是英美诸国簿记会计最发达的城市，其中规模简陋的企业机关也有以"现金为主""以人名账为主""不完全""单式"等簿记的。考其内容和我国一般小商店所用的簿记方法，实体上没有什么差异，而我国老式商店中所用的簿记比较完全者，像从前的典当和票号，现在的钱庄及其他规模较宏，组织较备的商店所用的簿记，内容几乎无一不可以结算损益，而所有财产账目也并不专限于现金账和人名账的一部分，记账方法的完备优良程度和欧美各国所用的，实在差不了多少。总之一种科学的原理原则，并不因为地域的不同而有二致，至多程度上有些差异罢了，所以我们对于通俗商人用惯了的中式簿记旧式簿记等名称实在有点不敢赞成，不知道他们所谓"中式簿记"是否指单式而言？如以中式为单式，那么中式簿记的合复式原理者很多呢！如以中式解释为以现金收付为主的簿记方法，那在英美诸国中一般组织简陋的小商店里也常采用现金收付为主的，我们也将称它为"中式簿记"么？所以鄙意以为我国簿记一端，本没有像中西医学的久成对峙形势，不过因我国所应用之方法尚不及西人所常用的来得完备罢了，年来我国各界对于簿记会计，逐渐进步，中外一致，转瞬可期了。假使在这时候还特别提出所谓"中式簿记"而加以改良以求其和所谓"西式簿记"永成对抗并立的局势,那和科学的统一的原则相差得太远了。

就直式和横式来讲,中国簿记用直式,外国簿记用横式,表面上看来,似乎没有什么关系,但我们假使加以科学的研究,那么直式不能用阿拉伯字码记载,用万千百十等字全写则费时而不整齐,大写壹贰叁等字尤为费时,小写一二三等字则易更改且不便加算。

再就字体而言,查现今簿记方法的进步,在能利用多栏式;直式用多栏则过长,此尤为其大缺点。如用数码,则可横写,占地位少,可用多栏,但易改而位数不齐。如用阿拉伯字,比较便利得多,但在直式中终觉扞格,实不如直截痛快改用横式写阿拉伯字的便捷整齐而明晰。假使以为用横式写阿拉伯字,一切笔墨纸张文具等等都须用外国货,漏卮太大,那不免是因噎废食了。查西式笔墨纸张文具等,我国也有仿造的,用之者多,正可以鼓励仿造,所以我以为新式簿记用阿拉伯字写,也未尝不可用本国仿造的纸和笔墨。

(二)重要点的讨论。我此地所谓重要点,就是收付与借贷的研究,这是一个根本问题,也就是中式与西式的分野,现在分别来加以讨论。改良中式簿记大纲第三条里说记账方法仍旧沿用现款式,收付的记账法,就是日记簿所记各科目的收付过入总账中,并不反其收付而现金科目本身的收付总数,过了总账时,须反其方向,此为改良中式簿记方案中最为主要的特色,也是我们所最难附同的焦点。盖以现金的收付为记账基础,在确定现金交易的收付,固属便易,然欲分别非现金或转账交易的应收应付,较之复式簿记的借贷分录法,实更复杂而困难。例如某厂机器,在某年之末计折旧一千元。在改良中式簿记者所主张的现金分录法应"收机器银一千元""付折旧银一千元"。那么所收所付的是现金么？但是实际上并没有收入和付出现金，所谓"会计应表示事实"的原则为之破坏无余了。如谓所收者为机器，所付者为折旧。那么却又与事实相反，因为机器业已用去，怎样可以说收，机器的服务应已取得，怎么可以说付。所以现金分录法在以前企业还没有发达，财产以现金为主的时代用之尚无不可，目下各项财产日变繁复，所谓现金一物大多既已不复存在（各家所谓现金，实多为银行存款）。所以现金为主之簿记方法，在他国原已使用的，无不逐渐淘汰，改以科目为主。就是在我国也显有这种趋势，假使我们再以提倡现金收付为记账之基础，在学术上恐怕难免要受开倒车之讥，在科学进步的今日，岂相宜么？改良中式簿记者对于这一点的说明，则谓现金一物，在今日仍为最可宝贵的东西，所以仍可用作记账的单位。若以这种理论来推论，那么普通商店的货品，也是最可宝贵的东西，也可以用作记账的单位了。我总以为所以要有会计的目的，无非在能表示交易之真相。对于事物的可宝贵与否，不应过问。倘使所收者实非现金，而记之为收，所付者实非现金，而记之为付，这种簿记方法，无论如何，终非科学的簿记方法。进一层来讲，假使改良中式簿记者所主张的收付簿记，并非以现金收付为主体，乃是以现金的价值之收付为主体，那么所谓现金的价值，当然就是各项财产的现金价值，因此我们可以说，仍以科目为收付的主（体），和借贷同一原理，不过反其方向罢了。按这种相反记录的办法，对于学理上既没有较优的根据，对于实施上也并不能像改良中式簿记者所说的通俗易晓，因为既没有正当理由的解说，徒令人知其然，而不告人以所以然，非但熟审我国旧式账理的商人，不能了解现金本身总数之何以于过入总账时须反其收付，而目为奇突。就是通晓复式簿记原理之记账员，也或者要莫名其所以相反记录的原由，而大感不顺了。现在世界商业习惯，日趋大同，我们正应提创一致之方法以求彼此业务上的便利，他们改良中式簿记者却把和世界相反之簿记方法，加以提倡，这不仅于事无益，恐怕将为举世所诟病呢！

再如主张收付法（改良中式簿记者之主张）者，以为采用四柱结算法[①]，比较复式簿记中的平衡结算法来得好而以为借贷的来源，似乎很是含混，殊不知借贷以人的学说——即借主贷主说——乃客观地以他人或假定的人格为主，而其人对于资本主或营业主为借主或贷主——为立论，固然不免有些牵强，但我们现在所讲的借贷法，理论并非以这种人的学说为根据，乃是一贯地从下列方程式而来的：

$$资产 = 负债 + 资本$$

由此方程得借贷之法则如下：

借方	贷方
资产之增加	资产之减少
负债之减少	负债之增加
资本之减少（包括损失之发生）	资本之增加（包括利益之发生）

根据这样基础来讲，借贷当然很容易明了，而由此所得的平衡试算表比了四柱结算表上，也并没有什么不好的地方。

我们根据上面的许多讨论以为"改良中式簿记"似只能认为改良簿记

---

① 四柱法就是分为"上期结余"（收或付）"本期共收""本期共付""本期结余"四柱。

运动中的一种过渡办法而不可视为有学术上的价值。值普通商店采用的时候，仍归要以便利者做选择的标准，但总希不久就能趋于统一，而不愿意中国有两种簿记而不便记载。前面已经讲过，会计是一种实用的科学与技术，凡科学方法，应具有世界统一性，所以簿记法应与世界一致，这是我们最后的主张。

（载《商学丛刊》1935 年创刊号第 49—53 页）

03　中国会计学社概况：本社对于国家社会应尽之责任

今也，国家财政，拮据万分，社会经济，恐慌已极，若不设法救济，丧亡无日。救亡之道，虽有种种，而发扬会计学术，上而借以为修明政治之阶梯，下而用之为振兴百业之工具，亦未始非当务之急，我中国会计学社，适逢此际，筹备成立，则其对于国家社会应尽之责任必重大，就其荦荦大者而言，得有下列两端：（一）发扬会计之学术。所谓发扬会计学术者，又可分为二义：其一为会计学术之研究，其二则为会计学术之推广。我国各商业学校，多设有会计一科，从事研究，不遗余力，每年毕业之会计人才，亦不在少，然其研究之工作，以基本智识为主，其能进一层作高深学术之推敲者，诚不多觏，故关于会计学术之研究，仅就学校中之成绩而言，实不堪与欧美各国相较量，此外，社会中人之钻研会计，埋头苦干者，固亦大有人在，然终限于个人之精力财力，难期有异常之收获，故欲收事半功倍之效，端赖学社同仁之共同力焉，按本社社员，胥为各地会计学者，对于会计学术，无不感有极浓厚之兴趣，今既有学社之组织，则可互相切磋，他日有所成就，不独我会计学界各个人于学术上得以成功，即国家社会之前途，亦利赖之，至于研究所得之结果，当求其能应用而推广，或出版定期刊物，或编辑会计丛书，以供实业界财政界之参考，此本社同仁应尽之职责一也。(二)促进会计之改良。方今我国各界之会计，犹多方法幼稚，系统紊乱，其中各大工商机关之会计，组织稍具。然于会计正确方面，如各项财产之估价等，亦皆未能严格以绳。此外各工商机关，则所用者，或为旧式会计，毫无会计原理之可言；或虽为新式会计，而其制度未臻完善；或于旧式会计之中，略参新式会计，缺乏一贯之系统。至于政府会计方面，则竟错综复杂，各行其是。现虽已有统一会计制度之颁行，然其向来之种种弊窦与缺点，未必即能因此而完全消除。一言以蔽之，会计制度之不良，为当今我国上下各机关之通病，若不设法加以改良，则上而国家之财政，下而工商之经营，胥受其累。日后吾人当借学社之组织，以团体之力量，作唤醒国人从事改良会计之工作，或从消极方面加以批评，将现行会计制度之缺点，与夫黑暗之内幕，尽量暴露；或就积极方面努力建设，对于各业会计之制度，及其账簿组织，逐一设计。夫然后，可使一般人咸知其向所奉为圭臬者，有亟须加以改良之必要。同时，于实行改良之时，亦可有所遵循，不致茫茫然，无所措手。此本社同仁应尽之职责二也。兹乘本社成立之日，敢举数语以为我社同仁策励焉。

（载《会计季刊》1935年第1卷第1期第297—298页）

04 和解及破产会计概要（节选）

破产会计之内容，最称繁复。在欧美日本各国，多有专书之作。惟在我国，则以《破产法》久未颁行，讨论研习，无所依据，故会计文献中，绝少破产会计之著述。作者虽曾在《会计学》中，将破产会计列作专章，但所引为根据者，仅为北洋政府旧订《破产法草案》，事实上并未颁行也。年来社会经济衰落，破产事件常有发生，国民政府有鉴于斯，已将《破产法》订定施行。法中规定，兼及和解。至于和解破产之机关，除法院、商会而外，几均以会计师为其中心人物。盖立法者鉴于和解及破产之程序，实不过会计之处理问题。是可见我国会计学者对于破产会计之研习，实为刻不容缓之事矣。惟是和解破产之本体及程序，繁复异常，因而其会计处理之方法，非有专书，难道其详。兹先作本文以述其概要，俾便初学者之研习，至于详备精密之讨论，则当期明岁《破产会计》一书之编著耳。

一、和解及破产之意义

按我国法律规定，公司财产显有不足清偿其债务时，董事应即依照《破产法》之规定，向法院或商会声请[①]和解，或即向法院声请破产。[②]又在清算进行中，如查得其企业之所有财产不足以清偿其债务时，如属股份有

---

① 声请，声明请求。
② 《公司法》第一百四十七条第二项规定。

限公司，应立即声请和解或破产。①如属合伙、无限公司、两合公司或股份两合公司，则应先令各合伙人或无限责任股东，依法填补其不足之额。如合伙人或股东无力填补，则亦应声请和解或破产。此外，不论商人或非商人，如不能清偿其债务或停止清偿其债务者，亦可自向法院或商会声请和解，或向法院声请破产，而在另一方面，债权人亦得向法院声请宣告债务人破产，法院本身亦可在诉讼程序中，宣告债务人破产也。

和解（composition）云者，债务人因不能如数或（及）如期清偿其债务，用情商之方法，恳请其债权者，在债权数额上或（及）偿付期限上，为相当之让步，以清结其债务之谓也。破产（bankruptcy）云者，即在债务人陷于不能清偿其债务之状态时，为欲防止多数债权人间互争清偿之不公平状态，而将债务人所有财产，执行均等分配，使各债权人得公允之清偿，以了结其债务之谓也。和解有自行和解、商会和解及法院和解三种。自行和解之程序，全赖债务人与其各个债权人之情商，以定其了债之办法，对于全体债权人，并无强制之性质，故毋须订明于法律。商会或法院所主持之和解，以及法院所主持之破产，其程序对于一般债权人有强制之性质，故均详密规定于《破产法》中。

二、和解及破产之原因

考债务人所以须进行和解或受破产之宣告者，其原因不外为不能清偿其债务。但债务人对于其一般之债务，如并无停止支付之正当理由而停止支付时，法律上亦推定其为不能清偿。所谓不能清偿（economical

---

① 《公司法》第二百一十四条规定。

insolvency）者，指债务人所有资产之价值，已不足抵偿其负债额也。至所谓停止支付（financial insolvency）者，则指债务人之资产总值，虽或超过其负债额，然因缺乏流动资金，以致周转不灵，而不得不出于倒闭停业之一途，即俗称搁浅是也。夫企业所以发生不能清偿或停止支付之现象。究其原因，不外为下列数端：

（1）营业亏损。企业有时因经营不善，市面不景气或同业竞争诸端，迭受亏损，以致资产逐渐减少，不足清偿其债务。

（2）意外损失。有时一企业因意外事故，如火灾、地震或其他灾害，而受有重大损失。或因有新发明之事物，而致原有出品无人购买。或因机械及其他设备之改良，而致企业原有之器械及设备，减其效用，或竟完全不能使用。是皆足以使企业之资产价值，突然减少，而不足抵偿其负债。

上述两点，均为不能抵偿之原因。至于停止支付，则其原因更为复杂，分述如下。

（1）流动资产转变为过多之固定资产。企业由于财政上之关系而搁浅者，其最普通之原因，厥为流动资产大都变作固定资产，致运转资本减少，不足以供周转之用，一旦流动负债到期，企业无资金可资应付，即足以使企业搁浅。

（2）存货过多。一企业以其现金购入不必要之大宗存货，亦足为促成搁浅之主因，此在商品周转率较低之企业，或其企业有购存大宗存货之必要，而其价格骤然跌落时，尤为可能。虽存货亦为流动资产之一种，可于短期内变换为现金或其他流动资产，但购存数量过多，则其金额并非为运转资本充厚之表征。盖运转资本乃流动资产总额与流动负债总额二者之差额，苟存货过多，超过其企业之需要，而占流动资产总额中之大部分，则其运转资本或将完全为不能迅速销售之商品，其结果必将使所有存货变为陈旧，或生损坏，致营业大受损失，终至无力偿债，而须实行收束其企业。

（3）短期借款过多。通常在经营制造之企业，欲谋扩充其固定资产，每多利用长期借款，如发行公司债之类，作为购置之用。有时因市面利率奇高，不能发行公司债，而暂时发行一种短期证券，俟将来市面金融稍为松动，再发行公司债以转换之者，亦往往有之。经营者采用此种融通资金之办法时，切忌发行过多之数额。盖万一短期证券到期，市面金融并不松动，而手头又无充分之现资可以偿债，则其结果亦足影响于企业之生存也。

（4）资金调度未周。善于经营企业者，对其资金之收支，多能调度得宜。此种调度能力之是否充分，与企业对外信用及其前途，大有关系。倘使营业需用资金，而经营者事前不预为筹措，则临时掘井，或致影响于其企业之生存。例如，公司债不久到期，须以现金偿还，而公司当局并不预筹充分现款，则公司债到期，无款可还，充作抵押品之资产，或不免被债权人直接处分，致业务无从进行，此实为企业界中常见之现象也。

三、和解程序之大概

依照我国新颁《破产法》之规定，债务人不能清偿其债务者，得向法院声请和解。为和解之声请时，应提出其财产状况说明书及其债权人债务人清册，并附具所拟与债权人和解之方案，及提供履行其所拟清偿办法之担保。法院即应考虑其声请是否合理。倘认为合理，应许可其声请，倘认为不合，则应将其驳回。和解声请经许可后，法院应指定推事一人为监督人，并派定会计师或其他相当之人为监督辅助人，以监督债务人业务之管理，制止其有损权益人利益之行为，保管其流动资产及其业务上之收入，调查其业务、财产及其价格，并改定债务人所呈报之债权人清册。同时法院应将许可和解声请之要旨，监督人、监督辅助人之姓名、住址，及进行和解之地点，债权人申报债权之期间，及债权人会议期日牌示，并登报公告，并应将关于声请和解之文件及和解方案，债务人之财产状况说明书，债权人债务人清册，及关于申报债权之文书及债权表，备各利害关系人之阅览或抄录。

债权人遵照法院之召集，开债权人会议。会议之时，监督人及监督辅助人应依据调查结果，报告债务人财产业务之状况，并陈述对于债务人所提出和解方案之意见。会议之时，监督人及监督辅助人应依据调查结果，报告债务人财产业务状况，并陈述对于债务人所提出和解方案之意见。债权人会对于此项和解方案，得以出席债权人过半数，而其所代表之债权额，占无担保总债权额四分之三以上之同意，加以可决，再由法院加以认可。经法院认可之和解，除《破产法》另有规定外，对于债务人之一切债权人，具有效力，即不论各个债权人之愿意与否，债务人均得依照和解方案中所定办法，了结其债务也。

债务人若不向法院声请和解，亦可向当地商会声请和解，商会接到和解之声请后，得委托会计师或派相当人员，检查债务人之财产及簿册，监督债务人业务之管理，制止其有损债权人利益之行为，并迅速召集债权人会议，以决定其和解方案之承认与否。至于其他手续，均与法院和解大致相同。

债务人之和解声请，若被法院驳回，或被债权人会议否决，或虽经债权人会议之可决，但仍经法院之否认者，均应由法院宣告该债务人破产。至于和解虽经法院认可，而债务人不履行和解条件时，债权人得以过半数而其代表之债权额占无担保总债权额三分之二以上者之同意，声请法院撤销和解。法院撤销和解时，亦应宣告债务人破产。

（载《会计杂志》1936年第7卷第1期第1—20页，

《会计杂志》1936年第7卷第2期第29—60页）

05　清算及和解破产会计原理之研究

我国企业清算及和解破产之会计，作者曾在拙著《会计学》第九编及本杂志第七卷第一、第二两期《和解及破产会计概要》一文中有所论述。惟自觉当时于若干重要之原则及问题，立论未周，解释未详，故再为本文以讨论之。至于清算及和解破产会计中种种实际的复杂情形之研究，则当再俟之异日。

第一节　论清算及和解破产之关系

我人于研究清算及和解破产会计之先，首当研究清算及和解破产之因果关系，因此乃一极复杂之问题也。按《公司法》中，关于公司之解散，有必须经过清算之规定（《公司法》第五十二条至第六十七条，第八十五条、八十六条，第二百零一条至第二百一十四条，第二百二十八条、第二百二十九条）。而于解散之必须经过清算者，又将因破产（包括法定之和解）及与他公司合并等原因而解散者除外。换言之，解散之出于股东自愿停止营业，或因其他原因必须停止营业（停止支付及不能清偿债务合并等除外）者，始应推定清算人了结现务，收取债权，清偿债务，并分配残余财产予各股东。至于公司在停止支付，及不能清偿债务之时，适用《破产法》中和解程序及破产程序之规定。

《民法债编》①关于合伙清算之规定，略同《公司法》(《民法》第六百九十四条至第六百九十九条)。盖合伙财产，亦如公司财产之为数人所共有，解散合伙时之手续与解散公司时之手续，自大致相同。所异者，合伙并非法人，故合伙财产不足清偿债务时，当先由各伙员负责补偿。伙员中之一人或数人不能清偿其应负担之数时，该伙员应为代其垫款之他伙员进行和解或宣告破产，合伙本身，不能为声请和解或宣告破产之主体也。

至于独资商店之财产、债权及债务，为资本主个人财产及债权债务之一部分，不若合伙及公司之为若干人所共有，故独资商店而停止营业，无须经过清算手续。又独资商店无单独破产之可能，独资商店而不能清偿债务时，应即为资本主个人之破产。

根据以上分析，我人可知公司、合伙及独资等三种组织中，有发生清算及和解破产之二种可能者为公司，仅有清算而无破产者为合伙，仅有破产而无清算者则为独资商店。而独资商店自身，又无破产之可能，破产者为资本主个人。个人破产(包括遗产之破产)会计，事实上又不在营业会计范围之内矣。

上文仅就公司、合伙及个人三者，在何种情形下，当进行清算及和解破产程序加以说明。实则清算与和解破产之间，尚存有复杂之关系。换言之，清算可以转变为和解及破产，和解及破产又有时使公司或合伙解散，又有时可使公司及合伙继续存在。关于此点，当再分别说明之。

---

① 《民法债编》，1929年国民政府公布。

第一项 公司之清算与和解破产

按公司之清算，虽为公司决定解散后所必须经过之程序，但清算进行中，如发现公司财产不足清偿债务时，清算人应声请和解，或声请破产，此时公司当就和解与破产程序而解散。又公司之不准备停止营业或解散，但因财政上之原因被迫停止支付或财产不足清偿债务者，在破产宣告前，得声请和解。即已经宣告破产者，亦得与债权人调协。和解及调协之结果，公司可以不为解散而继续营业（但按破产程序清偿债务者，公司必不得不解散），亦得停止营业而变产清偿，使公司趋于解散之途。此种复杂之关系，若为条分而缕析之，则如下述：

一、公司解散清算程序可能的发展：

本项所谓解散，其解散原因，不包括破产及合并二项在内，而指因他种原因而解散者。依公司法之规定，为：（1）章程所定解散之事由发生，（2）公司所营事业成就或不能成就，（3）股东全体之同意或股东会之决议，（4）解散之命令，（5）无限责任股东仅余一人或有记名股票不满七人等。因第（5）项原因而解散公司者，设改组为独资企业或无限公司，亦无须经过繁复之清算程序。

A. 如公司财产足够清偿债务时，公司仅经过清算程序而解散。

B. 如公司清算进行中，财产不足清偿债务时，得依《破产法》第二章之规定声请和解。和解而能成立，即依和解程序而完毕清算，并解散公司。

C. 如债权人不同意和解，或法院不认可和解之声请时，和解程序终结，而移行于破产程序。此时公司即依破产程序而解散。（《破产法》第二十条规定，如债务人于声请和解后，不应法院之传询到场；或关于其行为不能说明正当理由时，法院即宣告债务人破产。又《破产法》第二十四条规定，债务人无正当理由而不出席于债权人会议时，法院即宣告债务人破产。又《破产法》第二十八条、第三十条、第三十三条、第三十五条等规定，和解程序开始后，债权人会议否决和解，或债权人虽已可决和解而若干债权人于此和解决议表示异议，或因其他原因，法院驳回和解之声请或不认可和解时，应依职权宣告债务人破产。）

D. 依 B 项和解已经成立，但在和解进行中，因若干原因，得由债权人向法院声请撤消和解。法院如裁定和解撤消时，已经成立并在进行中之和解程序，即行终结，而移行于破产程序。公司即依破产程序而解散。（《破产法》第五十条规定债权人于债权人会议时，不赞同和解之条件，或于决议和解时未曾出席，亦未委托代理人出席，而能证明和解偏重其他债权人之利益，致有损本人之权利者，得自法院认可和解或商会主席签署和解契约之日起十日内，声请法院撤消和解；又同法第五十一条规定：自法院认可和解，或商会主席签署和解契约之日起一年内，如债权人证明债务人有虚报债务隐匿财产，或对于债权人中一人或数人允许额外利益之情事者，法院因债权人之声请得撤消和解，又同法第五十二条规定，债务人不履行和解条件时，经债权人过半数而其所代表之债权额，占无担保总债权额三分二以上者之声请，法院应撤消和解。法院撤消和解时，应即宣告债务人破产。）

E. 依 D、C 两项，已经宣告破产之公司，在破产财团分配未认可前，得由清算人提出调协计划。如调协经债权人会议可决并由法院认可后，即依调协计划实行，其程序及办法与和解相同。但调协亦得因种种原因而撤消。此种原因，与前 D 项所举者相同。调协撤消，公司仍依破产程序清偿其债务。

总之，决定解散之公司，其清算程序得转变为和解或破产程序。但无论如何，公司决不再继续其营业，此则与平时公司不足清偿债务者，得经和解程序而继续营业者不同之点也。

二、公司并未因前第一项中所举各种原因而决定解散，但因财产不足清偿其债务，或因资产周转不灵，被迫停止支付者，应依破产法之规定，声请和解或宣告破产，此时其可能的发展前途如下：

A. 如债权人及法院认可和解，即依和解程序清理其债务。但清理债务办法中，如规定公司停止营业、变产清偿者，公司势将趋于解散之一途。此时和解程序，亦即为公司之解散程序。

B. 如和解中清理债务之办法，只为延长清偿债务之期限而公司仍继续营业时，和解程序即在公司继续营业中进行，公司并不解散。

C. 如发生前举（"一、C"）项中之事由时，公司当即宣告破产。此时公司因破产程序而解散，不再继续营业。

D. 如和解已经成立，而依（"一、D"）项中所述原因撤销和解时，公司当即宣告破产。此时公司亦因破产程序而解散，不再继续营业。

E. 已经宣告破产之公司，在破产财团分配未认可前，得由公司提出调协计划。调协经债权人可决及法院认可，而调协计划中规定公司停止营业、变产清偿者，公司就调协程序而解散。

F. 如调协计划仅规定延长清偿债务之期限，而公司仍继续营业时，公司亦可不为解散。

G. 调协成立后，又因种种原因而撤消调协时，公司仍就破产程序而为解散，决不再有继续营业之可能。

根据上述说明，可将清算和解及破产三者之原因、进行程序，及其演变前途，列表如下：

项目	原因	进行程序及转变为他种程序之原因	是否解散公司
一、清算	A. 章程所定解散之事发生。 B. 公司所营事业成功或不能成功。 C. 股东全体之同意或股东会之决议。 D. 解散之命令。 E. 无限责任股东仅余1人或有记名股票不满7人。	a. 通常之清算程序——了结现务，收取债权及清偿债务；分派剩余财产。	解散
		b. 财产不足清偿务时，清算人声请和解，经债权人及法院同意或认可者，就和解程序解放公司，见"二、Aa"。	解散（见后）
		c. 因债权人之不同意，或法院驳回和解声请及不认可和解时，清算中之公司宣告破产，见第三项。	解散（见后）
		d. 和解已经成立，但在和解程序进行中，因债权人之反对而撤消和解时，公司宣告破产，见第三项。	解散（见后）
二、劝解及调协	A. 正在进行清算之公司，发现财产不足清偿债务，由清算人拟定和解办法声请和解，而经债权人及法院同意认可者，见"一、Ab"。	a. 由公司清算人继续进行清算程序，但此项程序同时又为和解程序，同"一、Ab"。	解散
		b. 和解已经成立，但在和解程序进行中，因债权人之反对而撤消和解时，公司宣告破产，同"一、Ad"。	解散（见后）

（续表）

项目	原因	进行程序及转变为他种程序之原因	是否解散公司
二、劝解及调协	B. 继续营业中之公司，因财政上之原因被迫停止支付，或财产不足清偿债务，由公司于债权人为破产声请前声请和解，经债权人及法院同意及认可者。	a. 和解办法，规定延期偿付债务，或以优先条件，使债权受清偿而公司仍继续营业者。	不解散
		b. 和解办法，规定公司不继续营业，即行变产清偿者。	解散
		c. 因债权人之不同意，或法院驳回和解声请及不认可和解时，公司宣告破产，见第三项。	不定（见后）
		d. 和解已经成立，但在和解程序进行中，因债权人反对而撤消和解时，公司宣告破产，见第三项。	不定（见后）
	C. 已进行破产程序之公司，由公司提出调协计划，经债权人会议及法院可决者，见"三、破产"。	a. 如公司股东会已经决定解散者，调协程序与"二、Aa"及"二、Bb"相同。	解散
		b. 如公司准备继续营业，调协程序与"二、Bb"相同。	不解散
		c. 调协程序进行中，因债权人反对而撤消调协时，移行于破产程序，参考"二、Ab"及"二、Bd"。	解散（见后）
三、破产	A1. 在进行清算中之公司，财产不足清偿债务未为和解声请或和解不成立者，则见"一、Ac"。 A2. 在进行清算中之公司，财产不足清偿债务，已成立和解而因故撤消和解者，见"一、Ad"。	a. 宣告破产后，即就破产程序解散公司。	解散
		b. 宣告破产后，公司提出调协计划而经债权人及法院认可者，依调协程序清偿债务，见"二、Ca"。	解散

（续表）

项目	原因	进行程序及转变为 他种程序之原因	是否 解散公司
三、破产	A3. 在进行清算中之公司，宣告破产后而已经成立调协计划，原因"二、Cc"之原因撤消调协者。	c. 宣告破产后，已经成立调协计划，而因二、Cc 而撤消调协者，依破产程序解散公司。	解散
	B1. 继续营业中之公司，因财政上之原因被迫停止支付，或财产不足清偿债务，未为和解声请和解不成立者，见"二、Bc"。 B2. 上述公司，已成立和解而因故撤消和解者，见"二、Bd"。 B3. 上述公司，已宣告破产后，成立调协计划，复因"二、Cc"之原因撤消调协者。	a. 宣告破产后，即就破产程序清偿债务。	解散
		b. 宣告破产后，公司提出调协计划而经法院及债权人认可者，依调协程序清偿债务，见"二、Ca"及"二、Cb"。	不定（见前）
		c. 宣告破产后，已经成立调协计划，而因"二、Cc"而撤消调协者，依破产程序清偿债务。	解散

第二项　合伙之清算与和解破产

合伙组织与公司组织不同之点，在于合伙组织对外以伙员之个人名义负责，仅合伙财产系依契约之规定为合伙员所共有而已。因之合伙解散时，（此处所谓解散，不包含因停止支付或财产不足清偿债务而解散者在内）需经清算之手续，与公司同。而合伙停止支付或财产不足清偿债务而"倒闭"时，其和解与破产之程序，则与公司不同。兹亦依前例为之逐项分析说明如次：

一、合伙解散清算时可能的发展。

[本项所谓解散，其原因为：（1）合伙存续期限届满，（2）合伙人全

体之同意，（3）合伙之目的事业已完成或不能完成者。（具体）见《民法》第六九二条。]

A. 合伙财产足够清偿债务时，就清算程序而解散合伙。

B. 合伙财产不足清偿债务，而各伙员照数偿清者，就清算程序解散合伙。

C. 合伙财产不足清偿债务而各伙员又不能立即如数偿清者，由伙员中一人或全体，以个人名义声请和解。和解而能成立，即依和解方案清理债务，此与个人之债务人清理其债务之方法相同。

D. 和解成立后，而合伙债务由伙员中一人或若干人代全体伙员偿清者，此等伙员，得以代偿款项，向无力清偿之伙员要求偿还，并得向法院声请，宣告该无力清偿伙员破产。代偿伙员代理破产伙员偿还债务之部分，得为该伙员之破产债权而受清偿。（此破产伙员，并得依和解或调协之方法清理其债务，详细办法见前。）

E. 和解不成立时，合伙债权人得于全体伙员中择资力最富者一人或若干人，向法院声请宣告其破产。债权人对合伙之财产，得全部作为破产债权而受清偿。

F. 在 D、E 两项情形下，和解之撤消，及调协之成立与撤消，均与本节第一项所述公司之情形相同。

二、合伙因财政原因而被迫停止支付，或合伙财产不足清偿债务而"倒闭"者之可能的发展。

A. 因合伙在未"倒闭"前，各伙员已尽量维持，故合伙倒闭后，各伙员决无力立即全部清偿债务，而须按清算情形下 C 项办法声请和解。和解办法规定合伙继续营业者,合伙并不解散。反之,则解散合伙而变产清偿债务。

B. 和解成立后,合伙债务由伙员之一人或若干人代全体伙员偿清者,代偿伙员与未偿伙员间之交涉,与清算情形下 D 项相同。

C. A 项之和解不成立时,无论和解方案是否规定合伙继续营业,合伙债权人得声请宣告伙员中一人或全体破产,其手续与清算情形下 E 项相同。此时因合伙财产为破产财团之一部分,须加入破产财团分配,故合伙只能解散。

D. 和解之撤消,调协之成立及撤消,均见前述。

由上所述,可知合伙之和解,虽须以一二伙员个人资格声请,但和解之成立,亦可使合伙继续存在而不解散,惟此时合伙契约,必须有所更改而已。

上述情形,为合伙财产不足清偿债务时之情形。设合伙伙员个人宣告破产,法律上仅使该伙员退股(《民法》第六百八十七条第二款),而不足以解散合伙。但设破产人为合伙之重要伙员,则事实上又足以构成合伙之解散。盖此时全体伙员失其重心,合伙信用大为低落,合伙财产因退股之故而显著减少,必无法继续营业,或使全体伙员为解散之决定也。

此外独资商店之停止营业,无须经过清算手续,已如前述。同时独资商店本身,亦无所谓和解与破产,仅资本主个人有所谓和解与破产。资本主个人和解或破产之手续,与本节第一项所述并无不同。而在和解或调协情形之下,其所营商店,尚有继续营业之可能,否则只有变产清偿之一途耳。

第二节 论清算及和解破产会计之主体

研究清算及和解破产会计之第二问题,为其会计上之主体问题。按在企业继续进行营业之际,企业会计之主体,为企业之所有主。换言之,此时企业之管理权,在资本主或伙员股东手中,整个企业会计依资本主伙员股东之意思而记载。同时,企业损益之计算,资产负债之估价,亦依企业资本主、伙员股东之主观予以决定。但在清算及和解破产程序中,此项原则是否有所变动,亦应加以研究也。

试先观察公司及合伙在清算程序中,由何人主持。按《公司法》第五十二条规定:"解散之公司,在清算中,于清算范围内视为尚未解散。"又第二百零五条规定:"公司之解散,除合并及破产外,以董事为清算人。"又第二百零六条规定:"清算人除由法院选派者外,得由股东会决议解任。"可见清算进行中,公司仍保存其法人之资格,且清算事务,实由董事秉承股东会意志而实施。清算中公司之财产或营业,既仍由公司股东委托董事管理,则公司清算会计之主体,与继续营业时会计之主体,实无所区别也。至于合伙之清算,则有《民法》第六百九十四条之规定:"合伙解散后,其清算由合伙人全体或由其所选任之清算人为之。"其情形与公司相同。

公司合伙或个人为清理债务而进行和解程序时,会计主体,亦仍为公司合伙或个人本身。按《破产法》第十一条:"和解声请经许可后,法院应指定推事一人为监督人,并选任会计师或当地商会所推举之人员或其他适当之人一人或二人为监督补助人。"又同法第十四条:"在和解程序进行中,债务人得继续其业务,但应受监督人及监督辅助人之监督。"又同法第十八条规定:"监督辅助人之职务为:保管债务人之流动资产及其业务上之收入……"可见（在）和解程序进行中，公司合伙或商店之业务管理权，仍在资本主、伙员、股东手中，而无所变更，所不同者，法院为保障债权人利益计，应予债务人以严密之监督而已。是以和解会计之主体，与清算会计同为企业之所有主。

或以为债务人之流动资产及营业收入，既须由监督辅助人保管，营业管理权，即无异操于监督辅助人手中。骤视之此说似甚有理，实则不然。盖此时债务人整个财产，均在监督辅助人监督之下，流动资产及营业收入之保管，不过为监督之一步骤而已。此种监督，未能影响于整个管理权之移转。亦犹银行借款于公司，派员监督其财政，管理其存货及出纳事务，不能遽谓公司之营业管理权已移转于银行也。

公司或个人受破产宣告时，破产会计之主体与清算会计及和解会计截然不同。按《破产法》第七十五条："破产人因破产之宣告，对于应属破产财团之财产，丧失其管理及处分权。"又同法第八十一条："破产人应将与其财产有关之一切簿册文件，及其所管有之一切财产，移交破产管理人。"又同法第三章第六节关于破产财团之分配，规定由破产管理人秉承债权人会议意志为之。由是可见，破产人宣告破产后，即无权处分、管理其财产，此项处分及管理权，已移入于破产管理人之手。而破产管理人，系破产债权人之代表。破产管理人之会计，系从债权人处分破产财团而受分配之立场，记载破产程序中发生之一切事实者。因之，我人可确定破产会计之主体，为破产债权人而非破产人，此破产会计与清算及和解会计之最大差别也。

根据上述分析，我人可知在清算及和解会计中，无论其应用何种价值标准以估计其资产价值（关于估价标准之问题，当于本文第三节评论之），账簿记载当仍继续清算及和解程序以前之旧簿而毋庸另立新簿。何则？会计主体未曾变更故也。至企业宣告破产之时，破产人之账簿记载，当立即完全结束，破产管理人之账簿记载，当完全重新开始，与破产人之记载无直接关系。盖破产会计之主体，并非破产人（旧企业之所有主），而为代表破产债权人之破产管理人。破产管理人关于破产财团、破产债权、财团费用、财团债务等项之记载，实根据其自身所接收、登记，及接收后所发生之事实为之。破产人旧有之记载，仅能作为参考，而不能作为根据者也。

第三节　论清算及和解破产会计中资产之估价问题

研究清算及和解破产会计之第三问题，为对于资产价值之估计，当采取何种标准？应为继续营业价值（going concern value）乎？抑为变现价值（cash realization value）乎？又账簿中关于资产之记载，当依继续营业价值乎？抑依变现价值乎？①

资产之估价，当按照何种标准，应视企业之是否解散而定。当企业在清算和解破产程序中，决定或准备解散者，为计算企业所有主及债权人究得分配若干计，估计其资产价值，自必须按照变现价值而无按照继续营业价值之理。至在和解及调协程序中企业准备继续营业者，又必须按照继续营业价值而无按照现价值之理。此关于资产估价问题之解答也。

---

① 按资产之估价与资产之记载在清算及和解破产会计中实为二事。例如行将解散之公司，于其资产价值之估计当按清算价值。但账簿上仍可照旧有之继续营业价值记载其资产。至逐项资产变现之际，始将变现所得价金与继继营业价值之差，记入变产损益账内。我人于研究此问题时所以分成一项者，职是故也。

然而资产之账簿记载，又未必应用估计资产之价值标准。账簿记载应用何种价值标准，应视会计主体之是否转移而定。因之在和解及调协程序中准备继续营业之企业，资产照"继续营业价值"估计，同时又因会计主体并不移转之故，账簿上亦按"继续营业价值"记载之。在清算及和解破产程序中，企业准备解散者，虽资产之估计应按变现价值，然设会计主体并不移转，账簿记载仍可按照继续营业价值。仅如破产财团之财产，及破产债权等等，均由破产人（企业所有主）之交由破产管理人管理者，破产管理人之账簿价值，当按照变现价值。盖企业准备解散而会计主体未曾移转者，企业所有主除于清算开始时须估计可分配之残余资产为若干外，在清算及和解进行中，亦应计算因变产清偿而确实发生之变产损益。此项损益，事前虽能大略计算，然其实现，必在变产清偿之时。设资产按变现价值估计后，立即改变账簿记载，则变产损益，必经二次修正，在会计上实等于增添不必要之繁复手续故也。

根据上述分析，将清算及和解破产会计中资产之估计及记账价值标准，列表说明如下：

项目	会计主体	估计资产之价值标准	账簿记载之价值标准
一、清算	企业所有主	变现价值	继续营业价值
二、和解之不准备解散者	企业所有主	继续营业价值（为使继续营业或变产清偿两者，对债权人之利害有确实比较计，可同时根据资产之变现价值估计，使与继续营业价值相比较）	继续营业价值

（续表）

项目	会计主体	估计资产之价值标准	账簿记载之价值标准
三、和解之准备解散企业者	企业所有主	变现价值	继续营业价值
四、破产	破产管理人	变现价值	变现价值（变现清偿时实现价值，与开始记账时之价值不能完全相同）

附注一：上表所谓和解破产，包括正在清算中之公司，因资产价值不足清偿而声请和解及宣告破产中在内。

附注二：破产宣告后成立调协者，适用和解项下之办法。

作者于拙著《和解及破产会计概要》一文之第三节内，曾以为在进行和解及破产程序中之企业，当估计其资产价值之时，不论其是否继续营业，当一律以变现价值为标准。迄于最近，自以为此项主张，实欠妥善。盖企业在进行和解程序之时，和解方案及财政状况说明书，均以企业所有主之主观意志提出。设和解方案内，希冀能继续营业，而财政状况说明书内，则以变现价值估计其资产，法院又何能根据实际情形，在允准债务人继续营业条件下，许可和解之声请乎？在此情形下，债务人提出之财政状况说明书，自应以继续营业价值估计其资产，并附列各项资产之变现价值，使法院以保障债权人利益之观点，详细比较企业应否继续营业也。

第四节　论清算及和解破产之会计报告表

法律关于清算及和解破产程序中应编制之会计报告表，计有列各项规定：

一、关于清算者[①]

A.《公司法》第六十一条："（无限公司）清算人就任后，应即检查公司财产情形，造具资产负债表及财产目录，送交股东查阅。"

B.《公司法》第六十六条："（无限公司）清算人应于清算完结后十五日内，造具决算报告书，送交各股东请求其承认。"

C.《公司法》第二十条："（股份有限公司）清算人就任后，应即检查公司财产情形，造具资产负债表及财产目录，提交股会请求承认。"

D.《公司法》第二百一十一条："（股份有限公司）清算完结时，清算人应于十五日内造具清算期内收支计算表、损益计算表，连同各项簿册，提交股东会请求承认。"

二、关于和解者

A.《破产法》第七条："债务人声请和解时，应提出财产状况说明书，及其债权人债务人清册，……"（按同法第六条之规定，财产状况说明书及债权人债务人清册，当提交法院。）

三、关于破产者

A.《破产法》第八十七条："破产人经破产管理人之请求，应即提出财产状况说明书及其债权人债务人清册。前项说明书，应开列破产人一切财产之性质及其所在地。"

B.《破产法》第九十四条："破产管理人于申报债权期限届满后，应即编造债权表，并将已收集及可收集之破产人资产，编制资产表。"

---

① 合伙清算时，清算人所应造具之会计报告表，法律并无规定。

C.《破产法》第一百三十九条："前项分配（破产财团之财产之分配），破产管理人应作成分配表，记载分配之比例及方法。"

根据上列各项规定，我人于各种会计报告表及其编造人及接受人，可编列一表如下：

项目	编制时期	表名	编造人	接受人
清算	1.清算开始时 2.清算终结时	资产负债表及财产目录，收支计算表及损益计算表（决算报告表）	清算人同	股东同
和解	1.和解程序开始时	财产状况说明书及债权人债务人清册	债务人	法院（利害关系人得于法院内阅览或抄录该项报告表）
破产	1.破产程序开始时 2.申报债权期限届满时 3.破产财团之财产分配时	财产状况说明书及债权人债务人清册，分配表	破产人 破产管理人 破产管理人	破产管理人 利害关系人（债权人）由法院公告之

以上各项，我人当更就其内容为详尽之研究。兹请分为清算及和解破产三项论之。

第一项 清算会计中之报告表

清算会计中之报告表，可分为清算开始与清算结束时两种，已见前述。清算结束时之报告表，内容较为简单，清算开始时之报告表，则须待研究讨论之处极多。

清算开始时清算人所编制之资产负债表及财产目录，须估计清算终了后，各股东所能领受残余财产之分配究为若干，故于资产价值之估计，当系按照变现价值，而非按照继续营业价值。然而在公司未开始清算前之各期，资产负债表，均按继续营业价值编制，清算资产负债表而仅列变现价值一项，将使各股东不能明了清算时可能发生之变产损益。因此，清算资产负债表，应同时列入继续营业价值及变现价值两项，并由此以计算清算中之变产损益焉。

然于此有一问题焉，即清算资产负债表，是否与财产状况说明书（statement of affairs）相同是也。作者于拙著《会计学》第九编及《和解及破产会计概要》文内，曾以为财政状况说明书，即系清算资产负债表，又以为债务人声请和解及宣告破产时，所须提交法院及破产管理人之财产状况说明书，与清算时所须提交股东之清算资产负债表，内容并无不同。近日再加研究，觉此种主张，实未能成立。盖通常之清算，财产常足够清偿债务，清算资产负债表之目的，不过为告知各股东所能领受残余财产之分配为若干而已。至于财产状况说明书，则为不能清偿债务之债务人（insolvent debtor）所用，其目的为说明财产如何清偿债务，无担保之债权人所能得之清偿成数为若干。由是清算资产负债表，当计算财产十足清偿债务后之剩余为若干，不必分别计算作为债务担保品。财产及不作为债务担保品财产之总数，又有担保债务及无担保债务之总数。而财产状况说明书则恰与此相反。由是而言，清算资产负债表与财产状况说明书之对象，内容并不相同，两者并不能混为一谈也。

清算结束时之收支计算书及损益计算表，自当详列期内变产清偿之经过,及变产清偿中与清算前资产之继续营业价值相差之变产损益、清算费用等项。详见拙著《会计学》第九编。

第二项 和解会计中之报告表

《破产法》所规定债务人于和解程序中必须提出之报告表,为财产状况说明书一种。(债权人债务人清册,不过为财产状况说明书之附表而已。)此项说明书之内容如何,当首先予以讨论。

债务人于声请和解之时,和解方案中提出和解之办法,有继续营业与否之异。债务人之准备继续营业者,财产状况说明书内,资产价值当按继续营业价值估计,此于本文第三节内已曾述及。惟在此种情形下,财产状况说明书内,应兼列资产之继续营业价值与变现价值二项,且应分列作为债务担保财产及不作为担保财产之总数,与有担保无担保债务之总数。盖必如此,方能明白表示各种债务之地位,并显示继续营业对于债权人是否有利也。

债务人不准备继续营业时,财产状况说明书内,即可不必列入资产之继续营业价值,仅列变现价值一项已足。即资产之购入成本、账面余额,亦均不必记入表内。盖此时财政状况说明书之作用,仅欲使法院及债权人,明了债权可受分配额,及决定和解办法之是否公允。债务人主观上之估价,无论高低,与法院及债权人无关也。

企业在和解程序中解散者,和解程序亦即为清算程序。故清算会计中清算结束时之收支计算书及损益计算表,亦须编造,以便分发各股东或请求股东会承认。又普通清算开始时所须编制之资产负债表及财产目录,亦须编制,内容当仍如本节第一项所述。盖分交股东之报告,无论资产是否足够偿付债务，毋庸如财产状况说明书之予各种资产负债为详细之说明，以显示各种债务之地位也。

作者于《和解及破产会计概要》一文内，曾谓债务人声请和解时编制之财产状况说明书，无论债务人是否继续营业，均应以变现价值估计资产，理论上未臻圆满，此点已见本文第三节。又该文内于和解中债务人继续营业及不继续营业者所应编制之财产状况说明书，以为其格式及内容无所区别，亦与实情不符，应予更正者也。

第三项　破产会计中之报告表

破产程序中之报告表计分为二类。第一为破产人提交破产管理人之财产状况说明书（及债权人债务人清册），第二为破产管理人提交法院及债权人之资产表及债权表。前者不过提供破产管理人以若干材料，破产管理人于根据此项说明书接收财产及债权外，并应另行搜集资产及举办债权申报。必俟债权申报期限届满，始行编制资产表及债权表也。

破产人提交破产管理人之财产状况说明书（及债权人债务人清册），内容当与准备停止营业，债务人于和解中提交法院者完全相同。资产表及债权表二项，虽由破产管理人编制，但与上项财产状况说明书亦大致相同。不过表中之资产项目及负债项目，较多或较少于财产状况说明书；凭破产管理人主观估计之资产价值，或亦与破产人所估计之价值不同耳。

读者于此应注意：破产管理人之会计，与破产人之会计，为截然二事。破产管理人估计各项资产之价值，应一律按照变现价值，破产人账上之账面价值为若干，不必顾及。因此，破产管理人所编制之资产表，仅列估计变现价值、抵销或别除额，应加分配额等三栏即足（参照《和解及破产会计概要》第六节）。破产财团中之应收账款及应收票据等债权，未除去不能收回数之原额，只须于表内加以注明即可。其他财产之继续营业价值，均无须特予注明。作者于和解及破产会计概要第六节内列示之资产表格式，加入账面价值一项，事实上实无必要者也。

破产管理人所编制之债权表内，账面额一栏，自亦无须设立。又表内破产人之资本一项，亦无须列入。因债权表系破产管理人提交债权人之报告，破产人之资本原额为若干，债权人无注意之必要。同时在破产状况下，破产人之资本，根本已全数消灭，（因财政原而被迫停止支付者，多以和解办法清理债务）列入表内，实为多余。此亦拙作《和解及破产会计概要》一文中应更改之点也。

破产管理人于分配破产财团之财产时，尚应作成分配表。分配表之内容，只须根据债权人清册，就应加入分配之普通债权，逐项乘以定数之百分率，显示各债权人应领受之分配数为若干即可。

（载《会计杂志》1936年第8卷第1期第11—33页）

06 我国会计学术与会计职业之回顾与前瞻

一

我国会计之术导源甚古，惟数千年来会计簿记一科，既无专学，亦未成为专业，历史流传，仅知政府机关于其财政收支，有簿籍记载与四柱清册之报告而已。商家综核收支，计算盈亏，因各有其传统之方法与制度，但簿记组织，类颇疏漏，更未见诸学者之著作与研究。降及今日，我人观于钱庄、典当二业账簿组织与记载方法之谨严可法，且颇合于一般会计原理，知此类营业，因其事实上之需要，各已借数十百年之实际经验，形成相当完密之会计制度。但旧日习惯，商事经营，久见鄙于士林，因而会计之学，亦被目为市侩之术，故不为学者所注意也。

逊清光绪中叶，清廷锐意维新，兵工厂、纺织局、造币厂、铁路、海关、邮政、银行等相继举办，欧西各国会计方法，亦曾随工程、法制、经济等科学术以俱来。当时东西通商，外人在华设立商行，簿籍记载，自尽用其本国制度。国内铁道，多借外资举办，财务行政，权操借款国家，其会计制度，亦各随借款国家之铁路会计方法而规定。海关邮政，创办之责，委之客卿，会计制度，自亦效法外洋。然而当时我国各界，于经营理财之学，太为生疏，故服务各该机关者，各依外人指挥办事。盖以19世纪末叶，欧美各国会计学术，亦未曾十分发达。各公务营业机关之实际制度或已严密可用，但良好之专门著作或教本则极少见。移译介绍，既感困难，国内会计学之研究，遂亦未见其端倪。

因上述近代事业经营之刺激，光绪三十一年（1905年）遂有我国第一部新式会计文献《连环账谱》上下两册出版。是书为龙溪蔡毅若所编译，以木刻本刊行于武昌，所据原本，究为何书，未可考查，但细究其内容，则为宗19世纪意大利三式簿记而译述者，因其所列记账方法，繁累异常，不易通行，故所予事业界之影响极为微弱。后至宣统末年，谢霖氏编有《银行簿记》[①]一书，由商务印书馆发行，是为日后银行改用新式簿记之先声。

民国肇元，百端更新，自是至民国五年间（1912—1916年），我国会计学术，有以下各项重要之发展：

（一）民国元年（1912年），北洋政府审计院设簿记讲习所，聘杨汝梅（予戒）氏为教授，传习"新式官厅簿记"及"会计办事程序"，民国二年（1913年），遂有杨编《官厅簿记讲义》之出版。民国三年（1914年）及四年（1915年），北洋政府先后颁布《审计法》《会计法》《审计法施行细则》《支出凭证单据证明规则》等法规，并由（北洋政府）国务院颁行《普通官厅簿记》，嗣并由审计院加以修订。是项制度，大都仿照日本办法，施行结果，虽不无成效可睹，但因当时政治紊乱，财政又不上轨道，故迄未能赖以建设健全的政府会计也。

（二）民国二年（1913年），北洋政府交通部组织统一铁路会计委员会。三年（1914年），订成铁路会计之各种则例，由部颁行。各路会计制度，大

---

① 谢氏1907年与孟森合著《银行簿记学》，由日本江户簿记学会出版。

体即依该项则例为统一之设定,向之制度歧异百出者,旋归消灭,是为我国事业界统一应用新式会计制度之先声。

(三)民国四五年间(1915—1916年),中国银行聘谢霖、杨介眉等氏改革簿记,试用新式制度,旋交通银行亦由谢氏等为同样之工作,其他银行纷纷仿用,银行簿记制度,亦得为统一之设定。

以上所举官厅簿记与银行簿记二项,制度内容,均仿日本。铁路会计统一委员会之工作,则由美国亚当士氏(H.C.Adams)主其事,故我国铁路会计,可谓源出美国。以言各该改革对于我国会计界影响之最大者,则莫如银行会计。盖政府机关与铁路,与工商界之关系均颇疏远,银行界与工商界之关系则极为密切,银行会计制度之为工商界所仿用,自较易易。迄于今日,我人仍习见许多工商机关,应用银行习用之传票及日记账格式者,非无因也。

以言会计教育,据我人所知,除前述北平簿记讲习所外,南京民国法政大学于民国元年曾开设簿记学班,本人亦为该班学生之一。民国二年(1913年),北平有会计讲习所之设,公私大学,设有商科者较少,开设簿记会计班次者更少,而会计学译著之出版,亦复寥若晨星。

自民国六年至民国十六年(1917—1927年),我国会计学术及会计职业渐趋发展。因当欧战之际,列强无暇东顾,我国新式企业如纱厂、面粉厂等创设颇多,银行业务亦趋发达,东南繁盛之区,公私大学及专门学校因事实上之需要,多添设商科,如南京高等师范商科、武昌高等商业学校、上海商科大学、北京通才商业专门学校等之设立,中国公学、复旦大学商科之创办,以及中学程度之上海商业专门学校等均是。簿记会计译著,自民国九年(1920年)起亦遂逐渐增多,其间不乏较佳著作,如杨端六氏之《商业簿记》与《记账单位论》，童传中氏《高级商业簿记》，吴应图氏之《会计学》与《审计学》，谢霖氏《实用银行簿记》等均是。新式会计之应用范围，亦逐渐自政府、银行、铁路扩大及于工商企业，民国十年左右，商务印书馆、南洋兄弟烟草公司即已改用新式会计，其他企业，采用者亦夥，惜限于见闻，未能一一调查列出耳。

专门之会计师职业，亦于是时渐萌其初芽。民国七年，前北（洋）政府农商部颁行《会计师暂行章程》，惟国人需求未亟，新制推行不广。民国十年（1921年），沪上始有会计师事务所之设立，又三载，上海会计师公会发起，经营匝载，以民国十四年（1925年）三月成立。至民国十六年（1927年）止，上海会计师公会会员凡57人，其中确实执行业务者，复不及三分之一。

综观自逊清末叶起至民国十六年（1927年）止，我国会计学术与会计职业，不过渐现初端。当时我国政治紊乱、军阀割据，大规模企业虽有设立，然欧战后又现衰落，现经营方法，未臻健全，故新式会计之应用范围亦殊狭窄。直至国民政府统一全国，会计学术及职业方有蓬勃发展之现象焉。

二

民国十六年（1927年），国民政府底定东南，民国十七年（1928年）全国统一以后，三四年中，内战虽尚间有发生，然国内建设已渐合常轨。是时东南一带，因厘金撤废，税制更定，水泥、橡胶、火柴及其他日用品工业创设渐多，加以国内商业科学之研究已较普遍，合理化经营之时机日趋成熟，因而工商会计之改进极为显著。大抵民国十六年（1927年）以后开办之工商事业，多数直接采用新式会计。民国十六年（1927年）以前开办之工商事业，则改进之道不外二端，或延揽会计专才，就其制度为彻底之更易，就本人所知者言，中华书局、招商局、永利化学工业公司均其著例。若则就中式账簿，参用新式会计之原理与方法，国内历史悠久之厂商均采此法，徐永祚氏改良中式簿记之倡导，实于此时肇其端云。

降至民国二十年（1931年）后，国内工商事业发展之速度，虽因东北被侵、长江水灾、淞沪战争等关系显受顿挫，然政府于工商事业之管理渐形严格，事业界于会计改革一举之注意亦较前为甚，故新式会计之推行，仍有进步。至民国二十六年（1937年）所得税征收实施，会计事业之发达益臻其最高点。按我国法令，如《商人通例》《公司法》等虽均有关于商事企业簿籍记载、损益计算、盈余分配之规定，然十年以前，各企业因社会习俗关系，未能严格执行。民国十六年（1927年）后，《民法》及其他重要商法先后颁布及修改，执行亦较严格，其促进会计之改革者，影响已不在小，然其于工商事业会计之改进作用，究不十分显著。民国二十年（1931年），营业税制颁行，因该项税制以营业额为课税标准，似于会计改进不无影响，结果因征税采用包缴制度，遂与商人旧习并无"抵触"。至所得税制颁行，计算应纳税额，一以实际盈余与资本为标准，于是良好之会计制度，不仅为经营与管理上所必要，亦为求纳税公平所必不可缺。各地商会与同业公会，于热心讨论税制之余，改革会计，至成为一时风尚。新式会计，向为大规模事业所特用者，现则普及于较小之商事企业，驯至旧式商店，亦复逐渐应用新式会计，或参用合于新式会计原理与方法之中式簿记矣。

至于我国首先应用新式簿记之银行铁路，在此期间，会计方面亦复多有改良。就银行一业而言，十余年前，会计制度虽各行悉属一致，其实则因当时银行业务尚属清简，制度内容不免失之于简略。民国十六年

（1927年）前后，各行总处南迁，业务日趋繁复，会计方面遂多有改良，迄至今日，银行会计制度之尚存二十年前面目者已不多觏。现在铁路会计，迄民国二十六年（1937年）为止，虽因民初会计则例规定颇详，尚称适用，但经前铁道部研究改良亦复不少。他如清末创办之邮政电讯事业会计，亦各于此期间内有大量之改革与显著之进步焉。

在政府会计方面，改进之多，尤可叹服。民国十六年（1927年）国民政府底定东南统一全国之时，政府计政，尚多遵循北（洋）政府时代旧制，民国十九年（1930年）国府聘甘末尔（今译为"凯末尔"）设计委员会来华，从事我国货币财政之改革研究事宜，该委员会所附会计专门委员会财务制度及政府会计，曾多所建议，政府立法计政当局根据实情，酌定超然主计制度及联综组织之原则，积极推行整个科学化的财务与会计制度。迄至民国二十六年（1937年）为止，先后颁行预算会计诸法与中央统一会计制度，付诸实施。各省市地方政府，执行新制，亦复不遗余力，其中如广西、浙江等省成效尤著。各方施行成绩，虽尚乏未能尽合期望之处，但较之北（洋）政府时代，进步之多，已属不可比拟矣。

综自民国十六年（1927年）至民国二十六年（1937年）之十年内，我国会计事业之推进，较之民国十六年（1927年）以前遥为迅速与普遍，尤以民国二十六年（1937年）上半年所得税甫经实行之时为尤著。其所以造成此种趋势者，客观之需要虽为其主因，会计专门教育与普及教育之推行，亦足以助成之。按民国十六年（1927年）以前，国内大学及专门学校之商科，所用簿记会计教本悉为英美原籍，与我国会计实务，实属格不相符。坊间所出书籍，又以普通簿记为止，比较高深书籍，偶一二见而已。民国十七年（1928年）春，立信会计补习学校创立。民国十九年（1930年）拙著《高级商业簿记教科书》出版。民国二十二年（1933年），拙编《立信会计季刊》及徐永祚氏所编《会计杂志》两种创刊。至民国二十五年止，拙编"立信会计丛书"，出版已至30种，其他各家译著，出版种数之多，亦在超越任何期间之上。而会计补习学校之设立，亦几遍于国内通都大邑。会计教育，既普及于一般工商企业中之会计实务人员，会计师业务，亦因商事日繁，日趋发达。截至战前为止，国内领得会计师证书者计达一千五百人，会计师公会，亦已设有十余处云。

新式会计之使用既益普遍，会计学术之研究亦益趋精深。此十年来，会计译著之内容，已不限于簿记及初级会计，凡专门会计如成本会计、高等会计学、审计学、决算表之分析、所得税会计等已不乏佳本。且在前一期间会计编译工作，偏重介绍，最近十年来因会计之应用已广，经验已富。故学术之研究，与实务工作间之关系日益密切，会计学术，已非悉属舶来品，所谓"中国会计学"者，已在逐渐形成之中。其间如徐永祚氏改良中式簿记之倡导，于旧工商界之改用新式会计，颇多助力。著作方面如雍家源氏所著《中国政府会计论》，顾准氏所著《银行会计》《中华银行会计制度》，及拙著《会计学》《股份有限公司会计》等书，均以我国实际情形为研究之对象，对于本事务所同仁编译《会计名辞汇译》一书，前年又有修订本之出版，对于我国会计名词之统一，当不乏贡献焉。

在会计学术团体方面，民国二十三年（1934年）有中国会计学社创设。民国二十四年（1935年），会计学社主办《会计季刊》（南京）、《会计杂志》（上海）二定期刊物，继续出版。至八一三战事发生为止，于会计学术研究之推进，极多影响。而各大学专门学校会计学术团体之组织，亦复先后继起，极一时之盛焉。

回溯民国十六至二十六年（1927—1937年）十年之间，国内会计事业与会计学术进步速率，颇可惊人。十余年前，国内人士，犹多不解会计师为何种职业，今则会计师业务视前已为普遍。十余年前，政府工商机关，以会计一职与庶务书记并视，亲戚私人只须其略通文义，均可委其担任，今则各机关聘用会计职员，几多以考试方法出之，苟非学习有素者，势无任事希望。盖此十余年中会计已成为一种专门职业，与医药、工程、法律等专家等视齐驱矣。

三

民国二十六年（1937年）秋间，我国工商企业方极繁荣，全国建设方以一日千里之势猛进，会计事业与会计学术方处前所未有之黄金时代。平津淞沪，战事突起，东南平津一带，交通工商事业悉告停顿，旋又以炮火毁损，与没收侵夺，致使原有建设事业，十去七八。自民国二十七年（1938年）下期以后，战局日趋稳定，内迁工厂已多数开工，而上海租界区域内工业恢复之步骤亦速。此种演变，使我国会计事业之发展，循另一路径以进。约略言之，则会计事业与会计学术之向以上海为其中心者，现因西南建设之进展而逐形"西渐"。盖内地新创事业与内迁工厂，不若旧有事业妞于积习，因而采用新式会计之趋势益著，复以西南各省，所得税继续征收，民国二十八年（1939年）起更增征过分利得税，是其有裨于内地原有工商事业会计改革者当颇巨大。返顾沿海各省，津青粤汉各地，生产事业殊少国人办理之余地，会计事业因是无从谈起。上海一埠，民国二十六、二十七两年（1937—1938年），事业界即使恢复营业，多存五日京兆①之心，亦不复求经营管理之精密，会计改进工作显现停顿现象。民国二十八年（1939年）以降，各种企业因种种之关系，多能获致巨利，而观察时局，似乎在此畸形局面下之上海，亦不无继续营业之余地，因之会计之改进，渐复受人注意。因此战事发生三年后之今日，无论在西南，在上海，会计专才之需求，渐复常态，较之战事初起之时，大批人才之痛遭失业者，盖已有不同矣。

三年以来，政府会计建设始终循原定方针逐渐进展，毫未因战事关系趋向停顿，此实计政立法当局之努力不懈，有以致之。综计三年以来，主计法令之新经颁行者计有《公库法》《决算法》《审计法》《预算法施行细则》《公库法施行细则》《审计法施行细则》等六种。其中《公库法》于民国二十八年（1939年）十月一日起施行，其有裨于财务行政与会计改革者至巨且大。此外，中央各机关及所属普通公务单位会计制度之一致规定，于民国二十八年（1939年）初颁行，旋民国二十九年（1940年）初又因实施《公库法》关系而经修改，是于政府单位会计制度之改进，意义极巨。至于三年来各省市政府新设会计处，从事计政改革者，复有粤、鄂、湘、赣、黔、川、陕、甘、浙诸省暨重庆等市，于地方政府之会计改革当有良好之推进也。

会计教育，三年以来，自始未见有如何之顿挫。上海各大学专科学校及会计补习学校学生数目，自民国二十七年（1938年）上期以来大致即已恢复旧观，本人创设立信会计专校，亦已于去秋开学。香港、重庆、桂林各地新设会计补习学校多所，其中重庆一地所设立信分校计有两所。至于内迁学校之会计科系，除西南联大、复旦、光华、大夏等校本已设有专系

---

① 五日京兆：指任职时间短。典出《汉书·张敞传》。

者外，新设科系者有重庆大学之会计系，丁洪范氏主之，中央政治学校之会计专修班，闻亦有、邹曾侯诸氏主之，广西大学之会计专修班，本所同仁蔡经济氏刻方任教其间。会计教育发达之原因，不外事业界于会计人才有所需要。而除此以外，我国青年刻苦求知精神之发达，与夫战事进行中与战事以后"改革"趋势之彰明可知，亦足以助成之。此种现象，固不仅足以证明会计事业前途之光明有望，新中国光明之前途，亦于此卜之矣。

至若三年来会计学术研究之风气，亦见其继续发扬。三年以来，新版及改订版之会计译著，仅就本人所编"立信会计丛书"而言，已在 15 种以上，新版各书，复多研究精深之佳作。原有会计定期刊物，战事发生后本多已停刊，民国二十八年（1939 年）初上海复有奚玉书氏主编《公信会计月刊》之创刊，迄今一年有半。各省政府会计处及各大学会计系或会计学会亦多编行定期刊物。而本所前经刊行之《立信会计季刊》亦于此时复刊焉。

综合三年来会计事业与会计学术之各种情形而言，足征战事发生以来，国内环境虽艰，事业界与会计界尚能排除万难，力谋进取。瞻望前途，战事结束为期不远，事业界之发展正未可量。他日会计事业之规模，或未可与今日相比拟。今日会计教育与会计学术之研究，实为他日发展之准备工作也。

（载《银行周报》1939 年第 23 卷第 5 期第 5—9 页，

《立信会计月报》1941 年第 1 卷第 3 期第 20—23 页，

《正谊会计月刊》1940 年创刊号第 20—21 页，

《正谊会计月刊》1940 年第 1 卷第 2 期第 39 页，

《正谊会计月刊》1940 年第 1 卷第 3 期第 60—62 页，

《服务》1940 年第 3 卷第 5—6 期合刊第 51—56 页，

《立信会计季刊》1940 年第 9 期第 1—9 页）

07 常用会计名词之改正及其说明

潘序伦　顾　准

民国二十二年（1933年），敝事务所同仁着手编辑"立信会计丛书"及《会计季刊》时，常因我国向无统一之会计名词，感觉困难，故曾根据各家会计译著，编为《会计名辞汇译》一书。自民国二十二年（1933年）至去年夏季，五年之间，我国会计译著出版甚多，若干重要法令如《会计法》《商业登记法》《破产法》及所得税法规等亦已先后颁布，会计名词之应用，亦已渐趋一致，遂将《会计名辞汇译》一书，重加修订，本年（1939年）二月，再由商务印书馆出版。

修订《会计名辞汇译》一书之际，除于一般名词，搜集各家译名及意见，为之拟定或选定译名，并附加各种异译名词之研究及注释外，其中一部分常用会计名词，经国内学者之建议，以及敝所同仁之考虑，确定译名有与原来习用名词不同者如分录簿之改为日记账，总账之改为分类账等均是。此类名辞之改译，多曾参照法令理论与事实，加以郑重之研究。敝所所编"立信会计丛书"中各项名词，拟于短期间内按照本书译名，逐一于重版时加以改正。惟是此类常用名辞之改译，敝所同仁所持见解是否确当，未敢自信。故去年（1938年）八月，曾根据改订之《会计名辞汇译》一书，印成《会计名词重要更改表》一种，分发各界同道以作参考。兹以是表解释，尚嫌不详，发行亦未普遍，特再加以补充，并承《公信会计月刊》主编奚玉书会计师之特许，为之发表。所望海内明达，不吝指正，俾我国之会计名词可渐臻于一焉。

英文原名　accounting on the accrual basis

原译名　　应收应付会计制

改译名　　权责发生会计制；权责应计会计制

说明：本辞原译"应收应付会计制"，嗣后丁佶氏于《会计名辞汇译之商榷》中，主张应改为"应计会计制，发生会计制"。国民政府于民国二十四年八月公布之《会计法》第四十四条内，有"各种会计科目之订定，应兼用收付实现事项及权责发生事项为编定之对象"之规定，所谓收付实现事项与权责发生事项者，当指 cash item 与 accrual item 而言。依此推定，accrual basis 当译为"权责发生制"。

"权责发生"一词，若就其兼顾权义观念与时间观念而言，本为一妥当之译名。不过所谓"权责"者，有时或不免作狭义的解释，认为对于第三者债权债务之关系，即英文所谓 claims and obligations 者是，如是则日后并不与第三者发生权责关系之项目，将无从包括在内，结果将与"应收应付会计制"一名，有同样之缺点。但此处"权责"两字，应作广义之解释，即"权"字应包括债权而言，"责"字应包括对于第三者及买主一切确定及或有之债务或所有权在内。又《会计法》所定"发生"一词，虽与原名 accrual 意义符合，但欲求与 accrued interest（应计利息）、accrued dividend（应计股利）等会名一致，颇觉不易，故编者以为"应计"二字不可废。兹以权责发生制与权责应计制两个译名并存。

英文原名　accounting on cash basis

原译名　　现收现付会计制

改译名　　收付实现会计制

说明：依《会计法》"收付实现事项"一语推之，本词译名，当为"收付实现会计制"。此项名词，既可与收付实现制下关于若干种 receivables and payables 记入账内之事实不相冲突，复与 accrual basis 译名之"权责发生"相互对称，故亦从《会计法》所定，改译为收付实现会计制。

英文原名　accrued assets；accrued liabilities；accrued depreciation；accrued wages etc.

原译名　　应收未收资产；应付未付负债；应摊未摊折旧；应付未付工资等

改译名　　应计资产；应计负债；应计折旧；应计工资等

说明：英文 accrued basis 一词，应译为权责发生制，已如前条所述。因之凡 accrued items，均应译为应计项目，如应计资产、应计负债等项。各该名词原译"应……未……"，用字既嫌累赘，而如 accrued interest 等辞，本为应行计算，尚未到支付期之利息，其属于应收抑应付，尚未确定，亦不得不译为"应付未付利息"或"应收未收利息"与 accrued interest payable 及 accrued interest receivable 之译名相混杂，更为不妥。兹依"权责应计"之义，一律译为"应计资产""应计负债"等项。

英文原名　accrued interest receivable；accrued interest payable，etc.

原译名　　应收未收利息；应付未付利息等

改译名　　应收利息；应付利息等

说明：此等名辞，全译应为"应收应计利息""应付应计利息"等。但"应收应计""应付应计"，字面重复，不妨略去"应计"二字，而成为"应收利息"或"应付利息"。按我国会计实务界于 accrued receivables and payables 与其他 receivables and payables 并不注意如何加以分别，大都一律称以应收与应付，故此等名辞略去"应计"二字，实与一般习用之名词相合。

英文原名　　controlling account
原译名　　　统驭账户
改译名　　　统制账户

说明：本辞自近年"立信会计丛书"应用统驭账户一名以来，采用者颇众。惟 control 一字，依照我国通例，应译为统制，故将此辞改译为统制账户，以求一律。

英文原名　　deficit
原译名　　　亏损
改译名　　　亏绌

说明：我国现行法令，对于 deficit 一词，并无确切之译名。《公司法》第一百七十一条仅有"公司非弥补损失……不得分派股息"之规定，此所谓损失，自指 loss 或 accumulated loss 而言，非指 deficit 而言。推原其故，我国《公司法》不许公司以折价发行股票，则公司之 deficit 仅为损失之累积数额而无实收资本之缺额在内。Deficit 之所以译为亏损或亏折者，当以此为主要原因，但严格言之，资本损失及折价等项，若与一般营业损失同以"损失"或"亏损"名之，实欠妥善，故编者主张改译"亏绌"。

按《会计法》第三十四条有"预算亏绌"字样，"亏绌"一词之采用，系根据该项规定而来，惟政府会计上所谓亏绌，系指预算或决算中之收支不敷数额，普通会计指资本之缺额，此则不可不辨也。

英文原名　　double-entry bookkeeping

原译名　　　复式簿记

改译名　　　双式簿记

说明：本辞各家译名，有复记法、簿记法、复记式簿记、复式簿记、双记式簿记、双式簿记、双笔簿记等等。就切合原辞而论，实以双式簿记一词最为简当，目前会计界于复式簿记一名词，虽已极为通用，但"复"系多数之意，实欠切当，故改译为"双式簿记"。

英文原名　　expenses

原译名　　　费用，开支

改译名　　　费用

说明：本词在会计上指进行营业所必需之人工、服务、用品、固定资产之消耗，以及财务上之负担而言。经常发生之损失（losses），应由各期间之收益负担者，亦可称之expenses，由是言之，expenses与expenditures不同，expenditures指资金之支出，此种支出项目，未必尽为expense，而expense除一部分为expenditure外，亦有许多非expenditure之项目，诸如折旧、坏账、迟延费用之摊销等是也。

至目前一般会计书籍及会计实务中所通用之本辞译名，计有费用、开支、用款三者，其中"用款"一词，限用于铁道会计，其他并不多见。开支、费用二词，则有平分天下之势，如银行会计大都应用"开支"，其他各业则杂用二者。在一般会计书籍中，开支与费用二词，亦复同时并见，甚至同一书籍，杂用二名者亦不乏例。

我人之意，以为就字面与涵义而论，开支费用二词，实有其异点。按开支二字，含有"开销"与"支出"之意义，而其来源，与我国旧公私机关之旧管、新收、开除、实在中之"开除"有关，此其所指，自为现金或资金之支出，所有费用中之非现金项目（non cash items）实未能包括在内。会计学在尚未发达之时，费用之概念较为狭隘，时至今日，此项较为狭窄之观念，自己不能适用，则开支一词，亦以避免不用为宜也。

英文原名　　furniture and fixtures

原译名　　　生财装修

改译名　　　器具装修

说明：本词习惯上生财、器具、什器、装修等名，一向混用，并无一定。原译"生财装修"，不过从习惯而已，非因其合于一科学的条件。丁佶氏对于此辞表示反对，主用器具装修一名，并谓"生财"两字仅用于华中一带，至在华南，则无此项名称，且富于迷信思想，以为开业获利之表示，兹改从丁氏意见改译。

英文原名　　journal

原译名　　　分录簿

改译名　　　日记账；日记簿

说明：本词为会计上极通用之名译，我国主要译名，有区分簿、日记簿、分录簿等三名。区分簿为铁道会计用语，铁道会计以外之一般会计实务上，均不称区分簿。日记账为银行会计用语，《商业登记法》亦称日记账，一般会计实务从银行会计称为日记账者极多。分录簿为一般会计译著所通用，近年来且有统一之趋势，但会计实务上称"分录簿"者，则远不如会计译著为普遍。

按英文 journal 一词之本义，实为日记而非区分，会计上 journal 或 journal entry 为区分交易借贷之簿册或记录，意译结果，遂成区分簿或分录簿，其实并非原义。改译为日记账或日记簿，与我国会计实务上一般之习惯相符，亦与《商业登记法》之规定相合。

英文原名　　ledger; general ledger; subsidiary ledger
原译名　　　总账；普通总账；补助总账
改译名　　　分类账；总分类账；补助分类账

说明：ledger 一词，为依交易上事物之种类，将各种日记账之记载重新分类记录之一种簿册，原含有交易分类记录之意义，译为"分类账"虽与原文字源有所歧异，但意义颇为切合，与日记账等名辞相对照，亦颇明了。且总账之"总"字，用于 subsidiary ledger 之译名"补助总账"时，既称"补助"又称"总账"，实似不妥。用于 general ledger 之译名"普通总账"时，与原义"总的 ledger"亦有未合。

《商业登记法》第十六条，称 ledger 为分类账。从此名称，将以上各辞译为分类账、总分类账、补助分类账，当较合理。

英文原名　　net income, net loss, net profit
原译名　　　纯收益；纯损；纯益
改译名　　　净收益；净损失（净损）；净利益（净益）

说明：以上各词，习惯上常以纯收益、纯损、纯益与净收益、净损

（净损失）、净益（净利益）并用。按"纯"字文义上与英文 pure 接近，不能谓为 net 之译名，故以上各词，一律用"净"字而不用"纯"字，所有"纯"字，并主张废弃不用。

英文原名　　net worth
原译名　　　净值
改译名　　　资本净值

说明：本词就原文字面上解释，与 net value 一词实无区别，故可与 net value 同译为"净值"。但会计上本辞常用以表示一企业之资产减去负债后之净数，译为"资本净值"一词，比较能表示 net worth 之真实意义。

英文原名　　perpetual inventory system
原译名　　　永久盘存制度
改译名　　　永续盘存制度

说明：原译"永久盘存制度"一词，"永久"二字，失于静止意义太重，若译为"继续盘存"，似又偏重实地盘点之意义，未能将账面继续结存之意包括在内。且 perpetual 一词，并非仅为"继续"之意，实为永久继续之意，故改译为"永续盘存"，如此则意义比较完全而明显矣。

英文原名　　purchases; sales
原译名　　　进货；销货
改译名　　　购买，购货（购料）；销售，销货

说明：以上两词，会计译著及会计实务界均称为进货、销货，极少异译。丁佶氏以为"进货"二字意义过狭，贸易事业用之适宜，而制造公用事业之购买则包括原料、杂料、机器及各种服务，不宜用进货字样。故建

议"purchases 遇未指明 merchandise 或 goods 时，译为购买而不称进货"。又丁氏以为"sales 之标的物，不限于货，如权利、财产、服务等，均可出售，不能称为货。故销货二字，用于贸易事业则可，否则应译为销售"。丁氏上述主张，确极有理。故 purchases 及 sales 二字应改译为购买及销售。又以此二名词，有时专指物、材料之购买及销售，故另以购货（料）、销货二词为其第二译名。

  英文原名 purchase book; sales book
  原译名   进货簿，销货簿
  改译名   购买簿，购货（料）簿，销售簿，销货簿

说明改正理由同上。

  英文原名 real account; nominal account
  原译名   实物账户；非实物账户
  改译名   实账户；虚账户

说明：原文 real account 不仅指"实物"，无形资产债权等亦包括在内。Nominal account 译为"非实物"，遂亦不妥，故改译今名。

  英文原名 register
  原译名   簿
  改译名   登记簿

说明：register 指特定格式及用途之登记簿（日译记入账），原译为"簿"与 book 之译名相混杂，故改译今名，例如 voucher register, 如译为"付款凭单簿"，恐将误作为付款凭单订成之簿册，故必须译作"付款凭单登记簿"也。

英文原名　　surplus
原译名　　　公积
改译名　　　盈余，公积

说明：本词译名，因中外法例互有不同，极为困难。按英美法系，于公司额定股本以外之资本部分，并不限制或指定其用途，故如股本溢价、股东捐赠、营业净利中保留之部分，一律称 surplus。Surplus 者，剩余或超过数也。一企业之资本净值，超过其投资额或额定资本之数额，自为剩余或超过之数无疑，依此而论，surplus 一词译为"盈余"，实属妥当。

然而我国法律，从德法日诸国法例，规定公司应依法自其营业利益中提存一定比例之数，作为"公积"，备为弥补损失之用，公司股本溢价亦如之。此项"公积"，并非自然之溢额或剩余数，而为一种准备（reserve）之性质，以其为法律所规定，故通称法定公积。反之，在法定数以外自由加提历年净利，与法定公积一同积存之部分，又通称为特殊公积或任意公积。

基于上述原因，surplus 一字，又有许多学者译为"公积"。但前已言之，公积固为资本净值中剩余或溢额部分之一项，但每非剩余或溢额之全部。例如前期净益，盈余滚存等之项目，为 surplus 之一部分，但不能称为公积也。益以公积多少带有"准备"与已分配之性质。将并无"准备"意义之 surplus 译为公积，实欠适宜也。（但公积与准备亦有区别。准备专为某种特定用途而设立，公积不必有一定之使用目的。）

Surplus 译为"公积"，既属不妥，则仍不如直译"盈余"之为妥当。盖"盈余"一词，既可以包括公积与准备，即盈余滚存，与未分配之各期净益亦可兼指，且与原辞溢数之义，亦复相符也。但事实上盈余之一词，我国往往用为 net profit 之译名，《公司法》第一百七十一条有"无盈余不得分派股息"之规定，其中盈余二字，实指 net profit 而言，习惯上之称呼亦然。如是则以"盈余"为 surplus 之译名，不将引起误解乎？编者再三考虑之余，认为习惯固应顾及，但如必须有一科学名辞之创设，习惯一点，有时亦可无须顾及也。

但 surplus 为一总称，我国公司之 surplus account 因法令规定，仍称公积，是项名称不可偏废，故以盈余、公积二词并存。

（载《会计通讯》1939 年第 1 卷第 6 期第 5—10 页，

《公信会计月刊》1939 年第 1 卷第 6 期第 157—161 页，

《立信月报》1939 年第 2 卷第 5 期第 1—5 页）

08 国立编译馆拟定经济学名词初审本中与会计有关各名词之讨论

潘序伦　顾　准

　　国立编译馆近顷有经济学名词之拟定，承其以初审本寄赠，嘱为审查，并发表意见。循读是项初审本之内容及其说明，知是项名词之范围，涉及经济学原理、经济思想史与经济史三项，但其中所列与会计有关各名词，为数亦不在少，盖会计学术本与经济学有密切之关系，经济学名词必包括若干与会计有关系之名词，实为势所必然也。本所同仁对于经济学一科，愧无深刻研究，不敢就全部名词发表意见。至于会计名词，则五六年来，因编著"立信会计丛书"之需要，曾累加研讨，近方有《会计名辞汇译》（以下简称《汇译》）修订本之刊印。故于接到编译馆经济学名词初审本后，即将本所《汇译》一书与经济学名词对照参阅，就二书所同列之名词，无论其译名异同何若，悉数为之列出，详加研究。讨论结果，对于编译馆所拟名词，有表示同意者，有认为本所所拟译名较为妥当者，有同意于编译馆之译名，但认为尚有可予增删之处者，有尚未能获得确定之译名，仅能提出若干意见以供献于编译馆及海内会计学界同仁，俾作参考者。凡此本所同仁研究所得，除另行汇集，寄陈编译馆以供参考外，复因学术名词之拟定，与学术界实务界之关系綦切，故不敢自秘，复以发表于本刊，以供我会计界同仁之研究也。

一、建议在经济学名词初审本中加添与会计有关系之名词

查国立编译馆拟定名词，凡为经济学与会计学两方所通用者，一律以经济学上之意义为定名之标准，故如 allowance 一字，译为津贴、减免，而会计学上"折让""备抵"之意义，则不予考虑。此类名词之拟定，就其为经济学名词之点而言，固无问题，惟同仁等以为经济学名词之拟定，在体例上若能兼顾其会计学上之意义，而于经济学名词以外，另加会计学意义之译名，则其用途似可更为广大。再进一层言之，设编译馆拟于经济学名词而外，另行订定会计名词，自更妥善。如此则经济名词初审本中，如 bookkeeping，debit，balance 一类纯属会计方面之名词，似可删去，而以列入会计名词也。反之，设编译馆以为会计名词与经济学名词互通用者太多，故以会计名辞并入经济学名辞为妥，则现在之经济学名词初审本中，尚可加入许多通用之会计名词。编译馆于拟定现在之经济学名词初审本时，究竟对于此项问题，曾否予以考虑，非本所同仁所知，故重要会计名词之为经济学名词初审本所阙漏未列者，同仁等亦未予以比较搜列，兹仅以经济学名词初审本所列各名词，似可加列会计方面之意义者，列于下表。至各会计名词之涵义，及同仁等拟定是项名词之用意，均见本所《汇译》增订本中，兹不赘述。

英文原名	编译馆拟定名词	建议应加名词
allotments	分地	分配；分配数
allowance	津贴；减免	折让；备抵
amalgamation	合并	创立合并
amortization	摊还	摊销

（续表）

英文原名	编译馆拟定名词	建议应加名词
appropriation①	占有	分配数
bill	票据；证券	账单；收费通知单
capitalization	资本化	资本总额
consignee②	收货人	承卖人
consignment	寄卖	寄卖品
consolidation	兼并；统一；整理	合并
earned income③	勤劳所得；勤劳收入	已获收益
earning power④	收入力；营利力	收益力
gross earnings⑤	总收益	总业务收益
individual proprietorship	个人所有权	独资
operating expense	事业费	营业费用
par	平价	票面额
proprietorship	所有权	资本；业主权
reserve liability	保证责任；准备责任	准备负债
resources	资源	资力；资产
returns	报酬；收益	退回；退货
revenue	收入	收益
unearned income	不劳所得	未获收益
warrants	支付通知单；仓库证券	认股权证
tax	租税	税捐

---

① 分配数为政府会计名词。

② "承卖人"及"寄卖品"二词，与 sales 之译名有关，参见后节 sales 条。

③ 编译馆另一名词勤劳赚得，似可删去。

④ 编译馆另一名词赚得力，似可删去。

⑤ 会计上 gross earnings 指主要营业之收益而言，又关于"gross"一词之讨论，参见第七节 gross 条。

二、建议应加列译名各名词

经济学名词初审本中，各名词之译名，凡其原名之涵义较广，须有数个译名，方足敷用者，其所列译名，原不以一个为限。但若干名词，或除普通译名外，尚有较为专门之意义，因而应以普通译名与专用译名并列者；或除一种意义而外，尚有他种意义，因而须有两个以上之译名者，编译馆或仅就其普通意义定名，或仅就其一种意义定名，似宜均予加列。兹将此类名词综列如下，并就编译馆名词及同人等建议应加名词合并表示之。

英文原名	编译馆拟定名词	建议应加名词
acceptance	承兑	承兑汇票
account	账	账户；会计科目
accounting	会计学	会计
audit[①]	审计	查账
auditing	审计；查账	审计学
bankers acceptance[②]	银行承兑	银行承兑汇票
call loan[③]	活期放款	通知放款
cash account	现金账	现金账户
corporation bond	公司债券	公司债
credit	信用；贷方	贷
current account[④]	活期存款	往来户

---

① 编译馆译 audit 为审计，译 auditing 为审计或查账，似欠一致。

② 编译馆译 trade acceptance 为商业承兑汇票，而 bankers acceptance 仅译为银行承兑，亦有矛盾。

③ 就 call loan 一字本身解释，以"通知放款"一名为妥，"活期放款"似可取消，盖我国金融市场之活期放款，实非 call loan 也。

④ 除银行活期存款外，其他往来账亦可称为 current account。

（续表）

英文原名	编译馆拟定名词	建议应加名词
debenture[①]	债券	信用公司债
debit	借方	借
funded debts	有基金之公债	长期债款
income[②]	收益；所得	收入
government bonds	公债票	政府债券；公债
lease hold	租业	房地租约
margin	垫头；界限	保证金
material[③]	原料	材料
mortgage	抵押	抵押权
output	产品	产量
par value	面值	票面价值
patents	专利；特许	专利权
property dividend[④]	财产份额	财产股利
rebate[⑤]	回扣	退税
rental；rent	租金	租费
suspense account[⑥]	暂记账	暂记账户
syndicate	工团	银团

---

① 美国所称 debenture 系指信用公司债而言。
② Income 用于个人或非营利机关时，应译为收入。
③ 企业管理上 material 包括原料及物料二者通常合称材料。
④ Property dividends 有时亦为派发经常股利之一种方法。
⑤ 编译馆名词中尚有打折扣一词，本所主张删去。
⑥ 编译馆名词中尚有凭账一词，本所主张删去。

三、译名原有两个，本所主张删去一个者

编译馆名词，有时同义译名列有二个，同仁等认为可以删去其一，仅存一词者计如下列。同仁等认为同义译名，仅存一个，即已足用。盖拟定名词，目前应注于标准化之问题。设同义名词有两个，标准名词即无从产生也。

以下各词，仅以与会计方面有关者为限，至纯属经济方面名词之有同样情形者，同仁等未曾细加研究。

英文原名	编译馆拟定名词	建议应加名词
capitalization[①]	资本化；资本还原	资本还原
capitalized value	资本化价值；推算推算所得之资本价值	所得之资本价值
gains[②]	利益；利得	利得
ground rents	地皮租金；地租	地皮租金
indebtedness	债务；负债	负债
original cost	原来成本；原始成本	原来成本
original value	原来价值；原始价值	原来价值
turnover	周转；销场	销场
depreciation fund[③]	折旧基金；贬价基金	贬价基金
drawings	提存；开票	开票
notes payable	应付票据；到期票据	到期票据

---

① 另主加资本总额一词，见本文第一节。

② 编译馆于 profit 一词，译有盈余、利润二名并无利得一名，参见后节。

③ Depreciation 除折旧外，本含有贬价之意义，但 depreciation fund 并无贬价基金之意义。

四、本所对于自拟名词,同意依照编译馆所定名词改正者

本所原来拟定名词,兹复按照编译馆所定名词,觉其较本所拟定名词为妥,因而同意依照编译馆名词改正者,计如下列:

英文原名	编译馆拟定名词	本所拟定名词同意修正者
adjustment①	调整	整理
advances	垫款;预付	预付;预付款项
appraisal②	估价	估价;重估价
appreciation③	评价;涨价	增价
auditor	查账员;审计员	查账员
capital	资本	资本;股本
certificate of indebtedness	债务证书	借据
charges	费用	费用;借入
charter	特许状	执照
circulating capital	流通资本	流动资本
commodity	商品	货物
copyrights	著作权	版权
corporation	公司;职业基尔特	股份有限公司
depreciation④	折旧;贬值	折旧

---

① 整理一词,有自混乱中理出头绪之意义,与原名意义不符,调整一词,合于原义。

② 本所原拟名词,所以定估价、重估价两词者,原为与 valuation 一词求其有所区别,实则 appraisal 一词完全为估价之意义,reappraisal 方为重估价。至 valuation 一词则为企业会计上主观的估价,与 appraisal 本有区别,但其区别并无估价与重估价之分,本所兹同意 appraisal 为估价,并主译 valuation 为评价,参见后节 valuation 条。

③ Appreciation 与 valuation 有相同之意义,故同意加评价一词。增价改涨价,与跌价相对称,亦称允当,故依编译馆名辞改正。

④ 本所主另加跌价一词。

（续表）

英文原名	编译馆拟定名词	本所拟定名词同意修正者
direct labor	直接劳工	直接人工
direct labor cost	直接劳工成本	直接人工成本
face value	票面价值	面值
factor	代理商；要素	代理人
fictitious capital①	虚拟资本	虚伪资产
floating capital	流动资本	流动资产
foreign exchange fluctuations	外汇变动	国外汇兑涨落
foreman	工头	监工；工头
frozen assets	冻结资产	呆滞资产
frozen credits	冻结信用	呆欠
future delivery	期货	远期交易
going concern value	继续经营价值	继续营业价值
goods	物；货物	货物；商品
increments	增益；增值	增价
indirect labor	间接劳工	间接人工
intrinsic value	原有价值	实价
investment	投资	投资；资本
labor②	劳工；劳力	人工
labor cost	劳工成本	人工成本
labor turnover	劳工移动	人工周转率
liability insurance	责任保险	雇主责任保险
original capital③	原始资本	原投资本

① 编译馆另有虚构的资本一词，建议删去。
② 劳工、劳力，与人工本无极大区别，但似较易统一，因经济学上通称 labor 为劳力也。
③ 编译馆另一译名"原来资本"建议删去。

（续表）

英文原名	编译馆拟定名词	本所拟定名词同意修正者
overhead[①]	间接费用	制造费用
pyaroll	工资单	薪工单
mortgagee[②]	承押人；抵押债权人	受押人
mortgagor	抵押人；抵押债务人	出押人
pension	恤金	恤养金
present value	现在价值	现价
private company	私营公司	股份不公开公司
productive labor	生产的劳工	直接人工
products	生产品	产品
profit and loss statement[③]	损益表	损益计算书
public funds	公共基金	公共团体基金
quotations	行市；挂牌行市	价目；价目表
real value	实际价值	实值
redemption fund	还本基金	偿债基金
rediscount[④]	再贴现	重贴现
refund	偿还	回扣
refunding[⑤]	借债还债	调换
relative value	相对价值	相对价值；相关价值

① 本所原拟译名，仅从制造企业之 overhead 着想，故与 manufacturing expenses 同译制造费用，实则 overhead 不限于制造企业，故应译为间接费用。

② Mortgagee 及 mortgagor 民法物权编（疑为《民法要义物权编》）称抵押权人、抵押人。

③ 本所同仁以为损益表一名较损益计算书一词为妥善确切但以现行法令关系，未加改正（参见本所《汇译》第 133—134 页），兹编译馆改定为损益表，同仁自同意改正。

④ 国立编译馆名词中尚有再折扣一词，因英文原名作此用者极少，故主删去。

⑤ 国立编译馆名词中尚有新债还旧债一词，主删去。

（续表）

英文原名	编译馆拟定名词	本所拟定名词同意修正者
reproduction cost	再生产成本	重制成本；重造成本
royalties	特许权使用费	租费；版税
share capital	股本	股份
unproductive capital	不生产的资本	不生产资本
unproductive labor	不生产的劳工	不生产人工

五、建议采用本所译名各名词

编译馆所拟名词中，计有下列各词，本所同仁以为其译名尚不十分确切，故建议采用本所《汇译》所拟名词。其中若干名词，本所同仁于增订《汇译》一书时，曾累加考虑，并于《汇译》一书之《研究及注释》一篇中，予以详细讨论，故凡涉及定名理由而已在本所《汇译》中论列者，即不复在本文中予以详论焉。

英文原名	编译馆拟定名词	本所拟定名词
accumulation[①]	聚积	累积
actual rate of interest[②]	现时利率	实际利率
agency[③]	代理店	代理；代理处；代理人
agent[④]	代理商	代理人；代理商

---

① 聚积一词，于 accumulation 之时间历程未能表达，累积一词，则有经相当期间累积之意义，故主用累积。又编译馆于 cumulative preferred stock 译为积蓄优先股，积蓄与聚积两词亦相冲突。

② 编译馆译名，凡 actual 均译现时，似不及"实际"为确切。如本词与 effective rate of interest 为同义语，其意义亦为实际或有效利率，词为现时，转使词意晦涩难解。

③ 代理店意义太狭。

④ 代理商意义太狭。

（续表）

英文原名	编译馆拟定名词	本所拟定名词
bad debts①	呆账	坏账
balance sheet②	资产负债对照表	资产负债表
capital assets③	固定资产	资本资产
capital outlays④	置产费用	资本支出
capital surplus⑤	资本公积金	资本盈余
constant cost⑥	不变成本	固定成本
constant expenses	经常费用	固定费用
conversion⑦	兑换，交换，调换公债	转换
cost of reproduction⑧	再生产费	再生产成本
cost of production	生产费	生产成本

---

① 见本所《汇译》。

② 本词译为资产负债对照表，似不妥善。按损益计算书编译馆拟译损益表，词意确切简赅，此处加对照两字，除与原文 balance 一词，词意略有关系外，实觉累赘，详细讨论见本所《汇译》。又本所译名，除资产负债表外，并同列平准表、资产负债平衡表、差额表等名词，因编译馆已定译为一个译名，故主均加删除。

③ Capital Assets 固为 fixed assets 之异称，但因系自该种资产之具有固定资本特质而称，故与 fixed assets 同译一词，似不妥善。

④ 置产费用一词，未能与 revenue charges 有显明之区别，参见本所《汇译》。又 outlays 与 expenditure 同义，译为费用，颇不妥善。参见 outlays 条。

⑤ 参见 surplus 条。又国立编译馆译 surplus 为"剩余"，并无其他名词，与此处之译 capital surplus 为资本公积金，亦相矛盾。

⑥ 编译馆译 constant 为不变，variable 为可变，其实 variable cost 并非可变，而为必变，故建议译为"变动成本"，则其对称名词 constant cost 主译为固定成本。

⑦ Convert 可译为折合，conversion 则为转换转化之义，非交换或调换所可表示其意义。

⑧ 编译馆译 reproduction cost 为再生产成本，而译 cost of reproduction 为再生产费，前后不符，参见本文第四节 reproduction cost 条。参见本文第七节 cost 条。

（续表）

英文原名	编译馆拟定名词	本所拟定名词
cumulative preferred stock	积蓄优先股	累积优先股
current liabilities①	活期债务	活期负债
demand note②	见票现付证券	即期票据
documentary bill	押汇汇票	跟单汇票
drawer③	立票人	发票人
extraordinary expenditure④	非常支出	临时支出
financial statements⑤	财务状况表；财政报告	决算表
finished goods	制成商品	制成品
finished products⑥	制成出品	制成品
fixed liabilities	固定债务	固定负债
funds⑦	基金	基金；资金
goods in process⑧	未制成品；制造中商品	在制品

① 参见本节 liability 条。

② 编译馆译 Demand drafts 为即期汇票。

③ 发票人为票据法定名辞，词意亦似较立票人为切合。

④ 中文"非常"两字，习用上用以指非常变异，用为 extraordinary 之译名，似易误解。

⑤ 参见本所《汇译》。

⑥ 以上二词，英文原名字面上虽不同，意上之距离恐不太远，主译为相同之名词。又编译馆于 goods、products 两词，有译为"品"者，如 by-products 之副产品 goods in process 之未制成品，但有时则以 goods 译为商品，以 products 译为出品或生产物，如 goods in transit 之运送中商品，joint product 之连结生产物等，前后殊不一致。本所同仁建议凡独之 goods 当译为物、货物；单独之 products 一词当译为生产品，与他字连缀为一名词者，主译为"……品"或"……产品"，以资一律。

⑦ 参见本所《汇译》。

⑧ 参见本所《汇译》。

（续表）

英文原名	编译馆拟定名词	本所拟定名词
holding company[①]	操纵股份公司	股权公司
hypothecation[②]	抵押	质押
insolvency（insolvent）[③]	破产	无力偿付；无偿付能力
inspectors[④]	监察人	视察员
invoice[⑤]	发票	发货单
lease	租借	租赁；租赁契约
letter of credit[⑥]	信用凭单	信用证
liquidation[⑦]	清账	清算
net amountNet[⑧]	纯额	净额
liability[⑨]	债务	负债；责任
net profit[⑩]	纯盈余	净利益
net revenue	纯收入	净收益；净收入

① 本词 holding 一字，译为"操纵股份"似不如"股权"两字之为适宜。
② Hypothecation 包括动产与不动产之质押不限于不动产之抵押。
③ 破产为 bankruptcy 此词作破产，恐系误译。
④ 我国公司监察人与 inspector 性质不同。
⑤ 参见本所《汇译》。
⑥ Letter of credit 为一种证书并非凭单。
⑦ Letter of credit 为一种证书并非凭单。
⑧ 一词，本所同仁主译为"净"，参见本所《汇译》。
⑨ 本词国立编译馆一律译为债务，而如 indebtedness 则译为负债与债务二词。据本所同仁之意，法律上与习惯上所称债务 debt、indebtedness，与会计上之负债 liability 涵义各有不同，而会计上之 liability 则通常均专称为负债，故凡名词中有 liability 而编译馆悉译为债务者，本所同仁均主改译为负债。
⑩ 参见 profit 条。

（续表）

英文原名	编译馆拟定名词	本所拟定名词
net worth[①]	纯值	资本净值；净值
normal cost[②]	经常成本	正常成本
obligation[③]	债券	债；责任
outlay[④]	费用	支出
participating preferred stock	参加的优先股	参加优先股
prime cost	原始成本	主要成本
profit[⑤]	盈余；利润	利益；利润
profit sharing	盈余分配制；分红法	利益分派
promissory notes[⑥]	期票；本票	本票
protest[⑦]	拒绝支付	拒绝证书
qualified acceptance[⑧]	限制承兑	附条件承兑
quick assets[⑨]	流动资产	速动资产
recapitalization[⑩]	再投资本	资本之重定
salvage[⑪]	救助费	残值；残料；救助及捞救

① 参见本所《汇译》。
② 经常易与 ordinary 相混。
③ 本词原义非指债券。
④ 本词与 expenses 涵义不同，参见本所《汇译》。
⑤ 本词在会计上应称利益，参见本所《汇译》。
⑥ 《票据法》无期票名称。
⑦ 本辞非指拒绝支付之行为，而为拒绝证书。
⑧ 《票据法》有"承兑附条件"之用语似以附条件承兑为妥。限制承兑意义似较晦涩。
⑨ 本词与 current asset 涵义不同，不能同译一词。
⑩ 本词非指重投资本，而为资本额与资本结构之重定。
⑪ 参见《保险法》。

（续表）

英文原名	编译馆拟定名词	本所拟定名词
sleeping partner[①]	隐名股东	匿名合伙人
solvency[②]	资力；偿付能力	有偿付能力
stock dividends[③]	股票份额；股票红利	股票股利
subsidies[④]	津贴	补助费
surplus[⑤]	剩余	剩余；剩余数；盈余
surplus funds[⑥]	剩余基金	剩余金
undivided profit[⑦]	未分配盈余	未分利益
variable cost[⑧]	可变成本	变动成本
variable expense	可变费用	变动费用
waste[⑨]	浪费；荒地	耗费；（荒地）
working capital[⑩]	流动资本	运用资本

① Partner 应称合伙人。

② 本词非指资力，亦非指偿付能力本身，而指具有偿付能力之情状。

③ Stock dividends 通常仅限于分发股利，不作其他分派之用，故股票分额一词似可删去，关于 dividends 一词之译名，参见下节 dividends 条。

④ 本所另一译名奖励金主取消。

⑤ 会计上 surplus 一词，本所同仁主译为"盈余"，参见本所《汇译》。又编译馆于 surplus 一词之同义语 rest 译为盈余，而本词仅译剩余一词，亦不妥善。

⑥ 剩余金非特设之专款，称为基金似不妥善。

⑦ 参见 profit 条。

⑧ 参见 constant cost 条。

⑨ 工业上之 waste 指不可避免之平均耗费而言，非指故意之浪费。

⑩ 本词涵义与 current assets 不同，译为流动资本易滋误解。

六、编译馆经济学名词初审本暨本所《汇译》均拟有名词，但本所同仁建议另拟其他名词者

下列各名词，编译馆暨本所同仁，均已拟有译名，但经本所同仁详加考虑，认为另拟译名，较为妥善。兹将编译馆及本所拟定名词，以及建议另拟之名词，列表于下：

英文原名	编译馆拟定名词	本所拟定名词	建议另拟之名词	备考
assessment	课税	拟派捐税	特赋	—
authorized capital	法定资本；基本资本	额定股本	核定资本；核定股本	—
capital gains	资本收益	资本收益	资本利益	capital gains 在我国本无相同内容之事项，惟可移用于股份有限公司创立时由发起人拟定，经政府核准之资本总额，故主改译为核定资本与核定股本 gain 为利益，非收益
bonus	红利；纯益	花红；奖金	红利；花红；奖金	bonus 与 net profit 意义不同，故未可译为纯金。惟除花红、奖金二义外，亦可用为红利，故建议三词并存
cashier	出纳员	出纳员；收支员	收支员	cashier 原译出纳，系借用日译，习惯上虽沿用颇盛，实不如收支员为切合意义

（续表）

英文原名	编译馆拟定名词	本所拟定名词	建议另拟之名词	备考
cost of labor	劳动成本	—	劳工成本	cost of labor 词义语 labor cost，编译馆译为劳工成本，参见 dividends 条
deferred shares	延期付息股	后取股	延付股利股	—
deferred stock	延期付息股	后取股	延付股利股	—
dividends	股息；份额	股利	股利；分额	dividends 加译份额一词极好，惟股息一词，本所同仁仍建议改为股利，因我国习惯 dividends 往往分为股息及红利两种，译为股息，未足尽其意义也
good in transit	运送中商品	运送中货品	在运品	参见第五节 finished goods 及 goods in process 条
liquidating dividends	—	清算摊派额	清算份额	—
documents	契据；证据	单据	契据；单据	—
double liability	双重责任	加倍责任	双倍责任	—
fair market value	公平市价	公平时价	公平市场价值；公平市价	参见 market value 条
floating debts	短期或流动公债	流动负债	流动债务	—
guaranteed stock	保息股份	保息股	保利股	—
idle time	怠工时间	停工时间	间隔时间	怠工一词，指 sabotage 而言，不切本词意义，停工亦同，故主改间却时间

（续表）

英文原名	编译馆拟定名词	本所拟定名词	建议另拟之名词	备考
income account	收益账；所得账	—	收益账；收入账	income account 用法颇多，可用为 income sheet 之同义语，亦可用为会计上分类账中用以记载收益或收入之账户，但其一般意义，则为收账或收入账。至所得账一词，因 income 之译为所得，几限于 income-tax 似可删去
joint cost	连结成本；联合成本	联合成本	连结成本	joint 译为连结，较联合为妥善，故联合一名，建议取消
joint products	连结生产物；联合生产物	联产品	连结产品	products 似以译为产品为妥，参见第五节 finished products 条
market price	市价	市价	市场价格；市价	—
market value	市场价值	现时价值；时价	市场价值，市价	以上两词，编译馆就"价"与"价值"区分 price 与 value 两者，本所则就"市"与"时"以区分两辞不同之意义，均嫌模糊不切，故主直译为市场价格与市场价值，简称则同为市价

（续表）

英文原名	编译馆拟定名词	本所拟定名词	建议另拟之名词	备考
negotiability	流动性；可转移性	流通能力	流动性；流通性	—
net assets	纯资产	资产净额	净资产	net 主译为净，参见前节
net capital	纯资本金	资本净额	净资本	—
net earning	纯收益	营业净收益	净收益；营业净收益	参见第一节 gross earning 条
net income	纯所得	净收益	净收益；净收入；净所得	参见第二节 income 条
net indebtedness	纯债务	负债净额	净债务	—
net loss	纯损失	净损	净损失	—
net value	纯价值	净值	净价值	—
no-par-value stock	非额面价值股票	无面值股份	无面额股份	编译馆译 no par stock 为无面额股份，本词与之同义，应译同一译名
security	担保；抵押品	—	担保；担保品	—
taxable profit	可征税的盈余	可征税之利益	应课税利益	—
valuation	估价	估价	评价	valuation 为主观的估价，主译评价，以与 appraisal 相区别，参见第四节 appraisal 条
watered stock	虚额股票；水股	掺水股	虚额股；掺水股	—

七、本所同仁并无确定意见，认为尚须详加讨论各名词

除以上各项而外，尚有若干名词，本所同仁虽曾拟有译名，自觉未能完全满意，而编译馆所定名词，亦认为尚有商榷余地，但确定译名，似尚多有困难者，计如下列。此类名词，仅能列述本所同仁考虑所及之意见，提供编译馆暨会计学界同志，加以商榷耳。

purchase，sales

以上二字之译名，有下列应注意各点：

（一）就 purchase 一词可译之字而言，计有"买""购""进"三字，其中"购买"二字可以连缀成词，"买"字缀以"入"字而为买入，亦可连缀成词。就 sales 一词可译之字而言，计有"卖""售""销"等三字，可以连缀成词者，计有"销卖""售卖""销售""卖出"等项。

（二）就上列各字而言，进、销二字，均自他义假借应用，意义殊欠正确。（进货未必尽系买入者，销货未必定系卖出者，详见本所《汇译》）惟有"买卖"二字，其意义既极正确，其应用亦兼及于俗语、文言及法律，最为妥当。（《民法》称为买卖）"购售"二字为买卖之同义语，但其应用，不及买卖二字之普遍。故 purchase 与 sales 两词，其译各当以买、卖、买入、卖出为最佳。

（三）但我国习惯用名词，简单应用买、卖、买入、卖出，有时殊觉生硬。例如 purchasing power 译为买入力，不若译为购买力之通俗适宜。Selling expenses 译为卖出费用，不若译为推销费用之通俗适宜。故由此而发生之问题，即为除买卖二字而外，宜以何字与买卖二字连缀成词，且可适用于与 purchase 及 sales 各有关名词。

（四）本所前译 purchase 及 sales 为进货、销货，不仅进销二字之意义，有欠确切，且以 purchase 及 sales 之行为，限于货物，亦属不妥，故《汇译》增订本改为"购买""购货（料）"及"销售""销货"，系以"购""销"为译名主要字眼，应用购销而不用买卖，仍嫌未能十分切合。但设绝对避免购销二字，则与习惯上"销货""销路""推销"等名词，又复未能完全融合，是其困难之点也。

（五）编译馆译 purchase 为购买，在经济学方面已颇妥善，但在会计学上，如 purchase 等须专指货或料之买入者，究应称为"购货"抑为"买货"尚未确定。又 sales 译为"销售"及"贩卖"二词，就是项名词之本身而言，"贩卖"一词之意义，颇嫌含混，易使人误解为买与卖二种行为之总称，销售二字较为习用，但仍须应用假借字义之销字。就名词之用字而言，当以售卖或卖出为适宜，然在其专指货之售出时，应称售货抑销货，又如 selling expenses 等名词，是否可避免销字而不称推销成本，是又未易确定也。

现于上述如点，可知 purchase 与 sales 二词，在进、销、购、售、买、卖六字之间，应如何选择，应如何连缀成词，如何使名词正确恰当简赅而又不致含混，是实为一困难问题。本所同仁近恒以为买卖二字，最为妥善确切，然事实上恐购买、销售、售卖等字，均未能避免不用，而 purchase 与 sales 与他字连缀而成之名词，亦未能完全避免购销售等字眼也。

gross

与 gross 有关之名词，如 gross earnings, gross income, gross profit, gross revenue 等，本所拟定名词，有时译 gross 为毛，有时译 gross 为总，

前后不一，盖顾虑习用名词颇多也。编译馆一律译 gross 为总，如 gross income，作为总所得（应作总收入；总收益；总所得），gross profit 作总盈余、总利润（应作总利益）等均是。按 gross 一词之确切意义，为应减去某种减除数之项目，而尚未减除减除数者，译为"总"与 total 之意义相混，译为"毛"，则"毛"为粗疏之意，假借为 gross 之译名，固无不可，习惯上亦多称为"毛"然总嫌未能切合意义也。

replacement

本词编译馆译为还原；replacement fund 为抵补基金；本所译为重置，replacement fund 译为重置基金。按 replacement 一词，译为还原，或译重置，与其"重行置备使其还复原状"之本意相较，均似残缺不全（因 replacement 只为还原之一种途径，还原尚有他法，未必均为 replace 也。至于重置一词，则缺回复原状之意），抵补一词，意义晦涩，且设 replacement fund 之译名与 replacement 之译名相异，似亦欠妥。本所同仁曾考虑改译 replacement 为换置、换抵，其间似换置更较切合，但亦未能十分确定也。

tangible assets，intangible assets

以上两词，本所拟译有形资产、无形资产，编译馆拟译实际资产及无形资产。按二词为对称名词，故如译 tangible assets 为实际资产，则 intangible assets 应译为非实际资产；反之，如译 intangible assets 为无形资产，则 tangible assets 应为有形资产。究竟 tangible、intangible 以译实际非实际为妥，抑以译有形无形为妥，本所同仁并无确定意见，盖实际或非实际，有形或无形，均不足以表示其本意，即英文原名之 tangible 及 intangible 亦系假借应用者也。

proceeds

本词原意为某种收入,除去应减除之减除数后之余额。编译馆译名为贷金、实益、收益等三词,似系就 proceeds 适用之场所分别定名而然。本所《汇译》拟定译名为贷价收入,则系仅就 proceed from sales 之 proceeds 拟译,两者似均不妥。又 net proceeds 一词,编译馆译为净收益、纯收益,本所译为净收入。收入、收益等词,又不免与 income,revenue 等词相重复。究竟本词应如何拟定其译名,则有待于编译馆暨会计学界矣。

cost

本词编译馆译为成本或用费,本所仅译为成本,考编译馆之译为成本与费用二词,或以经济学上关于 cost 一词,有时宜称为费用。本所同仁以为经济学上 cost 一词,通用费用与成本二词,或不如悉用成本一词为妥,故费用一词似可删去。

(载《立信月报》1939 年第 2 卷第 10 期第 1—12 页,

《公信会计月刊》1939 年第 2 卷第 6 期第 203—211 页,

《服务》1940 年第 3 卷第 5—6 期合刊第 151—162 页)

09 政府会计之组织及其种类

潘序伦　顾　准

一、普通基金会计之组织

国家财务收支除各特种基金而外，均集中于普通基金。凡属于普通基金之岁入及岁出，应汇编为总预算，复将总预算区分为各个单位，而编列单位预算，然后依据预算，执行财务收支。政府普通基金之会计，所应记载之事项，依法为预算之成立、实施及因实施预算而发生之财务收支，由是而其会计组织，亦与预算之组织相同，而当区分为总会计与单位会计二者。政府普通基金之总会计，即所以记录国家总预算之成立、实施及因实施总预算而发生之财务收支，并予以汇总报告。是项总会计由国民政府主计处主管、政府普通基金之单位会计，应由各个单位机关，或基金之有法定单位预算者，各别设立。各单位会计为总会计之构成部分，总会计则为统制综合整个政府财务之会计。其间关系，正与总预算与单位预算间之关系相同也。

二、普通基金会计之原则

政府普通基金之总会计及单位会计，其记录之原则如下：

（一）记录之范围，以预算之成立、实施及因实施预算而发生之财务收支为限。关于政府财产及长期债务，均与一般会计相划分，而另为记载。换言之，普通基金会计为一种现款收支之会计，惟因现款收支，事先有预算为之统制,故预算范围内款项之收支,视为预算之实施,遂以预算之成立、实施及财务收支,悉数记入账册,以期财务收支之借预算统制者,得以完全记录于账内。

又因普通基金为一种收支会计,故凡属收入不论其为税款之征收,抑为债款之募入,与财产之出售,记账时,悉视为收入之一项。凡支出,则不论其为普通之经费,抑为财产之购置,与债务之偿还,记账时悉视为经费之支出。此种原则实为政府预算之特点(政府总预算及单位预算科目中,均列"债款募入""财产出售"为岁入,"债款偿还""财产购置"为岁出),亦为政府理财之特点,而与商业理财之原则互异者也。

(二)记载之目的,为表示逐年预算实施之状况,与预算实施后,岁计盈绌之结果,故缺少关于损益之记载。关于此点,亦为一般收支会计之共通特质,盖普通基金既仅有收支之记录,而视财产之购置与出售,债务之借入与偿还,同为收支之事项,则自仅能就其记录表示收支之状况,与收支之余绌,而无所谓损益之计算也。

以上二项,为政府普通基金会计之一般原则,而与工商营利事业会计异其性质者也。

三、总会计与国库会计

上节曾述总会计当由国府主计处主管,单位会计则由各单位机关主管。惟查国库收支,悉由财政部负责办理,收入总存款之管理,及各单位机关经费存款之监督,亦为财政部之职掌。是则中央政府普通基金总会计,除由主计处管理而外,财政部为管理国库之必要,自不得不另设国库会计以资记录。申言之,财政部既管理国库之收支,其地位实有类于工商机关之出纳科，财政部之国库会计，遂亦有类于工商机关出纳科之会计，而为总会计之辅助会计。主计处所管理之中央普通基金总会计，其地位则类于工商机关总管理处会计科所管理之会计也。

四、公债会计与财物会计

普通基金之总会计及单位会计，视债务之募入偿还及财产之购置出售，为普通之岁入与岁出，已如前述。按是项办法，固为政府财务一般原则所需要，然政府所负债务总数，及其历年偿还本息之计算，未发债券之管理及收回债券之注销，事实上亦不可不借会计记录为之统制。又财物之购入及出售，在视为岁入岁出入账而外，关于政府现存财物，设非有一种严密之制度，亦无从妥加管理，以防舞弊。此在财物经理机关，如军需署等，于其所经理之大宗财物，尤必须设置财物会计，以应其管理上之需要也。

五、政府普通基金会计组织之系统

由上所述，可知政府于普通基金会计，除主计处所掌之总会计，各单位机关所主管之单位会计而外，复有财政部主管之国库会计，财政部公债司主管之公债管理会计，及各普通公务机关所主管之财物会计，与财物经理机关所主管之财物经理会计。其间总会计为单位会计之综合体，国库会计为总会计之主要的辅助会计，公债会计、财物会计及财物经理会计，则为整个普通基金会计之辅助会计，现将其间相互关系，图示如下：

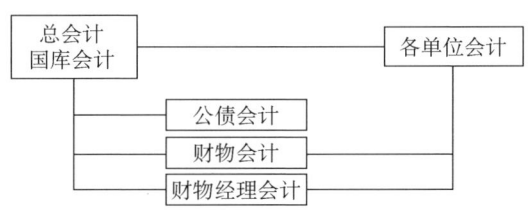

六、附属单位会计

以上各节对于单位会计、总会计及各种辅助会计之概况，已予陈述，兹当就附属单位会计之概况，加以说明。附属单位会计之范围颇广，举凡公有营业机关、公有事机关，或各机关所属之营业或事业部分，以及各机关附属之特种基金，如留本基金、信托基金、非营业循环基金等各特种基金之会计均是。每一附属单位会计，均为一独立之收支单位，其与总会计仅有现金收支或划拨之关联，总会计对之可毋须有统制综合之记录，而事实上因各附属单位会计之性质各有不同，总会计纵欲为统制综合之记录，实亦未易有圆满之结果也。至"附属单位会计"一名词，按照其字义，似指单位会计以下之会计而言，实则此种会计在会计组织上，为独立于普通基金以外之会计组织，而非附属于单位会计之会计组织也。

七、分会计及附属单位会计之分会计

分会计为单位会计机关之分支机关之会计，其会计组织，当视其事务之繁简而定。最简者可仅设序时账簿及备查簿，而不设分类账簿，且对于单位会计之报告，亦可用抄账式之报告法。在事务较繁之分会计则其会计组织，可完全仿照单位会计之组织而设计。但分会计纵有完备之会计簿册与会计报告，在单位会计仍须依此项会计报告为统制综合之记录也。

附属单位会计之内容，上节已有大概之说明。此种附属单位会计，依事实而言，各营业机关实占其大半。附属单位会计之分会计者，盖即指此种营业机关之分支机关之会计，及其他附属单位会计下之分支会计而言。此种分会计之会计组织，大体言之，实与普通企业关于分支店之会计略同，即可分（1）会计完全独立，（2）会计不完全独立及（3）会计完全不独立等三种，而分别拟订也。

八、国有营业会计与国有事业会计

在各附属单位会计之中，尚有性质较为特殊之二种会计，即国有营业会计及国有事业会计是。按就基金之类别而言，国有营业与国有事业，均属营业循环基金，为特种基金之一种。惟是国家所经营之各特种基金，实以营业循环基金为最多。征以目前情形，国家银行、国有铁道、国有航运、交通、邮电事业、国营工业、国营商业为数极多，其性质亦极关重要。至所谓留本基金、信托基金、公债基金，其主管机关，在目前不过为国债基金委员会、中华文化教育基金董事会、管理中英庚款董事会等数个，实属屈指可数。进一层言之，留本基金、信托基金、公债基金等会计之内容，不外为收支会计与投资会计，其处理手续亦较简单。至于国有营业会计与事业会计，种类既多，方法亦复各不相同。则谓国有营业与国有事业会计，为普通基金以外各附属单位会计中最为重要之项目，诚无不当也。

惟是国有营业与国有事业之会计，其原理与方法，与一般政府会计绝不相同，而为普通会计所应研究之对象。国有营业、国有事业在其理财方面与普通企业不同之点，厥在其与普通基金总预算相关联之部分，关于此项关联之详细情形，因非本文范围，姑不论及。

九、《会计法》关于政府会计组织之规定

上述政府会计之组织及会计事务之种类，在《会计法》中均有详细之规定。关于政府会计之组织，照《会计法》第十条规定，分为总会计、单位会计、分会计、附属单位会计、附属单位会计之分会计等五种，其各该会计之定义，则有下列规定：

（一）中央省、市、县各政府之会计，各为一总会计。（第一条）

（二）在预总算，有法定预算之机关单位之会计，及在总预算不以机关划分，而有法定预算之特种基金之会计，为单位会计。（第十二条）

（三）单位会计下之会计，除附属单位会计外，为分会计。（第十三条）

（四）公有营业事业机关、政府机关附属之作业组织，及各机关附属之特种基金之会计，为附属单位会计。（第十四条）

（五）附属单位会计下之会计，为附属单位会计之分会计。

《会计法》所定总会计、单位会计、附属单位会计三种组织，已如以前各节所述。其间分会计、附属单位会计之分会计两种组织，实指政府机关及公有营业事业之附属分支机关之会计而言。此类附属分支机关之会计，原则上为单位会计及附属单位会计之一部分，自可不必视为一种独立之会计组织也。

十、《会计法》关于政府会计事务之规定

《会计法》关于政府会计事务，依其性质，分为下列五类（第四条）：

（一）普通公务之会计事务，谓公务机关一般之会计事务。

（二）特种公务之会计事务，谓特种公务机关，除前款之会计事务外，所办之会计事务。

（三）公有营业之会计事务，谓公有营业机关之会计事务。

（四）公有事业之会计事务，谓公有事业机关之会计事务。

（五）非常事件之会计事务，谓有非常预算之事件，及其他不随会计年度开始与终了之重大事件，其主办机关或临时组织，对于处理该事件所办之会计事务。

《会计法》对于以上各种会计事务之内容，复有下列各项规定：

（一）普通公务之会计事务，分为公务岁计、公务出纳、公务财物等三种（第五条），实际上则公务岁计与公务出纳二种会计事务，即可合并为普通基金之会计，公务财物之会计则为另属于财物管理会计之单独系统。

（二）特种公务之会计事务，分（1）公库出纳，（2）财物经理，（3）征课，（4）公债，（5）特种财物，（6）特种基金等六种（第六条）。其中公库出纳、财物经理、公债等会计事务，均为与普通基金会计有关之会计事务，已如上文所述。特种基金之会计事务，《会计法》释为"除营业基金、公债基金及别为事业会计之事业基金外，各种信托基金、留本基金、特赋基金、非营业之循环基金等，不属于普通基金之各种基金"之会计事务，亦即前节所谓与国有营业及事业，应同列附属单位之基金会计事务也。

至于《会计法》所称特种财物之会计事务，系指国立博物院、国立图书馆等所藏古物书籍等之会计事务，严格言之，是类所谓"特种财物"，实仅须为适当之数量管理为已足，而无保持会计记录之价值。至所谓征课会计，系指各岁入机关关于所征税赋之查定、缴纳，即关于税赋之征课额实收额等之记录，及管理征课所用各重要票照凭证（如印花税等）之记录而言。此项会计为岁入机关单位会计之附属会计，而其内容则当视收入之性质与征纳之程序而异。

（三）公有营业之会计事务（第七条），分为营业岁计、营业成本、营业出纳、营业财物等四种。此四种会计事务，实即为一般营利事业会计之全部，并无特予划分之必要也。

（四）公有事业之会计事务（第七条），与上款所述者相同，但不为损益之计算耳。

十一、《会计法》关于政府会计组织规定之商榷

上述《会计法》之各项规定，对于政府会计之组织，为纵分之规定，而对于会计事务之种类，则为横分之规定，但对于各类会计之组织，则未详定其相互之关联，致使整个政府会计在组织上之构造，未能明白规定，由是而下列各种误会，时易发生：

（一）政府总会计，扩张记录管理之范围于普通基金以外，而认为凡各特种基金以及政府财产与债务皆宜由总会计为统制综合之记录。究竟政府总会计，是否宜扩张其范围至上述之程度，自尚为一可以讨论之问题，作者于此则作否定之主张。关于此点，请参阅上期本刊拙作《中央政府总会计》一文。

（二）公库会计，事实上无论如何当为总会计之辅助会计，但因《会计法》有上述规定，常易认公库会计为单位会计。

（三）财物会计，财物经理会计、公债管理会计为整个普通基金会计之辅助会计，亦因《会计法》有上述规定，常易认为单位会计。

以上公库会计、公债会计、财物会计、财物经理会计等项之认为单位会计，事实上有其实例。民国二十六年（1937年）主计会议第九十七次会议通过之《中央各机关会计事务之性质与组织表》中，曾有下列各项规定：

A. 财政部国库司会计事务之性质，为公库会计事务，会计组织定为单位会计；

B. 财政部公债司会计事务之性质，为公债会计事务，会计组织定为单位会计；

C. 海军部军械处、军政部、兵工署及各地军械库等，除其经费部分之会计为普通公务单位会计外，其财物会计部分，亦定为单位会计。

（四）除此以外，《会计法》对于公有营业及公有事业之基金，虽明定为营业循环基金，其会计为附属单位会计，但中央各营业或事业机关之定为"公有营业单位会计"或"公有事业单位会计"者，亦间见其例。如上举《中央各机关会计事务之性质与组织表》中，军政部北平制呢厂、各兵工厂、中央银行、中央造币厂等，其会计事务之性质均经定为公有营业或公有事业，而其会计组织则均定为单位会计，如此实例，在该表中，尚可发现颇多。

上述《中央各机关会计事务之性质与组织表》中，所有关于各机关会计事务之性质及其组织之规定，与《会计法》规定不相符合之处，或系因法令规定与事实情形间有不同所致。《会计法》在我国法律中为一全新法律，此项新法甫经施行之时，自不免有相当困难，以后当可逐渐改进，而上述事实情形与法令规定不尽符合之处，当亦可以渐趋消灭也。

（载《立信会计季刊》1940年第2卷第11期第1—8页，

《立信会计月报》1941年第1卷第2期第1—4页）

10 我国工商会计应有之改革

一、应速改革

我国会计学术之起源甚早，工商界之会计，向不注意。而其制度大部分抄袭政府会计之方法，加以事实修改而应用，实际上无所谓制度，亦无所谓方法，因循旧习而作。此于古时代工商业中，固无问题，然近世以来，各国注意商业之竞争，作为强国之基础。我国之所以衰弱，其工商企业之不能竞争于世界，实为原因之一，而工商业之所以不能竞争，其原因虽多，但工商会计之不能改进，实为其主。故工商业之应如何发展，应以改革工商会计始。因工商会计，把握整个工商财政，工商财政有办法，则其发展自易也。至其改革要点，应（1）设计完备而简单之会计制度，务使详尽周密；（2）正确计算成本，以作改进产品之根据；（3）改变商人心理，使其明了会计对于财政上之作用。至于改革方式，有两种：即旧制改良及彻底改革。旧制改良不易见效，且其结果，因相沿成习，无法改革。而彻底改革，因件件革新，初时必感困难，但成效为速而大。故大城市，仍以彻底改革，而其余暂以旧制改良，因其于整个商场，无甚影响也。

二、厘订商业法规

我国工商会计之所以不能有规则之发展，实因无工商会计之基本法规。虽然一般会计书籍之讨论，均以工商事业为对象，但仍无有系统之应用。

工商会计，原可依自由之环境而设计应用，无须有强制之规定。此在有工商会计基础者可行，而我国因旧制会计不良，现须改易新制关系，非有较为统一而有强制性之法令规定不可，否则其改革之效果，仍属微少也。

（甲）《商业会计法》

政府亦有《会计法》之公布，此种法令之应用，只适用于政府机关之会计。故欲改革工商会计，首应公布《商业会计法》，此为改革之根本办法，使大小工商业，对于会计之处理，均有基本法则之根据。虽原理之处理，或因环境之不同而有异，但其应用之方式，则相同也。本法应规定者，首为一般之原则，即会计年度、记账单位、记账文字之规定，使全国工商会计，均有一致之规定；次为会计凭证及账簿之应用，规定其一般原则，而有弹性之采用；再为财产估价之标准，务使正确计算，不使国家与商人间发生税务之纠纷；至于最后有罚则之规定，实为促使迅速改革之作用也。此法已由经济部草拟，而经立法院财经二委员会之审核通过，不日由立法院通过公布，将来施行后，对于工商会计改革之帮助甚大也。

（乙）《商业登记法》

我国对于工商之设立，虽有各种法规之规定，但执行不严，一般工商界视法令为具文。且各种法令，既属不备，而内容时有重复，更不足以为工商界服从。然工商会计之改革，与商业登记法令，有密切之关系。因其组织不同，登记有异，而其会计处理，亦有分别也。此法最要者为设立之手续登记，以免有欺骗诈伪之事件发生，因其登记既属未备，其会计手续，亦可伪造。其次为确定工商名称及其负责人之地位，以明责任。此法由经济部草拟后，即送立法院审议中。

三、改订会计制度

会计制度，即为记账之手续及应用之格式，实为处理会计之重要根据，犹如火车之有铁轨也。然工商会计之制度，不若政府会计制度之可以一致而易为，因其工商组织既有不同，而大小亦有相异，故改订必须有弹性。其所以要改订者，实因我国旧式之会计组织，无所谓制度，账簿表格之设置，既属随心所欲，而其登记手续，亦无一定之规定，以致纷乱而无正确之结果。然设计时应先明了各种行业之性质，分类设计，较为适合，其有大小组织之不同者，可以说明其分别采用。至于各种补助登记簿之设置，可以规定原则，或不予规定而各自因事设置，亦一办法也。

四、改制商业账簿

我国旧式商业账簿，格式简单，而印制亦易，全国大小市镇，无不印制备售。各工商业每届更易新账簿，亦纷去购置，既无须事前定制，亦无须设计格式，工商人员均感便利。然我国工商会计之所以不能彻底改革，亦在此也。常有工商人员，谈及对于改革新账，极表欢迎，然对于账簿格式，应向何处购置，常因此不便而终止。虽然我人做事，不能因噎而废食，但新账簿既不可得，不若暂买旧账簿应用，亦即因噎而废食。虽然肚饿，但尚有茶可饮，亦可充饥于一时也。故改革会计，对于账簿之印制，极须筹划，普遍印制，务使大小市镇均有出售。而以前旧式账簿，应一律不准印制，而已印者，最好全部焚毁，以达彻底解决之途。万一数量较多，则只准用作补助账簿，但如此通融，流弊即生。例如我国初行新历时，日历之印制，一律不准用旧历加注，后因初行较难，暂为通融，准新旧并列，至今全国各处，日历牌均有旧历印制，为时如此之久，仍未改观，由此可见改革一事,须有决心,倘欲彻底,即任何牺牲,不加通融,则其收效是易也。

五、改变商人心理

我国原非法治国家,均以人情为主义。对于工商企业之法规,既属不全,而执行又不严格。因此人只知唯利是图,而不知国家法令,偶一执行,均属推诿而讲人情。此种情形,于一种事务之推行,阻碍甚多也。

(甲)守法

守法为人民应有之责任,尤其为商人,因商人除遵守普通法令外,应再守商业法令,而商业法令,较重要于其他法令。商人倘不守法,则欺骗诈伪,无恶不作,小之影响于市面,而大之影响于整个国家财政。例如目前全国金融之不能安定,可说大部分为商人之不守法而投机及走私所致。故商人之守法,较任何人为主要。然如何使其守法,则应先改变其心理,其次国家应保护守法之商人利益,而严格执行非法之商业行为,不让空谈,而以事实表现,则其心理自然改变也。

(乙)信用

我国商人信用,均建立于个人之地位,而并不建立于营业实况。因此个人之行为,较重于事业之表现,此于近世纪中,实不适用。因个人之信用小,而其事业之发展当有限,目前大企业之组织,须集思广益,方能举办,其信用应建立于事业,而非个人。然事业信用之如何建立,即会计报告也。会计报告期以正确,而取得对外之信用,非有良好之会计制度不可。然商人为实现主义,无形之信用,无法使其起作用,所以最好凡商人如有良好之制度,而有正确之会计报告者,政府应绝对信任其所计算之数字为纳税或作指导之根据，如此逐渐可行于商人之间也。

六、改革会计学术大众化

我国旧式会计，既无原理之探讨，又无实务之手续，均相沿口授，以量言，可为大众化，但以质言，则不值研究。现因改革新制，既有原理之研讨，又有实务之手续，故非具有基本之学识可以修读外，倘以口授，实难见效。因其如此，于改革工作，大受阻碍，然欲速达改革之目的，应设法大众化，务使人人有会计之普通知识，则不改革亦已改革矣。本所广州分所主任蔡经济会计师，在会计学社广东分社主编之会计导报创刊号，发表之《会计大众化》一文，言之甚详，读者可以参阅。

（甲）普遍训练

所谓普遍训练，除商业职业学校及大学商科外，在普通中学及小学内，依各生程度之高低，分别教本，增加簿记学科，务使小学生均能通晓簿记之应用，而将簿记会计列为普通常识。

（乙）临时训练

所谓临时训练，即目前一般商人已办会计工作或未办会计工作者，均加以短期之训练。如蔡经济教授主持之广州工商辅导处工商会计人员训导班，专以训练现任工商会计人员为宗旨，使工商界任何人，均有簿记会计之常识，商店中办会计者，有事远离，则不患无人接替，或代办之苦也。

（载《立信月刊》1947 年第 6 卷第 10 期第 4—5 页，

《工商经济》1947 年第 1 卷第 4 期第 3—4 页）

11 会计学之新趋势

关于现代会计学之新兴转变趋势，可分以下数点来讲：

所谓簿记有单式簿记与双式簿记两种。在四十年前簿记书本就有此种之划分，本人在民国十五年（1926年）所编之 *Bookkeeping and Accounting* 一书，即系根据距今三十年前国外之理论，内容亦有单式簿记一章之论述。以后外国学者认为单式不必加以注意，约十年前，许多会计书籍中即将单式簿记之论述删除，故现在中学生已多不知簿记有单式、双式之分矣。今日美国学者认为这种办法不甚妥当，需要复古兼论单式与双式，因为目前一般家庭或小店只应用一本现金簿，无论什么交易仅记一笔账，此为单式簿记之仍旧存在也，若不使读者了解其名称与实务，将易致混杂不清，此其一。

会计学以前所研究者完全是基于资本主义社会中之需要，须计算资本与利益。在二十年前曾有一位美国学者假定一个问题，曰：不在资本主义社会，会计要有改变否？当时不过为一种假想，但在今日社会主义社会中，已难免不发生此项问题。因为在资本主义社会中，系以私人资本与利益为中心，企业相互间有着竞争行为，各个企业收益之如何决定，并没有自由竞争，其注重效率之对象全在成本之计算，故必趋重于成本会计，成本与收入尤必需联系起来。此点对于簿、记方式虽无改变，但会计理论上已由资产之估价转注于收益与成本之决定矣,此其二。

第一次世界大战后,通货膨胀与货币贬值的事实逐渐发生,今日更变本加厉,以货币为估价标准及记账单位,为人们认为当然之事,亦为习惯上之通用办法,此乃将牛羊等许多不同之东西用同一之标准与单位以便加计起来耳。由于今日通货膨胀影响,货币单位价值发生动摇,致以货币为估价标准之方法,亦已发生了问题,即以前美国所谓币值稳定下之价值之学说,亦感不甚妥当。十年前有人主张以购买力做记账单位,现在美国学者正研究中,此其三。

以前我们所读所著之会计书籍,其观点皆着重于资产负债表,并认损益表为次要者。例如以高等会计学而言,大部分为资产估价之讨论,现代英美会计学者观点已不同。他们之观点已注意到损益方面,新出版的书籍都着重讨论收益之决定。固然,以前所讨论资产之估价亦是为了决定损益,如固定资产之折旧,应收账款之坏账以及资本支出与收益支出之划分等,一面系决定资产之价值,一面即为决定损益也,此其四。

以前学者观点注重于资产负债,今日之观点则转趋于损益方面,约有三个原因:

(1)公司组织之发达——公司多系有限责任,往往将资产与负债分为流动与固定两类,以显示其流动比率,而作为债权人之参考。同时会计师为债权人对一个企业查账,亦是以偿债能力为着眼点,将流动资产以时价为标准,固定资产以成本为标准,至于企业之赚钱与否,在所不问也。1929年美国发生商业大衰落,一般公司股票之价值跌落十分之九,因为投资者购入时系根据企业之资产状况而作决定,这样一来,许多人认为固定资产以成本估价靠不住,以成本与时价孰低估价亦靠不住,必须要根据收益资本化价值。资产无收益即无价值,从彼时起遂有人认为资产负债表不可靠,而企业之损益表较为可靠。此项观点之转移,可以说是由债权人方面转到投资人方面。

(2)成本会计之发展——以前企业估价及会计师之查账,皆以资产为对象。在成本会计原则下,此项对象大有问题,因为讲成本会计的人,认为要以收益与其成本为对象,以前只顾债权人而忽略了企业本身。

(3)所利得税之推行——因为政府对所利得税之征收,系以收益为主,故企业对于损益方面不得不详加讲究。

因观点转移,其所发生之影响,实牵动会计学全局,兹分述如下:

(1)现代高等会计学在意研讨收益之决定。

(2)资本支出与收益支出之划分,昔日所有之理论于现在皆不大妥当,我们知道哪一笔支出不是为获取收益而支出;反之,收益支出亦为获取资产而支出,如销货对方即有应收账款之资产,故在支出方面讲,只有成本是中心。资本支出是资产,实际上即是递延费用,完全由于会计有年度划分关系,如果没有年度之划分,则没有资本支出与收益支出之分别。例如东印度公司以前二十年才结账,中国钱庄三五年才结账,后来慢慢地才演成每年每月结账,把不能划分者而去硬行划分,因此有了问题发生。今日我们可以如此认识,即本年度能够收到益处之开支,就作为收益支出,否则就作为资本支出。

(3)损益表上发生变化。由于固定资产之靠不住,诸如将多年的房屋仍要以成本列出,实属毫无意义,所以美国新兴学说认为无须编制资产负债表，只要损益表及流动资产、流动负债项目以能表示企业之真实状况者足矣。以前之资产负债表，系将流动部分与固定部分分为两类，今日美国趋势又近要复古了。在损益表上可以看到销货额、购货额，而求得销货成本，而毛利，再自毛利减去一切管理等费用，而得净利益。今日学者认为制造费用、管理费用，以及资产递延所作成之费用完全一样，不必要有什么毛利、净利之分。尤其在工业中，把电灯、自来水等费用，一部分划入制造费用转入成本，一部分作其他费用，自毛利中减除之，其意义实仅在对内方面，对外毫无意义可言，故在损益表上只须一面成本，一面收益，已扼要明了矣。

（4）审计上亦发生了大变化，美国在1911年开始采用资产负债表之检查，五六年后大为流行，百分之八十以上均采用之，皆忽视企业损益之检查。自1929年商业不景气致使股票惨跌以后，一般对资产负债表检查之信念为之动摇，而认为应着重损益方面之审查，尤其在今日中国情形，资产负债表何能表现企业之实际状况！

（载《立信月刊》1948年第7卷第1期第5—6页，

《现实文摘》1948年第1卷第11期第16页，

《工商经济》1948年第2卷第2期第2、第4页，

《金融日报》1948年1月30日第3版）

会计相关法律法规建设的推动者

01 有限公司会计公开问题

新旧《公司法》之比较

曩者社会组织未臻完密，经济现象，颇为单纯。且民风敦厚，蚀私之举，甚为鲜见。迨社会进化，人事繁复，智识日增，道德沦丧，中饱恶习，司空见惯。故今日执掌度支者，虽自号廉洁自守，恐他人未之信也。值兹公司企业，日趋发达，尤应力倡会计公开之议，昭示大公，使彼操守不谨者，图穷匕见，无可遁形。盖会计公开，一切经济状况，可按图索骥。如贷借对照表、损益计算书，均应经查核、证明、公布等手续，则对外信用，因之肯定。欧美各公司采用会计公开制度，已有年矣，成绩甚著。吾国则反是，非惟不公开，且绝对讳言公司经济实况，何愚之甚也！殊不知愈不公开，最易启人疑窦，公司信用动摇，股东及债权人则末由知其底蕴，袖手坐视，不加援助，欲公司之前途昌盛，岂可得乎？

股份有限公司之特质，在股东之责任仅以所有股份金额为限。不特股东之责任有限，即董事、监察人之责任亦有限。事业失败之际，其所负法律上之责任甚轻，故于营业上易缺诚实之观念。弊端百出，无奇不有。其流弊不特影响于一般股东及债权之利益，甚至贻害社会国家。兹将有限公司会计应行公开之要点归纳如下：

（1）保障债权者之利益。公司之责任既有限，则公司债权者，无论贷款或赊与货物，完全赖公司之财产，以作保障。如不知公司情形，一旦营业失败，债权者大受损失，而无人负责，影响社会公众者太甚。故为保障权利者利益，非使公司会计为相当的公开不可。

（2）保护股东之利益。会计公开，则可免除虚计利益，擅分公积，以公司股票投机之弊。且可免除发起人创立诈伪强获过分报酬之害。故为保护股东利益计，非会计公开不可。

（3）防多数小股东受大股东之欺凌。股份有限公司为资本结合之最著者，故名为由多数股东组织而成，实则大权握于少数大股东之手。公司一切事务受其宰制，小股东无从闻问。故欲谋多数小股东不受少数大股东之欺凌，非会计公开不可。

（4）保护社会民众利益。公用事业为民众生活之中心，储蓄机关为平民生活所依赖，根基不固，营业失败，影响社会颇甚。故为保护社会利益计，非会计公开不可。

会计公开之重要如是，而我国有限公司仍沿旧习，每以会计公开，恐于营业上有泄漏秘密之危机。且原有公司条例，对于有限公司会计公开一端，亦多未有切实之规定。因之，公司会计方面，都缺乏可靠之表示。国民政府鉴于有限公司会计公开问题，对于社会各方之利害，关系甚巨，故于新颁《公司法》作严密之规定，其裨益于商业信用，诚非浅鲜。兹将新旧《公司法》关于会计公开各条规定，择要比较如下：

（1）旧《公司条例》第一百五十八条："董事应将章程及决议录备置于本店及支店，并应将股东名簿及公司债存根簿备置于本店。"新规定之《公司法》第一百四十七条，则修正为："董事应将章程及历届股东会决议录、资产负债表、损益计算书，备置于本店及支店，并将股东名簿及公司债存根簿备置于本店。"新修正文于公司章程及股东会决议录外，复增入贷借对照表、损益计算书两项。盖贷借对照表与损益计算书，足以表示公司之财产状况及增减变化之情形。为公开防弊之计，故特规定应备置于本店及支店，以供检核。

（2）旧《公司条例》第一百八十一条："公司各项簿册，经股东会承认后，董事应将贷借对照表公告。"而新《公司法》第一百六十九条，则修正为："董事应将所造之各项表册，提出于股东会，请求承认。经股东会承认后，董事应将资产负债表、损益计算书及公积金与股息红利分配之决议公告。"此条于贷借对照表应公告外，复规定损益计算书及公积金与股息红利分配之决议，亦须公告。

（3）旧《公司条例》第一百七十条："监察人不论何时，得请求董事报告业务情形，调查公司簿册信件及财产。"所谓"调查"，似嫌含混，且太抽象。故新《公司法》第一百五十七条，将"调查公司簿册信件及财产"改为"调查公司财务状况，查核簿册文件"。"查核"二字，则比"调查"严格多矣。

（4）旧《公司条例》第一百七十一条："复核董事造送股东会之各种簿册，并报告其意见于股东会。"新规定《公司法》第一百五十八条修正为："监察人对于董事所造送股东会之各种簿册，应核对簿据，调查实况，报告其意见于股东会。"较之旧文，严密多多，且属具体规定，监察人不容敷衍塞责。

（5）新《公司法》加入第一百五十九条："监察人对于前二条所定事

务，得代表公司委托会计师、律师办理之。其费用由公司负担。"此亦系政府保障公司会计公开之办法。盖监察人苟使实行监察，非具备会计法律等常识不可。无论监察人是否有此才能，即使有之，监察人亦各有专业，何能耗费长久之时间，以认真行使其职权。故特规定监察人得代表公司委托会计师、律师专业办理，则此后敷衍塞责之弊，可以免除。

（6）旧《公司条例》第一百七十八条："每营业年度终，董事应造具下列各项表册，于股东常会开会前十五日，交监察人查核：①营业报告书，②资产负债表，③财产目录表，④损益计算书，⑤公积金及股息红利分派之议案。上项表册，监察人得请求董事提前交付查核。"新《公司法》第一百六十七条，将"于股东常会开会前十五日……"改为"于股东常会开会前三十日……"此乃鉴于查核之重要，非有从容之时日，作详细精密之查核不可。如限期十五日，则检查一规模较小之公司，尚属可能。至于规模宏大、组织繁复之公司，其会计组织及手续亦较繁，所用账册亦较多，查核所需时间较长，十五日断乎不敷，即三十日仍恐不敷。故于其后增入第二项："前项表册，监察人得请求董事提前交付查核。"此乃宽展限期，俾监察人得将公司簿据详为审核，不致局促也。

（7）新《公司法》第一百六十八条："董事所造具之各项表册，与监察人之报告书，应于股东常会开会前十日，备置于公司本店，股东得随时查阅。"查旧《公司条例》第一百七十九条，仅云应于定期会前备置，而未指明十日之期，未免漫无限制。设公司董事，因便私图，不欲令其股东详悉所具簿册及报告书之内容，故意于开会一二日或数小时前，将所具簿册备置于本店，于法固无不合，而在实际上，因时间促迫，股东绝不能有查阅之机会，在开会时，亦无从发表意见。此中流弊，实不可胜言。故新《公司法》特将"定期会前"一语，改为"开会十日前"，使股东得有查阅之机会，亦促进会计公开之方法也。

（8）旧《公司条例》第一百八十八条："有股份总数十分一以上之股东，得声请法院选派检查员检查公司业务及财产情形。"新规定《公司法》第一百七十六条改为"有股份总数二十分一以上之股东……。"此系使请求检查之机会较多，亦促进公开之一法也。

此外，工商部最近公布之《会计师章程》第二条："凡社团、财团、公司用以公告呈报或作证明之各种会计书类，均应由会计师出具证明书。"最近工商部又通令各市省政府转令各公司，自本年起，结账书类均须由会计师签字证明，然后呈报主管官厅备案。由此观之，足征国民政府对于公司会计公开之重视，其裨益于商业信用，殊非浅也。甚望今后之企业家注意及之。

（载《经济学季刊》1930 年第 1 卷第 1 期第 23—27 页）

02 潘序伦对工商会议之提案

请政府迅颁专利权法

工商会议会员潘序伦会计师,近为请求政府迅颁专利权法,以资提倡国内工业一事,向工商会议提案云,窃查关于工业上之物品及制造方法,凡首先发明或特别改良者,应享有专利之权,以资奖励,此为各国之通例。我国国民政府,亦曾于民国十七年(1928 年)六月十八日公布《奖励工业品暂行条例》二十一条,即将专利权之呈请及核准等手续,妥为规定。施行以来,国内工业家遵例呈请并邀核准者,不鲜其例,此实为提倡改良工业最要之着。惟查民国十八年(1929 年)七月三十一日国民政府又有《特种工业奖励法》七条之颁布,并于民国十九年(1930 年)四月二十八日以教令将前颁《奖励工业品暂行条例》废止。惟政府之意,或以为《特种工业奖励法》中,已有专制权之规定,可以代替专利权。但按其实际,《特种工业奖励法》中之专制权,其区域既有限止,其期限又至多不过五年,且须本国人所办工业。在该法列举范围之内,已著有成绩者,始能呈请。与普通之专利权,不论中外人民,不论何种工业,在发明或改良之初,即可呈请,以资保护奖励者,其性质根本不同。故自鼓励《工业品暂行条例》废止之后,以序伦个人经验所知,即有许多工业上之发明家或改良家,虽欲将其制品或方法呈请专利,亦苦无法令根据,致无从进行。在此提倡国货声中，立法方面，似不宜有此倒退现象。拟乞国民政府令行立法院迅将专利权一项，订成专法，以臻完备，即日公布施行，以为工业上发明改良之奖励。是否有当，尚祈公决。

（载《新闻报》1930年10月25日第13版）

03　潘序伦李文杰等呈请修改《破产法》

分呈院部请创行小破产制度

我国《破产法》之施行，已逾一年，一般破产案件因财团之范围简单狭小，犹必经过《破产法》规定之繁复程序，事实上常发生许多困难，且有使《破产法》程序无从进行者。本市会计师潘序伦、钱廼澂、李文杰、李鸿寿等，鉴于各国皆设有小破产制度，如破产财团之财产，在若干数额以下者，即省略登报公告手续，不设监查人，以法院之裁定代替债权人会议之决议，而分配只限一次等，凡此均为节省财团费用、迅捷结束程序而设，我国实有仿行之必要，乃联名呈请司法行政部，请求修改《破产法》，增订《简易破产程序》一章，兹录原呈于后。

呈为请求转呈司法院咨立法院，修改《破产法》，加订《简易破产程序》一章，以切国情而便商民事。窃查我国《破产法》，自二十四年（1935年）十月一日施行以来，迄今已逾一载。各地商会及法院办理和解及破产案件，均已著有成效。序伦等历经本市各法院选任为解案件之监督辅助人，及破产案件之破产管理人。根据已往办案之经验，深感我国《破产法》，有待于补充或修正之点甚多，而未规定简易破产程序，尤多不便。谨先就此点为钧部①胪陈之。窃查我国工商业，规模率皆狭小，私人经济

---

① 钧部：下级对上级行文的公文称谓。

状况，多半不良，债权债务之数目，亦类涉微细。近数年来，外受社会不景气之牵动，内缘组织不健全、经营不得法之影响，破产之声请纷至沓来，法院乃有应接不暇之势。察其破产财团之组成，类皆残缺单薄，而破产法上所规定之程序，胥所必经。正因其繁重复杂之故，债权人会议不易开成，监查无法产生。破产财团之变价及分配，无从进行，破产管理人无所措手足，坐使破产程序，不得不为事实上之终止。此种现象之演成，将使破产人及债权人交受其害，殊失国家制定《破产法》之本意。详究其症结所在，由于《破产法》内未设简易破产程序，对于破产事件，不问破产财团所属财产究有若干，一律强使遵行繁复之程序。故如破产管理人垫款，刊登公告于新闻纸，因破产财团之财产不敷清偿财团费用，而致无所取偿也。出席债权人会议者，一再不足法定为决议之债权额，而致监查人不能选出也。凡此事例，不一一觏。窃以为欲救济上述流弊，惟有采用民刑事诉讼法，设有简易程序之法意，区别破产财团之财产，价值在若干数额以上者，使行通常破产程序；在若干数额以下者，则视为简易破产事件。别设简易程序，以图财团费用之节省，及程序结束之迅捷。尝考日本《破产法》第三百五十八条至第三百六十六条，就财团财产在一万元以下之破产案件，订立小破产程序。撮述其要点，如不设监查人也，不必刊登公告于新闻纸也。除第一次债权人会议外，以法院之裁定，代替债权人会议之决议也，分配限于一次也。凡此种种，似均可以取法，为特呈请钧部体察一年以来各地法院办理破产案件之实在情形，及其遭遇法律上不可避免之困难，准予迅速转呈司法院，函咨立法院，将现行《破产法》加以修改，增订《简易破产程序》一章，以便商民，至为德便。更有陈者，破产程序中，破产管理人代表破产财团所为之起诉应诉及上诉等行为，必甚繁多。事实上破产财团之现存财产，常极有限，破产管理人对于上开诉讼费用，一时苦无从出。若为诉讼救助之声请，常遭指驳，即邀准许，亦辗转需时。职是之故，管理人对于诉讼行为，往往怠于进行或担当，坐使破产财团之权利义务状态，无从保持其健全。应如何在《破产法》内明订准予诉讼救助之情形，俾资救济之处，并祈察纳，转呈司法院，咨立法院，增订施行。临呈不胜盼切待命之至。谨呈司法行政部部长王。

（载《新闻报》1936年10月20日第11版，

《立信月报》1936年第4期第17页，

《时报》1936年10月20日第3版）

04　修正公司条例草案（节选）

潘序伦拟订

弁言

我国公司法规之颁行，滥觞于前清光绪二十九年（1903年）之《公司律》，都凡一百三十一条，仓卒成稿，颇欠周详。民国三年（1914年）九月一日，北洋政府农商部改颁现行《公司条例》，都凡二百五十一条，后于同年九月二十一日及十二年（1923年）五月八日两次修改，施行迄今，已十余年。考其内容，颇为完密，且其立法意义，以干涉限制为主，与我国国情，尚无不合。因我国公司组织，萌芽未久，一般国民，对于企业投资等事，殊鲜经验。政府为助长工商保护社会起见，自不能不取严密监督之策也。年来我国公司组织，日渐增多，虽仍未脱离幼稚时代，而发达固不为不速。是以《公司条例》，在我国各种商事法规之中，已占最重要之地位。然考《公司条例》原文，根本虽无大疵，而条项款目之中，前后矛盾错误挂漏之处，仍复不少，且有数点似有根本改正之必要，以期适合于现代工商业情形。以前徐君永祚及薛君遗生，均曾有文建议修改，而以薛君之文尤为详尽，指出应行修改之处，至有四十余点之多。鄙人因业务关系，常得应用《公司条例》之机会，惟因应用而发生困难，因困难而细加研究，觉现行条例应行修改各点，有与徐薛两君意见完全相同者，有不尽相同者，有相异者，且于南君所举意见之外，另有其他修正意见者，兹为便于前后复按起见，故将条例全文，制成修正草案。凡各条比照原文有增删修改之处者，均于字旁加圈（编者按，本书中以着重号标示），以资辨别，且附以简要之说明。于今国府工商当局，正将着手于修订工商法规之宏业，此篇所述，或可供当局刍荛之采焉。所望国内商法专家及徐、薛两君进而教之，幸甚。

第一章 总纲

第一条 本条例所称公司谓以商行为为业而设立之团体。

第二条 公司共分为四种：

（一）无限公司；

（二）两合公司；

（三）股份有限公司；

（四）股份两合公司。

第三条 凡公司均认为法人。

第四条 公司以其本店所在地为住所。

如在中华民国境内并无本店仅有支店时，即以其支店为本店，如其支店不止一处时，则由该管官厅于各支店中指定一处为本店。

（说明）现在各国与我国所订不平等条约，逐渐取消。外国人在我国所设之公司，当然以适用中国法律及本条例为原则。惟外国公司之在我国者，多仅有支店而无本店，且本国公司将来亦难保无在外国设立本店之事。若亦以本店所在地为住所，则为本条例效力之所不及，殊觉困难，故应于本条中加添第二项如上。

第五条　公司非在本店该管官厅注册后不得着手于开业之准备。

第六条　公司之设立非在本店该管官厅注册后不得对抗第三者。

第七条　公司虽经设立注册，但其后发现其设立程序及事实违背法令或其注册重要事项有不实不尽时，该管官厅得以职权或检察官之请求注销其注册。

（说明）国家对于公司之设立，应常加以严密之限制与监督，故本条例第五条规定："公司非在本店该管官厅注册后不得着手于开业之准备。"惟公司呈请设立注册时，其呈请各端，是否合法，在事实上官厅颇难于短时间内详密查知，以定准驳。然公司事务之准备进行，在实际上又为刻不容缓之事，故官厅对于公司注册，又不能不从速批准。为补救之计，各国公司法规，多有官厅得以职权注销公司注册之规定，使公司虽经设立注册之后，倘官厅查知其设立程序及事实，确有违背法令时，得以职权或因检察官之请求，即时注销其注册。我国《公司条例》原文第七十八条亦有"公司设立因事经官厅批驳或被注销时须照解散条例清算……"之规定。惟所谓公司设立注册，究在何种情形之下，官厅可以将其注销，在本条例原文中尚无规定，似欠完密。故本草案加添此条，俾与原文第七十八条相呼应。

第八条　公司既经本店该管官厅注册后满六个月尚未开业者，该管官厅得以职权或因检察官之请求解散之。

前期所定之期限如确有正当之事由，公司亦得呈请准予展期。

第九条　公司有违背法人妨害治安及紊乱风俗之行为，该管官厅得以职权或因检察官之请求解散之。

第二章　无限公司
第一节　设立

第十条　设立无限公司应有二人或二人以上，公司订立章程署名签押。

（说明）查原条例第九条规定"凡二人或二人以上设立无限公司应共同订立章程署名签押"之语气，似有小疵。盖曰二人或二人以上设立无限公司，似乎无限公司之设立，不以二或二人以上为要件，而仅于二人或二人以上设立无限公司时，应共同订立章程署名签押而已。实则立法本意，无限公司股东至少应有二人。观于原条例第四十九条第四项，股东仅余一人无限公司即行解散。规定明晰，一望而知。今将条文之字句修改如上，较为明了。

第十一条　无限公司所订章程应载明下列各项：

（一）商号；

（二）公司所营事业；

（三）股东之姓名住址；

（四）本店支店及所在地；

（五）股东出资之种类及价值或估价之标准；

（六）签订章程之年月日。

（说明）按本草案第十条之意义，无限公司于股东共同订立章程署名签押之时，即为成立。是签订章程之年月日，与公司之设立，有重大关系，不可不于章程中订明，故应加添一项如上。

第十二条　公司自章程签押后十五日内应将下列各款向本店及支店该管官厅注册：

（一）前条所列各款；

（二）定有成立年限或解散之事由者其年限事由；

（三）定有代表公司之股东者其姓名。

（说明）查原条例第十条，应载明于章程之事项中，其第三款曰"本店及支店所在地"，又第五款曰"股东出资之种类及价值或估价之标准"，而于第十一条中第二款则曰"本店及支店"，第六款则曰"股东出资之种类及以财产为出资之价格"，前后字句殊不一致。但按其意义，则又无不同，且前条第四款已改为本店支店及所在地，更可适用于本条，故特将此条修改如上，以示简便。

第十三条　公司添设支店时应于添设后十五日内照前条所列各款向各该管厅注册，并于同期限内将添设支店事向本店及他支店该管官厅注册。

如在本店或支店该管官厅之同一区域内添设支店时只须将添设支店事注册。

第十四条　公司本店或支店如有迁移，应于迁移后十五日内向该管官厅照第十二条各款注册，并于原处该管官厅将迁移事注册。

如在本店或支店该管官厅之同一区域内迁移时，只须将迁移事注册。

第十五条　公司注册各款如有变更时，应于变更后十五日内向本店或支店该管官厅注册。

第二节　公司内部之关系

第十六条　公司内部一切权利义务之关系除本条例规定外得以章程明订之。

第十七条　以债权抵作资本之股东到期而债款无着者应自任清偿之责。

遇有前项情事除加算利息外尚有损害更应赔偿。

第十八条　公司分派盈亏以各股东出资之多少为标准，但章程中另订分派之比例时不在此限。

章程中仅于盈余或亏损之一面定有分派之比例时其所定比例于盈亏两面均适用之。

（说明）查原条例第十七条第一项规定："公司分派盈亏如别无预定之比例以各股东出资之多少为准。"所谓"预定"也者，究何所指，抑以书面预定为准乎，抑仅有口头约定，即可发生效力呼。且此种比例之预定，究以何种手续更改乎，实苦于无从解释。依理而论，股东设立公司之唯一目的，为分配盈余。而最易发生争执之点，亦在于分配盈余。按之欧美各国成例，分配盈余之比例，无不规定于章程之中，以示郑重。故特将本条修正如上，各股东不论出资之多少均有执行业务之权利而负其义务。

第十九条　各股东不论出资之多少均有执行业务之权利而负其义务，但章程中订明股东中之一人或数人执行业务时不在此限。

第二十条　执行业务者为股东之全体或其中数人时，公司业务之执行均以其过半数取决。

公司寻常事务执行业务之股东均得各自执行，但其余执行业务之股东有一人述异议时即应中止，以俟取决。

第二十一条　经理人之选任及解任虽有特定执行业务之股东，亦须全体股东过半数取决。

第二十二条　公司变更章程应得全体股东之同意。

（说明）查原条例第二十一条规定："公司变更章程及为公司事业范围

外之行为均应得全体股东之同意。"惟依原条例第十条之规定，无限公司所订章程固应载明所营事业，是变更公司所营事业，即包括在变更公司章程之中。今条文中既言公司变更章程，应得全体股东之同意，复又规定公司为其事业范围外之行为，应得全体股东之同意，实嫌累赘。故本草案特将此条删改如上。

第二十三条　不执行义务之股东得向执行义务之股东质问公司营业情形稽查账簿货物及信件。

（说明）查原条例第二十二条规定："不执行业务之股东亦得质问公司营业情形稽查账簿货物及信件。"又第二十七条第二项规定："执行业务之股东因公司之请求应以执行业务之情形报告之。"按其法意，二条之规定实相连贯，且所谓质问公司者，实际上自指向执行义务之股东质问而言。所谓因公司之请求者，实际上亦仅指不执行业务之股东之请求也。今融合二条法意，将此条修改如上，而将原文第二十七条第二项删除。

第二十四条　执行业务之股东非有特约不得向公司索取报酬。

第二十五条　股东因执行业务于急需费用代为垫付者得向公司照数索偿并计算垫付后利息，如系担任债款尚未到期者亦得请给相当之担保。

股东因执行业务受有损害并非由自己过失者得向公司请求赔偿。

第二十六条　公司章程订明专归某股东之一人或数人执行业务者，其人不得无故自行辞职及使之退职。

遇有正当事由使之退职，除章程订明由多数取决外应得全体股东之同意。

第二十七条　股东执行业务应照章程及股东决议所定宗旨妥慎经理，

倘违背此义务致公司受其损害者应任赔偿之责。

第二十八条　股东代收公司银钱不于相当之期日交纳或股东于公司业务上应用款项私自挪移时，应加算到期以后或挪用以后利息一并追缴，倘有损害更应赔偿。

（说明）本条在原条例第二十七条中尚有第二项"执行业务之股东因公司之请求应以执行业之情形报告之"之规定。因该项法意已包括于本草案第二十三条即原条例第二十二条之中，故此处删去不赘。

第二十九条　股东非经他股东全体允许，不得为自己或他人为本公司营业范围内之行为及附入同类营业之他公司为无限责任股东。

违背前项之规定时，公司得照他股东过半数之决议，以其为自己所营之商业视为为公司而为者。

前项之权利由其他股东中之一人觉察之日十五日内或事成之日一年内不行使者即行消灭。

第三十条　股东非经他股东全体允许，不得以自己股份之全数或若干转让与他人。

第三节　公司对外之关系

第三十一条　公司得依章程或各股东之同意特定某股东代表对外事务，如未经特定者各股东均有代表公司之权。

第三十二条　代表公司之股东凡关于公司营业事务无论涉讼与否，均有办理之权限。

第三十三条　以章程或各股东之同意所加于代表权之限制不得对抗不知情之第三者。

第三十四条　代表公司之股东或经理人因执行其业务所加于他人之损害，除由本人过失外公司应任赔偿之责。

第三十五条　代表公司之股东如有自己或他人与本公司为买卖贷借或其他法律行为，不得同时兼为本公司之代表，但向公司为清偿债务之行为时不在此限。

第三十六条　公司所有财产不足抵补其亏欠各款时，股东应连带负清偿之责任。

第三十七条　公司成立后而加入为股东者于其未加入前所有公司原欠各款亦负责任。

第三十八条　非股东而有可以令人信其为股东之行为者，对于不知情之第三者应与股东负同一之责任。

第三十九条　股东出资额之减少不得以之对抗公司之债权者，但既以减少出资事于公司本店及支店该管官厅注册后二年内债权者并无异议时不在此限。

第四十条　公司如有历年亏折，非经弥补后实有盈余不得分派利益。

违背前项之规定而分派时，公司之派权者得令其退还。

第四十一条　公司之债务者不得以其债务与对于股东之债权彼此抵消。

第四十二条　各股东非于退股及公司解散后，不得按其自己之股份请求分拆公司财产。

第四节　股东之退股

第四十三条　凡章程中未定公司存立年限或解散之事由者各股东得于每届结账时退股，但应于六个月前向其余股东声明。股东遇有不得已之事故时，无论章程曾定存立年限与否，该股东亦可商得其余股东全体之同意随时退股。

（说明）查原条例第四十二条规定："凡章程中未定公司存立年限或定以某股东之终身为期者各股东得于每届结账时退股，但应于六个月前向各股东声明遇有不得已之事故时无论公司曾定存立年限与否，该股东亦得商请随时退股。"但所谓"某股东之终身"者，不过为预定解散事由之一耳。夫公司解散之事由甚多，除公司条例中有特别规定外，公司亦得以章程明订之。原条例中仅举股东之终身为例，而不以解散之事由一语括之，似欠完备。又原条文中所谓"遇有不得已之事故时无论公司曾定存立年限与否，该股东亦得商请随时退股"，商请二字之意义，似太含混。抑该股东一经商请，即可退股，不必得其余股东之同意乎。抑尚须其余股东之同意后，始可退股乎。依理论之，股东之间，既经互订章程，定有公司存立之年限，当然不能任令各股东随时自由退股，自应商得其余各股东之同意，方可保护其法益也。故本条文特将该条修改如上，似较明了。再原文本条并不分项，但以条文之意义而论，实应分为两项。

第四十四条　除前条例规定外各股东因下列各款而退股：

（一）章程所预定之事由发生；

（二）死亡；

（三）破产；

（四）受禁治产或准禁治产之宣告；

（五）除名。

（说明）本草案第四十三条第二项规定："股东遇有不得已事故时无论

公司曾定存立年限与否，该股东亦可商得其余股东全体之同意随时退股。"故原条例第四十三条第二项之规定，股东得因其余股东全体之同意而退股，已包括于其中，此处无须赘述。再原条例该条第五项之规定，"患疯癫"为股东退股原因之一，但人患疯癫之疾程度，各有不同，有全失其知觉与行为能力者，有仅失一部分之行为能力者。究以何种为退股之标准，实难确定。查疯癫为民法上宣告禁治产之条件，但必须在宣告之后，方失其法律上之行为能力。故谓股东以患疯癫而退股，实不若谓以禁治产之宣告而退股，较有确定之标准也。又准禁治产人虽与禁治产人程度稍差，而其不能判断利害无法律上之行为能力则同。无限公司既系人的结合，则无行为能力之人当然退股，故为增入如上，以示完善。

第四十五条　股东因下列各款而除名，由其余股东之同意行之，但非通知后不得对抗该股东：

（一）应出之资本不能照缴或屡催不缴者；

（二）违背本条例第二十九条第一项之规定者；

（三）非执行业务之股东干预公司业务滥用公司牌号图记银钱货物者。

第四十六条　股东有下列各款情事之一者得由其余各股东呈准官厅判示除名：

（一）执行业务或代表公司时确有不正当行为者；

（二）不尽重要之义务者；

（三）因重大过失致陷公司于不得已之事故者。

（说明）查原条例第四十四条规条之规定："股东之除名以下列各款为限，由其余股东之同意行之，但非通知后不得对抗该股东。（一）应出之资本不能照缴或屡催不缴者。(二)违背本条例第二十八条第一项之规定者。(三)执行业务或代表公司时确有不正之行为者。(四)非执行业务之股东干预公司业务滥用公司牌号图记银钱货物者。(五)不尽重要之义务者。"内中第三款与第五款,所谓不正当行为及重要之义务,其解释殊难有正确之标准,且恐一部分之股东,对于其他一部分股东,有挟嫌者,反得借此二项为攻击之具,商得其余股东之同意,令其退股。在被令退股之股东,殊觉有遭受抑屈之危险,且行为之正当与否,义务之重要与否,在互有利害关系之人,必多争执,似不能单独以其余股东之同意为准则也。今设有一公司,股东共为四人内,内有二人,依照条例指其余二人为不尽重要义务,以同意令其退股。其余二人,或用同一手段,对付原有二人。当然发生争执,争执不已,必致涉讼。故苟遇此等事故时,不若由各股东呈请该管官厅判示,以求解决,庶昭平允。又查原条例第五十八条第二项之规定:"前项不得已之事故若股东中有应任其责者,该管官厅得据他股东之呈请,免令解散,只将有损公司之股东判示除名。"是股东如因重大过失致陷公司于不得已之事故者,其余各股东可以呈请该管官厅判示除名。其规定甚当,准条文次序,似有不妥。故本草案将此项规定,与原条例第四十四条之规定,合并修改如上,较为明了。

第四十七条　公司之商号中有退股股东之姓或姓名者,该退股股东得请其停止使用,惟经彼此商允继续使用者不在此限。

(说明)查原条例第四十五条之规定:"公司之商号中有下列股东之姓名者当该股东退股时得请其停止使用。"所谓"下列股东"者,参照前两条条文而指退股股东也。惟字句不免含混,又股东退股时,对于商号中列入自己之姓或姓名者，如系本人自愿抛弃此权，或经彼此商允，在其继续使用，当然不成问题。惟如系本人疏忽，致未能停止公司继续使用者，在退股之后，当仍有权要求公司停止使用。今原条文仅限于退股时可以请求停止使用，限制未免太严也，故本草案特将此条修改如上。

第四十八条　股东因退股与公司分拆财产照时价核算退股股东之所出资，无论其种类如何均得以银钱给还。

退股时如有尚未了结之事项，得俟其了结后核算，盈亏照旧分派。公司于退股股东仍有关系之事项，得由其余各股东照自己最利益之方法妥为了结。

第四十九条　股东因官厅判示除名时与公司分拆财产照起诉时公司财产之时价核算。

（说明）查本条在原条例中为第五十八条第三项，但该条为公司解散之规定，列于解散一节之中。乃以判示除名之股东分拆公司财产之规定附入，在次序上殊有不妥。本草案特此项移订于此，以示与第四十六条相联络。

第五十条　凡以劳务或信用为出资之股东退股时亦得准用前两条之规定，但章程中别有订明者不在此限。

（说明）查原条例关于股东判示除名之规定，见第五十八条第三项，故原条例第四十七条关于以劳务或信用为出资之股东，仅有退股时与公司分拆财产之办法，而于判示除名时之特别办法，则无规定。今特准本草案第四十八及四十九条之规定，将此条修改如上。

第五十一条　退股股东应于本店该管官厅注册，未注册前所有公司债务仍负连带无限之责任，自注册后满二年消灭。

转让其自己股份之股东得他股东允许者亦同。

第五节　公司之解散

第五十二条　公司之因下列各款而解散：

（一）存立期满或章程所预定之事由发生；

（二）所营事业已成功或不能成功；

（三）股东全体之同意；

（四）股东仅余一人；

（五）与别公司合并；

（六）破产；

（七）官厅命令。

（说明）查原条例各条文中，同一名词而前后参差其名称者甚多，实易滋生误会。"如或称章程"曰"定款"，或以"监察人"为"察监查人"之类，总计不下二十余处。查本草案关于此类参差之名词，均改从一律，故将原文"定款"二字改为"章程"。

第五十三条　因前条第一款而当解散之公司得以股东全体或二人以上之同意续办，其不愿续办之股东即为退股。

第五十四条　公司除破产合并外应于解散后十五日内向本店及支店该管官厅注册。

第五十五条　公司得以全体股东之同意与他公司合并。

第五十六条　公司议决合并时应于十五日内造具财产目录及贷借对照表。

公司应自决议后十五日内将合并办法向各债权者分别通知及公告，并依某期间内得述异议，但其所定期限应在三个月以上。

第五十七条　公司非过前条所定之期限及对于述异议之债权者，照数偿还或给相当之担保，不得合并。

第五十八条　公司不如法通知及公告或不顾债权者之异议而合并时，不得对抗各债权者。

第五十九条　公司实行合并时应于十五日内向本店及支店该管官厅将合并后情形分别注册：

（一）因合并而存续之公司照变更例注册；

（二）因合并而消灭之公司照解散例注册；

（三）因合并而另立之公司照设立例注册。

第六十条　因合并而消灭之公司其权利义务应归合并后存续，或另立之公司承受。

第六十一条　遇有不得已之事故，各股东得呈请该管官厅将公司解散。

（说明）原条例第五十八条第二项与第三项之规定，因已增改为本草案第四十六条第三项与第四十九条，故此处从删。

<h3 style="text-align:center">第六节　清算</h3>

第六十二条　凡解散之公司在清算范围内视为尚未解散者。

第六十三条　公司散后之财产，除有股东过半数决议选定之股东，或他人使任清算外，应由全体股东清算。

第六十四条　公司解散后之财产由股东议定有处置方法时，应于解散后十五日内算结各账，造具财产目录及贷借对照表。其对于公司债权者之关系，准用本条例第五十六条第二项第五十七条第五十八条之规定。

第六十五条　股东死亡关于清算事务应由其继嗣行之，其继嗣有数人时只能以一人行其权利。

第六十六条　因本条例第五十二条第四款第七款而解散之公司，其清算人得由该管官厅据利害关系人之呈请或因检察官之请求选派之。

（说明）原文"检察官之呈请"应改"检察官之请求"，以符官制，而资一律。

第六十七条　股东所选任之清算人得由股东过半数决议随时解任，有必要事由时该管官厅得据利害关系人之呈请或因检察官之请求将清算人解任。

（说明）本条原文呈请二字，改作请求二字，理由见前。

第六十八条　被选为清算人者应于选任后十五日内向本店及支店该管官厅将其姓名住址注册，清算人之解任或更易应于十五日内向本店及店该管官厅注册。

清算人由官厅选任及解任时应由官厅先期公告。

第六十九条　清算人之职务如下：

（一）了结现在事务；

（二）索取债权清偿债务；

（三）分派余存财务。

清算人因前项职务上所必需无论涉讼与否有执行一切事务之权限。

第七十条　清算人有数人时关于清算事务之执行以其过半数决之，但对于第三者各有代表之权限。

第七十一条　于清算人之代理权加以限制不得对抗不知情之第三者。

第七十二条　清算人就任后应于十五日内检查公司财产现时情形，造具财产目录及贷借对照表送交各股东察核。

清算人遇有股东询问时应将清算情形据实报告。

（说明）查原条例第六十九条第一项之规定："清算人就任后应即检查公司财产现时情形造具财产目录及贷借对照表送交各股东察核。"所谓"应即"，实嫌漫无确限。清算人反可借端延误，似应定一期限以资遵循。本草案特规定为十五日。

（说明）原条例第七十条删除。查原条例第七十条之规定："清算人虽由官厅选任者亦应遵守股东及其他利害关系人会同决议之条件以行其职务。"惟无限公司之清算人有三种：一为股东所选任，一为股东所自充，一为官厅所选派。依本草案六十六条之规定，官厅选派清算人时，非因股东仅余一人，即因由官厅命令解散。故官选清算人之处理事务，不应受股东任何决议之拘束。是原条例第七十条之规定，不能适用于官选清算人。再依原条例第六十四条之规定，股东所选任之清算人，得由股东过半数之决议，随时解任。而如有必要时，该管官厅又得据利害关系人之呈请，或因检察官之请求，将清算人解任。是清算人之去留，股东及利害关系人固已各有相当之权限。原条例第七十条之规定，似为赘文。盖以官厅清算人言，该条本不成立。而以股东所选清算人言，则已有原条例第六十四条之规定。故本草案将此条删除。

第七十三条　清算人应于就任后两月内以至少三次之公告限期催告各债权者令于某期限内报明债权并声明逾期将其债权删除，但其所定期限应在三个月以上。

催告期限未满不得先于一部分之债权者提款归还。

清算人于明知之债权者应分别通知不得将其债权删除。

其过期始行报明之债权者，须俟期内报明之债权及期内已经明知之债权偿清后方得主张其权利，但因不可抗力而迟滞者不在此限。

（说明）查原条例第七十一条第四项"其过期始行报明之债权者对于偿清他债务尚未分派之财产得请求之"之规定，过期报明之债权，其清偿似应具二条件：其一须他债务业已偿清，其二须尚有未分配之财产。换言之，即如偿清他债务后，其财产业已分派完毕。过期报明之债权，固不得请求，即财产尚未分派完毕。而其他早已报明及早已明知之一切债务，未行完全偿清，亦不得请求。查原条例第七十三条之规定，清算人非清偿公司之债务后，不得将公司财产分派于各股东，是公司财产之分派，固当在公司一切债务偿清之后。夫过期报明之债权，与期内报明及期内已经明知之债权，固同为公司之债权。虽该条文第一项有逾期将其债权删除之文，然仅系一种声明，并非谓逾期不报，债务者即释其义务也。既同为公司之债权，当然在原条例第七十三条所谓"公司之债务"之内。惟所谓偿清他债务云云，"他债务"三字，当然指期内报明及期内已经明知之债权而言。虽然，债权者逾期之原因，未必悉由债权者之疏忽，有时亦有因天灾等不可抗力而致者，自当设一例外以示区别，而悃无辜。故本草案将该项修改如上。

第七十四条　公司现在财产不足清偿其债务时清算人得请股东出资。

股东不能出资时清算人应即宣告破产。

清算人交付其事务于破产管财人时即为终了其责任。

第七十五条　清算人非清偿公司之债务后不得将公司财产分派于各

股东。

第七十六条 余存财产分派之比例以各股东出资本之价格定之。

第七十七条 清算人于清算了结后应于十五日内造具清算期内收支决算书、损益计算表,连同各项账簿送交算股东查阅,如满一个月并无异议即视为各股东之承认,但清算人有情弊时不在此限。

（说明）查原条例第七十五条规定,"清算人于清算人了结后应即造其账簿送交各股东查阅"云云。所谓"应即送具账簿"似嫌笼统。在外国法律对于清算人应造具之报告,均有明文之规定。本草案特将该条修改如上,以资遵循而免耽误。

第七十八条 清算了结后清算人应于十五日内向本店及支店该管官厅注册。

（说明）查原条例第七十六条之规定:"清算了结后清算人应即向本店及支店该管官厅注册。"其"应即"一词,与原条例第六十九条同犯一样语病。今仿上条之意,将此条修改如上。

第七十九条 已解散之公司所有账簿并关于营业及清算事务之书信契据,应自清算了结注册后计满十年妥为保存。

经手保存之人以股东过半数定之,如有争议呈由该管官厅判决。

保存之商业账簿并一切书信契据,凡利害关系人均得查阅。

第八十条 公司之设立因事经官厅批驳被注销时须照解散例清算,其清算人由该管官厅据利害关系人之呈请或因检察官之请求选派之。

（说明）"检察官之呈请"改为"检察官之请求",理由见前。

第八十一条 股东之连带无限责任自解散注册后满五年消灭,但依其他法律所定有五年以内之消灭期间者不在此限。

　　解散注册后虽满五年如有尚未分派之余存，财产公司债权者仍得向之索偿。

　　（载《银行周报》1928年第12卷第17期第11—19页，

　　《银行周报》1928年第12卷第18期第15—18页，

　　《银行周报》1928年第12卷第19期第25—28页，

　　《银行周报》1928年第12卷第20期第21—26页，

　　《银行周报》1928年第12卷第21期第27—31页，

　　《银行周报》1928年第12卷第22期第25—29页，

　　《银行周报》1928年第12卷第23期第13—16页，

　　《银行周报》1928年第12卷第24期第21—25页，

　　《银行周报》1928年第12卷第25期第21—25页，

　　《银行周报》1928年第12卷第26期第23—28页）

05 潘序伦请修正商号注册收费意见

潘序伦会计师为请修改商号注册费规定，再呈全国注册局文云：

呈为新颁商号注册施行细则中所规定之商号注册费，实有更改之必要，敬再缕陈意见，仰祈鉴核修正，以利施行事。窃按钧局于本年二月二十三日所公布之商号注册施行细则第四条所规定之注册费数目，依照商号资本之大小而有差别，与财政部所颁之无限公司及两合公司之注册费数目相同，会计师前以此项商号注册费之规定，似于施行方面，难免困难，曾于本年二月二十八日具呈钧局，详陈意见，兼及其他各点，请予酌量修改。计关于商号注册费方面，所陈两点：一、以商号注册之效力，仅为保护商号使用之权，而非因之取得财团法人资格，其性质与商标注册相同，而与公司注册相异，故每商号之注册费，似宜一律，而不宜以资本之多寡为标准。二、以商号资本之多寡，调查甚难，法律上及会计上均无限止，且注册细则之中，又无商号增加资本注册之规定，故依照资本多少缴纳注册费，不免为一般不肖商人开一逃税之门。社会道德，实受影响。惟彼时会计师以为商号注册，既由钧局主办，所收注册费，又与无限或两合公司注册费相同，则商号支店不在同一区域以内者，自可援照公司注册办法，毋庸逐处另案注册。惟昨奉钧局为另案发交会计师之第二百五十三号批示（内略），商号支店既不与本店同一区域，自应另案分别呈请注册等因，则深觉此项注册费之规定，不免又增几层施行上之窒碍，苟不酌量修正，实觉困难万分，故敢不避烦渎，再为我局长陈之。查现行商号注册费，与无限或两合公司应纳之数目相同，而所受法律上之保护，因无法人资格，转不如无限或两合公司为多，似已失纳税公平之原则。然进一步言之，无限或两合公司之支店，可与本店并案呈请注册，不必每区分别办理，只须于添设支店时为支店设立之注册，所纳注册费，依照公司注册规则第四条，只须国币三元，手续既简，负担亦微。至于商号，则本店所在地与支店所在地，反须另案呈请，且查商号注册细则各条，支店注册费别无规定，谅必仍照第四条所定各项缴纳，则商号于一区域之外多一支店，即须较无限或两合公司多纳一倍注册费。至于商号注册之区域，刻虽无明文规定，然仍似以一县为限，会计师现在代理注册之商号，在各县设立支店至数十处或五六处者，数见不鲜。如果依照新章，分别呈请注册，则所纳注册费，不将较无限或两合公司增加数十倍或五六倍乎？此商号注册费之应行修改，不待辩而自明矣。更有一点亟待改正，即细则第四条所列缴费表中，商号资本依"一千元以上五千元以下""五千元以上一万元以下"等数分别规定，则资本之适为五千元者，究依上项规定纳费乎，抑依下项规定纳费乎？如谓某数以下，系指包括某数而言，则一商号之注册费，与财政部颁定之无限或两合公司之注册费相等（查无限及两合公司注册费表，公司资本五千元以下为十元，一万元以下为二十元，与以前旧章相同，故资本适为五千元之公司，当然止纳十元，且多年成例如此）。苟谓某数以上，须包括某数，则资本适为五千元之商号，应纳二十元，适为一万元之商号，应纳三十元，较无限及两合公司更增一倍或数成，想断无此理。惟必待钧局明白解释，或将文字修正，始可免除误会也。依会计师愚见所及，商号注册费应仍照旧颁规则，不以资本大小而有差别，每号缴纳三元或若干元。惟在他县设立支店，应另在该县办理注册手续，另纳支店注册费，每处三元或若干元，在支店较多之商号，资本当然较巨，则加纳数倍之注册费，固属理所当然。惟合并计算，通常应较无限或两合公司所纳注册费为低，方见公允。苟如现行规则，行施实多困难，商民莫知适从，即会计师代理注册，亦深感其不便也。是否有当，至祈察核示遵，实为德便，敬呈全国注册局。

（载《申报》1928年3月17日第4张）

06 对于我国新颁所得税法规之意见

一、绪言

所得税在现代赋税制度中,为一种最公平最合理之良税,已为各国所公认,故我国施行所得税,在原则上绝无可以非议余地,何况当此非常时期,所得税富有弹力性及确实性,尤适宜于财政上特殊短绌之弥补,及非常需要之供给,凡我国人,自应赞助政府尽力推行。然所得税一方面为公平普及确实而有弹性之良税,同时在施行上则较他税为繁复,英美德日各国,自创设所得税以来,其条例屡经修改,其施行细则之规定十分周详,乃每年判例中遭遇种种特殊问题,而觉法制规定尚有未达公平便利之原则者,所在多有。我国所得税暂行条例(以下简称"暂行条例")及其施行细则颁行伊始,当亦难免与其他各国初行时有同样不周之处,吾人自宜加以研究,督促政府,随时改革,以求充分发挥其优良之特质。鄙人现草拟此文,发表对于我国所得税法规之意见,实系出于赞助促进之心愿,故预先声明者也。所述各点,或有不公之处,尚望社会人士予以指正耳。

二、所得税之分类问题

(1)所得税之制度,有分类与综合两种,所谓分类制度者,系就纳税人之各种所得,分别课税,如工商营业,课以营利所得税;土地房屋,课以土地房屋所得税;薪给报酬,课以薪给报酬所得税;证券存款,课以证券存款利息所得税等是。所谓综合制度，系就纳税人之总所得课税，即将纳税人之各种所得，加以归并，然后除去种种费用及免税额，就其余额为课税之标准。此两种制度，各有优劣，然比较言之，要以综合制度为合理。盖前者之利，在于征课手续之简单易行，而其弊则在不能充分表现各人之纳税能力与其纳税额之关系。至于后者，在计算及征收手续上，固较多困难，但能就各纳税人之负税能力，课以适当公平之累进税率。为使充分发挥所得税优良之特质起见，实有舍纯粹的分类制而取相当的综合制之必要。否则所谓所得税者，亦不过一种收益税之别名而已。我国现行所得税制度，系采用纯粹的分类主义，计分营利事业所得、薪给报酬所得，及证券存款利息所得三种，而各别加以课税。此种办法，固属一国初创所得税时难于避免之途径，但总希望其逐渐改为综合所得税，方较合于赋税原则焉。

（2）第三类证券存款利息所得，一律采用比例税率。大所得者与小所得者纳同样之税，初视之似甚公平，但一究其实，则知小所得者之负担甚重。良以所得愈大，则其生活费用所占之比率愈小，负税能力亦大。所得愈少，则其生活费用所占之比率愈大，负税能力亦小，今不问其所得之多寡，一律课以比例税率，自未免忽略轻课小所得之原则。虽云，此项所得税，必须用扣缴方法课税，方免种种困难（如因公债公司债及股票之不记名，及银行存款户名之易于假托等，难以采用申报方法课税，即其一例），而扣缴方法之结果，又不能采用累进税率以重课大所得，故不得不采用与日本《所得税法》规定第二种所得之相同的方法，而将资本利息之所得，分立一类，独立课税。但此种办法，究属具有收益税之意味，而全失所得税之精神，为政府增加税收，固云得计，但混称比例利息所得税为良税，则属不确。我国政府应在可能范围内废除此第三类所得税,将其与他项所得,综合而课以累进所得税,手续上之困难与避税情形之发生,固属难免,但征之他国税制,亦并非绝无办法也。

(3)公司营利须课所得税,而由营利中发给公司股东之股利,尤须课税,是否病其重复,固为税制原理上之一大争点。但独资及合伙商店之营利,因无所谓股利,只需征课一次所得税,资本主或合伙人由纯益中提取资金,可不纳税,两相比较,确欠公平。故鄙意我国公司营利课税以后,股利不再纳税,借免公司组织之商业机关,与合伙独资组织,相形见绌。否则亦须另行在税制上设法,使其平衡。

三、所得税之免税问题

(1)我国所得税条例中,对于纳税人之家庭负担,未有减免之规定,故家口繁众者须与家口稀少者纳同额之所得税。此点亦为未能顾及各人负税能力之处,而欠公平者也。旷观欧美德日各国,无不有家庭负担减免之规定,几已成为所得税制度中不可或缺之要件。我国所得税方在施行伊始,容有种种困难,不易办理,唯总宜设法改革,增设家庭免税之条文,使家口繁众者不致感受负担过重之苦。

(2)储蓄金之免税,仅限于公务员及劳工,范围太窄。夫储蓄所以防将来不时之需,并积聚资金,以便将来用之于生产之途,其应奖励,自不因其是否为公务员及劳工而有殊。政府既对公务员及劳工之储蓄金免税,则其他任何国人,无不可以享受同样之权利。唯有必须注意者,公务员及劳工之储蓄金,法律上有规定,其余一般人民则并无法定储蓄金,自应加以规定,使有相当之限制而后可。

（3）夫保险所以预防将来之不测，而谋社会全体之安宁，其在欧美各国，久已成为习惯，各国所得税法，多对于相当数额之保险费规定免税或减税者，例如英国："凡生命保险费，即依纳税人为本人或其夫或妻支付保险费之实数减免，唯最多以其所得六分之一为限"。我国一般人民，对于保险一项，尚未更有相当之认识，自有奖励之必要，故非增设免税之条文不可。

（4）公益捐款及费用，应准自所得中扣除，而免其纳税，以资奖励。盖凡捐款以办公益事业者，固皆仁义为怀，似不致斤斤于微数之所得税款，然好名务誉，亦为人情之常。政府对于人民之公益捐款，倘准其在所得中扣除，予以免税，则人民急公好义之心，将益见丰富；同时，所免税款，或仍能捐助他人，于公于私，两得其宜。

（5）证券存款利息未设免税额，一般劳苦阶级，略有积蓄，略生利息，亦须纳税，似与人情未合，似应规定利息所得未达若干元者免税。此项办法，虽有流弊，然终有防止方法。

四、所得税之税率问题

（1）第一类及第二类之税率，级数太少，每级相差太巨，将来实行结果，将有所得相差甚小，而纳税多寡殊多之现象发生，故应缩短级与级间之距离，减低累进税率，使成一种平稳渐增之状态。至第一类所得税之计算，采用全额累进税制，更易发生畸形现象，兹设例如下（单位：元）：

项目	资本实额	所得额	所得合资本率	税率	纳税额	所得净额甲公司
甲公司	2 000	399	19.95%	60%	15.96	383.04
乙公司	2 000	400	20.00%	60%	24.00	376.00

观于上例，可知乙公司多获所得一元，结果反须多付税款 8.04 元非特悖理，且易引起匿报所得额之弊。关于此点，财政当局，会于《所得税暂行条例草案说明书》中举示其补救之策，谓所得之超过额，如尚少于前后两联税级应纳税款额之差数，只令其纳税一元，如是办理，则可免上述畸形现象之发生，唯现行所得税施行细则中仍付缺如，非设法补救不可，或俟明年一月一日开征时，于营利所得税征收须知中特为规定之。

（2）第一类税率规定所得合资本实额百分之二十五以上者，一律课税千分之一百，过此即不再累进，此项累进限度，未免过低，对于获利极厚之人，征税尚觉太轻。盖一般企业能获利百分之二十五者，固已甚高，但因特种原因而获更高之利益，为其资本之一倍或数倍者，在商业旺盛之时，不少其例，其税率当可较千分之一百更为累进也。

（3）第二类税率规定最高以百分之二十为限，较之英国之最高率达百分之六十六及美国之最高率达百分之六十三者，相差甚巨。我国人之薪给报酬所得，达每月一千一百元以上者，其超过额即永以千分之二百计算，不再累进其税率。实则我国薪水阶级，虽以低额者为多，而每月一千一百元之所得，在通都大邑生活程度之高贵而论，亦只能列为中等阶级，其真正每月所得超过此数者甚多，其税率仍与中等阶级相同，实嫌过轻，故有提高其累进限度之必要。

（4）证券存款利息所得，一律课以百分之五之所得税，对于百万千万巨富之家存款债券上不劳而获之所得极巨者，其纳税负担，实嫌太轻，殊欠公平。虽云此类税率，如用累进方法，而重课大所得者，则资本将有逃赴外国之虞，但亦未始一无补救之办法。

五、所得税之计算问题

（1）所得税之计算，第一须决定纳税人所采用之会计制度。会计制度有两种：一为收付实现制（cash basis），一为权责发生制（accroal basis）。考各国所得税法规，凡法人或营利事业，类多应采权责发生制，而个人则大都可以采用收付实现制。是因权责发生制之会计，较为繁复，个人方面，恐未易照办。但在营业机关则因其规模较大，自望其采用权责发生制，而期其计算之正确也。按吾国所得税法规定，所有第二类、第三类之所得，观于暂行条例第七条、第十一条及施行细则第十六条、第十七条中所有"给予""付给""领取"诸词，知确系采用收付实现制者。唯于第一类营利事业之所得，究系采用何项会计制度，则颇有疑点。查施行细则第十五条谓"计算第一类所得，应就其收入总额内，减除营业期间实际开支、呆账、折旧、盘存消耗公课及依法令所规定之公积金，以其余额为纯益额"，观于折旧及盘存消耗之扣除，则觉耗损费用方面系采用权责发生制者，唯观于"收入总额"四字，则又觉收益方面系采收付实现制者。收益损失两方之计算标准，似有冲突，此则亟应加以改正者也。改正之法，只需将"收入总额"改为"收益总额"，即可表示权责发生制之意义。

（2）我国第一类营利事业所得税之计算，以纯益合资本实额之比率为标准，此与英美各国之径以纯益之绝对额为标准者有异。惟其如此，资本实额之确定，甚属重要。所得税施行细则中规定：有公积者得按其总额，以三分之一并入资本计算。是其结果，将使各公司因公积之有无而负税有不公平之弊。按公积为股东利益保留于公司中以供运用之部分，与实缴资本功用相同，实无所用其歧视，今若仅以公积之三分之一作为资本计算，将使公积多者多纳税款，一般人民咸将视提存公积为不利，其对于工商业发展之影响为何如乎？有谓允许全部公积计作资本，则公司提存公积，不免有随意增减之流弊。但此项流弊，在允许以公积三分之一计作资本时，亦可有同样之发生也。简单合理之方法，似应将法定公积之全部，作为资本，而任意提存之公积，可不予计算，则借增加公积之方法以逃避一部分之税款者，亦可免矣。

（3）法定公积不过为股东收益之保留部分，所得税施行细则中规定计算第一类所得，亦应将其由收入总额中扣除之，似有未合。果如是，则将来法定公积倘有发作股利之一日，是否须先作为公司之营利，而与其他利益同时纳税。倘属如是，则徒费手续而增麻烦，不若于提存年度征税较为便利而公平；倘属不然，则其性质既属营利，并无免税之理由也。

（4）业务费用及所得减除数，应有较详细之规定，现行施行细则中之规定，实嫌太简，将来实施，未免发生困难。若一一均需待诸财政部之临时解释，势将不胜其烦，政府人民，均感不便。兹闻财政部将定"所得税征收须知"一种，不知其内容如何？唯照法规体例而论，关于计算所得之详细规定，自应在施行细则中规定以求统一为宜也。

（5）本支店及本分事务所在划分资本与分别记账之情形下，各别计算所得，在公司与独立人格之意不符，在自由职业者与累进率之适用有碍。盖既称本支店或本分事务所，则常属同一机关，其资本之所以划分，记账之所以分别者，无非为事实上之便利与周密起见耳，合并计算，当无困难也。

（6）营利事业所得税，自明年一月一日起施行，究系依据明年之所得额征税，抑系依据今年十二月底结出之所得额征税，或系依据其他标准征税，出入颇大，急应参酌外国成例，规定估定税额之基年。外国有采用当年之实际所得或预计所得为准者，有以过去三年或五年之平均所得为准者，有以前一年之所得为准者。鄙意过去我国工商各机关之会计制度，尚多简陋，欲以三数年之平均所得为计算营利所得税之依据，为事实上所难能，但若欲以当年之所得为依据，则征收之期，将待至民国二十七年（1938年）春，无形中延迟一年，即实际上少收一年之第一类所得税矣。

六、所得税之报告问题

（1）第一类甲、乙两项，于每年结算后三个月内报告，所谓结算者，究系指规定之结算期乎？抑或结算完成之日乎？如指前者，则三个月之期限太短，如指后者，则三个月之期限又太长，似应酌为增减之。

（2）各工商机关所得额报告以后，例须经过调查之手续，唯此项手续殊为麻烦，在政府及人民双方均感不便，如能免除自属最佳。查公司商号之账目，凡经会计师查核证明者，当可推定其为正确，故施行细则中，实可增订下列一项："所得税之申报书，经会计师之查核证明者，得免除其调查"。一以稍节麻烦与征税费用，同时亦可以使社会人士重视查账，以促进工商业焉。

（3）行政诉愿，不特手续繁复，费用甚多，抑且旷日持久，不便孰甚。似宜于各省及财政部设复审委员会，以为代替。

七、所得税之纳税问题

第二类所得税须按月缴纳，自由职业者既归入第二类，自亦应每月缴纳，但律师及会计师事务所等，其各月份之所得，相差每甚悬殊，非俟一年终结,不能知其每月所得之平均额,故自由职业者之纳税,似应改为每年一次。

八、结言

以上各项意见,不过略述其大要,限于篇幅,未能详加申述。幸本所现设所得税科(第一班业已于十月二十一日开课,第二班正在招生,定于十二月一日开课)可逐项详论之,将来本科讲义编成后,当再出版,以就正于当世焉。

（载《立信月报》1936 年第 4 期第 1—6 页）

07 致财政部所得税事务处函（一）
——陈述对于第一类营利事业所得税征收

须知草案应行改正各意见

窃维我国所得税暂行条例及其施行细则，颁行伊始，在立法院及大部修订该项法规之际，因时间过促，致条文内容，未免有不周之处。兹者，大部于条例及施行细则之外，增订第一类营利事业所得税征收须知，第二类薪给报酬所得税征收须知，及第三类证券存款利息所得税征收须知，用以补充条例细则中规定未周各点，用意甚盛，至深钦佩。所有第一类及第三类所得税征收须知，已以草案名义，先行发表，更足征所得税。主管诸公，慎重法令内容，广采各方意见之至意，尤所欣幸。敝会计师等因本身职务所关，平日对于所得税之会计方面各项问题，每加研究，对于大部此次颁布之所得税征收须知草案，深觉其详备周密，可以解决许多关于所得税计算方法上及申报缴纳手续上各项问题。唯其中亦有不少可以商榷改良之处，兹谨就敝会计师等管见所及，陈述于下，敬备采择，此后如有所见，仍拟随时贡其刍荛，以期征收须知之订定得臻尽善，是所至祷。

一、查《第一类征收须知草案》（以下简称"草案"）第五条规定："施行细则第七条第二项所称之公积金，以依法令所规定之公积金为限。"此项条文，剥夺施行细则所已给予营利事业者之一部分权利，太无根据，应请删除，或加以改订。查施行细则第七条所称之"公积金"，按其文义，实不以依法令所规定之公积金为限，盖施行细则中对于公积金或储蓄金，凡明认其应依政府法令所规定之数为限者，均经明文指出（见施行细则第十四条及第十五条）第七条所称之"公积金"，未经明文指定为依法令所定者为限，则自可包括各项公积在内，此乃第一类所得税纳税人在施行细则上已经获得之权利，似不能以征收须知之规定而剥夺之也。

推此案所以如此规定之用意，或以各项公积种类繁多，不易确定，故除法定公积之外，一概不予承认。其实申报人在申报时，原应附具资产负债表，检查此表，即可确定其公积之总数，似无特别困难。若谓各项公积，易于虚增，难于稽核，则无限公司及合伙独资组织之资本，亦何尝不易于虚增，难于稽核，何独对于公积而加歧视哉。

敝会计师等所认为最简单而合理之方法，原为法定公积应全部并作资本计算，而任意提存之公积则可不予计算。因法定公积为法律所强迫提存之公积，其作用与资本毫无区别。法律既强其提存，自应许其全部计作资本。至于任意公积，则由业主自由提存，故不妨依照法定手续，随时将其改作资本，或将其尽量分配。不将其任何部分计作资本，事实上亦无多大困难。唯此点与施行细则之本身有关，似可作为修订施行细则时之参考。

二、查草案第九条"称收入总额者，系指营业上实收及可收之总收益而言"，第十条"称实际开支者，系指营业上已付及应付未付之必要合理费用，及呆账折旧盘存消耗以外之其他损费而言"，是明白规定所有一切营利事业之会计制度，必须采用权责发生制，即英文所谓 accrual basis，而不准采用收付实现制，即英文所谓 cash basis 也。关于此点，从促进会计改良之标论之目，固属极可赞佩，但从实施方面而论，极多窒碍难行之处，似应另订变通办法。

考美国为所得税制最发达之一国，亦为工商会计最进步之一国，但其所得税之历史，则知"权责发生制"之使用，竟迟至 1916 年方受法律上之准许。1907 年美国内地消费税局对于公司纯益之征税，及 1913 年之所得税法规中，均规定公司纳税人应纳之所得税额，应以实际收支为计算之根据。良以会计知识未能普遍进步，会计制度未能普遍改良之时，原不能希望多数纳税人采用权责发生制，而为精密之损益计算。但事实上采用权责发生制之纳税人，为数亦属不少，如必强令全体一律采用简单之收付实现制，亦不免发生窒碍。是以美国财政部，不得不迁就商业习惯，于细则上规定，准许纳税者于计算纯益时，得采用盘存，并得计算已发生而未偿付之费用。此种会计原则，在美国 1916 年之收入法中，方为正式采用。至于今日，"收得实现"与"权责发生"两种制度，可由各人自由采用。唯既一经采用，则须继续用之，不能任意更改。其有必须由收付实现制改用权责发生制，或由权责发生制改用收付实现制者，必预于年度开始后三个月内，报告所得税局，经其核准，以防纳税人之取巧避税。夫以美国工商会计之发达，而尚许收付实现制及权责发生制之并用，则以吾国一般工商会计之陈旧简略，而必欲责全体纳税人以采用完备无缺之权责发生制，实为事实之所难能。我国内地各处无论矣，即以上海、天津、广州、汉口等通商大埠而论，其中小阶级之商人，每多仅设现金簿或曰流簿一种，以记载其各项交易之收支数额。此种商人，如必欲令其采用权责发生制，以计算其实收及可收之总收益及已付与应付未付之费用，恐须大增其处理会计事务之费用，间接即增重其纳税之负担也。至于有数项特种业务（如分期付价销货及长期工程之类）即在会计原理上论之，亦应采用收付实现制，而不能采用权责发生制，草案中并不为之设置例外，似有未周。窃以为我国所得税法规中所称之会计制度，应照美国办法，任令纳税人自择。"收付实现制"可，"权责发生制"亦可，唯一经采用，即不许其任意变更，变更之际，必须预得主管官署之许可，此则推行既可尽利，而流弊亦可免除矣。

三、草案第十二条规定，"自由之捐赠"，不能认为营业上之必要费用，如纳税人将其列入损益计算中，应于计算纯益时将其剔除云云。所谓"自由之捐赠"云者，究作如何解释，仍不明了。例如商店所捐助之祝寿飞机捐款、援助绥远捐款、水灾旱灾捐款、青年会慈幼会等捐款，论其性质，并非受法律之强迫而必须捐助者，其为自由之捐款无疑也。但此种捐款，姑无论国家社会对之，应予以特别奖励，不应更不许其作为费用，而禁止其自收益总额中减除。即在实际上论之，此等捐款，何莫非营利事业者为保存商誉之必要的支出也。再论赠款，工商使用人因营业上有特别劳绩或长处服务之关系，或因疾病伤亡等事故，而向雇用机关收受赠与金，按其性质，既无合同规定，亦无法律义务，实为雇用人自由之赠款。但按之实际，何莫非为过去劳务之报酬。若云自由之捐赠一律不准作为营业上之费用，姑不论营业机关对于公益慈善之捐款及对于使用人之赠恤，势将为之减少。即以业务本身而论，实系用于业务之款，不过其法律上之方式为自由之捐赠而已。政府若不许其作为费用，似觉太苛，此则敝会计师等期期以为不可者也。

按英美成例，凡捐赠之款，其与营业有关，而直接间接有增加营业收益之可能者，均可作为业务费用，而由总收益中减除。其有业务条件之赠款，即非负有法律上或契约上给付之义务者亦同，如赠与久任经理之特别酬劳金，及赠与受伤工人之特别恤金等是。唯在付给赠款人方面，既经作为业务费用而免纳所得税，则在收受人方面，自应算作其所得之一部分，而照缴所得税，此项原则，殊属合理，且在政府方面，亦无税收上之损失，实可采用。故敝会计师等以为草案第十二条第三款"自由之捐赠"字样，应改为"与营业无关系之捐赠"，则可免除上述之流弊。至于某项捐赠之款，究竟与营业有无关系，是则不能在征收须知中为概括的规定。留待主管征收官署或审查委员会审察纳税人各别情形而决定之可矣。

四、查草案第十六条"甲乙两项营利事业因合并解散歇业转盘，经清算或清理后，其剩余之财产额超过原有资本实额者，就其超过部分，照暂行条例第四条税率课税"。所谓原有资本实额，当指实缴股本而言。则照此条规定，所有法定公积、任意公积、未分盈余等等，在清算分派时，均须照一时营利所得而课税，其为重复，实不待言。因一商业机关之剩余财产，其超过资本实额之部分，除法定公积依法尚未纳税，秘密公积在事实上尚未纳税外，其余任意提存之公积金、准备金及历届盈余滚存等等，当已于历届决算后，照缴第一类甲乙两项之所得税，何以在清算分配之时，又须令其再纳第一类丙项之所得税耶？查施行细则第二十一条规定："第一类甲乙两项之营利事业，因合并解散歇业清理经结算后，仍有所得时，亦应课税。"此条所称之所得，当指清算期内之所得而言，绝不能指清算期前已经提存及已经纳税之任意公积金、准备金及盈余滚存而言。故草案第十六条之规定，殊不能谓其意义与施行细则相合，自应照加修改。

五、查草案第二十三条规定，纳税人被调查时应提示"该营业年度或前年度交易进出及银钱收付之必要账簿，或资产负债性质之誊清簿，或其他足资证明之文件"云云，观其连用数个或字，似觉纳税义务者，若能提出该营业年度交易进出及银钱收付之必要账簿，即可不必再另提出资产负债性之誊清簿。或如能提出资产负债性质之誊清簿，又可不必再行提出交易簿及银钱簿。又如提出本年度账簿，即可不必再提上年度账簿，如提出上年度账簿，又可不必提出本年度账簿。再如提出账簿，即可不必再提证明文件，既提证明文件，即可不必再提各项账簿。更进一步言之，誊清簿仅以资产负债性质者为限，则似关于损益各项之誊清簿，竟无所用其提出。细按此条规定，似为逃税及避免查账者大开方便之门，且对于查账技术上之需要，似亦不甚符合，或者此条文字间有错误，亦未可知耳。

照敝会计师等本身之经验而论，查账时所应查及之账册文件，原无一定，必须视被查事件之个别情形而定。在会计制度完备之机关，则传票上缺一签字，足为事态严重之表征，而需加以根究。至于旧式商店，对于证明文件，素不重视保存，则仅要据账册而查核之，亦为事实所必然。且检查之范围有广有狭，被检查之期间有长有短，所以需要检查之文件簿册，实难为具体的列举的规定。查施行细则第三十四条规定，当地主管征收机关得要求申报人提示有关纳税额之证明文据，最为妥当。征收须知中似不必另为列举的规定，反足以启示提示人以藏匿文据之途径。即云检查员对于纳税义务人，如可以任意要求其提示种种文据而一无限制，恐开检查员以留难需索之门，故不得不将可以要求提示之文据，加以明文限制。是则为因噎废食之办法，且文据不全，检查难有结果，则不如并检查一举而废除之，反为省事矣。鄙意以为各地主管征收机关，应斟酌各地工商业会计情形，规定纳税义务人应行提示之文据，或与当地工商同业公会会商决定之，最为妥当。草案二十三条应予酌改。

六、第一类所得税征收须知后附资产估价方法，各项规定，查与会计原理，多所符合。唯规定尚嫌简略呆板，似尚有补充及修改之必要。兹就鄙见所及，摘与数点如下。

甲、估价方法第十三条，对于营业权及著作权之折除，定为十年。此不仅缺少理论上之根据，且与事实相差太远，必须改为较有弹力性之规定，方便实施。盖商店公司之营业期间，多于合约或章程中规定，或超过十年，或不足十年。其超过十年者，政府允其在十年之内将其营业权之价值折除净尽，似尚不失为提倡会计稳健之原则。若其营业原不作十年之计，而必强将其营业权分作十年折除，实觉太不近情。至于著作权之有效年限，虽有法律规定，但实际上著作之性质，大有不同，即其价值之久暂，亦大有差异。其有时间性之著作品，英美各国允许纳税人于发行年份全数折除。至于大部分之教科书、歌曲、图书等类，其价值之寿命，在事实上亦多不能延长至十年之久。若以一律之年限强为规定，则恐为缴纳所得税而编制之决算表，其内容与依实际情形而编制者大相径庭，其不能表示纳税义务者真实之财政情形及营业结果，可断言也。

乙、查折旧率计算表将各项固定资产之折旧年限，均为分别规定，若者六十年，若者三十年、十年等等，而称之曰最短耐用年数。其实法律上所称之最短年数，即实际应用上之最长年数。盖商人为减少纯益计，必采用法律容许之最短年数，则折旧率表之应用，事实上必致十分呆板，毫无伸缩余地，与上述甲项情形，具有相同之缺点。窃以为固定资产之折旧，不仅为物质陈旧消耗之结果，更含有"不适用"及"废弃"之原因。例如事务所建筑物之为钢骨水泥或砖造者，其最短耐用年数，表中定为六十年，以物质上之陈旧消耗言之，固无不合，但若计及建筑物式样或内容之不适用而需及时废弃，则此项最短折旧年限，殊觉太长。试观上海市内之事务所建筑物，几曾见有保存至六十年之久，而不拆除改造者乎？是以敝会计师等以为该表所规定之各项固定资产之最短耐用年数，不能即作其最短折旧年数，必须就实际情形，另为规定也。且在通都大邑，工商各界每多租地造屋之举，其建筑物之折旧年限，当然不能以其耐用年数为标准，而需以其租地年限为准。此点在折旧率计算表后附之说明中未见有何规定，似属疏漏。

再按折旧一项，以原理论之，同一物件之使用年限，与其使用之情形，大有关系。例如同一品质之两汽锅，因其用水性质，有软硬之分，用煤品质，有高下之分，管理升火工人之技能，有优劣之分，工厂所在地之气候，有干湿之分，汽锅本身之使用，有忙闲之分，故其每年之折旧率，亦断乎不能相同，而必须分别为之估定也。考美国方面，对于各项固定资产之折旧率，系由各地税局向各地同业公会咨询后规定之。此法最能切合实际之需要，而可免呆板之弊病。在征收须知中，即认为应有相当的具体规定，以免毫无标准之困难，亦应将原规定为若干年者改为"若干年至若干年"，在此最高最低限度之间，各工商业应采用之折旧率，准由各地所得税办事处与各地同业公会会商决定，呈由财政部核准，则呆板之弊及毫无标准之弊，均可免除矣。

或者谓日本方面，对于税率系用固定年限计算，现我征收须知草案已将其各项年限缩短，政府对于商人已极体贴，不应再有异议。须知以立法经验而论，新法必良于旧法，日本人对于会计之一般学识，未敢认为进步，其所规定之折旧率，殊不足以取法也。

丙、按估价方法第十九条，对于呆账之计算，仅承认各别账款估计之方法，而不承认综合准备估计之方法，此在账款户数极多之商家，实使其在估计呆账之工作上，发生重大之困难。查估计呆账之方法，为会计学家所公认而在会计书籍及实务上加以提倡者，一为各别估计法，一为综合估计法，在美国方面，以采用第一法为原则，但账户繁多，不便或不能各别估计者，则可应用第二法，唯其综合估计之方法，须详加说明。此种规定，最为适宜。征收须知草案中将综合估计法完全废弃，似非合于进步之会计原理也。

七、尚有一点，系关于文义上之修正。查草案第七条所规定之计算方法，固甚适当。唯所谓"就营业期间相当于全年度之比例换算其资本额"者，文义似甚牵强。即实例中所谓"营业期间为三个月，资本额为十二万元，三个月相当于全年之四分之一，故该期间之资本额应为十二万元之四分之一，计为三万元"云云，似不可解。因资本额非损益额可比，只能有每年每月或每日之平均数，而不能以时期之长短分割其一部分。在此三个月之营业期内，资本额每日境外为十二万元，并非三万元。故此条文字，应改为"就全年相当于营业时期之倍数换算其纯益额"云云，则意义通顺矣。兹仅将本条文字，酌改如下：

"甲乙两项营利事业，其营业年度不满一年或营业年度有变更者，计算其所得时，应就全年相当于该营业期间或新旧交替期间之倍数，换算其纯益额，再计算其合资本额之百分数。例如资本实额为十二万元，营业期间为三个月，所得纯益为三千元，全年为三个月之四倍，则全年之纯益额应相当于三千元之四倍，计一万二千元，合资本额之百分之十。"

上述各项意见，仅就原草案各条有改订之必要者而言之，至于应行补充各点。正在详加考虑，当随时陈其管见，以供采择焉。

此上

财政部所得税事务处主任高、副主任梁

（载《立信月报》1937年第7期第11—16页）

08 致财政部所得税事务处函（二）
——对于征收须知草案续陈应行补充改正各点

敬续陈者，序伦等曾于本月二十二日奉上一函，将序伦等对于大部所颁布之第一类所得税征收须知草案，认为应行改正各点，详为陈述，当荷察及。兹再将序伦等对于第一类所得税征收须知草案认为应行补充各点，及对于第二类、第三类所得税征收须知草案认为应行改正补充各点，列述于下。一得之愚，尚祈参酌采纳是荷。

一、对于第一类营利事业所得税征收须知草案认为应行补充各点：

（一）在国内国外均有营业机关，而其本支店间之营业损益，并无独立会计，不能各别计算者，其例甚多。此其国内外营业所得，必须为之划分。实施划分之方法，不外两种。一曰分摊法，一曰估计法。但分摊与估计之标准如何，征收须知中毫无规定，应予补订。否则在国内外有本店及分支店者，势将无法以计算其国内或国外部分之所得也。

（二）所得税暂行条例施行细则第二条，规定各国外交官之所得，免予征税。唯此项规定，殊嫌粗疏。盖所谓外交官者，仅指大使公使代办等正式外交官而言乎？抑包括领事及使馆等处之雇员而言乎？所谓所得者，仅指其外交官职务上之薪给所得而言乎？抑指其职务以外之所得，如证券存款利息及营业利益等，一并免税乎？是亦应在征收须知中明白规定，以资补救者也。

（三）查第一类所得税征收须知草案（以下简称"征收须知"），对于普通贩卖业之商店及制造业之工厂，关于其收益额如何计算，规定较详。唯对于具有特种性质之营利事业，如保险公司，营造厂及分期付价销货商店等等，关于其收益额之应如何计算，尚无规定。查国内此等厂商，为数甚多，日后申报纳税，必感无所遵循，似应即在征收须知中妥为规定。

（四）"公课"应如何解释，其应包括之内容，究属如何。似应补予规定。因公课之种类与性质，大有差别，非任何公课，皆可从收益额中减除也。例如土地之升科税，及改良道路之特征款（special assessment），以及一切可以增加纳税义务者资产价值之征课，似不应列在扣除之数，而应作为资本的支出。又如向外国政府缴纳之资本税、营业税、所得税等，是否可以视为公课而一例减除，均应在征收须知中明白规定。因在我国国境之内，（中国）香港注册、美国注册之公司极多也。

（五）矿业林业机关，所有矿地林地之耗竭（depletion），应如何计算，征收须知中未有明文规定，似应补入。

（六）施行细则第十二条："买卖与本业务无关之物品证券或金银货币，而其所得又不在本业务收入项下计算者，以一时营利事业论。"此条所谓买卖，必须设一时间上之限制。例如买进之物，二年一年或数个月之内仍行卖出，而有所得者，应予课税。此项时间限制，应视其物品性质之为固定资产或流动资产而酌为增减。如其出卖在此年限之外，则为资本之增值（capital increment），而非一时之营利，不当缴纳所得税。此项时间之限制，极其重要，细则中既未规定，征收须知中自应补入，以免纠纷。

（七）查草案第十五条规定，"上年度之亏损，不得列入本年度计算"，与暂行条例及施行细则之规定，固无不合。但在事实上，确有使纳税人感觉困苦之弊。例如某公司资本十万元，前数年营业，连年失利，共计积亏至八万元之巨，本年幸得机会，获得三万元，则弥补已往之亏损，尚不足五万元。有何能力可以纳税？若前年亏损，不能与本年盈余抵除，则在本年须纳千分之一百之最高率所得税，计三千元。政府对于纳税人，殊太苛待，而有悖于能力纳税主义之原则矣。查英国法制，六年以内之亏损，准其在本年盈余内抵除，实为培养税源之唯一方法。我国似应采用。此虽为条例中之问题，似未可在讨论征收须知时提出，但事实上征收须知草案中，纠正或补救条例细则缺点之规定正多，关于上年损失可以抵除一点，似亦应在补救之列也。

二、对于第二类薪给报酬所得税征收须知草案认为应行补充修改各点：

（一）查草案第一条规定公务人员之范围，第二条规定公务机关之工人、夫役为非公务人员。但兵士、警士等人，究否作为公务人员，或视同工人、夫役，不作为公务人员，似欠明了，似应明白规定。

（二）查草案第四条"公务人员因公支领之费用，不属于薪给报酬之范围"。所谓支领之费用，自当以实报实销者为限。如不实报实销，而仅支领整数，自应加入薪给内一并课税。关于此点，请予明文规定。

（三）查施行细则第十六条第一款，以退职金养老金等置在薪给之列。但照实际情形而论，此种退职金养老金，往往包含已经缴纳所得税之薪给的一部分（例如雇用职员之机关，按月从职员薪给中扣留一部分，另由机关点补一部分，凑成一数，积存若干期，于该员退职养老时，一次给付之）。则细则该条所称应行纳税之退职金养老金者，应在征收须知中明白解释为未经纳税之部分，方免重征。

又此种退职金养老金之一部分，实为储存薪给之利息。此利息之部分，应照第三类所得纳税，不应以其全部金额照第二类所得纳税。凡此种种，细则中毫无规定，似当于征收须知中补为规定。

（四）查施行细则第十七条规定，自由职业者及其他从事各业者，可以在其所得中先行扣除费用之第四款，为"其他业务上直接必须之费用"。本草案第九条，复将此项直接必须之费用，定为下列四款：（1）业务用具修理费；（2）广告费；（3）公会会费；（4）文具邮电及其他杂费。查此项列举的费用在事实上殊嫌疏漏。兹参考英美各国对于自由职业者及其他从事各业者准予扣除之费用，及中国会计师协会所定会计师事务所会计规程草案中，所列损失类各科目，拟请将"直接必须之费用"补充如下：

① 公会会费出席会议所必须之费用。

② 业务使用人膳费（以在业务所供给者为限）。

③ 公课费用。

④ 业务上必须之应酬费。

⑤ 复委托公费。

⑥ 为委托人所垫付款项之呆账损失。

⑦ 业务用具之折旧。

（五）业务所会计制度，应否采用权责发生制？抑应采用收付实现制？抑两制可以任择其一而采用之？征收须知中尚无规定。查"权责发生"与"收付实现"两制，倘可任意择用，又可任意变更，则纳税人可以设法逃税,故应有明文规定之限制。唯考英国自由职业者之会计制度,一律采用收付实现制。其所得为其"收支账"(statement of receipts and disbursements)上之余额而非其"损益账"之余额。我国征收须知中,似亦应加入一条,规定事务所应用之会计制度,以资一律,而防逃税。

(六)查草案第十三条第二款规定"以借支方式代替发薪者,应就其各该月所借之实额缴税"。所谓"借支"者,应考虑其法律上之效力。如确系借款性质,日后有扣还可能,自不应预扣所得税。如确系预支薪金,日后无扣发之可能,则可按折扣发薪之例处理。本款规定,一方面似觉衍文,一方面又不承认确有借支之事实,似可删除。

(七)查草案第十六条末项,"其在该年内每月月薪如有增减者,应于补税时,比照上列方法计算之"。此原因条例规定第二类所得,依照每月平均额定其税率。故年终支领奖金分红等等,应重为计算其每月平均所得而补税,固甚合理。唯从反对方面言之,减薪之举,亦所常有。须知中只有补税之规定,而无退税之规定,似嫌疏陋。例如某甲从一月份起,原支月薪六百元,每月扣税二十三元六角。六个月内共已缴税款一百四十一元六角。但从七月份起,减支月薪为三百元,直到十二月底为止。每月应扣缴税款五元六角,六个月共扣三十三元六角。两项共扣税款一百七十五元二角。但在该年度内,其每月平均薪额为四百五十元,每月应纳税十二元六角。十二个月只需纳税一百五十一元二角。唯被已扣缴一百七十五元二角。但在该年度内,其每月平均薪额为四百五十元,每月应纳税十二元六角。十二个月只须纳税一百五十一元二角。唯被已扣缴一百七十五元二角,故应申请退税二十四元,方为合理。此项规定,当须补入。

（八）再查条例规定第二类所得应以每月平均额计算课税。但在薪给报酬之以月计者，并未指明其为若何月份或若干月份之平均额。然则第二类领取月薪之纳税人，是否亦适用历年制而平均其所得？或是否可按照第一类所得之结算方法，依照习惯上之年度而为平均？或是否只能以实有所得之月份而为平均，其无所得之月份，不能加入平均？此等问题，极属重要，遍查条例及细则，均无明白规定，则在征收须知中，自应补予规定。例如上举实例，应否准其退税，与其所得额之如何平均，极有关系。倘使以原支薪额之六个月为一平均期间，即无须退税，若以一年十二个月为一平均期间，则必须退税也。又如某甲一月至六月份，支月薪六百元，七月至八月份，因病告假，停止薪金，九月至十二月份减支薪金每月四百元。是则该甲之每月平均所得，究系领薪之十个月之平均额，计五百二十元乎？抑系全年十二个月之平均额，计四百三十三元三角三分乎？是亦一极重要而需明白规定之事项也。

（九）查草案第十九条，"自由职业者及其他从事各业者之所得，如无固定支付机关或雇主者，应每六个月结算所得一次，申报缴纳所得税"云云。似应将"如无固定支付机关或雇主"一语，改为"自己设有业务所或无雇主"。因自由职业等者之所得，其属于常年性质者，大都有固定支付机关，但因其业务所之费用，须从其所得中扣除。故所得税能由支付机关代为扣缴。征收须知容许其每六个月结算一次者，因其业务所有开支，且其每月所得多少不均之故，而非因其有无固定支付之机关也。

（十）政府机关对于公务人员，营业机关及职业事务所对于雇用人，所给予之膳宿车马贴费，或供给膳食宿舍以及车马等之使用，其所值之金额，是否应计入公务人员或雇用人之薪给中，一并纳税？本草案中，未有规定。查此等事实，甚为常见。倘认为应行计入薪给所得，自应明白规定。倘认为可以不必计入，亦应为之定一限度，以免借此减少其薪给之名义上数额，而无限制地增加此等贴费也。查美国成例，凡膳宿车马等等，若雇主为求使用人服务上之便利计而供给之者，则贴费或其价值，不作为其使用人之薪给。苟非为雇主服务上之便利，而为使用人自己之生活费用者，则应并入其薪给中，计算所得。此项原则，至为合理，似应补订于本草案中。

三、对于第三类证券存款所得税征收须知草案认为应行补充修正各点：

（一）查草案第二条规定，"股票利息系指股息而言"，则股份红利似已无须纳税。以此减轻公司股票纳税之重复，固属佳事。但若不于同时为股息定一最低限度，则恐公司均将修改其章程，取消其股息或官利，而股份之所得，全以红利为名，则此条之效果，势必使股票所得税全部逃避矣。

（二）查草案第三条规定："存款利息包含左列各款，（1）银行钱庄所收存款之利息，（2）银钱业外商号团体及个人借与公司商号款项之利息。"内中第二款不仅在文字上有不易解释之困难，即在意义上，恐亦大有问题。第一，所谓团体者，究指何物，殊欠明了。第二，依照此款文字，严格解释，个人借与个人之款，公司商号团体借与个人之款，以及公司借与公司商号之款，均不包括于本草案所称之"存款利息"中，无须纳税。此项解释，是否正确，有无意义，均成问题。故应另予明白规定，方能使人了解。

（三）查草案第四条："银行钱庄之放款及银钱业同业间之往来款项，其所生之利息，应归入营业收益项下计算，不征收存款利息所得税。"规定固属甚当。但营利机关之存放款项，其所被扣缴之存款利息所得税，依照第一类征收须知草案第十三条之规定,仍可于应纳之所得税额中扣除,究其实际,亦等于不征存款利息所得税,故上述第四条之适用,并不以银钱业为限也。是以本条末句"不征收存款利息所得税",似应改为"无须由支付利息机关代扣存款利息所得税",方为正确。

(四)关于零存整取之款项,其利息所得,如何计算,似应加以规定。兹依照本草案第七条关于寿险保险金视为存款利息所得部分之计算方法,拟条文如下:"零存整取之存款,其整取金额,超过实际存入金额之部分,作为存款利息之所得。"

(五)关于整存零取之款项,其利息所得如何计算?其税额应在何时扣缴?亦均应加以规定。例如整存金额一千元,约定在十二年即一百四十四个月之期间内,每月支取金额十元。按照美国成例,其利息之计算及所得税之缴纳,有两种办法。第一,以最初一百个月所取每月十元之金额,视为本金之返还,不扣所得税。从第一百零一个月起,每月所支之十元,均作为利息所得,而于支付时照扣所得税。第二,从第一个月起与第一百四十四个月为止,每月所支之十元,以精密之计算,划分为本金与利息两部,而照扣其利息部分之所得税。我国究取何种办法,应明文规定。以意度之,则第一法比较简单稳健,应予采用。

此上

财政部所得税事务处处长高、副处长梁

(《立信月报》1937年第7期第11—16页,

《立信月报》1937年第7期第17—21页)

09 搞活经济和会计立法

有些同志担心：会计立法会不会影响经济体制改革，影响搞活经济。其实，这两者不但不矛盾，而且是相互促进。

经济体制改革必须在计划、财政、物资、物价等各方面进行一系列的改革，并作出新规定。《会计法》不会影响这种改革。因为《会计法》规定的是会计工作的原则和规范，它的首要任务是维护和执行国家的方针、政策和财政、财务制度。因此，会计立法必然有利于保证新制度的贯彻执行，而绝不会阻碍新制度的执行。

搞活经济要有许多条件，重要的一条是要有正确的经济信息。会计的基本职能之一是对经济活动进行核算。会计核算资料则是经济信息的重要来源。加强会计立法，就可以有效地克服目前会计工作中的不健全状态，正确及时地提供会计核算资料，为搞活经济服务。

有的同志认为，会计立法强调要加强监督，可能会不利于搞活经济。我认为：搞活经济有个前提，就是一切经济活动都必须在国家制定的法律、法令范围内进行。会计的监督职能是以国家制定的法律、法规和政策为前提的，所以不存在不利于搞活经济的问题。至于那些在搞活经济的幌子下，为了谋取个人和小团体的利益而刮起新的不正之风甚至进行违法活动，它不但无益于搞活经济，而且只会搞乱经济。为了纠正和制止，就要求制定法律、法规或制度，划清是非界限，使有所遵循，与此同时，要加强会计监督。

会计监督，既要加强企、事业单位内部的监督，也要加强外部监督包括审计、财政、税务机关等的监督。加强会计监督，堵止了经济活动中的不正之风和违法活动，就可以顺利地把经济搞活。

（载《解放日报》1985 年 4 月 24 日，

《上海会计》1985 年第 6 期第 47 页，

《广西会计》1985 年第 5 期第 3 页，

《财会通讯》1985 年 11 期第 67 页）

会计职业发展的引领者

01 会计师查账之应用

会计师职业,在世界,在中国,均为最新发达之职业。英美等先进国中,工商两界,对于会计师之需要,至近十年来,始大增。我国在五年之前,一般社会,尚不知会计师为何物,即在目前,工商界聘用会计师任查账之职者,仍寥寥无几。此其故何欤?一言以蔽之曰:一般社会尚未明了会计师查账之应用而已。兹特草此篇,俾吾国工商界知所取法焉。

我国普通商人心理,以为会计师查账云者,不过将账簿上所载之零总数目,账簿外所存之收付凭单,逐笔核对,以期无误而已。信如是也,则会计师之职业,无论何人,只须略谙算法,即优为之,何必列为专门科学,须经政府特许手续,始得执行业务哉。

又有一般商人心理,以为会计师之查账,实为寻查账项上之错误而设。故商店账目,苟有错误,如试算表借贷两方失其平衡,损益计算书、贷借对照表不克制成等情形,方须委托会计师代为整理,代制报告。但此种事项,实属于其商店本身会计科之事项,非必须会计师代为整理。其他会计人员,亦可代为整理。即使会计师代为整理,亦不过代其会计科处理一部分事务而已,非即查账也。

又有一般商人之心理,以为会计师之查账,其最大功效,在于发现弊窦。譬诸商业侦探,苟一商店有其踪迹,则商店中某部职员,必犯有舞弊嫌疑，故店东之信任其店员及经理者，不肯令会师计查账。而经理对于外来会计师之查账，亦常抱不欢迎不合作之态度，此则未能了解查账之应用者也。在昔年会计师业务幼稚时代，发现弊窦，固为查账之重要效用，但在今日，则查账之主要应用，已不在此而在彼。故外国商店公司，均任会计师作常年查账，非必专为侦查弊窦而设，即绝无弊窦之可言者，亦多有会计师查账之必要也。然则会计师之查账，在今日究有何种应用乎？兹分下列各项说明之。

（一）商人对于自己业务，常难得正确之观察。而对于一己商业上所有财产之估价，尤易错误，非过抱乐观，即过抱悲观。例如房屋每年之折旧，有时不免过多，有时不免过少。对于所负间接之债务，如代作担保等项，或不加注意，以及应作营业开支之账项，归入资产项下等事，实属数见不鲜。语云：当局者迷，旁观者清。故外国商人，常任一旁观者之会计师，代为审察其业务情形。会计师一方面具有良好之商业学识与经验，一方面保持不偏不倚之态度，故对于其委托人之业务情形，必能下一正确之判断，如财产之估价、折旧之计算等。有过多者，裁抑之，有过少者，增益之，务使每年结账之期，所制借贷对照表及损益计算书可以表示其业务之真实情形。

（二）会计师查账之结果，虽不必定有弊窦或错误之发现，而会计师对于业务情形，常可有改良之建议。如会计制度之未臻严密、营商政策之未臻尽善，会计师可运用其学识及经验，备委托人之咨询顾问，并代谋改良之策。犹之身体康健者，有时亦乞医师之指导，而使其健康，日益进步，不必俟有疾病，始乞灵于医药也。

（三）在合伙商业之有两种股东者：无限股东，实操执行业务之权；有限股东，对于无限股东之行为，虽不能常加干涉，然为保护其利益，应委托独立之会计师担任查账之事，以便将营业之真正情形，随时报告。

（四）商店公司有须增加股东、增加股份或发行公债票时，则其原来之资产负债及营业损益情形，必须经公正之会计师，一一检查估价，始可昭信于社会。而外界投资者，始能知其股票之实价，踊跃投资。苟其贷借对照表损益计算书，未经会计师之检查证明，则社会人士对之，必抱怀疑态度，投资者亦必裹足不前矣。

（五）商店公司有须向银行借款者，债权银行必须先知其财力及营业之内容，始敢放款。在吾国则银行方面，全凭往来熟人探听消息，仅注重对人信用，危险甚大。若在工商业发达之国家，其银行尤注重对物信用，必使借款之商店公司，呈示数年以来之贷借对照表及损益书。苟此书表，仅为商店公司所自制者，则仍难得银行之信用。苟已经著名会计师之查核证明，而无不良之现象者，则银行无不乐于贷款。因之商店公司，欲向银行贷款，必先委托会计师查账证明也。

（六）外国征税之法，多依个人收入或商店营业之净利，征取百分之几，即所谓所得税及余利税也。此税一行，则纳税人于纳税之先，必计算其所得或净利为若干，始有标准。然何谓所得，何谓净利，国家法令及判例之规定，极为繁复。非有专门之法律会计智识，及应用之经验，决难有正确之计算。故外国人之纳所得税与净利税者，必先委托会计师代为查账，结出所得或净利之数，加以证明，则向国家纳税，不致一再被驳。否则依照法令判例，计算稍有不合，即难得政府收税机关之允准也。

（七）公司商店，有将其产业之一部分或全部让卖于他人者，则其借贷表及损益书或特种资产之估价，必须经公正会计师之查核及证明。承受者始得知其索价之公允与否。

（八）公司商店之保有水火险者，于发生水火危险之后，苟其财产，无公正会计师之估价证明，则常因赔款多少，与保险公司发生争端。苟预先委托会计师，将各种账项产业，检业证明，则遇险之后，向保险公司索偿，不致发生困难。即或因之涉讼，会计师之证明书，实可为被损财产、原有价值，作极有力之证明。

以上八端，不过示会计师查账之主要应用而已。尚有因种种特别情形，必须委托会计师者，此则审计学中所详为讨论者也。

（载《会计学杂志》1927年第2卷第1期第1—4页）

02 中国之会计师职业

一、概况

会计师为中国最近新兴之职业,普通商民,皆未能了解其性质与作用,此会计师职业未能普遍发达之故也。吾国无论已,即在欧美各国,会计师之历史,亦不过五十余年耳。惟在最近之廿余年中,则有极惊人之发展,会计师职业日渐发达,执行业务者日多。吾国今日此项职业,虽可谓为仍在幼稚时代,然年来之进步亦极速,将来之发展更可预卜也!爰草是篇,将会计师之为职业,介绍与国人焉。

吾国在民国七年(1918年),北京农商部始颁行会计师暂行章程。欧风东渐,新制斯立,然国人之需要未亟,故新制之推行不广。直至民国十年(1921年),沪上始有会计师事务所。又三载,始有会计师公会之发起。筹划经营者匝岁,以民国十四年(1925年)三月成立。自初颁章程迄民国十二年(1923年),六载之间,会计师不过十数人;设所服务者,益寥若晨星。迨会计师公会成立之年,北洋政府农商部所颁执照,已达百号;最近之统计,在北洋政府领得执照者约有三百人。客岁国民政府颁布会计师注册章程,举行会计师复验,遵章复验者有七十余人;内中约六十人为上海会计师公会会员。吾国之会计师公会有二:一为京津会计师公会,其二即上海会计师公会。上海会计师公会有会员六十八人。京津会计师公会,发达较逊,有会员约三四十人;去年汉口有组织会计师公会之议,然并未积极进行,因而停顿。故上海一埠,会计师之职业最为发达也。

二、会计师业务项目

国民政府《会计师注册章程》第一章第一条规定会计师之职务如下:

会计师受当事人,或其他关系人、法院,或公务机关之委托,办理关于会计之组织、管理、稽核、调查、整理、清算、证明、鉴定、清理、公断及和解各项事务;并得充任检查人、清理员、破产管财人、遗嘱执行人,及其他各种信托人;又得代办纳税事务,注册手续,并代订关于会计及商事各种文件。此不过会计师业务之大纲,其细目可略述于下:

(一)会计组织方面:

甲、会计事务处理方法之规划。

乙、会计科目分类之规划。

丙、商店公司账簿表单票据等格式之规划。

丁、工厂成本会计方法及簿据等之规划。

戊、官厅学校及其他公共机关会计方法及簿据种类格式等之规划。

己、编制预算方法及程式之指导。

庚、办理决算方法及程式之指导。

(二)会计审核及证明方面:

甲、定期查账。因当事人之委托,继续担任常年查账员,为下列之检查:

子、资产负债检查,并为出具证明书或报告书。

丑、详细检查,并为出具证明书或报告书。

乙、临时查账。因当事人特别委托，对于当事人之资产负债损益等账项，为一部分或全部之检查；并为出具证明书或报告书。

丙、会计监查科事务处理方法之规划。

丁、受官厅之指派，或公司股东会之选任，充当检查员。

戊、受法庭、律师、公证人、公司检查员、股东会或债权人等之委托，对于某种会计事项或财政状况之调查审核。

（三）会计管理及整理方面：

甲、代办记账事务。

  子、为委托人办理其账簿表单等计算及记录之日常事务；或为登记各种账簿之全部或登记某种账簿。

  丑、为委托人办理决算及结账手续；编制贷借对照表及损益计算书等各种表册。

乙、担任清算人、破产管财人，或其他各种信托人，管理全部会计事务，或受清算人破产管财人或其他各种信托人之委托，代理各项会计事务。

丙、代为编制财政说明书、业务统计图表等；以便委托人公布，或提交于银行或股东会。

（四）会计鉴定或公断方面：

甲、关于地产、房屋、机器、器具、货物、有价证券、牌号、商标等估价之鉴定或公断。

乙、关于债权债务及损益等之鉴定或公断。

丙、受当事人或法庭之委托，担任民刑案件关于会计事项之鉴定人或公证人。

（五）会计财政之指导研究方面：

甲、关于公司商店设立前后手续之指导。

乙、关于公司章程合伙契约及各种合同规约之研究或指导。

丙、关于变更公司章程注册事项等手续之指导。

丁、关于变更公司商店组织之研究及其手续并会计上处理方法之指导。

戊、关于募集公司债之研究及其手续并会计上处理方法之指导。

己、关于公司解散清算等手续及会计上处理方法之指导。

（六）商业文件之代办方面：

甲、代办公司商号请求官厅立案注册或呈报声请等文件；或为注册代理人。

乙、代办商标权、专卖权、特许权等，请求官厅注册之文件；或为注册代理人。

丙、代拟公司商号关于工商事项之章程合同规约等文件。

丁、代办公司商号之其他重要文书事项。

以上为会计师业务事项比较详细的缕述，读者当可知会计师业务范围之大矣。

三、会计师应具之资格

会计师业务之繁复重要，既如上节所述；则执行此种业务者，自应有适当之资格也明矣。资格可从学识、经验、才能及道德四点，分别观察。其中有为法律所规定者；然法律所能规定者，仅其最低之限度耳。执行会计师业务之人，苟欲求于职务之上，得心应手，无忝厥职，不可不于法律规定资格之外，另求高深之学识、经验、才能及道德也。

（一）会计师应备具之资格，为注册章程所规定者，列举如下：

甲、中华民国人民，年满二十五岁者。旧章之规定，为男子年满三十岁以上，新章修改如上文，盖年龄之所以有限制者，实为经验加一重保障也。

乙、合格于会计师试验者，或合格于免验审查者。

试验审查之举，实为国家对于会计师学识及经验之证明方法；旧章并无试验之规定，且于会计师学识经验两种，仅需其一，宽泛疏滥，迨臻其极，现在改颁新章，对于此点规定较严，可谓进步。

子、受会计师试验者，应备具下列两项条件：其第一项为具有学识之保证，而第二项则为具有经验道德及才能之保证也。

（1）在国内外大学，或专门学校商科，或经济科，以会计学为主要课程，肄业三年以上，得有毕业文凭者；或在国立或经教育部财政部认可之公立私立大学或专门学校，教授会计主要科目，继续三年以上者。

（2）在会计师事务所，充任会计事务员二年以上，得有办理良善之证书；或在财政部所认为合格之企业机关、官厅、公署或公务机关，充任会计事务员三年以上，得有办理良善之证书者。

丑、合格于免试审查者，应有下列各条件之一：

（1）在外国领有会计师证书者，但须证明该国之试验及审查之程度，与我国章程之规定相等为限。

（2）具备下列各条件者：

① 在国内外大学，或专门学校商科或经济科毕业，曾读满会计学

科目廿学分以上，成绩优良者。(此项为具有充分学识之保障)

② 在财政部所认为合格之企业机关、官厅、公署或公务机关，充任会计主要职员，七年以上，得有成绩证明书者。(此项为具有充分经验才能及道德之保障)

会计师之资格，法律上所能规定者，不过用推定的方法，以为合于上列各条件者。具学识、经验、才能、道德，当可执行会计业务，而一般社会，可以不蒙其害而已。其实此四项之资格，实不能于法令上为具体的规定；且同一会计师，同一执行业务，在一般商界目光之中，显分优劣。兹将普通会计师必须备具之学识、经验、才能、道德，分述如下，以便有志此项职业者，得一训练学习之标准焉。

(此处略，参见《会计师秘诀》一文)

查会计师法规及会计师公会章程，为防止会计师发生不道德行为而促其德义向上起见，有下列各项之规定：

甲、会计师执行职务时，不得兼任官吏或其他有俸给之公职；但充国会地方议会议员或执行官厅特令之职务或充学校教授者，不在此限。此条之设，盖为防止会计师利用其官吏公职之权力而营其私利也。

乙、会计师执行职务时，不得兼营商业；但如与职务无碍，并得会计师公会之许可者，不在此限。此条之设，所以维持会计师在商业上超然独立之地位，绝无自身利害关系参杂于其间也。

丙、会计师对于下列事项，不得以会计师名义，行使其职务。盖因此等事项，与会计师本身发生利害关系，苟任其以会计师名义行使职务，实恐有失其超然公正之态度也。

子、本人兼任官吏公职律师公证人，其所兼职务上应办理会计事项。

丑、本人兼任董事无限责任股东商业使用人时，其所兼职务上应办理之会计事项。

丁、会计师执行职务时，不得发生下列情事，亦所以防止会计师之不道德行为也。

子、不得收买职务上所管理之动产或不动产。

丑、不得宣布办理职务上所得之秘密。

寅、不得因玩忽职守对于受托事件失其良善管理之义务。

卯、不得用不正当手段招致委托事件。

戊、雇用之事务员，均须品行端正，不得有损害会计师地位信用之行为。

四、会计师查账之应用

（此处略，参见《会计师查账之应用》一文。）

（载《会计学报》1928年创刊号第209—220页，

《立信会计季刊》1933年第2卷第1期第1—40页，

《银行周报》1928年第12卷第9期第21—23页，

《银行周报》1928年第12卷第10期第19—23页）

03 会计职业之准备

潘序伦演讲　郭盛尊笔记

兄弟自民国十六年（1927年）离开暨南后，很少和诸位见面，今天能得与诸位相聚一堂，非常荣幸。现就民国十六年（1927年）后，兄弟在社会上服务所得经验，来和诸位谈谈"会计职业之准备"，以作诸位的参考。说到吃会计饭，责任是非常重的，即在学习的时候，也较其他各系为难，所以学会计的，应如何做法，怎样选择，均要特别留意。

第一，要决定意志百折不挠地去做。当兄弟往外国留学的时候，自然也是预备入商科的。但商科中有数系，有人劝我进工商管理系，我不赞成；或劝我进国外贸易系，我觉不好；更有劝我进银行系，仍不愿意。因为进那几系的人多，出路较难，而学会计的人少易找饭碗。何况一个银行系毕业生，初在银行界中也不过三四十元，外国回来的也不过七八十元。至工商管理、国外贸易，也要先有天才始能发展业务。例如兜售货物，不一定品学兼优的即能觅得生意，而学识稍差但善交际的，或能得优良成绩。惟有会计，决不是空口说白话，须有真才实学，始能胜任愉快。换句话说，习会计的，人家不能争他位置，而他或可夺人饭碗。当然也许有人要说，在政府各机关，最重要的就是管理银钱的人，其职位最不稳固，常随主管人员同进退，这话当然是事实，不过政治上了轨道后，当不至如此。至工商界则不然，会计人员绝少更动，因一更动，替代无人，所以会计员如做得好。工作佳者，经理不特不辞退，即彼要告退，经理也只好加薪挽留。照此说来，会计的职位，实最稳固。不过会计上也有几种难题，现在就以商科中几系而说，亦以会计系学生最忙，平常其他各系功课，每科在八十分以上者可以说是成绩优良，但学会计的对于会计方面各种功课，非一百分不成。因为会计上的数目，略有不符，那银钱上的出入，相差便很大了。诸位要学会计的，成绩要一百分，最少也要九十多分，并要吃得人所不能吃的苦，有决心，有恒心，多读书，少说话，如成绩优良，出路是不成问题的。至大学生读会计的，最少要读簿记、会计、高等会计、成本会计、审计学等五门功课。

第二，会计职业的选定。研究会计与将来职务，是有密切关系的。谈到会计职业，约可分为四类：簿记员、会计员、会计主任、会计师。诸位要进哪一种，现在便要决定。

（一）簿记员

簿记员所做工作，是很机械的，以大学毕业生当簿记员，实不相宜。因为当簿记员，只要算盘纯熟，小楷端正就得了。工商界中人，是讲生意经的，所以雇用簿记员多不要大学毕业生，而宁取中学毕业或补习学校出来的。因为大学生为簿记员，多存五日京兆之心，有机会便溜之大吉了，做生意不是开玩笑，哪里可以随便乱跑呢？所以普通工商界，多雇用中学毕业或补习学校毕业成绩优良的为簿记员。不过我在前面已经说过，大学毕业生当簿记员，实是大材小用，不大相称，而社会上一般人更有一种见解："与其雇用成绩拙劣大学生，不如取中学或补习学校成绩优良毕业生；

与其取成绩拙劣之留学生，不如取成绩优异之大学毕业生。"这样看来，成绩拙劣之大学毕业生，不但上不足以夺留学生饭碗，下亦难争中学生位置，寻求出路，非常困难。所以做大学生，要做成绩优良的大学生，成绩优良的大学生，终归是有出路的。

（二）会计员

做会计员的有时是盼咐人家做事，大学毕业生充当会计员，较为适当。不过大学刚毕业的学生，在社会上服务所得的成绩，不见得比一个有二三年经验的中学毕业生来得好。这正好像有二三年经验的中学生，是一间设备精美的小房子；而刚毕业的大学生，是一间刚做好的空的大房子。初看起来，当然是设备精美的小房子好，但我们为发展业务计，大房子是很需要而且要设法装置起来的。所以大学毕业生，至少要练习一年半载，如试算表（Try Balance）做得一点不错，那较重要的事体也是胜任愉快的。至会计员除簿记、会计、高等会计、成本会计、审计学等应读得纯熟外，常识也很重要。

（三）会计主任

做会计主任，那就非有广博的学识不可。因为营业的范围已大，断不是局限于会计事项。所以会计主任，固然需要大学生，然大学生亦须有二三年经验始能胜任。其他如法律方面的《商法》《民法》等也要懂。

（四）会计师

一般人做事，总是希望发财，发财的方法，约可分为三类：一是靠薪水吃饭的，二是自由职业者，三是商人。我们所做的会计师，就是属于中间的自由职业者，虽不能像商人般发大财，但也可以发小财，较之靠薪水吃饭的似乎是好一些。不过做会计师的，除了会计方面的一切知识，还要能自己动手做。他如《民法》《公司法》《票据法》，以及其他的一切法律，都要预早预备好。

第三，打倒虚荣心，服务先从小工厂里做起。平常一般的中学生在写信的时候，都喜欢在信封上写某某中学某某寄，在大学读书的时候亦然，好像写了这几个字，心里觉得很荣幸。就是结业生出了校门在社会上服务的时候，如在大公司、大银行服务，也喜欢写某某公司，或某某银行寄。其实，规模宏大的公司、银行、工厂，正如一头大象；规模小的公司、银行、工厂，亦如一只老鼠。大象与老鼠大小虽不同，然五脏六腑完全一样。可是我们要细考老鼠的五脏六腑，很是容易，若要观察大象，那是很难了。诸位如在大公司、大银行，或大工厂服务，正好像观察大象，最多也不过明了一部分的事务。所以诸位在会计系毕业后，最好在规模小的公司、银行或工厂服务，借以明了会计上及其他一切情形，这是很重要的。希望诸位不要因在小规模的工厂或银行服务，便觉得不好意思。

（载《暨南校刊》1933 年第 81 期第 6—8 页）

04 我国会计师职业及其对于发展工商业之任务

会计师者，应具备专门之知识与经验，秉有高尚之品格与地位，以承办会计事务为专门职业，借以辅助工商业之发展者也。此项事业在英美各国发达极早，现已占经济界极重要之地位，但在我国，则尚为最近新兴之事业。在民国十五年（1926年）之前，国内尚未有会计师之名词。迨民国七年（1918年），北洋政府农商部始颁行《会计师暂行章程》。以国人之需要未亟，故其制之推行不广。直至民国十年（1921年），沪上始有会计师事务所。又三载，始有会计师公会之发起。筹划经营者匪岁，以民国十四年（1925年）三月成立。自初颁章程以迄民国十二年（1923年），六载之间呈请为会计师者，不过二三十人。设所服务者，益寥若晨星。迨上海会计师公会成立之年，北洋政府农商部所领执照，已达百号，自后呈请为会计师者日见其多。据民国十五年（1926年）北洋政府农商部之统计，领得执照者已增至三百人，而北平天津一带亦有京津会计师公会之设。国民政府奠都南京后，颁布《会计师注册章程》，举行会计师复验。民国十八年（1929年）国民政府公布《会计师条例》，内中规定凡会计师未经加入公会，不得执行职务，以故汉口、广州、杭州等处会计师公会，先后成立。至于全国会计人才呈请为会计师者，据实业部注册科之纪录总数已逾千人，而上海会计师公会会员亦已达二百四五十人。其中设所服务者固不少，然以之为专门职业者,仍不过三四十人耳。其大多数仅以此为副业。此则为我国会计师职业之大概情形也。

我国会计师之业务据现行会计师条例之规定有如下述:

"会计师受公务机关之命令或当事之委托,办理关于会计之组织管理稽核调查整理清算证明及鉴定各项事务。

会计师得充任检查员、清算人、破产管财人、遗嘱执行人及其他信托人。

会计师得代办纳税及登记事务,并得代撰关于会计及商事各种文件。"

夫会计师制度,原为社会经济进化后之产物。际此商业勃兴企业组织日益复杂之秋,凡创始之设计,平时之检查,以及事后之清理收束,胥有赖乎会计师之整理擘画。方诸律师医师,其社会上相需之切,未为多让。且会计师应处于超然之地位,本其独立不倚之精神,证明工商业界之真相,以坚社会之信用。其影响所及,正不独直接之利害关系人而止。此英美各国之会计师,所以占经济界极重要之地位,而有公共会计师之称也。在我国一般社会,对于会计师职业之性质及其应用,尚未普遍明了。其实会计师职业,对于社会经济建设,殊有密切之关系,请分述之。

一、会计制度为事业管理之必要工具。有精密之会计制度,则在事业管理上可收极大之效果。际此企业规模日益扩大之时,总理事业者欲求其事必躬亲,为事实所不许,无特时间不敷支配,且一人之精力有限,亦绝不能照顾一切。近年以来,我国所办事业,多数犯人存政存人亡政息之病。公司不用制度管理,全凭一二人之经验才能,以定其进行方针,事权集中于一二人之身,账目均记于一二人之脑,其危险至大。设有精密之会计制度，则每日事业之种种变化情形，均有一定之记载。总理事业者欲知其营业情形，欲定其施管理之方针，只须检阅其账簿表单，即可了如指掌。西哲有言曰："工商业之成功，在乎管理之完善。而管理之完善，则纯系乎会计制度之精密与否以为断也。"（Business depends upon management, management depends upon accounting.）

会计制度与工商业关系之綦重，于此可见。会计制度之规划为会计师之根本之业务，其有助于工商业者，当非浅鲜。

二、经营工商业者对于自己之业务，常难得正确之观察，而于其事业所有财产之估值，尤易错误，非过抱乐观，即过抱悲观。此与其事业基础之稳固与否，有莫大之关系。盖处于商业竞争剧烈之今日，经营工商业者，欲求其立足于商场，必先稳固其事业之基础。而欲求其事业基础之稳固，则必须使其资债之表示真实，损益之计算正确。今工商业当局对于其业务既难得正确之观察，以财产之估价不实，则其营业损益之计算，必难期确当，其营业之基础必因之而动摇。故在英美各国，经营商业者，多任会计师代为审察其营业情形。会计师一方面应具有良好商业学识与经验，一方面保持不偏不倚之态度，对于委托人之业务情形，当能下一正确之判断。如财产之估价、折旧之计算等，有过多者裁抑之，有过少者增益之，务使其资产负债及损益有正确之表示。此外，会计师对于营业更应常有改良之建议，如事业组织之未臻完密，营业政策之未臻尽善，会计师均可运用其学识与经验，备委托人之咨询。而经营工商业者，得会计师之帮助，确知其营业情形与事业应需改良之处，乃可以其全副精神专致力于事业之发展与改良善，不患其事业之不盛也。

三、在现代之经济组织中，就资产金之关系而言，一面为金融业，一面为工商业。金融业系资金之供给者，而工商业为资金之需要者。在合理状态之下，此两方面实相需为用。信用制度在英美各国工商业之向金融业之借用资金者，几无不须呈示已经著名之会计师查核证明之资产负债表及损益计算书。设金融业察之无不良之现象，即准予通融。盖会计师以一生职业信誉为担保，本其不偏不倚之态度，证明工商业之真相，以坚社会之信用。其与经济界之关系，至为密切。我国现在信用制度日趋稳固，工商业日渐发展，则此种需要之增加，实当然之现象耳。

四、自近世经济发达资本集中而后，个人企业改组为公司企业，小规模事业扩张为大规模事业，此种组织上之变形，有需乎资本之增厚。在股东之拥有资产者，事属轻而易举。若原有股东之资财有限，则其资本之增加，必求之于外界。而欲外界投资者之踊跃，则必须其原来之资产负债及损益情形，公告于社会。然是否能博得社会之信任，是一问题。故在英美各国商店公司之资产及营业损益情形，于扩大组织加资金之时故经公正之会计师一一检查估价，俾外界投资者知其营业实际情形及其股票之实价；非然者，社会人士对之必抱怀疑态度，而投资者亦必裹足不前矣。

由上所述，可知会计师所与工商界发展上之助力，殊不在少。而其对于经济界之贡献，亦至重大。不过以上四端，仅就其大者言之。此外如会计管理及整理事务之代办，会计财政事务之指导，以及商业文件事务之代办，在在均与工商界重大之助力。至于我国今日之会计师职业，虽可谓仍在幼稚时代，然年来之进步极速，将来之发展，可以预卜也。爰草是篇略述我国会计师事业之近况，及其与经济界之关系，介绍于国人焉。

（载《复兴月刊》1933年第1卷第5期第1—7页）

05　中国会计师业的过去与今后
——中国会计师职业概况

一、会计师职业之性质

会计师之在中国，实为最近新兴之职业，故其性质尚未为一般普通商民所了解。吾国无论已，即在欧美各国，会计师之历史亦不过五六十年间事。惟在最近之三十年中，此项职业发展极速，执行会计师业务者亦日多。吾国之会计师职业，今虽可谓仍在幼稚时代，然六七年来之进步，亦殊可惊。至其将来之发达，更可预卜也。爰草是篇，将是项职业介绍于国人焉。

常人往往以会计师仅为一商店之查账员或会计专家。其实此种观念，皆属片面之观察。盖会计师之职业，范围至广，查账职务，不过其中之一端，不能概括其职务之全部。会计师之学术，范围亦至广，会计簿记不过其中之一科，不能概括其学术之全体也。会计师之性质既不能为一般社会所完全明了，其发展自难收普遍之效。故记者在草此文之先，首应解释者，厥为此点。

会计师者，应具有独立自由之地位，高尚诚信之道德，以及经济上、财政上、商业上、会计上专门之学识与丰富之经验，以承各方面之委托，而为之办理会计、财务、商事等一切事务，或备各方面之顾问，而为之答解会计上、商事上、财务上一切问题，借以建立一般社会之信用，保障其利益，而辅导整个工商业之发达、改良、健全为目的者也。

夫会计师制度，实为经济进化后之产物。际此商业勃兴，企业组织日益复杂之秋，举凡创始之设计，平时之检查，以及收束之清理，胥有赖乎会计师，为之整理擘画。方诸律师、医师，其社会相需之功，未为多让。而又处于超然之地位，本其独立不倚之精神，证明财界诸般之真相，以坚社会之信用，而供公众投资之参证，其影响所及，正不独直接之利害关系人而止，此美国所以有公共会计师之称也。

二、会计师职业之创始及其现状

我国之有会计师，自最初以迄于今，为时未逾十五岁。民国纪元之七年（1918年），北洋政府农商部颁行《会计师暂行章程》，欧风东渐，新制斯立。然国人之需求未亟，故新制之推行不广。直至民国十年（1921年），沪上始有会计师事务所。又三载，上海会计师公会发起，经营匝载，以民国十四年（1925年）三月成立。自初颁章程迄民国十二年（1923年），六载之间，遵章呈请为会计师者，不过十四人，而设所服务者，益寥若晨星。迨上海会计师公会成立之年，部颁会计师执照已达百号。最初加入上海公会，就沪埠及其他各地设所开业者，亦已二十余人。至于今日，部颁会计师证书，将及千号。通都大邑，设立会计师公会者，已有八处。而上海公会会员亦增至二百七十余人。全国会计师协会亦于民国二十二年（1933年）九月九日成立。我国会计师事业之发展，不可谓不速矣。兹将记者个人调查所得之统计，略举如下，以资参证焉。

（一）会计师人数表

在北洋政府时代领得会计师执照者		在国民政府时代领得会计师证书者		
自民国七年（1918年）至十年（1921年）	13人	在财政部主管时代	268人	连覆验者在内
自民国十一年（1922年）至十三年（1924年）	101人	在前工商部主管时代	184人	连覆验者在内
自民国十四年（1925年）至十六年（1927年）	170人	在实业部主管时代	510人	截至二十二年（1933年）四月十五日
共计	284人	共计	962人	—

（二）会计师公会表

	名　称	成立时间
1	上海会计师公会	民国十四年（1925年）三月成立
2	平津会计师公会	民国十五年（1926年）八月成立
3	广东会计师公会	—
4	武汉会计师公会	民国十五年（1926年）十月成立
5	浙江省会计师公会	民国二十年（1931年）六月成立
6	九江会计师会公	民国二十一年（1932年）五月成立
7	南京会计师公会	民国二十二年（1933年）三月成立
8	山东省会计师公会	民国二十二年（1933年）三月成立
9	全国会计师协会	民国二十二年（1933年）九月成立

（三）上海会计师公会会员人数统计表

年份	入会会员人数	出会会员人数	共计
民国十四年（1925年）	23人	—	23人
民国十五年（1926年）	16人	1人	38人

（续表）

年份	入会会员人数	出会会员人数	共计
民国十六年（1927年）	20人	1人	57人
民国十七年（1928年）	35人	3人	89人
民国十八年（1929年）	20人	4人	105人
民国十九年（1930年）	55人	2人	158人
民国二十年（1931年）	70人	5人	223人
民国二十一年（1932年）	57人	25人	255人
民国二十二年（1933年）（至四月止）	17人	—	272人

观于上列各表，可知近年来我国会计师人数之增加，不可谓不速。会计师公会之成立，不可谓不众。因而推知此项新兴职业，确有蒸蒸日上之势。惟其业务之发展，究已至若何程度，则不幸无从统计。至其大概可得言者，则会计师事务之发生，仅仅限于国内少数之通都大邑，至于内地，则如凤毛麟角，寥若晨星，或仅有，或绝无。且即以业已设立会计师公会之各都邑而言，只有上海一埠，会计师事业，可谓已由幼稚时代而入青年时代。至如平、津、汉、粤，则此业仍属幼稚，尚鲜发展。其余各处，则更甫在萌芽，尚不足以称为专业。各处之执行会计师职务者，大都以为副业，而另兼正式任务。其在平、津、汉、粤等处，则专于此业不兼他职者，仍极少见。至于上海一隅，公会会员虽多，绝对以此为专业者，至于今日，仍只二三十人耳。盖会计师业务在今日，方诸医师、律师，其社会需要之普遍尚不可相提并论。不过在过去五六年中，会计师业务，确已引起各界注意，且已得一部分头脑较新之工商企业家之信任，进步不可谓不速也。

在实际上观察会计师业务之发展，则可就上海一隅言之，以概其余。盖上海实为全国会计师事务最发达之区域也。在民国十五年（1926年）前，社会上对于会计师之委托事务，大概限于财产之清理。公共租界会审公堂及法公廨，常常指派外国会计师，担任破产清算时之管财人。至于本国工商各界，委托会计师担任常年查账或改良会计事务者，殊不多觏。至于今日，则公司组织之工商业，其范围较大者，几无不聘有常年会计师，代表监察人，担任查账事务。各银行之设有储蓄部，以及有钞票发行权者，大都亦委托会计师，按月按季，将账目、库存及准备金，加以检查，然后登报公告，以征信于社会。此实为会计公开方面一显著之进步。即政府机关，以其本身及所管事务上之会计，委托会计师代为查核者，亦日见其多。而国立、省立营业机关或学校等之以会计事务委托办理者，更属难以缕举。各级法院，对于诉讼上账目银钱纠纷之判断，行政机关对于私营公用事务之监督，商厂劳资纠纷之调解或仲裁，尤多指派会计师为账目之检查，观其报告之内容，以为判决裁定之根据焉。政府机关对于会计师职业之重视及倚畀①，盖与日俱增矣。

至于年来各项公益或公共团体，为欲征信社会起见，亦多聘任会计师担任查账事务。其他为筹赈机关、募款救国机关，范围较大而关系较重者，更无不聘有会计师，为之检查账目，盖非此不足以昭信于社会也。由此足征年来我国一般社会，对于会计师职务之作用，已渐认识与了解，实足为我会计师前途贺。而我会计师同仁，其应如何兢兢自励以期毋负于社会也。

---

① 倚畀：倚靠、信任。

三、会计师职务之范围

关于会计师之职务,各国立法有明定者,有不明定者。大概斯业先有习惯上之发达,始形成文法者,职务多不明定,如英美是;先定法规以提倡之者,职务大都明定,如日本及我国是。查我民国七年(1918年),北洋政府农商部所颁布之《会计师暂行章程》第六条,有"会计师受有委托时得办理关于会计之组织、查核、整理、证明、鉴定及和解各项事务"之规定,其范围较为狭隘。民国十六年(1927年),国府(南京国民政府)成立,将会计师之管辖权,归移财政部。当时另颁《会计师注册章程》,酌取英美会计师业务之现状,并参照吾国之实况,及工商社会之需要,将会计师职务,详细规定于章程第一条。其后会计师移归工商部管辖,由该部另颁《会计师章程》,最后于民国十八年(1929年),(南京国民政府)立法院制定《会计师条例》,由国府公布施行。关于职务一条,除文字上较前略有更改外,其内容类多一仍其旧,无甚增删。查国府颁行之《会计师条例》第一条,将会计师职务规定如下:

会计师受公务机关之命令或当事人之委托,办理关于会计师组织、管理、稽核、调查、整理、清算、证明及鉴定各项事务。

会计师得充任检查员、清算人、破产管财人、遗嘱执行人及其他信托人。

会计师得代办纳税及登记事务,并得代撰关于会计及商事各种文件。

四、会计师应具备之资格

会计师业务,既甚繁复重要,则其在社会上之地位,及其对于社会所负之责任,当亦甚为重大。故执行此种业务者,自应具备适当之资格。盖会计师既为负有专门学识、经验之一种高尚职业,非严定其资格,实无以杜幸进而示慎重也。资格可从积极、消极两方面分别观察。积极方面,又可从学识、经验两方面分别观察。此两点又可从法律上之规定及事实上之需要两方面分别观察。虽然法律之所能规定者,仅其资格之最低限度耳。为会计师者,苟欲于其职务之上,得心应手,无忝厥职,协助工商之进展,取得社会之信仰,则不可不于法律规定之最低限度之上,另求高深宏博之学识,与切实纯熟之经验也。兹分析述之于后。

甲、法律规定之资格

(一)消极资格

《会计师条例》第四条:"凡有下列情形之一者,不得为会计师,(1)受禁治产之宣告者,(2)因损害公私财产被解职或解雇者,(3)受破产之宣告,尚未复权者,(4)受褫夺公权之处分,尚未复权者,(5)有反革命行为,判决有案者,(6)吸用鸦片或其代用品者,(7)受除名及撤销证书之惩戒者。"凡此皆系消极资格之规定也。

(二)积极资格

若夫会计师之积极资格,则有学识与经验两端。夫学识重在会计专门之学识,非仅卒业于学校之谓。经验重在会计专门之实务,非仅办事于公司之谓。故查各国法例,会计师资格之甄别,多以试验行之。至若英美等国,会计师职业之所以至为发达,多真才而富信用者,实其试验审查制度之严密,有以造成之也。

查我国会计师法规,十余年来,变更五次。其中关于资格一点,差异最甚。民国七年(1918年),北洋政府农商部所颁布之《会计师暂行章程》

第一条，对于会计师之资格，规定凡本国人民年三十岁以上之男子，在本国或外国大学商科或商业专门学校三年以上卒业，并在资本五十万元以上之银行或公司充任会计主要职员五年以上者，得呈请为会计师。对于会计师之学识经验，尚能两面顾到。惟不采试验主义，且学识仅须商科卒业，不问其于会计一科，是否修习有素，已不免失之过宽。迨经民国十二年（1923年）五月之修正，则凡有上列学识或经验两项资格之一者，即可呈请为会计师。[1] 则资格之限制益宽，人材之趋降益甚。会计师之资格、能力，宽滥若此，而欲求社会信任，不亦难哉。

迨夫民国十六年（1927年），国府财政部颁布会计师注册章程，对于会计师学识上、经验上之资格，采用严格主义，以试验为原则，以审查为例外，可称为会计师法规之一大进步矣。

惟《会计师注册章程》虽经颁布，而会计师试验，迄未举行。故自民国十六年（1927年）至民国十八年（1929年）间，凡领得会计师证书者，率皆以免试资格呈请者也。

迨夫民国十八年（1929年），会计师移归工商部管辖，由该部另订会计师章程。对于会计师资格一项之主要原则，凡大学或专门学校商科或经济科毕业，或中学毕业充任公务机关二年以上者，均得有受试之资格。至于免试审查者，除在国外领有会计师证书者外，应在大学或专门学校

---

[1] 该条本文为：凡中华民国人民年满三十岁以上，具有下列各款资格之一者，得依本章程呈请为会计师。（1）在国内外大学或专门学校之商科或经济科以会计为主要课程之一，肄业三年以上，得有卒业文凭并具有相当经验者。（2）在资本五十万元以上之银行或公司充任会计主要职员，继续五年以上者。

教授会计学必修科目继续二年以上，并曾在中学校卒业，在企业机关或公务机关充任会计主要职员，继续五年以上，得有成绩优良之证书者为合格。

上列免试资格之两项条件，一般人士，不易备具。故在此项章程实行以后，领得会计师证书者，为数甚少。工商部乃将免试资格，改为应具上列两项条件之一，因之又与北洋政府在民十二之修正案相似，会计师资格，不免流于疏滥。所幸不旋踵而立法院即通过《会计师条例》于民国十九年（1930年）一月由国府公布施行。

查现行《会计师条例》第三条之规定，在会计师考试未举行以前，凡本国人民，备具下列两项资格者，经工商部审查合格，得为会计师。

第一，在大学或专科学校之商科或经济科卒业者。

第二，曾在专科以上学校教授会计主要科目二年以上，或在公务机关或在实收资本十万元以上之公司任会计主要职员二年以上者。

上项条文，对于会计师之学识、经验两项资格，仍未能为完备之规定。盖在学校卒业，兼任教员者，其缺乏实际上之经验，无可讳言。至于任职二年之规定，流弊颇多，未可赖为充分会计经验之保证。故欲提高会计师学识、经验之程度，必有赖于日后之考试制度矣。

查我国考试院，于民国十九年（1930年）十二月二十七日公布高等考试会计人员会计师考试条件，复于民国二十年（1931年）六月十九日修正公布，同日施行，本年十一月已举行第一次考试矣。虽然，我国考试院对于高等会计人员之考试只希望其为政府机关拔取适当之会计人才。故所试科目，类多偏于行政方面。至于会计师之考试，不过以之附于会计人员考试之内，并不为之另列专试。此在考试院图省事起见，固甚得计。不过会计师系为工商社会服务之专家，与高等考试及格之会计人员，全为政府服务者不同。故其执行业务上所需要之学识与经验，亦迥乎不同。何能强令削足适履，以遗害于工商界哉？查英美各国，于会计师一业，无不于普通行政考试之外，另举行一种专业之考试。其所考试各科目，胥偏重于各种工商专业会计之原理与应用。至于行政各科，并非必需，故其所取之才，殊适合于工商各业之用。倘使我国不为会计师另订考试条件，另定必试科目，则日后即使实行考试，恐及格充任会计师者，为政府机关服务则有余，为工商界服务则不足也。

本文之所以叙述历次会计师法定资格之变化者，所以表示我国会计师学识、经验之程度，参差过甚，对于此业之发展，未免受有不良之影响。所望考试制度，早日改良，切实举行，俾日后新进之会计师，对于学识、经验两端，均有切实适当之程度，则本业对于工商社会之服务，工商社会对于本业之信用，均能相得而益彰矣。

乙、事实上应备之资格

虽然，会计师之资格，法律上所能规定者，只为其最低之限度，且不过用推定的方法，以为合于上列各条件者，其学识、经验当可执行会计师业务，而一般社会，可以不蒙其害而已。其实学识、经验之所需，何能在法令上为有效具体之规定。且同一领得免试证书之会计师，即同一经过考试及格之会计师，在同一时间、同一地点，执行业务，恐其个人之成就，及对于社会之贡献，未必尽同。此无他，在法律规定之最低资格以上，尚有事实上应具备之资格在也。兹就记者愚见所及，以为普通一般之会计师，欲期望其业务有相当之成绩者，其必须具备之学识及经验，实较之法定之最低限度，高出甚远。兹请分述如下，以就正于各同业焉。

（一）学识

常人之意，具有会计学识，便可充任会计师。此殊不然，会计师固应具备根本经济学识及各种簿记会计专门学识（如合伙会计、公司会计、银行会计、成本会计、投资会计、政府会计及审计学等），然仅有完全优良之会计学识，只可在一机关内之会计科任一事务员或主任，不能作胜任愉快之会计师，因会计师所行使之职务，并不限于会计一部分，实无往而不与商业全体有关也。故各种商业常识，如商业组织、商业管理、工厂管理、商业理财、商业政策、销售学、商品学、银行、货币、财政、税则、汇兑以及劳工问题诸科，靡不应习之有素。更应熟谙本国民事、商事各项法律，如《民法》《民事诉讼法》《商人通例》《公司法》《票据法》《保险法》《海商法》《破产法》《商标法》《银行法》以及注册登记各项条例规则等。且对于政府颁布之各项实业法令尤应随时留意，以备委托人之咨询。苟对于各种不同之工商专业，有特殊研究者尤佳。盖会计师执行职务之范围，断难以一业一事为限，有时对事对物，为证明或鉴定，非赖有充分之商业常识，难以正确无误，而代委托人处理事务，充任各项信托人，则又无往而不与法律发生关系也。

（二）经验

仅有充分之学识，断不能即为优良之会计师，必有充分之经验以佐之，方可胜任。盖查账之职业，实带有技术的性质，与医师之治病相仿佛，断难全于书本中求进步也。尝忆记者初为委托人办理案件，因缺乏经验，每有明知其误而卒生错误之处。法律上之规定，有非尽为实际上所适用者。其实用至如何程度，非可在书本中研究而得，非在各地各业，积聚数年或数十年之经验，断不能彻底明了。至于查账方面，有赖乎经验之处更多。尝忆五年前有本埠某厂主委托记者查核历年账目，依照账册记载，查悉历年亏折甚巨，余以检查所得，向厂主直言不讳，谓应使经理负责，乃厂主反心中坦然，殊无愠意，且事事为经理解释。余意此厂主必中经理蛊惑之毒，厂事将不堪问，私以为忧虑不置，孰意其后经理私语记者，账上之亏，系厂主故意将各项开支数目增加，使账面有损无余，则厂内工人，不致发生加薪要求耳。余自得此经验之后，对于各处委托检查账目，究属为盈为亏，每不敢以数目上加以深信，必须在数目之后，再加研究，以为决定。即此一端可证查账经验之重要矣。语云，熟能生巧，会计师查账之技能，全赖乎此。至于经验之精深，殊无止境，盖会计师与各种商业，均可发生关系，其有五年、十年之经验者，当可于各种性质不同之委托事件中，取得相当之经验也。

至于预备以会计师为职业者，欲求得会计师之经验，最好在著名之会计师事务所中，实习二年至三年。仅在一企业机关或公务机关中实习，则事倍而功不逮半。因各种工厂、商店或官署机关中，其所可求得之经验，只限于一业一隅，断难期诸普遍。若在会计师事务所中服务，则各种会计经验，皆可阅历而得，因所办事务，各业各地，随时有变换也。

（三）才能

在上列学识、经验两项之外，会计师尚应具有相当之才能，即对事对物，应有精细敏速之观察，公平准确之判断。对人应有机警、温和、忠勇之性格与素养。处理事务，应有勤奋、缜密及有规则之习惯。盖会计师为独立执行业务之人，故不仅须长于对内之技术工作，更应长于对外之应付才能。且其所接触之各种事务及人士，邪正善恶，无不具备。而职务有时忙迫异常，非赖有上述各项才能，实难应付裕如，此记者所深愧恧①，非敢所以自期也。

五、会计师之职业道德

夫学识、经验及才能，在会计师固无一项可缺，然根本上究不若道德之重要。盖会计师之为职业，实为工商企业保障信用而设，苟有不道德行为，而自丧其信用，则此项职业即失其根本存在之理由，殊背国家社会期望之厚意，可不慎哉。

会计师之职业道德，亦可从积极、消极两方面着想。所谓消极之道德者，即会计师行为之限制，不得于此限制之外，执行其职务，所以保存会计师之身份与人格，而防止其有不正当之行为者也。所谓积极之道德者，即会计师应具有公正之品格，诚笃之心地，廉洁之操守，勤奋之精神，以恢张其信用，而发挥其效能者也。考各国情形，凡关于会计师之消极道德，类多有法律为之明文规定。但若积极道德，自不能恃法律以求改进，必于法律限制之外，同业互相切磋砥砺，以提高其程度焉。

甲、消极方面之职业道德

夫会计师之职业，重在独立公正，超私利而严信守，以谋社会各方之福利。故其举措设施，丝毫不容假借苟且。但吾国昔年，北京农商部所颁

---

① 愧恧（nǜ）：惭愧。

暂行章程，关于会计师行为之取缔，只有两条：一、会计师对于查核账目事项，非经委托者之许可，不得宣布。二、会计师于有关本人或其亲族利害关系事项，不得执行职务。当时事属创举，规定不免简略。故对于会计师兼任公职之限制，兼营私业之限制，以会计师名义办事之限制，拒绝委托之限制，被人假借名义之限制，利害关系参预之限制，报酬利益授受之限制，招致业务之限制，以及怠忽业务之限制，均一无规定。而听任会计师之自由行动，实嫌遗漏。上海同业，鉴于职业道德之亟应互相监察砥砺，于民国十四年，组织会计师公会时，将整肃会员风化之规定，一一订入公会章程，俾资信守。其后政府修订会计师法规之时，即将此种规定，大都采入法规之中，兹列举如下：

（1）会计师于登录后（即开始执行职务后），不得兼任他职，但临时名誉公职及学校讲师，不在此限（条例第十一条）。

（2）会计师于登录后，不得兼营工商（条例第十二条）。

（3）会计师对于本身或其亲属有利害关系事件所应办之会计事项，不得以会计师名义使行职务（条例第十三条第一款）。

（4）会计师担任清算人、破产管财人、遗嘱执行人及其他信托人等职务时，不得以会计师名义办理其所任职务上之会计事项（条例第十三条第二款）。

（5）会计师对于当事人之委托，公务机关之命令，办理事件时，非有正当理由，不得拒绝（条例第十四条第三项）。

（6）会计师不得与非会计师共同行使职务，或使非会计师用本人名义行使职务，但使有会计师证书非会计事务之代理时，不在此限（第十五条第一款)。

(7) 会计师不得受债权人专任索债之委托(第十五条第二款)。

(8) 会计师不得为职务以外之保证人(同条第三款)。

(9) 会计师不得于合法约定报酬及实际费用外为额外之需索,或与委托人订立成功报酬之契约(第四款)。

(10) 会计师不得收买职务上所管理之动产或不动产(第五款)。

(11) 会计师未得公务机关命令或委托人许可,不得宣布职务上所得之秘密(第六款)。

(12) 会计师对于受命委托事件,不得有不正当之行为,或违背废弛其职务上应尽之义务(第七款)。

各地会计师公会,为维持各会员职务上之道德起见,除于会章内订定会员必须遵守会计师条例所定上列各项禁条外,复增加下列三项之规定,以为条例之补充。

(1) 会员执行职务时,应公平处理,不得稍涉偏私。

(2) 会员雇用之事务员,均须品行端正,不得有损害会计师地位及信用行为。

(3) 会员不得用不正当手段,招致委托事件。

以上各项,为会计师条例及公会章程所规定。会计师倘有违反情事,主管官署得酌量情形之轻重,施以训诫、停职或除名等处分。倘使委托人因而受有损害,在我国虽尚未有委托人对于会计师诉请赔偿之先例,但在英美各国,则已数见不鲜,我国亦难为例外也。虽然上列各条,仅规定会计师消极道德最低之限度,苟低于此,即为违法。实际上会计师应有职业道德，自应较此高出多倍。例如一般商民，仅不触犯刑章，自不能即认为高尚之道德，必须敦品厉行高出庸众，方能见重于社会耳。

乙、积极方面之职务道德

窃尝考英美各国会计师职业，所以如此普遍发达之原因，盖无不因会计师具有高尚之道德，所以能博得社会之信任，作其根本职业之基础。所谓高尚之道德者，统括言之，约有四端。一曰公正、二曰诚信、三曰廉洁、四曰勤奋，分项释之，约如下文。

（一）公正

普通社会人士，不明会计师职业之性质，以为会计师之为委托人办事，亦如律师之为当事人辩护，以致两方对于账目发生纠葛，常见原告委托会计师查账，同时被告亦常另行委托他会计师复查，此实为我国会计师界信用未孚之明证。其实会计师对于账目之查核证明鉴定，只有根据账簿内容及实际情形，为公正之报告，决不当顾及其报告书是否与委托人有利或有害。苟能如此，有原告所委托之会计师，当为被告所信任。被告所委托之会计师，亦当为原告所信任矣。故会计师第一应具之美德，即为具有不屈于任何诱惑或威胁之勇气。依其学识、经验、才能之所及，观察会计之正确与谬误，从直报告，毫无隐徇。倘若委托人对于会计师有不正当之希望，欲其为偏私之判断，则会计师为保全一己及全业之地位计，其唯一之办法，只有拒绝委托耳。

（二）诚信

会计师职业之发展，最有赖于诚信。盖会计师之所以成为一业者，其唯一之目的，即为建立社会各界财政上之信用。如本身不能以绝对诚信自期，更焉能为他人之信用作证明耶。故诚信二字，实为会计师职业成功失败之所系。

（三）廉洁

夫廉洁为公正诚信之根本，会计师苟存贪念，则将时时以收益报酬为重，而办事之结果难免偏私或欺伪，至于通常之所谓廉洁，尚含有两种意义：一对于依照规定，或约定所应取得之公费，丝毫不应另有需索，另有取纳。二对于贫苦无力而遭受屈抑之人，应为之仗义执言，不应斤斤于酬报之计较。至对于以信托人之资格，为他人管理财产，更应坚壁清野，丝毫不苟，则无待言矣。

（四）勤奋

会计账目事项之繁重，较凡百他事为甚，故会计师执行业务，办理一案，所须之时间，常须兼旬隔月，继续不辍。决非如医师之奏一刀，开一方，律师之撰一状，出一庭之简便也。苟不以勤奋之精神努力从事，则不仅遇事拖延，使委托人感受重大之不便。即会计师本身，亦将感于收入之微薄，不足以自瞻矣。

以上四端，实为会计师事业成功之锁钥。然而目标有定，进程无穷，此则记者愿与同业诸君共勉毋忽，以期共促此业之进步者耳。

六、会计师职业之今后

会计师职业之过去，及会计师法律上、道德上应具之资格与行为，既如上述。今请进而论会计师事业之将来，以告社会之关心于会计师事业者，且为吾同业勖焉。

（一）会计学术之探讨

会计师应具有相当之学术才能，方可出而问世。吾于前节已言之矣。虽然，会计师事业在今日，是否已至高上之地位乎？此在欧美尚不敢言，而况于吾后进之中国。盖会计学术为一种专门科学，高深奥妙，探讨无穷，依会计师事业发达之历史言之，即欧美亦不过五六十年间事。若谓五六十年之间，即已将此高深之科学，研究殆尽，此虽至愚，必不信也。故吾辈今后之努力，首在于学术之探讨，理论方面，将益求其精深。实用方面，将益求其适当。欧美会计专家，其研究之成绩，殊属惊人，会计学之书籍，层出不穷，有更仆难数之势。吾人将如何译述之，介绍之。虽然，学术公器，非一地一人所能知，固贵于随先进之学术，而步其后尘，尤当有创获之精神，以勇往迈进，此会计学术，所以尤在吾人之加以精深的研究也。

（二）会计制度之改进

会计师之职业，非徒为人查账已也。其最大之任务，在于一切会计制度之设计与改进。盖会计师者，与商业至有关系。因商业之盛衰，每基于会计制度之良否也。吾国之会计制度，以前悉用旧式。近年以来，随世界之潮流，大规模之商店已完全采用新式簿记矣。虽然，一国有一国之民情、风俗，欧西之会计制度，往往有与吾国国情未能悉合者。一概勉强而行之，不免有削足适履之感。故吾辈之为会计师者，宜负起两项责任，即对于已采用新式会计制度者，当使其精益求精，绝无隔阂；未采用新式会计制度者，当使其抛弃旧习，力求改良。本之以学术、经验，参以法律、民情，务使稍有不合之会计制度，悉为改进无遗。如此则商业之繁荣，可操左券。

而吾国之会计制度，亦可与欧美先进之国家并驱争先矣。

（三）会计师职业之发展

会计师之在中国，其过去之历史，已如上数节所述，虽进步不可谓不速，然究未能普遍也。内地固无论矣。即以通都大邑言之，亦只上海一隅，最为繁盛，其他虽平津等处，尚无蒸蒸日上之势。吾人所宜致力者，固无过于如何得使业务有长足之进展。以记者之眼光观之，会计师职业之所以未能普遍于各地者，盖有二故。一由于内地之商业日就衰微，二由于会计师之性质，不能为一般人所认识也。夫对症发药，古有明言，吾人既知会计师职业，未能普遍各地之根由，则发展之方法，亦惟有一方谋各地商业之改进，以促其繁荣。一方提高吾人之学术、经验、名誉、道德，使社会之认识真切，循斯道而行之，会计师职业之发展，殊非难事。

七、结论

观以上各节，可知我国会计师职业过去之概况及将来之趋势，所望同业诸君秉其服务社会之初衷，力求进展，更望社会各界对此最近新兴之职业，多予掖助。使此业得以发荣滋长，则记者之所深自期望者。至于会计师对于会计各项事务，究应如何办理方为适当，则记者将陆续发表专篇，以事讨论，编著专书，以事研究，是所望于国内国外会计专家之不吝指教焉。

（载《新中华》1934 年第 2 卷第 1 期第 145—154 页）

06 会计之效用

潘序伦先生讲　徐鼎笔记

四月二十七日下午六时，本馆发行所学生训练班特请名会计师潘序伦博士演讲，其讲题为"会计之效用"。会计科同仁因富于研究会计之兴趣，故列席旁听者亦不少。潘先生之讲演，辞意兼美，极富价值，故特将其演辞撮要记之于后。

会计学实为一种专门之学识（technical knowledge），非有深刻之研究，甚难登堂入室而探其赜奥。然会计之普通智识，则固为人人所能明了，亦人人所应明了者也。而今日之所讲述者，即仅为会计之常识耳。

会计是一种科学，是专门记载一切经济活动之科学。商店日常营业，一期中无虑千万交易，而会计员以科学方法，将此等繁复事实，分类整理，使成有系统之记录，最后便结出资产负债表与损益计算书。此二表一示企业之财政状况，一示企业之营业情形，二者相互参证，缺一不全。譬言之，制造机器之图样，有纵剖、横剖二面，凡一国家，必纵有历史，横有地理，我会计中之资产负债表，即如图样中之横剖面，或国家之地理也；而损益计算书，则如图样中之纵剖面，或国家之历史也。盖资产负债表，有确定之日期，其所表示，仅为某一日之财政状况，如某年十二月卅一日所造之资产负债表，则所示者，适为该日之财政状况，前此一日固未尝如此，后此一日，亦有增减之变化。是故凡资产负债表，必须标示确定之月日。至于损益计算书则系一段过程，即在一定期间内（即所谓会计年度）表现其事业之经过情形也。苟以摄影为喻，则前者为一照相而已，而后进即为一段之活动电影也。有此二表，会计之目的始称达到，而全部会计学之所研究讨论者，亦无非以此二表为中心也。

资产负债表与损益计算书，在会计学上统名之曰决算表。对于此种决算表之研究，大抵可分三项步骤：第一，研究编制决算表之方法。第二，研究决算表中所含之内容。第三，研究决算表之应用。其第一步为簿记之工作范围，仅讨论交易之如何记录、决算表之如何编制。第二步则应由会计主任或会计员任之，而属于真正会计学之范围，专论其表中所应包含之项目及其估价问题，以求其准确之表示也。第三步则由经理、副经理，或管理上负责人员为之，可称之为"管理会计学"（administrative accounting），迄今犹未发达，吾国尚无此种专门著作，唯鄙人最近编著之高等会计学一书，已可交贵公司付印出版，其中有详尽之论及也。兹更依据以上三种步骤，分别略加说明如次。

一、决算表之编制

编制决算表为会计（纪录）之最终目的。普通所称之簿记，即指此一步工作而言。簿记中最主要者为总账（或称誊清账）。所谓总账者，即将所有营业上之交易，分门别类，为有条例有系统记载之厚册也。而上述决算表之编制，即根据于总清账所结出。在交易简单之商号，只一本总账足敷应用。然仅备总账，直接记入恐易错误，于是有日记账（或称暂记或称日流）为之助，范围广者日记簿有数十本之多，更因事实上之需要另有各种补助簿及补助总账之添设。而簿记之组织遂形庞杂,然其手续则仍不外先登各种日记簿,然后过入各类总账,经过试算及相当之整理,最后编制决算表耳。至于结账方法及整理手续,则又因商业之组织不同,因而有公司会计、合伙会计及独资会计等之区别,重以事业性质之异殊,又有银行会计、工厂会计及铁路会计学之分歧。然无论如何,千变万化,会计之纪录,仅可随事实之不同而各异,其原理则均复相同,即其最终之目的,胥为决算表之编制耳。

二、决算表之内容

此节涉及会计学中之理论矣。通常往往有人认为收付记录无误,账目即属准确可靠,此就簿记之立场言,固属无误,以言会计,则有非尽然者。盖借贷收付之符合乃是簿记上之所谓无误,就会计学理言之,账目之是否准确,尚须经过一番财产之估价手续,而估价之问题又完全属诸意见。例如今有十会计师于此,其学问知识人格均极良好,而共同清算同一事件,其各人审查之结果,事实上可有十种不同之答案。前曾有一案件经敝人(潘先生自称)、徐永祚、王梓康及梁嵩龄四会计师承办,而所得决算表之结果,无一相同。某小报曾载此事,以为似乎事近笑话,并有究以何人为正确之讥。其实此乃完全为对于财产估价意见上之不同,可以说是各人均属无误者也,即如贵馆对于商品盘存之作价,或采成本,或照批价,再或照售价,此中相差,已属极巨。且我国一般工厂商号,对于其固定资产折旧之大小,并无一定标准,每随其个人之意志而定,俾与其预期之盈亏相吻合,实为一大谬误。故决算表内容之准确与否,须视估价之是否适当而定,非如簿记之记录为一点一画而一定不易者也。所谓会计,非若普通想象之呆板,盖财产之价值,每随估值之不同而高下,重以估值无绝对之标准也,譬如今日新购皮鞋一双,其值八元,但一经穿着,则究值若干,即不易言,如就使用价值而论,不妨仍作八元,倘以变卖现金而论,则一经穿用即等旧货,或只值四元,倘以此鞋可穿八个月,则每月折旧一元但或估计穿用不耐八月,或估计竟可穿用二年,则所得结果又不相同矣。总上以言,第一步所编成之决算表,其内容不能即认为绝对正确,尚须经过第二步之手续,即所谓估价是也。估价不仅应收账款存货房屋及机器等资产各项,须加注意,有时即负债一项亦须重为估值,例如股息之一部分久未领去者,再如贵馆中之小额版税版税户,因为数极小或其他人事而久未来领者,亦应如资产项上之须加减估也。

三、决算表之应用

决算表非精于会计者不能一望而尽知其内容,必须加以比较分析,意义始能更显。此表之应用,因人而异,更分三方面言之。

甲、经理。其目的欲知其事业之盈亏数额,及其盈亏之原因,故彼于损益计算书,尤为重视,如审察其中开支及营业之比率等,俾得作将来管理及改良之计划,而谋事业之发展。

乙、股东。其观点在公司盈亏之大小及盈亏之原因何在等,不甚注目,所注重者,在企业之净值,即其投资之收益,以影响其股价之高下是也。

丙、债权人。该公司所往来之银行及存户,其意志仅在明了公司地位之稳固与否,以便断其偿债能力之强弱、到期能否偿还,故在资产负债表中,短期债权人仅注意其流动资产与流动负债之比率,而长期债权者则注意其固定资产与长期负债之比率也。

由上可知，此表之应用因利害之不同而遂各异其旨趣焉。

综上所言，对于会计略作一概论，常有专事会计而仍昧于其精义之所在者，则此次所述或足供其参考之一助也。

（载《同舟》1934年第2卷第11期第5—7页）

07 会计职业指导

潘序伦先生讲　甬人记

今天兄弟到这儿来演讲，看见诸位中很多拿了纸笔，也许是想记录我的话。我告诉诸位，我的话是没有记下来的价值和必要，不过我希望诸位把它记在脑里，等到诸位进了社会，就业的当儿，便会感到今日之话是不错的，但是记在纸上却是没有用的。

我的题目想诸位已在布告上见到了，是"会计职业指导"。诸位是攻读商科的，我想诸位之中无论将来升学与否，但是最后的业务，从事会计职业的一定很多，小如一个簿记员或会计员，大如会计主任、经理，甚或像我那样做一个会计师。因此，我今天把会计职业上的话和诸位谈谈，算不上指导，不过是供献给诸位参考而已。

现在我先把会计的内容简括地说明一些。会计可以分成四项：

（1）记录。这是专注在文字及数字的工作，可称为机械的工作，便是簿记学或初级会计学。

（2）正确。这是进一步的工作，不单注重文字和数字，而且须注意"正确"，什么都要合乎原理，不含糊。这便是较高深的会计学。

（3）应用。这是偏于会计的应用，专注在管理方面，称曰管理会计学。

（4）消极方面。这是指会计的检查方面，那当然是最高深的了，便是所谓审计学。

其次所必须说的，便是会计职务上的人物种类。现在也简括地分说一下：

（1）簿记员。簿记员所做的工作，可说是机械的工作。他的任务是记账、过账，及其他一切原始记录和造试算表。

（2）负会计上一部分责任者，便如会计员或会计主任等。这种人要有较高的学识，要有决断力，要完全了解会计的原理、理论和编制表格。

（3）主要人员，如经理或主任。这种人是一个机关中会计上的主要人员，负完全责任。这种人除深悉会计外，更应特别注意管理会计学。

（4）会计师。会计师是一种自由职业。他不是employee，也不是employer。其通常的职务是在替人家清理账目，以及替人家解决会计上问题或（提供）证明。

会计上的人物已大略说过了，现我便依次把这四种人所须注意的地方讲讲，诸位自己决定了将来预备做哪一种人，便应早早准备才是。

（1）簿记员。簿记员是会计职业上最小的一个，所以薪水是很少有六七十元以上的。但我希望诸位要牢记着兵法上的话，"知己知彼，百战百胜"。彼是雇方，己是自己，我们应该自己量力，了解对方。我们该从小处开始，将来的希望不是没有的。而且，簿记人才以安心最妙，会计主任最怕调动太多，工作上影响很大。因此，普通以学徒出身而加以补习的为最宜，其原因便是他们少野心，学校毕业的往往野心勃勃，志高气昂。所以，诸位在校里念书，应该注重品性的涵养，做事要负责，不夸大，不虚浮，安心地工作，希望是很大的。

我以为簿记员倒不一定要很聪敏的人，只要不过分呆笨就行。他最重要的不在学识，而在技术。便是写字和珠算，这两项和簿记学同样重要。学校里出身的人，普遍现象，便是字太坏和珠算不纯熟。诸位将来拟做一个被人称扬的簿记员，现在应赶紧准备起来。

（2）会计员。这当然比簿记员的程度要高，不仅技术，而尤重学识。他必须了解商业上各种学科，尤其是会计学。诸位要认清楚，学校里毕业后不一定能即刻做高等级的会计员，高级的会计员也不一定是享过高等教育。因为这个业务必须知道商业上的情形（或可说同业的和本公司的情形），而以学识为根据。正像一座没有用具的大厦和用具完全的亭子间，假使你急于要居住，试问你选择哪一间？那当然是用具完全的亭子间合适了。但是你把大厦慢慢地整顿，添置用具，却比亭子间好多了。刚出学校的青年正像一座毫无用具的大厦一样。因此诸位将来出去做会计员，必须安心地求得些经验和办事的能力，希望是可以改变现实的。

（3）经理阶级。这职务是更不宜于刚出学校的青年了，因为他们少经验，少管理的能力。而且这职务必须有管理的天才，而决不是指导可以成功的。

（4）会计师。以大学毕业，而担任会计上重要职务二年以上者为合格。他不但须懂得商业上各种科学（最主要的是审计学和管理会计学），并且须懂得法律，才能胜任。

总之，不论哪种职务，学识果然重要，经验（实习得来）更加重要。社会上不一定注重资格、学位，而注重办事办得好。诸位若自觉不笨，家境优良，自然多读些书较好，否则，宜重技术，要多练珠算，多习字。

这里,我顺便谈谈关于读和任会计的难处。先说读的方面,会计学的分数标准高:读会计学的及格分数为一百分。因会计是不能错误的,若百事错一,一万件事中便错一百,那还了得?会计是不许有些微之错的,考六十分的人是没有资格做会计事务的。其次要快、不拖延。会计的训练很注重快,而且不延时刻才对。

读果然难做,做则更难。第一,会计事务比其他事务繁,工作多,时间长。第二,责任最重,所以会计职业者的保人人家看得很重。

话虽这么说,会计职务也有其便宜的地方:

(1)会计职务容易找,因为他必需专门学问,不像其他事务那般学问与实际不切合。

(2)研究会计的可以任别事,而任别事的人不能做会计,往往一个机关中重要的人物是由会计职务递升的。

(3)会计职务稳固,原因是会计重熟,不生疏,才无错误。所以无大过失,是不会被经理或老板的亲戚所摒弃的。

因此,会计事务可说是能战能守、能进能退的好事务。诸位要任此业,我希望你们从早严格训练,严格准备!

(载《教育与职业》1935年第161期第35—38页)

08 我国会计职业及会计学之进展

潘序伦先生讲　施振东记

会计在我国有着很久的历史，周礼上有日计年会的规定，就可以推知会计制度很早就已存在。但是数千年来，除了清代的四柱清册可以聊供我人参考之外，简直没有什么旁的资料，使我们可以窥测以往的会计设置。第一是因为那时一般人的观念，都认为做生意是卑鄙的事，所谓"万般皆下品，惟有读书高"。商人在那时是为社会人士所鄙弃的。第二是当时商业规模非常简陋，经商者大半只是在自己家里设一个铺子做买卖，即使纠合几个朋友组织合伙，其组织既极不严密，范围又极狭小，在这种情势下，会计一道自然不能为一般所重视。而当时会计人员之任用，大都是主管人员的亲信，一朝天子一朝臣，每当主子他去，会计员亦随被停职，所以更没有会计职业的存在。

在欧洲，所谓西式簿记的流行，也不过只有五百年的历史，发明者是一意大利威尼司（斯）人——板企亚利（通常译为"卢卡·帕乔利"）。当时的簿记学很适合初期资本主义时代的需要，及后机械工业日益发达，簿记学也随之逐渐改进。无疑，这也是当时的社会环境所促成的。这正和中国会计事业因受着客观条件的限制而不能有很快的进步相反。

我国最先改用西式簿记的，首推中国银行，那时一切账户名称，大都效法东洋。其后政府机关如铁路局、邮局、海关等亦相继改用新式会计，但因连年内战，财政紊乱，会计也无从改进。铁路、海关和邮政方面所用的会计总还算有相当进步，其余如电报局，会计原极不良，直至三年之内方才改进。

工商业在民国二十年（1931年）前，改用西式簿记的很少，虽然那时有《公司法》的规定，商人条例的颁布，也不过只是官样文章。同时在业务上讲，当时会计也实在没有公开的必要。直到最近，政府方才正式颁布了《公司法》，继之有《破产法》的规定，遗产税之实行，以及信用交易如股票买卖等之兴起，促进之工商业会计事业的突飞猛进。但是直到现在各机关账目，在记录表面上说起来，虽说有个样式，但一查它的内容，仍旧毫不正确，所以我可以说我国工商机关现在只有了簿记还没有会计。

民国七年（1918年），北洋政府颁布了《会计师法》，这就是我国会计职业的诞生。到民国十四年（1925年），上海有会计师公会的成立，会计业务随之而逐渐发展，至今全国会计师人数，已近一千五百。年来政府机关，也多有会计处审计处等的设立；而自所得税实行以后，各业对于会计人才更感需要大，有供不应求之势，造成会计职业界空前的盛旺。上海战事发生以后，各处有救亡团体，救护机关的组织，会计人员仍旧很需要，不幸中国军队撤退之后，本市工商业极度凋疲，而沦陷区域也随着日军的进展而日益扩大，遂使会计人才的失业人数突然增加，飞黄腾达的会计职业，至是乃复陷于衰落状态。不过，在战争结束之后，工商实业的迅速发达，当属意料之中事。所以会计职业仍有着它光明的前途，我们不必失望。

其次要讲到的会计学：

民国元年（1912年），南京法政大学开了一班簿记学。内容异常贫乏，当时学员，大多数远没有了解簿记是什么。比较有点成绩的，还算民国三年（1914年）的北京会计讲习所，当时社会各界因受着资本主义深刻的刺激，渐有需用会计人才的趋势。及至民国十一年（1922年）以后，官厅会计、商业簿记、审计学、高级商业簿记等书相继出版，但是在我国出版界里，会计学书籍，仍是寥寥无几。民国十八年（1929年），我写了一本《公司会计》，民国十九年（1930年），又写了一本高级商业簿记，它的内容比较以前所出的进步多了。我对于自己做的书时常再加修订，至今销数已近六七万册。民国二十二年（1933年），为适应当时社会的需要，我纠集几个同志从事"立信会计丛书"的编辑，现在各书坊间所出关于会计方面的书籍，约计六十余种，而"立信会计丛书"竟占其半。

至于大学方面，随着会计事业之开展，各学校也纷纷有会计系的设立。而一般学生，因为憧憬会计职业的优美，学会计的人，也特别增多。因为各界需用会计人才殷切，相继有会计补习学校的设立，立信会计学校创设最早，于民国十七年（1928年）即已成立。会计之所以能够逐渐推广，与学校是不无相关的。

现在我来把会计学的应用，即会计实务的内容来分析一下。一般说来，会计实务大约可分为下列五步：

（1）记录，有一笔交易，把它记录下来，任这种工作的人是簿记员。

（2）估价及决算，任这种工作的人是会计员。

（3）对上列已算好之账目，加以检查，以期正确，任这种工作的人叫作审计员。

（4）损益计算书是整个企业的历史的表示，资产负债表是一个企业的现状的表示，能够对于上列二表，加以分析观察来确定实施企业的计划，这叫作管理会计，这是经理或主任的任务。

（5）计划实施全部会计制度的，是会计师的工作。

应用会计实在是很便当的，只要小楷写得挺秀，珠算练得纯熟，进过半年会计学校，学会簿记一科，便可以做一个簿记员，至于进一步，便要研究会计理论，这便是高等会计了。这里要算审计员最不易做，因为他必需要知道一般的会计知识的。

（载《益友》1938 年第 13 期第 2 页）

09　会计人才之出路

年来会计应用之范围，日见广泛，会计事务之处理，亦渐为一般人士所重视，因之各界对于会计人才之需要，已日见增进。鄙人与立信会计师事务所同仁，前应事实上之需要，有立信会计补习学校之创设。十余年来，毕业学员已达万人以上。其服务处所，亦遍布全国各工商企业及政府机关。毕业学员中，有尚未就业，或虽已有业，而尚欲更求乐业者，再向校方请求相机介绍。同时社会各界，以本校毕业学员，过去服务成绩之尚称满意，亦时时委托本校代物色适当之会计人员，供求相集，已渐成一部分会计职业之介绍所矣。兹将本校在过去一年度中，所作会计职业介绍之工作，约述于后，虽范围或较偏狭，但至少可使会计界同仁，认识本业人才供求现状之一斑也。

在过去一年内，抗战继续进行，沦陷区域之工商企业，均仍在停顿状态中，故对于会计人才之需要，自无可言。上海一隅，以租界情形之特殊，故各业多得照常维持营业，惟因时值非常，一切均欠安定，且政府对于所得税之征收，以环境关系，亦不严厉执行，于是工商企业之于战前原拟添聘会计人员，以改良其会计制度者，现仍抱期待态度，任其延缓进行，是以征聘会计人之机会，并不十分众多。即有之，亦多限于中下级之会计助理员而已。就本校去年度于本埠介绍成就者之统计而言，其中月薪达百元以上者，十不得一。其余均不过介乎三十元与六十元之间。反之，上海对于此类普通会计人才之供给，颇不缺乏，每有机缘，辄须竞争，故会计人才之在上海，实觉供过于求也。

至于内地未沦陷之区域，则以政府权力所及，情形绝然不同。政府于会计方面，既多重要之建设与革新，而内迁之工商业与国营之企业，亦无不日有进展，是以对于会计人才之需要，其殷切程度，实不在其他技术人员之下，各地友人之以函电来托，代聘适用之会计之才者，月必数起，而待遇方面，亦类颇优厚。过去一年中经介绍成就者，为数虽已不少，但迄今无适当人才以资推介者，亦尚有多处。是可见内地对于会计人才，实觉求过于供。

考国内会计人才供求二方所以如此不能平衡者，其原因虽非一端，但一般留沪之会计人员，不愿前赴内地服务，实为其主要原因。良以按事实言，国内会计学术之发达，当以上海为最，而会计人才之分布，原亦以上海占其多数。目前上海之物质生活，远较内地为舒适，其宁愿在沪觅一较低之职位，以遂其苟安一时之计者，既不在少数。则供求之不能平衡，自无足怪矣。此外内地所需要者，均属学识与经验俱富之实际人才，尤以具有办理成本会计经验者为最，但一般高中或大学商科之初毕业学生，类少此项实际经验。本校毕业之学员中，虽不乏此类人才，但多数均已有相当良好之职业，少量之供给，实不足以应多量之需求。

总上以观，过去一年度会计人才之供求情形，在上海为供过于求，在内地则求过于供。如逗留于"孤岛"中之会计人才，均能决心抛弃其目前之苟安心理，群赴内地各工商机关等服务，则不但其自身有无限之希望，即于国家亦有莫大之裨益。再查需要最切者，为学验俱富之实际人才，故欲造成一良好有用之会计人才，是必须学理与实习并重者也。

（载《上海周报》1940年第1卷第12期第335页）

10 我国新兴的会计职业

潘序伦博士演讲　梁矩章　高永康　笔记

陈校长、黄主任、诸位先生、诸位同学、诸位来宾：

鄙人这次因事南游，承贵校陈校长、黄主任的邀请，得来贵校观光，看到历年会计各班学生的人数增加甚多，实在是华南政治企业迅速改进的一个征象，也是贵校办理完善的一个证明，心中十分欣佩。

承嘱鄙人演讲会计问题，此乃鄙人最有兴味的事，自觉不必推诿。现在拟定了四个题目，第一个是"我国新兴的会计职业"，第二个是"会计学研究法"，第三个是"会计名辞的研究"，第四个是"会计职业道德"。今晚所要讲的便是第一个题目。这是一个总纲，第二、第三两题，是在学术方面加以发挥，但会计员虽有学问和经验，最不可缺的仍是道德。所以第四次演讲，便着重在此。

说起会计两字，我中国几千年前便是有的，何得谓新？但会计成为一种专门职业，即在外国也不过是一百数十年来的事。在我国当然不过是最近一二十年来的事了。我们试想十几年前的情形，政府工商机关里的会计职务，可说十分之十，是由机关主管员的私人——不是侄子便是大舅子——所担任的。凡是懂得些书算的人，都可担任会计职务。这和我国旧式的"儒医"（读书人无事可做，只要读些古本医书，便好行医，叫作儒医），颇相类似。机关主管人员，一朝更动，会计员一定跟他去职。在这种情形的下面，会计员既没有专门的学识和技能，自不能成为专门的职业。所以过去时代的会计员，是每和庶务员书记员并列，人人都可以做得的。但近十年来的情形，已大变了。政府机关因为抗战建国必先澄清吏治。澄清吏治，必先厉行超然主计制度。工商机关因为业务竞争纳税公平关系，多在着手改良会计。所有会计事务和它的处理方法，较之以前，既繁又难，不是专习这科的人，断难担任。所以近来各机关的会计人员，已多不从亲友私人中挑选，而常从专材中考选。同时独立执行业务的会计师，也因社会上新兴的需要，总总产生，和律师医师工程师等，立于同等的地位。所以会计一端，确已成为专门职业了。目下国内各界，对于会计人才的需要，天天增加。各校所办的会计系训练班也有与日俱增的情形，每班的学生也一天多似一天，毕业生已经不少，还是供不应求。所以我对于有志服务社会并解决自己生活的青年，极希望他"入我门来"。

鄙人在会计界里服务快近二十年。在这二十年中，眼见这项新的职业，渐渐形成起来。自己曾训练和介绍了不少的会计人员，深觉其中有志的青年，在这条职业的路径上，抓到了满足的固然很多，但遭遇着失望的也还不少。所以目下正在和日后将要循着这条路径向前进行的人们，应该首先明白了解这项职业的情形，然后在学习的时候，可以作一个适当准备，任职的时候，能知道乐业进业的方法。所以我今晚所要明告诸位的，便是这项会计职业的真实情形，换句话说，便是会计职业的指导。从我的目光观察这个会计职业，觉得它有三样好处，同时也有三样难处。

怎样说会计职业有三样好处呢？

（1）学习会计和从业会计的人，可以养成一种科学管理的精神。考会计是一种最有秩序并有正确性的科学和职业，非同哲学文学美术等可以随随便便而学习的。完备的会计制度，便是科学管理的一个部分。所以在学习会计的人，他的思想一定不会紊乱无序，在从业会计的人，他的行为一定不会杂乱无章。至于会计是我人生活上一种实用的学术，学了以后，也足以使我们懂得过日子的道理。是以目下会计一科，几乎变成了一般人的常识，即在不要会计做专业的人，倘能选习一二科，获益也是不少。

（2）会计员谋业甚易，在这大千世界，有生活有财务，有财务便要会计。所以上而国家政府，下至个人企业，外而教堂寺院，内而私产家庭，莫不有会计工作，便莫不是会计员服务的处所。大概管理财务的机关，好比一个厨房，也好比一个厕所。我们中国人原来不讲卫生，不要清洁，所以厨房厕所，龌龊不堪，我人习之既久，也就不觉其臭。但是卫生厨房、卫生厕所一经创建，一般人自然便觉得以前旧式厨房旧式厕所实在不行，大家改良，讲求清洁，相习成风，再要叫人使用旧式厨房和厕所，已是不可能了。我国各机关以前财务管理的龌龊状况，比较旧式厨房厕所相差不多。但目下国家社会，一经提倡财务清洁，会计公开，国家法律既有规定，社会心理也有变更。且近来为纳税关系，非有正确的会计不可。所以改良会计的一件事情，成为我国现代社会各界普遍的现象。但改良会计的工作，要赖专才，方能举行，所以目下新式簿记员会计员的服务机会，是多极了。十余年来，我国大中学毕业生中只有会计科学生，觅事最易。这种情形，自从抗战以来还是有加不已。所以诸位听众们呀，你们现在学习时期，但多少位置早已在虚席相待呢。

（3）会计员升迁发展的机会甚多。会计一科在一机关内的地位，犹如一军的参谋本部，一身的神经系统。会计员对于整个机关各方面的情形，定是十分熟悉。所以他部分的职员，要随便调到会计处办事是不行的。但是把会计处的职员调至业务处或总管理处办事，是十分顺利或竟是必要的。我国某大银行各分支行的副理、襄理照例应尽由会计主任提升，某大公司聘用重要职员必先派至会计处实习考察，同时这便可以证明会计员的发达升迁机会是很多的，有见识有能力的会计员决不致如其他技术人员，一辈子不能升任高级管理员也。

会计职业既有这许多的好处，那便每个学生都愿意去学习了，且慢且慢，世上的事有了好处，决不会没有难处。这真是俗话所说"白饭好吃田难种，鲜鱼好吃网难张"了。

怎样说会计职业有三样的难处呢？

那便是学习不易，工作劳苦，责任重大。

考会计是一种带有技术性质的科学，需要理解，不够，还需要记忆，不够，更需要纯熟的习练，非比文学哲学美学，可凭空想来解释各项问题，也不比商科里面的广告学和销售术等科，可以空谈来塞责。所以会计一科在商科各系中，算是最难学的会计系的学生，往往会学到头昏眼胀，习题多得做不了，忍耐不住，只得转到他系肄业，过他舒适的生活去了。况且会计系的功课，不仅需要许多练习，并且及格的程度，也要较他科提高，他科考试成绩有了六十分，便算及格，有了七十分、八十分便算是优等。但簿记会计，怎样算及格呢？你们想想，簿记员的记账计算工作若一百次中，总得错误一次，在别科教员批起分数来，还得给九十九分，还是最优

成绩，但在实务上，不仅自己要受撤职处分，恐怕还要累保人赔偿重大的损失呢！所以簿记会计的及格分数当然不是六十分、七十分，也不是八十分、九十分，简直要一百满分。因为会计和人生财产的关系，如同医药和生命健康的关系，法律和人权物权的关系，差池一些说不定要发生极大的影响，非同哲学、文学、历史、地理等科，说是说非，向东向西，没有什么重大关系。查医科法科，是难重的科学，所以会计也是难重的一科，学习不易，是会计职业的一样难处。在座诸君，当已尝够其中苦味，不必再由我来讲了。

说到第二样难处，便是工作的劳苦。因为会计事务，每每繁琐异常，且随时发生，又不能不随时予以处理，试把银行来做一例，各银行例于下午五时休业，彼时各部职员均得离行休息，独有会计科的职员则正在紧忙工作，每须迟至六时七时方能把当日的账目结算清楚。万一当日账不平，就不免要连夜加工。又如七月一日和一月初的几日，在旁的职员可以安享例假的清福，独有会计员，则正在结账盘库，忙到不得开交。又如以学校为例，每逢暑假年假，学生教师和其他职员，多可返家休息，独有会计员，是要照常服务不能离校，这种情形是举之不尽，说之不竭。所以在一个机关中间，会计员的工作时间每比他员为长久，他所做的事务又比他员为繁重，如果没有相当调（节），结果或会使会计人员成为近视曲背和神经衰弱的人，这确是此项职业的苦味，而为诸位所还没有尝到的。

工作劳苦还不打紧，说起会计职业的责任来确使人"战战兢兢，如临深渊，如履薄冰"。推销员少做了一宗生意不过少得一些佣金，广告员画错了一张广告，也不过多费了些无谓的广告费，并不会发生什么大害，但是簿记员会计员的工作可不是儿戏的呀！万一遗漏了一笔账脱去了一个圈，说不定会使服务机关受着巨大损失，发生严重责任，自己担当不起还要追诉保人呢。况且会计员的工作每和金钱作不解缘，这样千好万恶的东西，每使青年身失足，"千古恨只缘一失，百年身难再回头"。所以我们会计员一生工作，总是要小心翼翼，不可丝毫疏忽，更不可丝毫苟且，否则民事上刑事上的责任，实在是负不了的！这样困难，怕诸位脑海中还没有想到罢！

诸位听众，你们听了我讲过这三样好处和三样难处，是知难而退呢，还是不畏难而努力上进追上我们呢？这可随你们自己选择了。

照我看来，生性不负责任的人，不可学习这业，否则恐生恶果。生性不能耐劳的人，不必学习这业，否则恐难乐业进业。生性不甚喜欢读书听讲多做习题的人，不能学习这业，即使勉强肄业，勉强毕业，也难得业，更不必提乐业和进业了。

上面所讲，是从整个的会计职业着想。但会计职业的范围甚广，种类甚多，归纳起来，可以分为三级：（1）簿记员。（2）会计员及会计主任。（3）会计师。

现在把这三个阶级的会计从业员所应备具的资格和学养列述如下，给有志于本业的诸君作个参考。

（1）簿记员是初级的会计从业员。他的资格，无需大学或专科卒业（但是大学会计系或会计专科卒业生若要就业必须从簿记员做起），因为他做的是机械工作，听从主管会计员的指挥监督，以从事记录过账计算抄表等工作，他所需要的技能是①书法整洁美观，②记录计算迅速正确。他所需要的性格，是细心谨慎无好高骛远的心念而能安心久任，日常事务他所需要的智识不过是簿记学（即初级会计学）和简单的专业会计，及各专业的实务，但上述两项技能和性格，刚巧是大学或专校卒业生最所缺乏的。所以最适宜于簿记的人才，乃是旧式钱庄或商店的学徒，或是新式公司或银行的练习生，而曾补习过新式簿记会计者，决非志气高傲且不善于珠算及书法之大学专科学生。但是大学专科学生，要在本业求得发展，非从初级造起，简直无进身之阶，且中高级职务也轮不到毫无经验技能的学生。所以大学专科学生在校时必要切实注意于书法珠算两项课程，尤要多做习题求得正确、迅速、清洁的技能，否则就业时必被练习生或学徒出身的人们相形见绌，这种实例我已亲见不知多少次了。

（2）会计员和会计主任，是中级或高级的会计职务。他们所做的事，不是抄写记录计算等机械工作，而有待于理智的运用，如财产估价，财务报告编制的方式、内容等分拆、解释等问题，要待他来决定。簿记员的工作，要待他的指挥监督。本业的会计制度或也要他来设置改良。因而他所需要具备的智识，不可仅限于普通簿记和会计，更要具有高等会计的丰富知识，单单有了会计知识还不够应付各事，还要富有商业常识，如企业组织工商管理及理财等等，因为他的工作常常需要较大的智慧和较正确的判断力，所以非受过相当的专门商业或会计教育的人，而兼有相当会计经验者不能胜任。

（3）至于会计师，则为独立执行业务的职业专家，负指导工商业保障社会信用的重任。凡轻而易举的会计事务自不必委托会计师办理，反过来说，各业委托会计师担任的事务，定是相当困难的事务，而为一般被雇佣的簿记员会计员或企局当局所不能自办的。因而会计师所需要的智识除普通和专业会计而外,更要有广泛的商业及法律常识,关于民法和商事法规,尤当富有研究。这为会计师受托办理的事件,几乎没有不和民事商事法律发生关系的。至于会计师受托办事,对于委托人和一般社会的利害,关系不小,决不可把委托事件来做实习的资料。所以必须有了丰富的经验方好开始执业。因此法律规定会计师的资格,必要大学或专科毕业,兼有两年以上主要会计职务的经验。诸位大学会计系的同学将来自然多有会计师的资格,便是训练班的同学,也是可以转到大学里去,所以日后也有做会计师的可能,鄙人现在限于时刻,不能把会计师执行业务的详情一一讲述。诸君有意,可研读拙著《审计学》的最后一章便了。今晚鄙人已经讲了不少的话,想诸君对于会计职业的利害和种类,已得着大概的了解了。但从事于会计职业的根本问题,是在求得会计的学识和经验这个问题,当在下星期三晚上继续演讲,请诸位晚安,再会!

(载《广大计政》1940 年第 6 卷第 6 期第 1—4 页,

《立信会计月报》1941 年第 1 卷第 1 期第 44—46 页)

会计教育研究与实践的奠基者

01 近来中国之高等商业教育

作者前在外国，看见中国报纸上载满了许多新近设立的商业学校开学招生的广告，心中高兴的了不得。想起中国商业失败的原因，多半为了商人缺少商业知识。现在国内的人知道商业教育的重要，多来研究它，中国的商业必定日渐发达。我亦是习商的一份子，见了国内商业教育的骤然发达，商业学校的数目一月一月地加多，学习商科的人数亦一日一日地加多，哪得不为祖国商业前途称庆呢？

近来我为着私事，回国走走。到了上海，亲眼看见了这许多商科大学、商业专门学校、中等商业学校，以及各校分设的银行科、会计科、工商管理科等等，真是蓬蓬勃勃，气象堂皇：一校的职员多少总有二三十位；教职员的头衔多半是游学欧美回来的博士、硕士、学士，并且大都兼着公司经理的头衔；学生数目的多更是不必说了——有的一校两三百人，有的多到五六百人。单拿上海一处来说，大学之中有单办商科的，有兼办商科的，有名为兼办商科实在是只办了商科一科的，算来不下有二三十处。专门高中更是细算不清。好似中国的商业教育比较英美各国商业最发达的地方，更加发达了许多。然而仔细一考究去，觉得有许多地方有名无实，有的竟直是有不如无。今且把我已经看出来的弊病对于今日中国这一班商业教育家略说几句，做一帖苦口的良药。我不敢说上海近来新办的商业学校多犯了这许多毛病，但我敢说多少总不能免。

（1）设立学校的宗旨。设立学校的宗旨第一要单纯为培养人才，不可夹杂了其他的目的。现在国内的商业学校，其设立人的宗旨是否多是如此，很难断定。但照我所亲知的几校看来，十校里有五六校是单纯为着牟利而设的。好似民国初年的法政大学，法律专门也曾蓬蓬勃勃地兴旺过一会的。但是办学到底无甚大利可图，而且校数太多，竞争剧烈，生意不佳，因而连翻倒闭；不出一两年，就如烟消火灭，仅剩了省立国立的一二校支持下去。现在上海的商业学校受江浙战事影响，犹如民国二年（1913年）的法政学校受二次革命的影响，多半支持不住，不就要关门的关门，改图的改图了。推原其故，大半因为私人想借办学名义发些横财，壮一壮腰包。其中最初办学的早已如愿以偿，其他的商业教育企业家赶紧学样。殊不知营利的方法，第一要独出心裁，切不可滥抄成法。有如几年前中国的交易所、信托公司，无奈机会已过，只有蚀本倒闭的一途。现在有几位教育企业家，其办学的宗旨，恐怕同投机家以前所办的交易所差不多罢。诸君如果要想借开办商业学校发财，自己的商业政策尚且不妥，将来教导出来的高徒，能够运筹帷幄决胜千里么？不问可知了。

（2）办学敛钱，什么学校都可办，为甚办商科的独多呢？这个问题恐怕妇竖多知道了。办工业学校要用工厂机器，办农业学校要用农场农具，办医科是要医院器械，不是空口讲白话就行的。单是这文科、法科、商科等类只要租几间空房，付了两三个月的小租，叫木匠做了几张板桌板凳，就可开班。但学费是一样收的，这些不花本钱的生意如何不做呢？岂知不要本钱的生意大家会做，大家会做也就无利可图，不值得去做了。所以我对于这许多以营利为目标的商业学校,奉劝早早关门;勉强支持下去,蚀本更加厉害呢!

(3)教员授课问题。设立学校的宗旨上苟有问题,那么其他各项,没有不发生问题的了。即如教员授课,在外国各校,审材很是精当,教员一世吃教员的饭,专精一科,心不外鹜,熟能生巧;故每逢上课,讲解总能临机应变。近来我国各商科大学专门的教员,履历单上大都是博士、硕士的荣衔;仔细一考究去,学位实在是靠不住,到美国去了一年两载,随便读了三四科商业经济,便戴了某士某士的头衔回来。其实也不见得比东洋几个月一年头的速成科卒业好得多罢。既然卒业回来,不过是想多拿几元薪水;一校所得有限,就想兼课,听说各校中间,竟有一人任课每周多到三十六小时的。此种滥竽充数,其讲解之成绩,也不问可知了。有的在讲堂上照教科书直读一遍,有的自己连一遍多不肯读,仅叫学生接续的照书读去。下课钟一响,便算了结,好有二元三元或四五元的进钱。其中有多位教授先生为鄙人的朋友,素来很相知的。担任的功课多至七八门,最奇的莫过于在那里教授他自己从未研究的学科。例如曾在美国某工科大学肄业的某君近在某大学商科任教,某化学专科卒业某君近在某法科大学任教,银行科卒业的某君在那里教授保险。诸如此类,皆是诧异已极。以一例百,恐怕近来商业学校中各大教授,有的应得自己先去学学才能教课的人,正不在少数哩!这种先生教出来的学生,结果如何,也不必我来费词了。

(载《教育与人生》1924年第2卷第59期第1页)

02　改进暨南学校商科大学旧制高中计划书

吾校之办商科大学，肇始于民国十年（1921年），彼时与东南大学合办上海商科大学。嗣以本校宗旨，专以陶成南洋商业人才为主，故教授各种课程，其内容自不能不与其他各校之商科专事养成国内商业人才者有别。故于民国十二年（1923年）起，本校另设商科大学。而上海商科大学，则由东南大学专办。数年以来，本校学生人数日渐加多，开班学程亦日渐增进，基础已经确定，成绩亦已可观。此则应归功于以前各职员各教授之热心办事，而为本校前途称庆者也。惟人类之欲望，本自无限。吾辈对于本校今日之商科，尚不能认为十分满意。苟吾侪能力之所能逮，自当力求改进，以期本校日益发达。鄙意所及，以为吾校之商科，尚有下列数点，亟应加以改良。

（1）学年编制问题。（2）学科分系问题。（3）学程改进问题。（4）学分选读问题。（5）学校设备问题。

今请历述鄙见，尚望同事同学诸君加以指正，共策进行，至深盼企。

（1）学年编制问题。查吾国现行新学制，中学修业年限为六年，分为初高两级，每级三年卒业。大学肄业年限为四年。惟因新学制实行未久，旧制中学卒业生，其修业年限，较之新制中学缺少一年。故凡旧制中学卒业生之入大学者，应补习预科一年，此为各大学之通例。本校开办大学之初意，原拟仅招收新制高中卒业生，但以两年来之经验观之，深觉现在新制高中卒业生人数不多，故大学部每届招生，仍不能不变通办举，兼收旧制中学卒业生。但旧制中学卒业生，直接考入大学正科一年级肄业，年限减去一年，与部定学年编制，仍不甚合。但年来旧制中学卒业生之求升学者甚众，而南洋群岛一带，新学制推行较迟，旧制中学之卒业者更多。自明年暑假起本校宜仿照他校办法，设立大学预科一年级，一年卒业，升入本科，专收纳南洋及国内之旧制中学卒业生。此举之利益，一可以使本校招生时，免除上述之困难；二则俾旧制中学卒业生，得有升学之机会；三则肄业年限延长，学科程度及种类，亦可随而增进也。

（2）学科分系问题。查吾国现行大学规程，分科之下，再当分系。商科大学自当一律办理。现在国内公私各商校，大部分有会计、银行、国际贸易、工商管理、运输、保险等系。肄业学生可各就其性之所近，选习一科，专精一艺，将来服务社会，较易有效。吾校因草创初办，学生人数不多，学校经费不裕，仅办普通商业一系，似不足应一般学生之需要。亟宜添设专系数种，以资深造。至于应设之系，宜视本校学生之需要定之。查吾校学生，大半系海外商人之子弟，将来承受父兄遗业，营业海外贸易正多。故本校对于海外贸易一科，应加以特别注重，必须另设专系，以资深造。又海外贸易全赖银行汇兑业之补助，始克有济。以前中国人之经营海外贸易者，全赖外国银行之调剂。现在国内银行，日渐增多，华侨之经营银行业者更众，人才之需要亦以此科为最巨。故银行汇兑等科，亦应另设专系。其他如会计工商管理两科，应国内外之需要，亦非分系专习不为功。故私意明年本校至少须分五系，即①普通商业系，②银行理财系，③会计统计系，④国际贸易系，⑤工商管理系。

他如保险系运输系等，一俟将来此项人材需要增加，即应添设。

（3）学程改进问题。现本校既仅设一系，各级所习课程，自不免泛而不专，普而不精。现如拟定分系，则各系内各重要科目，自应另开学程，以便学生选读。兹将鄙人私意凡五系应开学程，列表于下。明年春季及秋季，本校酌量开授各科，至少须及所列各科总数五分之四（参见表1至表6）。

（4）学分选读问题。年来国内外各大学及专门学校，大都采用选科制，以便诸生就性之所近，或各人特别需要，得在一定之限度中，任意选习各种科目，法至善也。吾校因学生人数未众，志开学程亦不多，故只得仍守学年制。然近因本校旧制商科学生，或他校商科专门大学学生之转学，颇感学年制之困难。盖各校各级所授之课程不同，学生有在他校肄业数年，插入本校相当年级者，于各级所定课程，辄有已读未读之参差。为学生学业时间计，不能令其将已读各科，仍随班复习。倘准其拣选另科抵补，则已不是纯粹之学年制。现在此种参差办法，已是不少。教务行政方面，因之发生许多困难，不如将学年制改为学分选读制，庶与他校一律。教务方面，较易整理。

（5）学校设备问题。商科之设备，本校之理工农选等科之设备为简单。要重要者，则系参考书一项。本校图书馆所藏参考书寥寥无几，实不足供师生搜考学问之需。私意亟应筹集款项添购中外普通专门参考书籍多种备用。

以上五种办法,第一、第二、第四三项,与经费问题无关。苟经校董会校务会议决,即可实行。第三项第五项增加学程添购书籍,则全系经费问题。本校既为国立,则经费问题自当与教(育)部或省方筹商。但年来国库支绌万状,教育经费屡被裁减,决无增加之望。而教科经常费,又不能向私人募集,势惟有暂时增收学费,以资补助。俟国库充裕,本校经费增加后,仍可将学费减轻,以符国家普及教育之盛意。所幸本校全体学生,明了本校经济情形,自愿加缴学费,以供添开学程之用。

查本校所收学费,较之沪上其他国立省立私立等校商科学费为低,不妨现在增至与其他各校一律,大学部每年每生八十元,高中部五十六元或六十元。惟本校旧制商科,其学年及学程之编制,系介于大学高中之间,故收费亦应较大学部为低,较高中部为高,以昭平允(另详加收学费办法)。

至于图书馆设备经费之筹集,不外下列数种办法:(1)向国库请发临时费。此属当目下国家困穷之际,恐不易办到。(2)向外界捐募。此层现当时局不定实业不振之时,亦不易办,但不妨一试。(3)本校教职员酌量捐助。(4)每学期担任图书费洋两元。新生入学时缴纳图书费洋五元,专以商科而论,每年可有一千元光景再加以本校原来购书款项之列入预算者,每年可添购书籍多种也。

商科学生加收学费办法
自本年度下学期(即明春)起实行

大学部　原定旧生每学期三十元新生三十五元,现拟一律加至四十元。

说明：本校虽系国立，然在江苏国立四校之中，经费最少。照最近折算办法，每年仅列预算洋六万元，内女子部占一万元，故男子部经费仅有五万元，以商大高中（商科文理师范三科）及初中平均分配。每科所占经费甚微，初中因程度低浅，不便增收学费。师范科不应收费，文理科学生将来不以营利为目的，与商科情形不同。查欧美各校征收学费，每以商科为巨，诚以商科卒业生大都将来经营商业，不妨担任此费。又查上海各大学商科如大同大学，每期每生收费六十元，复旦五十元，中国公学四十元，即以国立上海商科大学而论，亦收四十元（上海商科大学以一单科而每年支国费洋五万元几及吾全校经费）。故吾校大学部学费不妨增至每生每学期四十元。至于旧生新生纳费不宜有所轩轾。一因分系之利，高级旧生享受较多，所纳学费不宜反较新生为少。二因新生既已入校，越一学期既成旧生，不宜再有区别。以上各种理由前由鄙人在两次谈话会中，亲与诸同学说过，已得大学部全体学生赞同。

旧制商科 原定每生每学期二十元，现拟旧制三年级增至四十元，二年级增至卅二元。

说明：本校旧制三年级，所有教员学程均与大学部相同，而所习部分亦经大学部承认，受大学部同等之待遇，而付费独少，颇欠公允，故拟加至与大学部一律。旧制二年级教员学程大半均与大学部相同，所习学分将来或有大学部可以承认者，故宜增至三十二元。且分系之利，旧三旧二均享受之故，增费一层，至为正当。

高中商科 原定每生每学期二十元，现拟增至二十八元。

说明：本校高中商科所聘各教员，大都系大学部教授兼任，且高中每周所授时数较之大学旧制反为增加，故收费二十元未免太少。查上海江苏省立第一商业学校亦系高中程度，所收学费每生每学期洋三十元。现本校拟收二十八元，尚较彼校为低。

此次增收学费，原为改良增添商科课程起见。故所有增收之学费，应另立会计科目，不与本校原有预算及款项相混，专供添聘商科教员之用。

以上各种办法，已由本月三日校董会议决，准于本年度下学期（即明春）起实行。

本年度下学期增收学费预算

大学部现有学生一百卅人，平均每生增学费洋七元五角，共增收九百七十五元。

旧制三年级现有学生十五人，每生增学费洋廿元，共增收三百元。

旧制二年级现有学生四十五人，每生增学费洋十二元，共增收五百四十元。

高中商科一年级现有学生四十人，每年增学费洋八元，共增收三百二十元。

春季一学期可增收学费二千一百卅五元（学生之中恐有转学或退学者决不能满此数）。

本年度下学期增开学程支出预算

依照第二表下学期添开七学程，每周增二十五小时，每月以四周计一百小时，每小时修金以三元计，每月增薪修洋三百元，一学期以六个月计，须洋一千八百元。

表1 暨南商科大学学程表

共计 半年/全年 学程十四/二十八

学程号数	学程名称	每周时数	每学期学分	全年或半年	预修学程
1	国文	4	3	全	
2	国文	4	3	全	（1）
3	商用国文	2	2	全	（2）
4	英文	4	3	全	
5	英文	4	3	全	（4）
6	商用英文	2	2	全	（5）或（6）
7	日文	4	3	全	
8	日文	3	3	全	（7）
9	法文	3	3	全	
10	法文	3	3	全	（9）
11	德文	4	3	全	
12	德文	3	3	全	（11）
13	商用算术	3	3	半	
14	商用数学	3	3	半	（13）
15	珠算	1	1	全	
16	法学通论	3	3	半	
17	社会学	3	3	半	
18	政治学	3	3	半	
19	财政学	3	3	半	
20	论理学	3	3	半	
21	心理学	3	3	半	
22	经济学	3	3	全	
23	高等经济学	3	3	全	（22）
24	经济学史	3	3	半	（23）

（续表）

学程号数	学程名称	每周时数	每学期学分	全年或半年	预修学程
25	中国商史	3	3	半	
26	世界商史	3	3	半	
27	南洋商史	3	3	半	（26）
28	中国商地	3	3	半	
29	世界商地	3	3	全	
30	南洋商地	3	3	半	（29）
31	簿记学	3	3	全	
32	会计学	3	3	全	（31）（13）（22）
33	银行会计	3	3	半	（32）
34	公司会计	3	3	半	（32）（49）
35	工业会计	3	3	半	（32）（63）
36	铁路会计	3	3	半	（32）（65）
37	投资会计	3	3	半	（32）（47）
38	会计问题	3	3	半	（32）（33）至（37）之一种
39	审计学	3	3	半	（32）（33）至（37）之一种
40	统计学	3	3	全	（14）（22）
41	商用统计学	3	3	半	（40）
42	货币银行论	3	3	全	（22）
43	银行实践	3	3	全	（42）
44	金融机关	3	3	半	（42）（49）
45	商业理财	3	3	全	（22）（49）
46	国际汇兑	3	3	半	（42）
47	投资学	3	3	半	（42）
48	中国币制及银行制度	3	3	半	（42）

（续表）

学程号数	学程名称	每周时数	每学期学分	全年或半年	预修学程
49	商业组织	3	3	半	（22）
50	商法	3	3	全	
51	公司律	3	3	半	（50）（49）
52	票据法	3	3	半	（50）（42）
53	国际贸易	3	3	全	（22）
54	进出口实践	3	3	半	（53）
55	中国国际贸易	3	3	半	（53）
56	中国关税问题	3	3	半	（53）
57	国际公法	3	3	半	
58	国际私法	3	3	半	
59	市场学	3	3	半	（22）
60	售货术	3	3	半	（59）
61	广告术	3	3	半	（59）
62	商品学	3	3	全	（59）
63	工商管理	3	3	全	（22）
64	劳工问题	3	3	全	（22）
65	海陆运输	3	3	全	（22）
66	生命保险	3	3	半	（22）（14）
67	财产保险	3	3	半	（14）（22）
68	打字	3	3	半	

表2　民国十四年（1925年）度下学期拟开课程表

学程号数	学程名称	每周时数	全年或半年	即本年度下学期拟开课程
1	国文	4	全	续
2	国文	3	全	续

（续表）

学程号数	学程名称	每周时数	全年或半年	即本年度下学期拟开课程
3	商用国文	2	全	续
4	英文	4	全	续
5	英文	4	全	续
7	日文	2	全	续
8	日文	2	全	续
9	法文	2	全	续
13	商用算术	5	全	续
14	高等代数	2	全	续
31	簿记学	3	全	续
32	会计学	3	全	续
40	统计学	3	半	重复预备二三年级续
44	金融机关	3	半	
53	国际贸易	3	半	
64	劳工问题	3	半	
29	商地	3	全	续
58	国际私法	2	全	续
18	政治学	2	全	续
22	经济学	3	全	续
66	保险学	3	全	续
52	票据法	3	半	
42	货币及银行	3	全	续
43	银行实践	3	全	续
61	广告术	3	半	
65	海陆运输	3	全	续

（续表）

学程号数	学程名称	每周时数	全年或半年	即本年度下学期拟开课程
15	珠算	1	全	续
68	打字	1	全	续
45	商业理财	3	半	
19	财政学	3	半	
33	银行会计	3	半	
34	公司会计	3	半	
42	货币银行	4	半	重续　专为二年级开
32	会计学	4	半	重续　专为二年级开
59	市场学	3	半	
共35学程97小时				

表3　民国十四年（1925年）度已开及拟开学程表

学程号数	学程名称	每周时数	全年或半年	即本学期全已开课
1	国文	3	全	
2	国文	3	全	
3	商用国文	2	全	
4	英文	4	全	
5	英文	4	全	
7	日文	2	全	
8	日文	2	全	
9	法文	2	全	
13	商用算术	2	全	
14	高等代数	2	全	代商用数学
31	簿记学	3	全	

（续表）

学程号数	学程名称	每周时数	全年或半年	即本学期全已开课
32	会计学	3	全	
40	统计学	2	半	
26	工商史	2	半	
49	商业组织	3	半	
63	工商管理	3	半	
29	商地	3	全	
53	国际私法	2	全	
18	政治学	2	全	
22	经济学	3	全	
66	保险学	3	全	
50	商法	3	半	
42	货币银行	3	全	
43	银行实践	3	全	
60	售货术	3	半	
65	海陆运输	3	全	
15	珠算	1	全	
68	打字	1	全	
共28学程72小时				

本年度下学期（即明春）拟开学程表说明

民国十四年度下学期为分系之初步，所有添开学程有为各系所必修者，有为下年度学生选习，各分系专门学程作一充分之预备者。例如会计统计系诸专门学程必须曾习过会计学统计学者，始可选习。但本校今年三年级始有会计学，四年级始有统计学，程度太浅，下年度即开许多专门学系，而因预修学程不完备之故，二年级生多不能选读。故欲使本年度之二年级学生在明年度即可照分系章程选习会计统计专科，必须赶将会计学统计学两门于下学期提早修了。故特将会计学统计学两学程重复教授一次，专为二年级学生提高程度之用。又例如银行理财系诸专门学程必须曾习货币银行者，始可选习。国际贸易系诸专门学程必须曾习过国际贸易原理者始可选习。今为旧制三年级大学二年级诸生下学年得任意选习诸专门学程起见，故将货币银行一学程重复教授，并新开国际贸易一学程。

表4 民国十四年（1925年）度下学期（即明春）学生分班选科表

必修学程					
大学一年级	每周时数	学分数	学程名称	每周时数	学分数
国文	4	3	经济学	3	3
英文	4	3	日文或法文	2	2
商用算术	2	2	珠算	1	1
簿记	3	3	打字	1	1
大学二年级	每周时数	学分数	学程名称	每周时数	学分数
国文	3	3	货币银行	4	4
英文	4	3	商地	3	3
日文或法文	2	2	会计	4	4
大学三年级	每周时数	学分数	学程名称	每周时数	学分数
商用国文	2	2	会计学	3	3
货币银行	3	2	统计	3	3
大学四年级	每周时数	学分数	学程名称	每周时数	学分数
无必修学程	—	—	—	—	—

（续表）

选修学程					
大学一年级	每周时数	学分数	学程名称	每周时数	学分数
高等代数	2	2	市场学	3	3
货币银行	4	4	劳工问题	3	3
财政学	3	3	国际贸易	3	3
大学二年级	每周时数	学分数	学程名称	每周时数	学分数
国际法	2	2	国际贸易	3	3
政治学	2	2	商业理财	3	3
财政学	3	3	市场学	3	3
劳工问题	3	3	广告术	3	3
统计学	3	3			
大学三年级	每周时数	学分数	学程名称	每周时数	学分数
金融机关	3	3	海陆运输	3	3
劳工问题	3	3	保险	3	3
国际贸易	3	3	市场学	3	3
票据法	3	3	商业理财	3	3
银行实践	3	3	银行会计	3	3
公司会计	3	3	广告术	3	3

学四年级：选修学程与大三同。

学制三年级：必修选修与大学二年级大致相同（必须更改者在外）。

旧制二年级：必修选修学程与大学一年级略同（必须更改者在外）。

商科高中一年级另有课程表大致与本学期内容相同。

以上各级学生除高中一年级外选读科目每周均以二十二小时为度，至多不得过二十四小时。

表5　民国十五年（1926年）度拟开学程表

上学期　即明年秋季								
学程号数	学程名称	时数	学分	学程号数	学程名称	时数	学分
1	国文	4	3	33	银行会计	3	3
2	国文	4	3	34	公司会计	3	3
3	商用国文	2	2	40	统计学	3	3
4	英文	4	3	42	货币银行	3	3
5	英文	4	3	43	银行实践	3	3
6	商用英文	2	2	44	金融机关	3	3
7	日文	4	3	45	商业理财	3	3
8	日文	3	3	49	商业组织	3	3
9	法文	4	3	50	商法	3	3
10	法文	3	3	50	公司律	3	3
11	德文	4	3	53	国际贸易	3	3
13	商用算术	3	3	54	进出口实践	3	3
15	珠算	1	1	55	中国国际贸易	3	3
17	社会学	3	3	59	市场学	3	3
20	论理学	3	3	61	广告术	3	3
22	经济学	3	3	63	工商管理	3	3
26	世界商史	3	3	64	劳工问题	3	3
28	中国商地	3	3	65	海陆运输	3	3
29	世界商地	3	3	66	生命保险	3	3
31	簿记学	3	3	6	打字	1	1
32	会计学	3	3	计41学程　124（123）117			

（续表）

下学期　即后年春季							
学程号数	学程名称	时数	学分	学程号数	学程名称	时数	学分
1	国文	4	3	38	会计问题	3	3
2	国文	4	3	39	审计学	3	3
3	商用国文	2	2	40	统计学	3	3
4	英文	4	3	41	商用统计学	3	3
5	英文	4	3	42	货币银行	3	3
6	商用英文	2	2	43	银行实践	3	3
7	日文	4	3	46	国际汇兑	3	3
8	日文	3	3	45	商业理财	3	3
9	法文	4	3	48	中国币制及银行制度	3	3
10	法文	3	3	50	商法	5	3
11	德文	4	3	52	票据法	3	3
14	商用数学	3	3	53	国际贸易	3	3
15	珠算	1	1	54	进出口实践	3	3
18	政治学	3	3	56	中国关税问题	3	3
19	财政学	3	3	60	售货术	3	3
22	经济学	3	3	58	国际私法	3	3
27	南洋商史	3	3	63	工商管理	3	3
30	南洋商地	3	3	64	劳工问题	3	3
29	世界商地	3	3	65	海陆运输	3	3
31	簿记学	3	3	67	财产保险	3	3
32	会计学	3	3	68	打字	3	3
35	工业会计	3	3	计43学程		130（134）	123（125）

自民国十五年（1926年）度为始拟实行选科学分制，草订办法如下。

学分总数：大学修业生须得一百六十八学分以上始为毕业。

表6 各级学生必修学程

（每学期每生选读学程以二十一学分为律遇，有特别情形时得增减之，惟至多不得过二十四学分，至少不得过十八学分）

学程名称	学分	学程名称	学分
国文	12	会计学	6
商用国文	4	商业地理	6
英文	12	商业历史	6
商用英文	4	货币银行	6
社会科学	6	商法	6
自然科学	6	统计	6
第二外国文	12	论文	2
经济学	6	共计必修109学分	
商算	3		
簿记学	6		

会计统计系必修学程

学程	学分	学程	学分	
工业会计	3	商业理财	6	
审计学	3	银行会计	3	以上任择9学分
商业统计	3	会计问题	3	
公司会计	3	铁路会计	3	
		投资会计	3	
共计21学分				

银行理财系必修学程

学程	学分	学程	学分	
商业理财	6	投资学	3	
银行实践	6	金融机关	3	以上任择 6 学分
国际汇兑	3	票据法	3	
中国币制及银行制度	3	银行会计	3	
		共计 24 学分		

工商管理系必修学程

学程	学分	学程	学分	
商业组织	3	工业会计	3	
商业理财	6	市场学	3	任择 6 学分
工商管理	6	公司律	3	
劳工问题	3	海陆运输	6	
		共计 24 学分		

国际贸易系必修学程

学程	学分	学程	学分	
国际贸易	6	南洋商地	3	
进出口实际	6	中国关税问题	3	
国际汇兑	3	国际私法	3	任择 9 学分
中国国际贸易	3	售货术	3	
		广告学	3	
		海陆运输	6	
		共计 27 学分		

普通商业系无必修学程可在其他各系必修或选修学程中任意选习。

（载《暨南周刊》1925 年第 3 期第 9—18 页）

03 求学与任职合而为一

韬奋我兄：

久别殊念，想撰著工作甚忙也。弟所创设之立信会计夜校久蒙我兄热忱赞助，所设会计函授学校尤为我兄所建议督促提倡之产物，近颇现蒸蒸日上之象，素知吾兄对于敝校关垂甚切，敢将经过概况及弟对于敝校致力之点，撷要奉告，尚祈吾兄多予指教。

敝校自创办以来，招生已经七届，入学人数最初每届不过二三十人，最近一届竟增至一百数十人。敝校颇狭隘，不能尽容，因之被摈而去者尚多。学生中十之七八为各公司商店现任职员，彼等于任职余闲，不事游息，而愿来校受严厉之训练，繁重之课程，此真职业界可喜之现象也。且学生中年长至四五十岁者有之，现任职务月薪达百余元者有之，此种好（学）精神，尤称难得。在弟则总期于极短之时间，授诸生以充分之会计学识及经验。弟所致力之点：第一不使学生缺课，第二使学生多做习题，第三使学生多受考试。至于实施方法，对于应习课程及应做例题，视同商店内日常之簿记会计工作，今日应习之功课、应交之题卷，决不准学生迟至明日始行交到。试观各大公司焉有今日应行记毕之账目而可迟至明日者？盖求学与任职必使其合而为一，方能使学生所得训练及经验切合实用,且能收事半功倍之效也。因念数年以来敝校卒业学生任事各处,对于职务都能胜任愉快,此不仅弟所自慰,想亦可告慰于吾兄者。至于敝校自上学期起,为图远道学生求学便利起见,增设函授科,又自本学期起为应各届初级卒业同学之要求,添设高级班,校务虽渐扩充,而弟对于原有施教方法,颇愿保持不改,未知吾兄以为如何?

弟潘序伦拜上,二月一日

编者(邹韬奋)按:序伦先生能于会计师职务百忙之中出其学识经验上所得以嘉惠有志进修之士,这当然是值得我们敬佩的。我们向来主张服务与进修应兼程并进,现在听他报告"此职业界可喜之现象"和他所主张"求学与任职必使其合而为一"之"实施方法",尤获我心。我对此事有两点要提出来谈谈:(一)我并无意劝人都来进潘先生所办的这个学校,因为社会事业是于合作中要分工的,倘若社会上充满了"潘序伦"——会计师——和他的会计学高足,社会上当成何(种)现象?我不过说倘自省自己特性近于此途而有意研究此学的,这个学校有可供采择的价值而已。(二)我以为替有志进修者筹设便于他们进修的方法——例如夜校及函授学校——当尽量设法减轻他们在经济上的担负,此点在民穷财尽的中国尤其重要,也就是志在推广教育的好学校与志在牟利的野鸡学校之最大异点。潘先生设立此校之动机,我们原用不着怀疑,不过我们仍希望该校将来愈益发达之后,在可能范围内再尽量设法减轻学者在经济上的担负。

(载《生活》周刊1931年第6卷第8期第173—174页)

04 从职业补习教育说到本校

一、补习教育的目的

职业教育有两句标语：第一句是"使无业者有业"，第二句是"使有业者乐业"。没有相当职业的人，大约因为没有职业上相当的知识和技能。要想得着相当的职业，一定先要把职业上的知识和技能学会，这是正式职业学校的任务。有了职业的人，对于职务上不能胜任愉快，这便叫作不能乐业。考其原因，大概由于任事上所必要的知识和技能，太不充分，或是先前学会了一种技能，但是任事多年，对于日在进步的新智识、新技能，不去关心，因此感觉到办事成绩退步，终至失业。所以已有职业的人，假使要在办事上常常觉得胜任愉快，一定要把日进无涯的职业知识技能，趁着晨夕余闲，加以研究。但是一般专门科学，有的非经指示讲解，难以明白；有的非有实验设备，无从着手。所以补充职业上知识技能，单靠着自修，有时或不容易得益，仍旧要靠学校教育，加以补助。但是正式职业学校，入学有资格的限制，毕业有年限的规定，不能随意上课，又难免妨碍职务，自然极不相宜。为了适合这一班有职业者的需要起见，所以又有职业补习学校的设立。补习教育的目的，便是职业教育的第二标语，"使有业者乐业"。

二、办理职业补习学校必要的条件

办理职业补习学校，有几项必要的发件，分述如下：

（1）校址必须适中，因为这一类有职业的学生，不便寄宿校内，并且上课多是抽暇而来，途中往返必须极形便利迅速，所以商业补习学校，应该设在商店繁盛区域；工业补习学校，应该设在工厂邻近；农业补习学校，应该设在乡村中间。

（2）上课时间，最好在清晨或晚间，免得妨碍学生职务。

（3）功课须切实用，不重理论，因为入学的人大都急需应用，高深理论，非所乐闻。

（4）选课应该极自由，如此方可适合学生个性和职业。

（5）毕业期限要短，因为补习学生，大都不能久度学校生活。

（6）打破文凭观念，正式学校的文凭附带表示一种资格，补习学校的毕业和资格毫无关系。所以学生入学，非求得真实学识和技能，就等于虚掷光阴和金钱。

三、我国素来对于实习教育的忽视

我国自从废止科举，建立学校以来，对于职业教育，虽然已经渐知注重，不过所办的职业学校，几乎全是正式的小学、中学或大学，而对于异常重要的职业补习学校，反寥若晨星。私人设立的固然极少，而国立、省立、市立、公立的职业补习学校，尤不多见。国家社会每年花了极大的经费，开办正式的职业教育，所得效果，恐怕大多数毕业生仍旧找不到相当职业，而对于"使有业者乐业"这个宗旨，几乎完全忘却了。假如分一部分正式育教的经费来办补习教育，它的效果恐怕却大有可观哩。

四、补习教育和正式教育的比较

依我个人意见，补习教育在教育上的地位，比较正式教育更为重要，试述下列各项理由：

（1）我国现有职业的人，绝大多数未曾受过正式的职业教育，并且一生不再会有受正式教育的力量和机会。这种人只有给他进补习学校，倒可以使他学以致用。至于正式的职业学校，非要有中人以上的财力和几年空闲的时间，不能希望毕业。所以要职业教育普及，非多办补习学校不可，正式的职业学校不过是有益于少数的资产阶级，没有普及的可能性。

（2）学生进补习学校，大都为感着急切的需要，并且一切费用，由学生自己负担的占多数，所以对于课业，感着兴趣，怀着希望，肯用功研究；不比正式学校的学生，受了父母的命令，用着家里的金钱，对于学校课业并不一定感觉兴趣，不过好像对家庭父母尽一种义务罢了。照此看来，所以说真正肯刻苦求学的学生，补习学校里，一定比正式学校里来得多。

（3）实习学校里的学生，大概原是有职业的人，职业和教育当然合而为一。不比正式学校，尽管多开着职业专科的班次，但是课堂里所教的，每每不切实用，学问是学问，职业是职业，因之毕业出来，仍旧不能做事。

（4）办正式职业学校所需经费极多，办补习学校所需经费比较少，假使把养成一个正式职业学校学生的经费用在补习教育，看来至少可以养成五六个补习学生。在一般社会着想，补习职业教育的效果和收益，实在比正式职业教育大得多了。

五、上海应注重商业补习教育

上海是个大商埠，人口有三百万，内中至少有数十万人在商埠中执业的，这数十万商人中间，多少受过些商业学校教育的，或不满十分之一。

其余多是学徒出身，对于商业知识和技能，没有相当的根底，所以除了天资卓绝或是地位优越的少数以外，终身难希望有多大进步。然而上海的商业学校，大学程度的反有十几处，中学程度的不下数十处，关于补习性质的学校却很少见。即使有之，也是私人创立，设备简单，经费困难，非但不能普及，恐怕内容也未必适合。最近中华职业教育社开办补习晨校夜校，沪江大学和国立中央大学商学院有筹备开办夜校特别科的计划，实在是本埠职业教育的福音。可是范围不大，容纳学生有限，而所开的学科，班次也很少，和普及职业教育的目的相差很远。所以目下创设大规模的商业补习学校，实在是政府应办的急不容缓的一件事。

六、商业各科中会计学的应用最广

商科的学程，每分银行、理财、工商管理、销售、广告、国外贸易、投资、保险、运输，以及会计等系。不过从我的目光看来，总是会计的应用最广，理由如下：

（1）运输、保险、投资、理财、销售、广告、国外贸易等等，充其量不过是一种特殊商业。学习这类专科的人，不能把他的智识技能，普遍应用到各种商业上去。只有会计一科，性质和其他各科不同，无论商业种类是怎么样，规模大小是怎么样，既然经营商业，便不能没有会计，不能不雇用会计员。更进一步说，商业以外的各种机关，凡是有款项收支，也不能没会计，所以学会了会计，随时随地有应用的机会，不比其他各科，必须等到特别机会，方能应用。

（2）会计是一种纯粹的专门学术，又要靠实习的经验，不比管理销售、贸易、广告、理财等科，只要有富于普通的知识，便可了解，便可实用，所以学了工商管理、销售、广告等科的人，对于管理、销售、广告的事情，未必果然办得好。不曾学过这种学科的人，也能办理这种事务，或者成绩更好。会计一科却不然，如果没有相当的研究和经验，绝对不能担任这一项事务。

（3）会计是商业的枢纽，办理会计的人一定熟悉全部情形；而办理其他各部分事务的人决不能明了账情，所以一个机关内的会计员可以调充别种职务，可是别种职务的人，大概不能调任会计员的。

七、本校办理的经过情形

本所为了商业社会对会计人才的需要日有增加，所以设立会计补习夜校，教授初级簿记会计，开办以来，已经五年了。最初原是为了便利本所练习生夜间补习簿记技术起见，后来各商业机关托本所替他们改良会计制度，把原的会计职员送来附班习生，以求了解新式会计，因此学生人数年年增加：开办的第一学期，不过二十余人，这一学期，已经增到二百四十人。初开办的时候，不过中英文初级簿记各一班，目下已有初级、高级、普通、专门各科，共分八班。来学习的人，大约十分之九是各工商机关的下级职员，并且是为了求职业上进步而来的，所以对于课业，极感兴趣，因此本校教务也日见认真。从前每在开学的时候，报名入学的人异常拥挤，到了中途，总有许多学生陆续中辍，不能完成学业，这本是私立学校的通病，现在却好得多了。半途而废的学生已由入学学生的百分之六七十，逐渐减为百分之三四十。去年秋季，应外埠补习学生的要求，又添办会计函授学校，一年之内，各地学生报名入学的有六百数十人。一般社会对于职业补习教育的需要,也可见大概了。不过本校规模极小,所能容纳的学生究竟有限,只有希望国内各界对于职业补习教育,尽量提倡,这也是解决国民的生计的一条大路呢。

(载《会计季刊》1931年第2期第1—4页)

05　怎样研究会计学?（一）

会计学是什么？在讨论怎样研究会计学的时候，我们不能不先这样的问一声。本来，要对任何一种学科下一个定义，并不容易，现在且让我先来打一个譬喻，然后再述我个人对于会计学的定义。

会计好比是事业经营或管理的明灯，它能照耀当局者走他应走的正当道路。有着完善会计组织的机关，和没有完善会计组织的机关比较起来，正同室内有灯光和没有灯光一样。企业机关要是没有会计记录，或者只有很简陋的会计纪录，在通常情形之下，尤其在从前企业组织规模较小的时代，也许会赚钱的。但到了现在，各机关的组织庞大了，事业界的竞争，也越变剧烈了，若是没有完善的会计制度，便失却了指路的南针，进行总要困难些。但会计只是事业经营或管理的明灯罢了。它只能帮助事业生产，并不是直接能够生产的东西。世间有两种相反的人：一种人太不相信会计，以为它的有无，和事业没有什么关系的；（另）一种人又太信任了会计，以为事业的成就与否，全在会计的完善不完善。过犹不及，这两种主张都是不对的。我们要使会计能够帮助事业生利，首先要使它和所经营的事业相称，不要太简，也不要太详，这是很重要的。

话说得太远了。我们要问的是，会计怎么能够做到事业经营或管理的明灯呢？我们晓得，一切事业的成败利钝，系于经济财政的地方很多，事业的活动,处处可以由金钱数目上表现出来。因之会计就在这一点上下功夫,告诉管理当局以不正当的所在,并指示他正当的途径。他第一先把事业的一切活动情形,就是通常所称的交易,一一记录下来,然后加以整理和分析。换句话来说:就是把过去的营业经过,记录起来,把现在的财政状况,表露出来,再把将来的营业和财政加以预测,然后对于将来的一切,都可以有一种准备,营业管理的政策,也可以由此决定下来。会计学就是研究怎样记录整理和分析一切经济情状的学科。

不过这是就狭义的会计学而言。广义地说起来,会计学包括簿记和审计在内。簿记是会计的实施,也就是把会计上研究的结果,应用到各种事业上去。每种事业都有它的特质,应用会计学的时候,也就是设置会计制度及簿记组织的时候,随时要斟酌情形,加以设计,使会计有做事业经营或管理的明灯的资格。其次,审计是审核会计记录,看它有没有错误或弊端,是否合乎会计原理。没有审计,实施会计的结果,或许尽是些谬误或弊窦,那又怎么配称事业经营或管理的明灯呢?

根据上面的讨论,我个人对于会计学的定义是:会计学是研究怎样设计记载整理估计(估价)分析和审核人生关于财产增减变化的一种学科。勉强把它拆开来说,记载和整理等比较呆板的工作,是簿记员范围以内的事;设计、估价和分析等工作,是会计员(或会计主任)份内的事,而审核则属于查账员(或会计师)的职务了。虽然簿记、会计和审计之间,很有许多牵涉的地方,很难绝对划分清楚,但我们为容易解说起见,不妨就依这三层来讲,那就是:

(1)预备做簿记员的人,应该怎样研究会计学。

(2)预备做会计员(或会计主任)的人,应该怎样研究会计学。

（3）预备做查账员（或会计师）的人，应该怎样研究会计学。

先讲第一点：想做簿记员的人，第一要选一本完备的簿记教本，把它好好地精读，记住尤其要多做习题，使它十分纯熟。因为簿记员是实际从事于记录和整理账务的人，他的工作既要迅速，又要正确，所以非多读多练习不可。至于簿记教本选定了之后，究竟应该怎样去读，原没有一定的成法，不过我们可以说，假使能够依着簿记的程序，一层层地推进下去，总是比较容易些。因此好的簿记教本，也就要编制得条理清楚，头头是道才好。鄙人所编《高级商业簿记教科书》，就完全依照着这个原则编的。最近陈文麟和施仁夫两君编了本《初级商业簿记教科书》，体裁倒也很好。不过程度浅一些，适合于初级学生，拙著《高级商业簿记（教科书）》程度较深，适用于高级学生。若是先读了陈施两君的书，接着再读拙著虽然是为有些重复，但是重复的地方，总是比较重要，正可以温习温习，倒是很好的。这两本书的好处，就在它能够由浅入深，层次比较清楚，所附的习题尤多。作为基本的书，一定要合于这些条件。

想做簿记员的人，除了熟读一二基本簿记外，对于其他簿记书籍，也要看看，而对于初级会计学，也得懂一些。张忠亮先生的《簿记学》和李鸿寿先生的《会计学》都是比较值得一看的书籍。

其次再讲第二点：簿记员着重于记账的实务，而会计员却重在理论的研讨。但是性质虽然有如此的不同，而其研究方法，却彼此相仿。研习会计的人，也一定要以一本书为基本，然后再多看其他的书。不过会计理论，有很多地方，还是争辩未决，正所谓公说公有理，婆说婆有理，学者要是书看了太少，难免有处置得不恰当的地方，所以书一定要看得多才好。尤其看了要有分析辨别的能力，才可以抉择采用。说到会计学的基本书籍，鄙人又要不揣谫陋地把自己所编著的《会计学》上下两册，介绍出来。我因为觉得在中国要找完善的会计教本，还不很多，所以特地发兴来编这一部书，其中内容，一方固然着重于理论的研究，他方尤其注重的是切合国情，就是所谓理论与实务并重，所以我敢介绍给读者。要是去读外国书，好的固然很多，但听不免有隔靴搔痒之弊。我并不是说想做会计员或会计主任的人，可以不必读外国书籍。要读的，而且要多读，不过用作基本的书籍，应该采用切合本国国情的罢了，假使觉得拙著《会计学》分量太多，那么，我同王澹如先生合编的《高级会计学》，可以替代。此外国内会计学的书籍还有李鸿寿先生的《会计学》，钱祖龄、袁际唐两先生的《实用会计学》。外国书籍方面，我也举些有名的书出来，例如 Finney 的 "Introduction to Principles of Accounting"；"Principles of Accounting (Intermediate)" 及 "Principles of Accounting (Advanced)"；Kester 的 "Principles of Accounting" 及 "Advanced Accounting"；Hatfield 的 "Accounting"；Streightoff 的 "Elementary Accounting" 及 "Advanced Accounting"；Paton 的 "Accountant's Handbook"；Guthman 的 "Analysis of Financial Statements"，都是应该阅读的。做会计员的人，对于审计学也要有相当研究的。

最后要讲到第三点了，就预备做查账员或会计师的人，应该怎样研究会计学。当然簿记会计都已研究过了，现在要讲审计学的研究方法。研究审计学固然也应该先把一本书做基本，但查账员的工作，又和会计员略有不同，分析的能力，固然要有，而尤贵乎有实际的经验，所以最好要能和实业界多生接触，这是很重要的。关于审计学的书籍，国人所著的很少，只有张蕙生和钱素君两女士译的《审计学原理》，袁愈佺先生译的《最新查账学》，最近张忠亮先生著了本《审计学》。不过这几本书都还嫌讲得太简单。鄙人和顾询先生合编的《审计学》，自己还觉得内容比较丰富的，并且处处参配本国国情和法令习惯编成的，用作基本读本，或者还可以适用罢。关于外国书籍方面，最详备的，当然要推 Montgomery 的"*Auditing, Theory and Practice*"，不过这本书的文字，比较艰涩，说理也比较深，不及他和 Staub 编的"*Auditing Principles*"来得容易读。Bell 的"*Auditing*"也很清脆可诵，而 Eggleston 的"*Auditing Procedure*"对于查账的手续，是讲得很有条理的。要看工作底稿及报告书编制方法的书，顾询和钱迺澂两先生合编的《查账报告书及工作底稿》一书，将要出版了。外国书中，首推 Eggleston 的"*Auditing Reports and Working Papers*"，Jackson 的"*Audit Working Papers*"也很好。

但是上面所讲的，是就一般性质来立论，其实会计学要详细分起来，种类也很多。就大体上说起来，会计可以分为两大类：一类是消费会计，也称收付会计，一类就是营利会计。所谓消费会计，小而至于家庭簿记，大而至于政府会计，都是。所谓营利会计，那就是普通工商企业营利机关所用的会计。此外还可以有一类混合会计，它的性质确介乎消费会计和营利会计两者之间。现在为明了起见，试列一表在下面：

会计学 { 消费会计（家庭会计、慈善机关会计、公团会计、学校会计、政府会计）
营利会计（独资商店会计、合伙组织会计、公司企业会计、合作社会计）
（商业会计、金融业会计、工业会计即成本会计、农业会计、矿业会计、其他各业会计）

至于公用事业会计，包括的有各种交通会计及自来水电厂等会计。这些事业，照原则上讲，应该归政府办理，但同时又要计算损益的，不过并不把利益像普通工商业机关一样分作股利和红利罢了，所以可称做混合会计。其他矿业等，假使由政府主办，也自可以归入这一类，反过来，公用事业要是由私人经营，当然也是营利会计的一种了。

所以研究会计的人，无论预备做簿记员、会计员或是查账员，除了上面所述的一般性质的会计学外，对于各种特种会计，也应该有相当的研究，这可以说是研究会计学的第二个步骤。但这并不是说先把一般的簿记会计和审计读完了，再来读各种特种性质的簿记会计和审计。通常一般簿记读好了，就读一般会计，接着就可研究各种特种会计，像银行会计、政府会计、成本会计之类，然后再读一般审计及特种审计。至于特种簿记，事实上种种和特种会计混在一起，并不分开另成一系，譬如像银行簿记和银行会计，就是不分开，因之学校里总在读了会计后才读的，但自修的人，假使要到特种企业机关里去做簿记员，不妨在读了簿记和一些初级会计学以后，就读比较简易一点的特种簿记。有许多补习学校里，银行会计及簿记科的入学资格，就只要读过簿记就好了，不过所读的簿记教本，总要深一点。鄙人所办的立信会计补习学校，就是这样。其实，各校对于审计一科，也只有普通的，并没有特殊审计等课程，但是想做查账员的人，尤其是来做所谓自由职业的会计师的人，应该对于各种事业性质以及账目的审核方法，都要有深切的研究的。

书籍方面，有顾准君编的《银行会计》及《银行会计教科书》，沈立人先生著的《成本会计学》，鄙人译的《成本会计》及《成本会计教科书》，雍家源先生所著的《中国政府会计论》，鄙人和王澹如先生合著的《政府会计》，张心澂先生所著的《交通会计》，张辑颜先生的《应用铁路会计学》，拙著《公司会计》，拙编《各业会计制度》第一、第二集和杨汝梅先生的

《近代各国审计制度》。此外关于各种特种性质的会计书籍及杂志文章还很多，不再一一列举了。

还有一点，应该注意的，研究会计并不是仅仅读几本簿记会计和审计书籍就算完事的，此外，还得有种种技术上学术上以及经验上的修养和准备。因为任何各种学科决不是能够孤立存在的，会计学也是这样，它和其他各种学科都有关系。第一，它和数学的关系是很深的，所以簿记员应该要珠算纯熟，笔算也要相当的好。这可以说是学簿记之前的必要准备。至于会计员的数学程度，当然格外要好，虽然用不到过分深，但代数对数等是常常要应用到的。其次，会计学和财政学及公司理财关系也极大，处处要遇着理财问题。会计学又可以说是经济学的附属品，因为经济学研究财富的生产交换分配和消费，而会计学却大部就是处理生产交换分配和消费等财产的增减变化的。会计学又和统计学有关，常常应用统计的方法，例如各种图表的编制就是。会计又常常受法律规定的限制，例如合伙损益的分配，公司股票的发行等等，无不关涉法律问题。这些学科，可以说都是研究会计学时必备的条件。要是对于这些没有准备好，去读会计学是很困难的。学习会计学的人，还要有相当的技能。簿记员所必具的是一手清秀的字和精密谨慎的头脑，会计员或会计主任所必具的是分析比较的能力和丰富的实际常识。查账员或会计师呢，那所需要分析比较的地方更多，常识经验也更要丰富，否则是万难胜任愉快的。

（载《出版周刊》1935年第149期第1—5页，

《出版周刊》1935年第150期第1—5页，

《文化通讯》1948年第6—7期合刊第6—8页）

06 怎样研究会计学?（二）

在现代青年的谋生之道中，学习簿记会计，到工厂、商店、银行或其他各种机关中去当簿记员或会计员，也是一个比较有效的办法。我现在就打算把研究会计学的方法写一点出来，贡献《绸缪月刊》的读者诸君。

学习每一种专门技能，也和学习外国语文一样，或者在对于这种专门技能毫无所知的时候，便跑到公司商号的会计科里去当练习生，慢慢地熟习记账方法，以至了解整个会计制度，或者在学校里先从合乎逻辑的方法，开始研究会计学。严格说来，这二种方法是必须相辅为用的。因为一个从实务工作中出身的会计人员，很容易只知道他熟知的企业的会计组织，而其所以然之理，却不一定知道，要是换一个职业，便发生困难了。要知道其所以然，还非照逻辑的顺序，有系统地研究会计学的理论与实务不可。又从另一方面说，会计是一种实用的科学，它完全以企业经营与管理的实务为其根据，所以一个从来没有这些实际经验的人，空空洞洞地来研究会计学，也一定得不到什么东西，即使学会了一些，也只是一种很空虚的感觉而已。我十年来执行业务和办理学校时，时常碰到二种人物。一种是旧式商店里的账房先生，他们很能够把他所管理的账簿情形说得清清楚楚，但是他对于会计原理，或者了无所知；（另）一种学校里刚毕业的学生，他能把书本上的东西记得很熟，但是要他活用就很难。当然两种人物也有特殊的例外，能够熔合理论与实务于一炉的，但是究竟少见得很。

所以我说，理论的研究和实际的经验必须两者并重。这又可以分作两方面说。在中学、大学里念书的人，他们接触理论的机会多而接触实务的机会少。在已经有职业或做过职业的人，他们接触实务的机会多而接触理论的机会少。前者应该多做实习调查等等的工夫，而后者则应该多念些书。本刊的读者诸君，以职业青年为多，我们就拿职业青年应该怎样学习会计来谈谈。至于大中学校学生，他们的教授会时常给他们指导，我们就不谈吧。

现代会计教育的一般程序，大体是这样的：学习会计的第一步是独资及合伙商店的簿记，因为独资及合伙商店是企业组织中最通常而又最简单的一种，拿商店的实务为基础，说明若干会计原理与习用的记账技术最容易。学习的第二步，是拿股份有限公司组织的工商业为基础，对于记账技术和其他会计上的问题，为进一步的研究，这便是"初级会计"。第三步则以股份有限公司组织的工商业为基础，研究资产负债的估价，决算表的分析，公司的合并、清算、解散破产等等问题，这便是高级会计。这几项，是会计学的骨干。因为现代企业，以商店与工厂为最多，我们能够把这种企业在创立、继续营业、合并清算、破产等情形下当如何记载、计算，并如何把记载及计算的结果，报告给关系人，会计的功效便尽了。可是我们还应该知道，各种企业有它特殊的性质，例如电厂、纺织厂、矿场、出版业、银行等等，经营的方法各不相同，它们的会计记载也必有很多相异之点。我们在讨论一般问题时，决不能把一切特殊问题都包括在内，因此我们研究普通会计以后，还必须研究专业会计，方才能够使我们熟习的原理原则，见诸实施。所以学习会计的第四步，便是专业会计的研究。可是因

为近世科学管理的发达,在企业管理上计算成本是很重要的,因此在一般工厂会计上,兴起了成本会计的问题。在前述研究会计学的第二与第三步骤之间,或在第三与第四步骤之间,还必需研究成本会计这一项目。至于专以会计师为职业者,在研究了上述许多东西以外,还必须研究审计学的原理与实务,自更属当然之事了。

上述的研究程序,比较适用于大中学校念书的学生。然而它对于职业青年是否完全适用呢?我们知道,职业青年在没有从书本上来研究会计学以前,对于他自己服务的企业的会计制度,即专业会计的某一项,已有了相当经验。如果他不去利用这一经验,死读书本子,当然没有话说。但是死读书本子的人,常常不能融会贯通起来。初步的会计学,即簿记、初级会计之类,书本上叙述的一切东西比较抽象,决不能与专业会计完全相一致。要使我们的研究有最大的用处,或希望我们的研究在最短期间完成,唯一的方法便是常把自己读到的东西,与自己的经验相互印证,看书本上所讲的,是不是与我们接触的实际经验没有冲突,我们见到的种种是否合于书本上所讲的原理。我们在读每一种课程的时候,都抱这种态度,结果不仅能够了解自己服务的企业的会计制度,而且还能设法改良它。而且学习的速度较之大中学校的学生,要快得多。我所办的立信会计补习学校,一般同学的成绩很好,而且很有许多杰出的人才。我相信一定是因为他们把理论与实务印证的缘故。

我在上面所讲的许多话,是贡献给把会计学当作谋生技能的职业青年诸君的。但是我相信职业青年诸君中,必有希望把会计学当作一种学问来研究的人。对于他们,我还要说几句话。那就是:我们把会计当做学问来研究的时候，必须有丰富的会计实务的知识，并且对于和会计学有关系的学问如理论经济学、经营经济学、法律、金融、财政等等有深湛的修养。必须有了这些根基之后，才能明白会计学发展的原因和趋势，才能对于一切大的或小的会计问题有解答的可能。职业青年如果有研究的决心，只要有长时期的努力，没有不成功的。

（载《绸缪月刊》1936年第3卷第1期第6—7页，

《职业青年》1946年第1卷第4期第2页）

07 会计学修习法

潘序伦博士主讲　何怡祥笔记

陈校长、黄主任、诸位先生、诸位同学、诸位来宾：

鄙人所定的题目，原为"会计学研究法"，但我感觉到研究两字，不甚贴切，所以改为会计学修习法。会计一科，修习是不容易，上次我已经对各位讲过了。它有三点难处，要畏难的，还请知难而退。但我今晚要来鼓励诸位同学，请不要畏缩，只要修习得法，便可化难为易。

现在我先把本人今晚所讲的几个要点对诸位讲讲：

（1）修习会计学的便利。

（2）修习会计学的范围和程序。

（3）修习会计学的方法和要诀。

（4）修习会计学的主要读物。

修习会计学的便利——修习一种科学，好比游历一处地方，有一种地方，非要登峰造极，不能看到它的好处。游历黄山是一个例子，所谓："不到文殊台，不见黄山面"。另有一种地方我们可随意游历，得尺得寸均觉有益，例如香港之游，半日也好，一日二日也好，游一星期，亦何尝不可？

科学如医学、哲学、佛学，他们的学习好比是黄山之游，非至卒业不行，非觉悟其真理，不能成效果，半途而止是毫无益处。但会计的修习，如香岛之游，随行随上，左右逢源。所以会计可以业余补习，可以一世精修，登堂入室，固属佳事，及门而止，半途而废，总有益处，任是隔了若干时候继续修习，也是好的。因为修习会计的人，如走通衢大道，求得的生活常识随时随处有应用的机会，没有白费的工夫。这点是修习会计学的便利。

修习会计学的范围和程序——这点我们首先要知道，会计是科学，是社会的科学，是应用的科学。因为会计学是科学，所以修习会计的人，需要理解和记忆力，但它是科学中的社会科学，所以它的实务，不独随社会法律时时变迁，即理论也不是一成不变的。习会计者，应抱"日日新又日新"的态度。同时会计又是应用的科学，常带了技术的色彩，所以必须多多练习，在校多做习题，任职前尤要多多实习。

至于会计的范围，从它的横剖面来看，可分为事前的会计制度的设置和事后的会计事务的处理。事前的会计制度的设置，如设计会计学。事后的会计事务的处理，可分记录工作，如簿记学（即初级会计学）；估值工作，如高等会计学；审核工作，如审计学；分析解释工作，如管理会计学等等。又从它的纵剖面来看，可分为营利会计与非营利会计。在营利会计里面，若以它的投资方式之不同划分，有独资会计、合伙会计、无限公司会计、两合公司会计和股份有限公司会计。若以它业务之种类而划分，有普通商业会计、制造业会计、金融业会计和服务业会计。至于非营利会计，则有政府会计、公团会计和事业会计等。

会计的范围是这样的，那么修习会计的程序是怎么呢？会计学修习的程序，除了簿记（即初级会计）是入门的基础，必先修习外，本来没有十分肯确的次序，不过根据大学的课程标准，第一年修习簿记（即初级会计），第二年高等会计、银行会计、会计数学，第三年成本会计、公司会计、政府会计，第四年决算表之分析、审计、设计会计，其余所得税会计及各业会计，则三四年级均可修习。上面所说的不过就现在各大学商学院的课程而言，其他各校自可酌量情形来变更的。

此外，修习会计的人不能单纯修习会计的学科便算了，对于（与）会计有密切关系的学科，也必须连带修习，以备应用。因为会计人员所任职务愈高，所需要的会计、商业、法律的基本智识亦愈广。

现在将与会计有关的学科附带讲讲：

基本学科：国文、数学、英文。

经济学科：经济学、财政学、银行货币学。

商事学科：商业组织、工商管理、市场销售、运输保险等等。

民商法规：民法、商业登记法、公司法、商标法、票据法、保险法、破产法、所得税法、遗产税条例。

技术学科：投资数学、统计方法及制图、珠算、书法。

上面所讲各种学科，随便拿任何一种来看，莫不与会计有密切的关系。单就法律一科来说，会计师在代人注册，或办案时候随处都需要法律学识，如果不明法律的话，便会生出事务上种种的窒碍。所以我从前对法律系的学生演讲，要他们修习会计学，免至发生职务上的困难。即如现在我对各位说，要修习法律一般。又如会计员不懂珠算是不成的，不仅要懂，还要打得快才配做会计员。所以修习会计的人，对于各种有关系的学科，非同时修习不可。

会计学的范围是那么阔，到底会计是呆板的东西，还是活动的东西呢？

人们多认账目是呆板的东西，例如一百个学生同做一个习题，要是他们的答案有一些不同，一定是有错误。但就整个会计而讲，倘若某一公司同请十个会计员来办决算，要是有两个人所结净额若能相等，乃是极巧的事了。因为高等会计内所讨论的问题，完全是意见的问题，各人意见断难尽同，决算结果亦必彼此有异，所以我们可以说会计学是最活动的，但是我们不能不认为会计的问题，在变动当中，仍有不变的地方。例如资产的估价方法，各家办理决算，结果虽尽不同，但原理应趋于一致。

修习会计学的方法和要诀——从整个会计学来讲，会计是不容有丝毫错误的。上次我已经对诸位讲过，会计和人生财产的关系，如同医药和生命健康的关系，差一些说不定就要发生极大的影响。那么修习会计的时候要怎样才对呢？现在我把修习会计的几个要诀对诸位讲一讲：

1. 学习会计最忌缺课，缺了两三次课，便追不上班中的功课，只有辍学了事。

2. 学习簿记会计，不要把自己当做学生看待，要把自己当作一个机关里的簿记员看待，把主任当作经理，把教师当作会计主任。教师嘱咐今天要做的功课，断不可迟至明天，做得不对，必要重做，直至做得对为止。学生能早早养成这种习惯，卒业便不成问题。

3. 簿记学及格的标准不是六十分七十分，简直要是一百分。

4. 簿记学学生在未应试之前，我常在上课前预先把考题告诉他们，题目如下：

（1）结账前账目的调整。

（2）结账计算表及决算表的编制。

（3）统制账户及补助分类账原理及应用。

学生如能彻底了解这几个题目，就已经十分之九懂得簿记学了。关于簿记会计考试的标准，经上海补习教育协会之规定大约如下：

（1）答解正确占百分之七十。

（2）答解迅速占百分之二十。

（3）记录整洁占百分之十。

修习会计学之主要读物——关于修习会计学的方法，鄙人经已一一讲述完了，现在我把几本主要的读物介绍给诸位参考：

（1）簿记及初级会计：

① 黄文衮：《记账方法》《实用会计学》

② 陈文麟、施仁夫：《初级商业簿记教科书》（廿八年修订本）

③ 潘序伦：《高级商业簿记教科书》（廿八年修订本）

④ 潘序伦：《会计学》第一册、第二册（廿七年修订本）

（2）高等会计学：

① 潘序伦：《会计学》第三册（廿七年修订本）、《会计学教科书》（改订本）

② 黄组方：《决算表之编制及内容》

③ 徐永祚：《所得税与会计》

④ 潘序伦、李文杰：《所得原理与实务》

（3）审计：

① 潘序伦、顾询：《审计学、审计学教科书》

② 顾询、钱迺澂：《查账报告书及工作底稿》

③ 钱迺澂：《审计问题》

（4）决算表之分析解释：

① 潘序伦：《会计学》第四册（廿七年修订本）

② 黄组方：《决算表之分析》

③ 潘志甲：《决算表之分析与解释》

（5）设计会计：

① 黄文衮：《会计制度设计之研究》

② 潘志甲：《会计制度之设计》

（6）公司会计：

① 潘序伦：《股份有限公司会计》（廿七年重作本）

（7）制造业会计：

① 潘序伦译：《劳氏成本会计》（廿八年改译本）

② 施仁夫译：《陀氏成本会计》

③ 潘序伦：《成本会计教科书》

④ 潘序伦编：《各业会计制度》第二集

（8）银行会计：

① 顾准、陈福安：《银行会计》（第二次修订本）

② 顾准：《中华银行会计制度》

③ 顾准：《银行会计教科书》

④ 曹振昭：《银行会计》（中华书局最近出版）

（9）各业会计：

① 潘序伦编：《各业会计制度》（第 1 集）

②《立信会计季刊》第九期、第十期

③ 杨涛：《电业会计》

④ 林兆棠：《矿业管理与会计》

⑤ 陈文麟：《棉纺织厂成本会计》

（10）政府会计：

① 潘序伦、顾准：《中国政府会计制度》

② 吴萼：《中国政府会计》

③ 王逢辛编：《会计审计法规》正续编

④ 张心澂：《交通会计》

⑤ 张心澂：《铁道会计》

⑥ 叶崇勋：《中国铁路会计学》

⑦ 雍家源：《中国政府会计论》

鄙人今晚讲的话太多了，阻了诸位时间不少。现在已经不早，下次有机会再和诸位讨论罢！祝诸位晚安，再会！

（载《立信月报》1941 年第 4 卷第 3 期第 10—12 页，

《广大计政》1940 年第 7 卷第 1 期第 1—3 页）

08 大学商学院及农法学院"会计学"教材纲要草案

甲、说明书

一、拟订之经过情形

序伦此次承教育部之命，拟订大学农法学院第一年级"会计学"一科之教材纲要，曾与黄组方教授（时任立信会计师事务所编辑科副主任，国立上海商学院及私立复旦大学会计教授）、胡实昌教授（时任国立上海商学院及私立复旦大学会计教授）及袁际唐教授（时任私立复旦大学商学院会计系主任）等往返函商，又与陈文麟教授（前任私立东吴大学法学院及沪江大学商学院会计教授）一再面商，始克拟定草案。故所拟纲要及本说明书中之意见，实为序伦与黄、胡、袁、陈诸教授共同之意见。

二、商学院与农法学院分别拟订教材纲要之理由及其主要之区别

序伦此次将商学院"会计学"教材纲要与农法学院"会计学"教材纲要分别拟定，乃系与四教授一再商讨之结果，兹略述其理由如下：

（1）查大学课程规定商学院六学系中，会计、工商管理、商学及统计四学系学生在第一年级修毕"会计学"课程后，必须于第二年级续修高等会计学。至于银行学系学生，其可选修高等会计学。只有国际贸易学系学生，并无进修其他会计学程之规定。为适应大多数学生之需要，并免进修会计学程

中之重复起见，自应将"会计学"中理论较为高深之部分（例如财产估价之部分），留待二年级高等会计学课程中再行修习。至于国际贸易学系学生，以国内目下情形而论，为数尚少，即将此理论较为高深之部分略去不读，亦属无妨。再查农法学院之经济及农业经济两学系，其学生均以仅在第一学年修习会计学六学分为原则，而无进修"高等会计学"之规定，所以此一会计学课程，应包括广泛之教材，其得到会计学所应备具之一般常识。此在进程学程之区别上言之，商学院之教材不能与农法学院相同之理由一也。

（2）商学院卒业生大多将从事会计职业或与会计有密切关系之事业。至于法学院经济学系及农学院农业经济学系之卒业生，原不希望其以会计为主要职业，只希望其在业务管理上得相当之会计常识，以资协助而已。故其所需要之会计常识，范围应求其广泛，而内容则不必求其精详，非若商学院学生，对于会计之基本学识与习练，必须求其精详与纯熟，以为进修及执业之准备也。此在修习之目的及课程之内容上言之，商学院之教材不能与农法学院相同之理由二也。

基于上述两项理由，序伦爰照部定《编订大学各科目教材纲要注意事项》第六项之规定，为商学院与农法学院分别编订教材纲要，以期符合各别之需要。所拟大纲，在商学院方面，凡属高等会计及其他会计学程所应教授之教材，多不在会计学课程中予以涉及。即有涉及，亦仅以简单明了为主，而不求其精详。此两种纲要之主要区别也。

三、商学院"会计学"教材纲要之补充说明

（1）本大纲草案内容各节目排列先后之次序，俱经序伦多日之考虑，复与多人商讨之结果，而认为最合时需者。

（2）我国学生，尤其是内地学生，对于一般商业实务，甚缺常识，故须加入"会计实务与商用单据"一部分教材。而支店会计一项，尤为我国商业日常应用之材料，故亦列入。

（3）加入制造业会计一节，系因商学院除会计学系而外，其他各学系对于成本会计一科，均非必修课程，是以不得不在会计学一课程中略述大要，使不习成本会计一科之学生，对于制造业会计可得一简要之概念。

（4）财产估价一节，应当在高等会计学课程中详予修习，为使不必修习高等会计一科之学生，对于此项重要问题，亦得一简明之概念起见，在"会计学"教材中亦当稍予（涉）入，惟以简要为主，庶不致与"高等会计"课程之教材重复过甚。

（5）所得税之计算及其会计问题，为现代会计实务上最切实用之知识。会计学系学生，应当修习所得税会计一课程。惟他系学生之不得选习所得税会计一科者，对于此项重要问题，不能不稍备常识，以资应付，故为列入。

（6）决算表之分析，为会计之应用。凡属商学院学生，不论其属于何系，亦不论其日后是否以会计为主要职业，均应对于此项技能，备具相当之修养。因凡经营工商之人，对于会计决算表册，总当有阅读了解之能力也。故此节材料，应稍为详备，使各系学生之不另修习"决算表分析"一学（程）者，亦得其执业上所必要之知识。

（7）"中式会计"一部分教材之列入，原非学术上所必需。但会计为实用之学科，而我国商业之应用中式簿记者，究占多数。商学院卒业生，对于中式会计，倘懵焉无知，不仅有时执业困难，且无以达其改良会计之任务，故于此亦附列焉。

四、农法学院"会计学"教材纲要之补充说明

农学院农业经济系及法学院经济系之学生，日后大多当从事于事业之管理工作，且其所修习之"会计学"课程，只以一年之学分为限，并无其他必须进修之学程，故凡属事业管理人员所应备具之会计常识，均在纲要中予以涉及。惟因此两学院之学生，以会计为其专业之机会较少，故其课程内容，无待于精详。而教材中之练习题，亦只以能使学生温习其所得之常识而止，不求其对于会计工作得纯熟之技能也。

乙、大学商学院"会计学"教材纲要

一、教学目标

（1）使学生透彻了解会计学之基本原理及方法。

（2）培养学生阅读会计记录及会计报告之能力，使其力能充分利用此项资料，以解决商事上之问题。

（3）使学生有充实之学术训练，以为他日从事会计职业，或继续研究高等专门会计科学之准备。

二、教材大纲

（一）时间支配

本学程定为全年八至十学分，其时间分配如下：八学分——上下学期每学期讲演三小时，实习二小时。十学分——上下学期每学期讲演三小时，实习四小时。

（二）教材大纲

本学程之教材可分为下列九部分及一附录：

1. 绪论——会计及会计学之意义，会计学之内容，会计之重要，会计之功用，会计学之分类，修习会计学之方法。

2. 会计循环——专述制作会计上基本记录之方法与原理，而用"资产负债表"为入手讨论之起点，其中包括下列各项。

（1）资产负债及资本：a.资产负债表之意义，b.资产、负债及资本三要素之相互关系及其变化，c.资产负债表之格式及其内容项目之说明。

（2）账户及借贷原理。

（3）损益及损益表：a.资本主账户之变动分析，b.损益账户之设置及处理，c.损益表之功用、内容及格式，d.损益项目之归宿。

（4）特殊账户之诠释：a.资产负债及资本账户，b.损益账户（①收益及购销账户，②费用账户，③其他损益账户）。

（5）分类簿之设置与运用：a.账户与分类簿，b.分类簿之格式，c.试算。

（6）日记簿：a.格式，b.记法，c.过账，d.分割，e.特种日记簿之格式及运用方法——购货簿、销货簿、现金收入簿、现金支出簿、现金簿、普通日记簿。

（7）日记簿之专栏：a.购货簿及销货簿——分部及分类，b.现金收入簿——销货折让、应收票据，c.现金支出簿——购货折让、应付票据、费用，d.现金簿中之银行专栏及多栏式现金簿，e.普通日记簿。

（8）分类簿之分割及统制账户：a.分类簿之分组，b.统制账户之设置，c.独立平衡分类账。

（9）账目之调整及结账：a.调整项目之处理，b.结账，c.转账记录。

（10）结账计算表：a. 格式，b. 编法。

（11）决算表：a. 项目之分类与排列，b. 种类（①资产负债表，②损益表，③盈余分配表，④财产目录）。

3. 会计实务及商用单据。

（1）购货、销货及存货之实务：a. 购货之程序及其原始凭证，b. 销货之程序及其原始凭证，c. 应收账款之管理，d. 存货之制度管理（①实地盘存制，②永续盘存制）。

（2）现金及银行往来之实务：a. 现金收入之程序及其原始凭证，b. 现金支出之程序及其原始凭证，c. 银行往来之处理，d. 银行往来簿及支票登记簿，e. 银行往来之调节，f. 零用现金。

（3）票据之实务：a. 种类及性质，b. 记录之方法——从应收及应付票据两方面讨论，c. 应用之簿册——从应收及应付票据两方面讨论，d. 附息票据，e. 贴现及转让，f. 拒付。

（4）付款凭单制度：a. 购买，b. 购买之记账，c. 付款凭单之意义、利弊及其处理方法，d. 付款凭单登记簿（①格式及运用方法，②购买客户之索引，③现金付出簿格式之更改，④特殊问题——分期付账、购买退出、购货折让、票据付账，⑤改用付款凭单制度时之手续）。

（5）支店会计：a. 支店之组织，b. 支店会计之性质，c. 完全独立之支店会计，d. 不完全独立之支店会计，e. 完全不独立之支店会计，f. 本店发货与支店之处理，g. 支店间往来及未达账之处理，h. 国外支店，i. 报表之合并。

（6）现代会计技术方面之演进：a. 内部牵制制度，b. 传票制度，c. 单据代替账簿之使用，d. 机密分类账，e. 账户之编号，f. 会计机器之应用。

4. 合伙会计（附无限公司会计）。

（注）无限公司之性质实近于合伙，故将其会计之特点附入本节。

（1）合伙组织之概念：a. 意义，b. 特点及利弊，c. 合伙契约。

（2）开业记录：a. 合伙会计之内容及特点，b. 开业记录（①现金出资，②财产出资，③劳务出资，④隐名合伙，⑤独资改组）。

（3）合伙人往来之处理。

（4）合伙资本项目在资产负债表上之表现。

（5）损益之分配：a. 分配方法，b. 合伙人薪金，c. 资本利息，d. 合伙之公积盈余及亏损，e. 合伙之结账程序，f. 损益分配在损益表上之表现。

（6）合伙之改组：a. 新合伙人之入伙，b. 旧合伙人之退移，c. 合伙之合并，d. 合伙之转让。

（7）无限公司及两合公司会计之特点。

5. 股份有限公司会计。

（1）公司组织：a. 意义及种类，b. 利弊，c. 设立程序及手续（①发起设立，②招募设立），d. 管理，e. 股份及其种类，f. 公司会计之特点——公司特有之簿籍。

（2）开业记录（股份有限公司）——认购、缴款、发给股票兼及溢价发行：a. 新创公司，b. 非公司组织改组而成之公司。

（3）股份之管理：a. 股份之认购，b. 股票之管理，c. 股份之转让、挂失及挂号，d. 股款之催收，e. 股份之没收。

（4）股份两合公司会计之特点。

（5）盈余公积及准备账户：a. 公司损益之结算及分配，b. 盈余之意义，

c. 盈余之来源及种类，d. 盈余分配表，e. 公司之资本净值在资产负债表上之表现。

（6）公司债：a. 意义，b. 种类，c. 募集，d. 发行手续，e. 发行记录，f. 公司债利息之支付及其记录，g. 发行折价、发行费用及发行溢价之摊提，h. 偿还。

（7）公司增股减股及合并：a. 增股减股之原因、目的及方法，b. 增股之程序及记录，c. 减股之程序及记录，d. 合并（①目的，②手续，③方式：Ⅰ. 创立合并，Ⅱ. 吸收合并，Ⅲ. 租借，Ⅳ. 控股公司）。

6. 制造业会计。

（1）制造业会计之特点。

（2）制造业成本之要素。

（3）成本之计算。

（4）原料人工及制造费用之记录。

（5）成本账户之结算及调整。

（6）结账计算表。

（7）制造业之决算表。

7. 财产之估值。

（1）估价之意义及原则。

（2）流动资产之估价。

（3）非流动资产之估价。

（4）负债之估价。

（5）资本估价。

8. 营利事业所得税会计。

（1）现行税制之要点。

（2）课税所得额与应纳税额之决定。

9. 决算表之分析。

（1）决算表分析之重要。

（2）分析之方法及应用。

（3）百分率决算表。

（4）比率分析法。

（5）比较决算表。

（6）资金来源及运用表。

（7）损益变动分析。

（8）图表之应用。

附录：中式会计

（1）中式会计之特点。

（2）中式会计之原理。

（3）特殊账户名称之解释。

（4）账簿之组织及运用。

（5）中式会计下之决算表

丙、大学农法学院"会计学"纲要

一、教学目标

（1）使学生对于会计方法得有广泛之认识。

（2）使学生能明了如何自会计记录及报表中，搜集其研究上或事业上所必要之资料。

（3）使学生有分析及解释会计资料之通常能力。

二、教材大纲

（一）时间支配

本学程定为全年六学分，上下学期各三学分。每学期讲演两小时，实习两小时。

（二）教材大纲

（1）会计之概念：a.会计及会计学之意义，b.会计之功用及重要，c.会计之内容，d.事业之性质与其所用会计方法之关系，e.会计在企业组织中之地位，f.会计之实务。

（2）会计之基本原理：a.双式会计之基本概念，b.会计方程式及其变化，c.表现会计事项之方法，d.借贷原理及其应用。

（3）会计之基本方法：a.分录及账户，b.日记账，c.分类账，d.日记账之专栏，e.特种日记账，f.补助分类账及统制账户，g.试算表，h.账目之调整，i.决算，j.决算表之编制。

（4）常用账户之说明：a.账户之基本分类，b.常用之资产账户，c.常用之负债账户，d.常用之资本账户，e.常用之收益与费用账户，f.资产与费用之分别，g.账户之排列及编号。

（5）资产负债表：a.意义，b.功用，c.内容及格式，d.资产负债资本之分类及表现之次序。

（6）损益表：a.意义，b.功用，c.内容及格式，d.损益项目之分类及表现之次序，e.营业收益与费用，f.净利益之分配，g.盈余分配表。

（7）制造业会计：a.特点，b.实地盘存制与永续盘存制，c.成本会计大意，d. 成本记录，e. 制造业之决算表。

（8）财产之估价：a. 价值之意义及种类，b. 估价之重要，c. 财产估价与利益决定之关系，d. 估价之方法与继续营业之假定，e. 稳健主义，f. 现金、应收账款及短期投资之估价，g. 存货之估价，h. 固定资产之估价，i. 其他资产之估价，j. 负债之估价，k. 资本之估价。

（9）营利事业所得税会计：a. 现行税制之要点，b. 课税所得额及应纳税额之决定。

（10）决算表之分析：a. 分析之重要，b. 分析之功用，c. 百分率决算表，d. 比率法，e. 比较决算表，f. 趋势法。

（11）非营利事业会计：a. 与贩卖业及制造业会计不同之点，b. 基金，c. 收支之处理，d. 报表。

（12）审计：a. 审计之意义、作用及种类，b. 资产负债表审计，c. 详细审计，d. 特种审计，e. 审计报告书。

附录：中式会计

a. 中式会计之特点，b. 中式会计之原理，c. 账簿组织，d. 报表。

三、参考书目

潘序伦：《会计学教科书》（商务印书馆）

李鸿寿：《会计学概要》（商务印书馆）

Greer. Howard C. *How to understand accounting*（Ronald）

Howard. W. S. *ABC of accounting*（Princeton University Press）

注：为方便读者阅读，编者对本文体例进行了调整。

（载《立信会计月报》1941年第1卷第6期第34—38页）

09　我怎样会学成"会计"的

潘序伦讲　庞亿记

诸位，今天我讲的，并非关于研究会计方面的问题，而是将我素来不常告人的求学过程，"我怎样会学成会计的"来作个简单的叙述。这并没有什么可贵的材料，只能算得我个人的史迹。我在会计方面能有一点成就的，全靠着我一个坚忍的意志。我的经历，或许会鼓励起诸位的同情和兴奋，但算不得什么，只可做诸位一个"前车之鉴"，以为求学的参考！

我读书的过程很长，从六岁起一直到三十三岁止。我曾经中途彷徨，找不到正确的路径，到二十九岁的时候，才踏上了正轨。和在座少数同学的年纪，大致相仿。

江苏宜兴，是我的老家。我生长在一个半耕半读的人家，一年的收入，尚堪温饱。先父是一个旧时代的典型人物。当我幼时，清朝还很盛行科举，他老人家脑筋里，只是盘旋着如何使我求学中举。他这番苦心的怀抱，实在可敬。我在六岁的时候，便进了离家不远的一个私塾。私塾的生活是那么呆板，天性好动的我怎样能坐得住？好容易过了几年，维新的空气高涨，新时代的产物"初等小学堂"也风起云涌地开办了，机会降到我的身上。我在十二岁的当儿进了小学堂，毕业后，考取了一个中学堂，那时我正是十六岁的时候。我就离开了故乡，由宜兴到了繁华的上海，心里觉得很高兴。尤其是写家信的时候,最后在信封上写着"上海某中学堂某寄"的字样,趾高气昂,非常高傲。于是我的虚荣心也一天一天在滋长着。中学五年制,我仅读了二年,便想跳学堂了。南京的高等学堂,当时算是一个较高的学府。我约好我的三哥——三哥同我同级——偷偷地跑到了南京,居然给我们都考取了。那时候的欢喜,不能以言语形容。可是回到了家,大哥只许三哥去,他对我说:"学贵有恒,要按部就班去求,躐等①而进,必致中途失败,你年纪尚轻,不宜急躁。"因此,我重复回到了中学堂。大哥只是一句按部就班的话,使我不能早日离开学校生活,一直到三十多岁为止。现在我有会计专门的学识,也是大哥按部就班一句话"不要躐等"而成功的,追想起来,确实不错。

我在中学读书,并不用功,凭我天赋的资质,考试总是不错,但脾气极坏,时常和同学吵架,滔滔不绝,也不时当场与教师辩论。我个性颇强,记得某一次的考试我主张全体同学交白卷,弥漫全校的交白卷风潮,终于成功了。事后,我被学校当局开了除,当时离毕业期间仅仅为一年。自然,心里发出的是一片懊丧、悔恨,眼前的事情,已不能挽回,只有镂刊着不可磨灭的创痕!好容易转入了另外一个中学,在二十岁的时候毕了业。中学毕业,正值宣统逊位,民国初建,眼看见布衣而做官的很多,于是我的脑筋又浮沉着宦海的念头。做官的门径,必须学政治,当即考进了南京国民政治大学。不料,国民政治大学是一个营业性质的学校,等于现在的野鸡大学。读了二年,学校被封闭了,一团热望,化为泡影。悻悻如丧家之

---

① 躐等:躐音 liè,语出《礼记·学记》:"幼者听而弗问,学不躐等也。"

犬，没精打彩地回到了家。大哥说："老四（我排行第四），你的学业，到如今尚未学成，家里收入不多，再要读书，经济负担不起了，你看怎么办？"我是纳闷回家，又听到我已没有希望再读书的话，心里十分难过，也好像吃了黄连，心头说不出来的苦，默默然低着头，眼睛只是望着地上的方砖，脸上泛起了一阵热辣的红晕！

但我终究没有忘记了读书，也没有忘记了做官的念头。

海军军官学堂招考无线电班学生，既不收费，另有津贴，毕业见习后，可以铨叙少中尉的官阶。我认为机会到了，我赶去投考，考生一千二百人左右，在录取的二十二人中，我居然名列第一。入学后，我很骄傲，我很看不起同学，同时，对教师也不十分满意。"啼啼""嗒嗒"收电、发电，这么地学了一年半，毕业的时候，依然没有放弃了第一名的荣誉。可是，出于我意料之外，一到军舰上实习，水兵看得起的是军官，对电务员毫不理会。非但不当你是一个官，而且水兵又直呼我的姓名，我心里气极了。回想在海军学堂读书的当初，出入卫兵必定举手敬礼，我现在毕了业，见习也是一个准尉官哪，为什么一点受不到礼遇呢！我心头耐不住了气，我决心不干，告了几次长假没有准，后来到海军医院请医官出了一张肺病证明书，才离开了军舰，才结束了我电务员的生活。肇和舰，是我最后服务的一个军舰。现在我们纪念肇和舰举义的日子，光荣灿烂的日子，距我离开的时候，仅只隔了三天。

那时候，南京造币厂的厂长，是我一个亲戚。我为生活，我不得不请他帮忙。因为亲戚的关系，他给了我一个翻译的位置，每月三十元的薪俸，过得生活尚称舒适。我虽然当了翻译官，可是我的会话都没有学好，不过靠着亲戚的福，不久，又加了十元，一起四十元的月薪，而名义上又升了"帮技师"。好事不常，靠山倒了，我亲戚辞了厂长的职务，离厂他往。我是厂长的亲戚，厂长的私人，没有问题地跟着下台，莫奈何，回到了家乡。

回家后，我便在家乡的一个小学里充任教员，这样过了一个短短的时期吧。又因为城里某中学的校长，是我的同乡，由同乡的关系，我便做了某中学的教员。但是我做中学教员与人不同，凡是同事们所不愿意担任的课都叫我来担任，从英文教到历史，好像京剧上的配角须生一样，幕幕都该做一套。学生们都喜欢清华学堂或复旦公学毕业的教师来教他们的课，并不喜欢我。后来我才知道我的英文不及他们，我发奋了，我买了一部《英华字典》，从头读起，一字一字都记着，然而，依然得不到学生们的欢迎，于是我悟到了读死书的无效用。五四运动起了，校长在这种学生运动澎涨中辞了职。我是校长的同乡，没有问题地跟着走，因此，我第二次又回到了家乡。

我已二十八岁了，回到乡间，小学已开课，只闲好荡，一无工作可做。打牌，是我的日常生活。那时，我的前妻常常皱起了愁眉，起初好言劝我，看我不听，曾在门口挡住我，并且这样地规劝说："打牌，不是好事，有用的光阴，何不放在书本上，况且还要耗费金钱，请你不要出去吧！"虽有好言，我疯狂似的哪里肯听，从九月起，一直疯狂到年底。

正是大除夕的一天，听到同乡一个小学教员对我说：他决心要到法国去留学。我迷茫般的梦，忽然惊醒了，惭愧烧遍了心的深处，身上好像有鞭在策打着，睡在床上只是反复着想："他的年纪长于我，聪敏学识不如我，家庭环境不及我，他有这样志气，难道我真没有志气了吗？"不等天明，我已起身。清晨，我便对她说："我三天后不再打牌了，以后我便要发奋求学，不独到上海，说不定还要出洋呢。"她脸上表示着稀奇，心里是充满着欢喜。但是，她哪里会知道我的生活转变究是什原因。

果然，我从新年后的第四天起，不再出外，也不赌博，专心准备我的行李和旧书。在第六天上，我由乡间出发，坐船到了上海。

当时，最有名气的是圣约翰大学，其次在上海的还有复旦。我的目的就要想进圣约翰，其次也当进复旦公学。惟自知英文程度不好，恐怕考不取圣约翰，便去拜见黄炎培先生。先生就是母校浦东中学的校长，请求他给我介绍到圣约输去，因为我知道圣约翰新赠黄先生一个博士学位，那么，经黄先生介绍的话，一定没有问题了。不料黄先生对我说："圣约翰的当局，我实在不接近，恐怕一样要考。该校的英文很深，不如改进大同学院吧。"我坚持地请求，他没有办法，便替我介绍了一位圣约翰教授周先生。见面的时候，周教授竟叫我一声潘先生，我心中十分的惭愧！虽然，我以前也做过先生，但是，现在我为求知，我已放弃了先生的地位，来到此地想再做学生了。明明来做学生，而教授偏要叫我一声先生，这无异于锐利的针，刺痛了我的心，便激起了我重重的回忆。过去一切的幢影，都现实在我眼前。为什么要少壮蹉跎，我惭愧，惭愧得只是垂着头。教授又引我见了校长——和蔼的校长终于接受了我的请求，准我在校做一个"特别生"，从此我又恢复了学生的生活。同时，知道了圣约翰赠送博士学位，不以人情，要负有声誉和专门学问者。黄先生是合于上面条件的，黄先生和圣约翰没有什么关系，黄先生以前对我说的都是实话。

圣约翰的学生，大都是富绅买办的儿子，挥金如土，衣服华丽。他们看我布袍大袖，十分稀奇，每在我寝室的前面窥探，或者竟挖破了纸窗向我瞧，有时，还传进来一阵讥诮的笑声。

圣约翰的学程中，当时已有了兵操一课，新生特别生都要修满兵操的学分。然而，圣约翰的课程，是衔接中学部的。圣约翰的学生，也大半由中学里直升。圣约翰没有兵操，补足兵操的学分，须要到中学部去上，所以我又和年轻的中学一二年级学生一同出操了。年轻学生都在十五六岁左右，教兵操的先生也不过二十岁光景。年轻的学生不时在笑我，这有来问我有多大年了，我好不惭愧。我杂在这一群中，自形污垢，年少蹉跎，为什么要来此受这无关的耻辱呢？"人生在世，为欢几何"，家里尚有薄田几亩，可耕而食，何必自招烦恼。这一思念，在脑里盘旋，不读了吧，回家了吧？……可是结果一想，回家要不得，家乡里人谁都知道我是上进的青年，尤其是家人对我的无限希望。当时为了经济，大哥蹙着眉，二哥劝着我："在家安分守己，家境尚堪维持，你年纪已这么大，何必要求什么名位呢！"但我的决心，终究在这种家庭经济里升了学。现在我既然进了学校，而且一学期的学杂费等需要四百余元，我难道就算了吗？我的出路，只有继续我的初衷，坚定我的意志，不达目的，决不中辍，如其回家，又怎能见得"江东父兄"呢！

因此，我格外奋励，我变得沉默寡言，专心一意地用功。课后，我常常独自在寝室踱来踱去地想着：我为读书，甚至忘记吃饭，忘记睡眠，如此，积日累月，由渐而深，天天地这样向前追求穷理，同时，也感到学术的渊博。我好比一只老鼠，伏在米囤中饱餐，资料太多，研究不完。嗣后给一位外国教授知道了，很加赞赏，招我去，婉言安慰，并且诚恳地对我说："本学期如果你每个学科都能及格的话，我担保你下学期升做四年级正式生。"

于是，我好像得到加封，这种无上的光荣，更增加了我的勇气和努力！

考试的前夕，周教授再来转言，我兴奋极了，我用功不想睡眠。考试的结果，虽然有一门心理学不及格，但相差及格的分数甚近（圣约翰的规定七十分才算及格），校长也很满意，故下学期便升做四年级的正式生，开圣约翰历来未有的先例。

英文会话，圣约翰实行得很普遍。记得我初进学校的时候，某次因讨论问题，用错了一句英语，引起一堂哄笑，但我学程终了，我的成绩已成为全校最好二人中的一个了。

毕业论文，规定是五千字，我做了六千多字。成绩为第一。

毕业后做事，月薪四十元，我希望一百元的待遇。经黄炎培先生介绍到南京高等学堂，月薪七十五元，后又应浦东中学（时校长为庞松舟先生），月薪为九十五元，终未能达到一百元的愿望。

圣约翰招考留学生的那天，正是我迎娶继室后的第三天。当时，我虽被儿女情长所缠绵着，但是终抵不住英雄志气的激发，我毅然决然去报考了。中间，我也曾踌躇过，怎舍得新婚的娇妻？但终于杂念抵不住我的意志，决心可以打破了一切，我脑筋的主宰已判明了杂念的当该消除，否则，必致踏上错误的歧途，等于堕落。因此，我的精神振作了起来，所以我很准备充实地去应试。"公费留学"，自然报考的人很多。考榜揭示，我侥幸地考取了第一。

出洋的那天，天空没有一点云，黄浦江畔的波涛，激着石岸发出咿唔的声音。新婚没有好久的她也来送我，她深明大义，强作欢颜。其实她可爱的脸上，已深刻着两条泪痕，一种忍痛的情形，都在她丰富的爱情中表现出来。当这时，虽是铁石心肠的人，也该感动着，当然，我不能例外。但是儿女私情，结果敌不过我一片心，我终于跟着巨大的波浪，汽笛一声，远涉重洋了。

我出洋留学，正值三十岁了。

我到三十岁，尚不知会计学中的借方和贷方，也全不知道什么叫簿记，簿记又有什么功用，迨到了美国上哈佛大学的商业管理学院后，才开始学习商业上各种学术，才开始学会计学，才开始读借贷方的原理。我凭我以往挫折的教训和刻苦求学的经验与方法，振奋我的精神，专心一志，勇往迈进，不断地求知，不断地努力。我并没有认为年纪已大，馁我志气。我依然如青年般一样的精细，一样的锐利，我常杜门不出，努力研究，人力可以克服一切，终给我达到了目的——完成会计的学识。

哈佛大学毕业后，又转入哥伦比亚大学，回国的时候，我已三十三岁了。

我进哈佛大学，才学会计，我的会计事业也从此开始。诸位，我"怎样会学成会计的"，我告诉诸位，是凭我坚忍的意志，以往的教训和求学的经验。

这过程，包含着可歌可泣的事迹，"同气相引""触景生情"，或许会感动着在座一部分同学的心吧！但是要知道，求学在我，年龄的大小不能来限制的，坚忍、专一刻苦、耐劳、心不旁骛，如此，学业的成功，如操左券！

我便是这样学成会计的。

依我的经验，不论求学或者做事，必须依据五个基本的原则：

（一）要按部就班，切忌好高骛远。希望在短少的光阴里，而求得高深的学问，以期速成，这是不可能的。孟子云"欲速则不达"，确是很好的引证。

（二）要求实学，才为社会所重。靠同乡没有用，靠亲戚没有用，靠得住的只有自己的真才实学。没有"自立""独立"的精神，在现时代终归失败的。

（三）要爱惜光阴，要勤学不怠。我在圣约翰的爱惜光阴，我留美时候的勤学不怠，我还够不到以前"悬发""刺股"读书的例子，然而已足以证明"光阴是惜""孜孜学业"的成效。

（四）立志和忍耐，是事业的本源。看吧！古来成功伟大事业的贤人或英雄，哪一个不是在至刚至大的精神——立志和忍耐——里创造成功的。例如小说上说的"唐僧取经"不怕一切的艰难，意志坚决，百折不挠，终能完成任务。我在圣约翰的时候虽曾遭受士绅子弟和年轻同学们不时的讥笑，可是这并没有动摇我的意志。我终究忍耐过，我们不能因小失大，古人云"小不忍则乱大谋"，这话值得玩味！

（五）求学并不限于年龄。我已告诉诸位，我三十岁前不知会计是什么，到三十岁后才开始研究会计原理，所以年大些，也不要自馁，外国有一句谚说："人生四十才开始。"我开始到现在不过十年，诸位开始的时期比我要早，预卜将来的成功必无限量！

我个人的经验，原算不得什么，只可做诸位的一个"前车之鉴"，以作参考。摆在诸位面前的是光明灿烂的学问和实业，它正展开着笑容向诸位招手，务望诸位努力进取吧！

1941 年 10 月 30 日下午 3 时。

（载《陆军经理杂志》1941 年第 2 卷第 5 期第 29—33 页）

会计「知行合一」理念的实践者

01 非常时期之会计问题

一

非常时期一词，为平常时期之相对词，泛指政治、经济、金融、财政及社会情形等之非常变化而言。此等非常变化之原因如何，后果如何，本文不欲深论。本文仅拟就非常时期会计学原理原则所发生之变动，及会计学在非常时期之任务加以研究而已。

非常时期之普通解释为现状之困难时期。是以政治上所谓非常时期常指国难时期，经济上之非常时期常指经济衰落以至金融财政之危急剧变时期。会计学所研究者为如何记载公私经济之变动并计算其结果，似乎仅与非常时期之经济金融财政问题有关。然而我人当知政治上急剧之变化，与经济问题息息相关。因之本文拟先就目前经济情形下之会计问题为一大概之论述，然后再推测将来形势而研究当时之会计原理原则焉。

二

在所谓经济之平常时期，公私经济绝非无所变化。唯其变化，常趋向于与兴盛发达之途。例如物价为继续缓慢之上腾，企业每年之纯利益陆续增加，因之资本之发行股票及公司债之方式投入企业者为数亦多。同时纵物价指数陆续增高，然而币值无激烈之变化，至少法定通货与金属币材之价值仍能相等。然在经济困难时期则不然。此时物价惨跌，经济衰落，企业之获利减少或甚至亏损，而其演变之结果，且使政府采用禁金出口，统制汇兑等手段，造成事实上之通货膨胀。此经济上非常时期之特点也。

自会计学者之目光观之，非常时期所予会计实务之影响虽有多端，然其最大者则为资产之再估价问题。按在平常期间，物价虽继续上涨而为势缓慢，会计学者，于估价问题常适应实务家之要求而为稳健之主张，诸如流动资产之估价，向以成本与时价孰低说占优势，固定资产之估价，则主张以成本为标准之学说最为盛行。同时资产增价处理问题之研究亦根据此种稳健之原则而进行。所以然者，盖以物价上涨为普遍的趋势，此种估价标准，虽不能使企业之资产负债及损益情形为正确之表示，然而于企业之理财则有害而无弊故也。但在非常时期则此种标准殊难适用。请申论之。

战后世界经济，经 1924 年五年恢复以来，经 1929 年之经济恐慌而日形衰落。嗣后各国政府采用种种恐慌对策，而通货膨胀常为此种对策之手段或结果。因之自物价指数上言，1929 年以后曾为一度剧烈之下降，而 1933 年以后，物价又有上涨之趋势。（在我国，物价之下降及上涨，为 1933 年至 1935 年间之事。）此种事实，迫使会计学者及会计实务家不得不首先注意"如何处理资产之跌价问题"，随后又不得不更进而考虑"如何处理因通货膨胀所引起之资产增价问题"，最后则凤昔主张之传统的估价原则发生动摇。最近三四年来各国会计文献对于本问题之论著颇多，非无故也。

如何处理资产之跌价及增价，在企业理财上言为一种政策，在会计实务上言为一种技术或手续，且更与本文次节所述记账单位问题有密切关系。我国会计学界于本问题之介绍，据作者所知有施仁夫君之工场资产之鉴定，顾准君之币值变动会计及卢其昌君之币值变动时会计方法之研究等文（见

《会计杂志》第七、第八卷），作者于此不欲为详细之讨论。作者所欲论者，盖为传统资产估价原则受事实上之影响，究应如何修正是也。

前既言之，传统的资产估价原则，其产生之时代背景为经济繁荣时期。在经济之非常期间，资产之跌价及增价实不能任令其自然发展而不予修正，且亦不能希望于一次修正之后，该项修正价值即可代替前之成本价值而予以维持，不再改正。是则不论会计学者及会计实务家主观上之估价原则究为若何，其所采用之估价标准事实上已为时价而非成本。而且目前经济状况，可谓尚未安定。物价水准将来当有如何之变化，现在不能预断。但其可能有激烈之变动，似无疑义。在此情形下，资产之采用时价为估价标准，将为一般之趋势。是则传统的资产估价原则发生动摇，将代之以新的原则，即不论流动资产或固定资产，一律应用时价为估价标准，实为非常时期会计学之第一特点。

近来会计学者于流动资产之估价，主张以时价为标准者渐多，唯对于固定资产之估价，多数仍主张以成本为估价标准，仅于必要时将资产价值重行鉴定。若干学者，更以为固定资产价值之变动，主要原因为币值之变动，因之主张应用处理币值变动之会计方法，以整理固定资产之价值。作者于此实未能完全同意。按物价之变动，虽即为货币购买力之变动，然而在通货价值并无十分激烈变动之时，无论整个经济界或某一企业，心理上仍信仰法定通货为交易及计算之单位，在会计上欲改用其他虚空之标准为记账单位，事实上实不可能。此种实际情形，迫使吾侪会计学者不得不应用改正资产价值之方法以处置资产价值之变动，而无法应用改正记账单位价值之方法以处置此类事实。币值变动会计之研究，在今日，其效用仅限于说明原理，供会计实务家之参考，非至币值急遽跌落如大战期内及大战以后之德法诸国者，实未必能见诸实施也。

因上原则，大部分会计学者虽明知用作记账单位之法定货币价值并不安定，理论上有改正之必要。然而实际上之种种困难，又迫使会计实务家及会计学者不得不维持旧有单位而不变。资产价值之变动，则以普通方法改正之。欧美会计文献近来于资产价值之鉴定问题讨论颇多，殆亦实际上需要使然。唯此处有一问题焉，固定资产价值之鉴定究应视为应用传统的估价原则（以成本为标准之原则）时之临时修正办法欤？抑应视为传统的估价原则之修正欤？依作者之意在经济之平常时期，资产价值之鉴定不使估价原则发生何等变动，然在经济之非常时期则不然。盖环顾世界主要国家（我国在内），六七年来，物价始而暴跌，继则又复增涨，将来变动如何，此时犹难预测。企业之鉴定其资产价值者，六七年或不止一次而有两三次，此后或犹当继续重行鉴定。且此等事实便予会计实务家及会计学者以重要之教训，教训维何？币值本身无所谓安定，物价亦永不能安定，应用一成不变之成本价值，理论上、事实上均所不通。由是而言，今日传统的资产估价原则发生动摇，而代之以新的原则，事实上已在施行，理论上亦复日趋成熟矣。

三

非常时期会计之第二特点为币值变动会计方法之采用。按近年来货币购买力变动剧烈，尤以各国采用人为的管理货币政策，使通货实际上膨胀之后为然，在此时期，通货与原定金属币材间之价值比例脱离，造成"不固定"或移动"固定"点之结果，因而自会计学产生以来即认为可靠之记账单位，不复为会计实务家及会计学者所信任。德、法、美、日各国学者，竞起研究处理币值变动之会计方法，实为事势所趋，无可避免者也。

处理币值变动之会计方法，有将记账单位固定于某一种标准单位，而将货币之流动价值，换算成为此单位者；亦有采用逐期货币之流动价值为记账单位，而将前此账内各项数字，换算为流动币值者（前者称为溯及法或后退法，后者称为前进法），但两者有一共通之特点，即确认向来应用之记账单位为不可靠，更正会计上之表示，自更正记账单位着手，而非如普通会计方法之仍旧承认记账单位为有效，而应用普通方法以改正资产之价值也。

然而我人设回溯币值变动会计方法之产生及其应用之历史，可以断定此项方法之实际应用，当在币制较现在更趋于混乱之时代，换言之，当在大规模对外战争爆发以后之时期，兹请分别论之。

按币值变动会计之发源地为德国。大战期内，德国政府因筹措战费，发行大量之政府债券，并以之为准备而发行纸币，至1918年11月止，德国之通货总额为1913年之5倍弱，物价指数则为1913年之2.5倍弱。嗣后在1919年至1923年之内战及与协约国议和赔款等之交涉期内，更发行大量之纸币，结果纸币，每一兆马克仅值一金马克，以致原有通货制度全部崩溃。为补救起见，德国政府允许国有铁路局、各州市商会及大公司发行货币代用券，通货种类遂更趋庞杂。在此情形之下，企业习用之记账单位已完全失去效用，且因币值急遽低落，故表面上因低价买进高价售出所生之利益，实大半为空虚的利益。同时企业资产负债表内各项目之数字，其所代表的货币价值前后亦绝不一致。德国公私机关，感于此种事实上之需要，因之于1921年5月，由国家经济审议会、财务委员会组织小组委员会，讨论会计法规之修正。其间累经迁延，至1923年12月始公布实施金马克贷借对借表之命令，规定企业应以金马克（值美金之5/21）为固定的记账单位，将各种资产负债项目一律换算，于1923年12月底编成金马克之资产负债表。此时德国币制，尚未恢复安定，故可视为币制混乱时代，实施币值变动会计之第一实例。

战后，法国通货价值较之战前亦跌落甚巨，最低仅及战前之八分之一。唯程度远不如德国之烈。此时事实上亦已需要应用币值变动会计之方法，益以受到德国学者研究及实施之影响，因之法国学者于本问题之讨论亦极为热烈，大体上主张以金法郎为标准记账单位者较占优势。唯不久以后（1926年年底），法国政府重行恢复通货安定，因之企业除按新定币值改正其资产负债值而外，实际上并未使用币值变动会计之方法也。

自德、法两国于币值变动会计有较深刻之研究及实施而后，美日各国学者于本问题之研究亦较盛。至1929年经济恐慌爆发，币值又有实质上与形式上之变动，于是向之研究币值变动会计者，现转而主张实际应用币值变动会计。然此种主张，迄今犹未见实施，资产价值之变更，多用重行估价之方法以纠正之。仅币值变动会计之理论及观点，都已为会计学者所采用而已。

币值变动会计之过去历史，使我人得以推定此种方法，将实施于币值为急剧低落之时期，而币值之益趋低落，则必为大规模对外战争期内或战后期内之事实，此由二十年来世界货币史可以证明。至在我国，民国十六年（1927年）武汉（国民）政府及本年粤桂事变，武汉及粤桂币值曾为急

遽之跌落。然而此种跌落，在无论何种情形下均为部分的现象，币值之急遽变动，不在对外战争期内不致发生也。

我人今日可以断言，全国大规模之对外战争为政府及全国同胞所一致赞成而准备实行者，此种战争，将为今日困难之非常时期之最高点，亦为结束今日非常时期所不可避免之办法，则今日币值变动会计之理论研究，将为他日实施上之准备。而理论之研究与实施之准备，自为吾侪会计学者之责任也。

币值变动会计之实施，虽云将在战时通货更趋膨胀之时，然而其情形与战后德、法两国当有不同。盖战前会计实务家及会计学者于记账单位几抱完全信任之态度，战时之种种事实，对于会计实务家及会计学者为未曾遇见之新奇经验，自无从立即拟定办法。而办法既经拟定，其实施且尚有许多阻碍。迄于今日，会计实务家及会计学者之观念已有变更，而实施办法，亦有战后德国之实例可资参考。则事变之来，已不足使会计实务家及会计学者惊惶失措，币值变动一至相当程度，币值变动会计自易于实施也。

然而我人于币值变动会计之目的，则尚不得不有所论例。按通货膨胀之实施，固使企业之应用普通会计方法者有巨额虚伪之利益，以致企业之资本，无形中化为利益。变动会计之兴起，实为依企业家之目的，改正此等虚伪之利益，使政府征税，不致过巨，社会视听，得所校正。然而我人试一检视大战及战后德国之情形，当知通货膨胀实为一种普遍征税之性质，凡拥有实质货币及债权者，币值低落之结果，其所有货币数量虽仍保持原数，但货币购买力则已大为减低。丧失部分，即等于向政府缴纳之税金。至于薪给生活者之实质收入，自更减低。此在各种企业，虽亦有同一遭遇，然而因战时生产增加，营业旺盛，常能获得利益，至少亦不致损失过巨。战后，德国改用金马克会计时，各企业将资产负债价值重行评定之结果，净值数额有超出资本原额甚巨者，即以此故。战争中大部分国民忍受极大牺牲，而小部分国民则获得巨利，此于全国上下对国家所负义务上言，实不公平也。

我国之对外战争，将为洒雪数十年来国耻之战，亦为积弱之国，奋起驱敌之战，则全国国民之负担允宜公平，始能上下一心，贯彻胜利。大战及战后德国之情形，绝不应重见于我国。换言之，消费者及债权者因通货膨胀而忍受若干负担，企业家不应例外，亦应有同一比例之负担。但通货膨胀未必使企业蒙受损失，其负担应根据其纯益计算之。币值变动会计之应用即为根据确实之记账及计算单位，计算企业之确实损益，而确定企业所应负担之战时特别税，承受之公债者也。

于此尚有会计以外之若干问题可附带述及者，即战时企业对国家之负担，不仅应就所获纯益数额中按累进率提存一大部分，即企业未曾获有利益者，在不妨碍企业经营之范围内，亦应提存一部分供给国家作为战费之用。此种主张，骤视之似无理由，实则债权人及薪给生活者因通货膨胀所受之损失极巨，在通货膨胀期内，损失并不重大之企业家，略多负担，尚不能谓为不公平也。

总之，战时币值变动会计之应用，将为不可避免之事。而其应用也，不全为企业家计，亦为国家财政计。换言之，不仅因企业家欲保存其资本额不使丧失，且就国家筹募战费之立场而言。企业会计有确实明了之表示，当亦为公平征收之一基本条件也。

四

战时会计学不仅应予各企业之损益以精密之计算，使政府征税得有标准，而于战时资源之统制，亦应提供妥善之办法。盖政府征税因与战时财政有密切之关系，而物资之统制即粮食、衣料、日用品，及军需品等之统制调节，不仅与作战前线之军心有绝大之关系，后方防务之巩固，亦系于统制之成效如何者也。我人设想像战事一起，物价必立即腾贵，而敌人亦必设法运动奸商收买其需要之商品。在此情形下，奸商私运出口，或囤积不售之事，难免发生。防止之道，唯资源统制一途而已，至如若干种来源缺乏之物质，且应限制每人之使用量，则尤非依赖资源统制不可矣。

常人或以为物质统制一事，与会计无密切之关系，实则不然。按人类社会必需物品之生产、分配及消费，以至资本之蓄积及消耗，自经济学观点而言，实为一整个过程。唯在私有财产制度及自由竞争制度之下，人类社会之经济行为，由各个不相关联之私营企业，在获利润目标之下，以交换手段进行之而已。会计记录既为私营企业经济行为之记录，则此种记录实已包括该企业在整个经济结构中所为之生产、分配及资本之蓄积及消耗等行为在内。例如，某一矿业公司，年产巨额煤铁，平时其售价若干，销售数额若干，或售予何人，政府既不加顾问，而在企业之决算表上亦无显明之表示。然而在企业之账簿内，则均有详尽之记载。例如矿产之出产记录，记载矿产出产之数量及成本，而销售之账簿，则于购买者之人名、身份、购买数量、价格等等，记载亦必极详细。合全国矿业公司之全部记载加以观察，即能知全国煤铁之产量、煤铁之消费者，及煤铁价格之详细情形。经济统计，设能根据各企业账簿记载而编制，必较根据市场情形而编制者更为详明。资源之统制而能对各企业为个别有效之监督，亦必较之规定价格限制购买者之身份等得更大之效果。而欺瞒私营等事亦必无从发生矣。

资源之统制，既有待于对各企业为个别之监督，则企业会计中向占不甚重要地位之购买、制造、销售等等之记录，必一变而为极其重要之记录，必要时且应造具详细之报告表册，呈送政府。而政府之检查企业账簿，不仅应检查其损益之结果，且应检查此等与物资之生产及分配有关之账簿矣。

作者以为此种事实上之变迁，将使会计学之本质，稍稍有所变更。按营利事业会计，其基本目的为依资本之立场计算其利润，表示其财政状况，至购买、制造、销售等等之记载，不过为获得利润一大目标下所不可缺少之管理记录而已。然而此类记录，就国民经济之立场以观，则与获利之多少，具有同等重要性，特以在私营业之自由竞争政策下，遂不为人注意而已。迨至战时，经济政策自由竞争转而为绝对统制干涉，会计学不复能再以资本主之目的为目的，而稍稍趋向于社会化之途。此不可不辨者也。

战时之企业会计于政府之物资统制既有极大之帮助，同时会计学亦因政府统制物资之故而稍稍改变其目的，然而完善之制度，必须有运用此项制度之方法，方能收到实际之效果。尤以政府统制，于私人利益，必有所限制与妨碍，欲避免干涉而私营不法营业之商人，为数必不在少，此征诸既往而可信者也。由是如何自会计上帮助政府完成物资统制，不仅为学理上之问题，且亦为一行政上之问题矣。

按物资之产销集中于少数大规模企业者，政府之统制较易。而其产销机关分散者，设非政府设局公卖，则无论出售价格或购买者之身份，均无从为严密之稽核。我国工商企业，规模均不宏大，尤以粮食产销，分散特甚。在此情形下，欲阻止不法营业或囤积不售，均难期有良好之效果。过去年岁歉收，政府设定最高价格，结果完全无效，非无故也。

在此种情形下，作者窃以为现今政府所用之超然主计制度，实可以仿用于须待统制物品之产销机关。盖此等企业之营业情形，应用稽核监督等方法，实难以为最详尽之了解，而各企业之会计人员，则于企业之存货数量、成本价格、销售情形、购买者之身份均所深知。政府而能以政治力量，集合同类企业之会计人员于政府管理之下，则政府无须待设管理机关，而耳目已深入于一切企业。隐瞒欺诈，均无所施其技矣。

（载《会计学报》1936年第1卷第2期第1—13页，

《文摘》1937年第1卷第1期第114—115页）

02　股份有限公司盈余转作股本问题之研究

我国《公司法》关于股份有限公司增股之规定，仅指新股之增募而言。至于以积存盈余转作股本，分发股票，如他国公司所常见之股利股份（dividend stock）者，在我国《公司法》中，无明文之规定，但在实际上，则我国公司以其盈余转作股本者，甚多其例。本文所述，大都根据我国已有之实例，以讨论各种盈余之转为股本，是否可行，如属可行，则其程序又当如何。我人且以为《公司法》关于此种增股方式之不加规定，实系缺漏，而应予增订者也。

考股份有限公司以盈余转为股本，可有下列各项方式：

（1）以法定公积转为股本；

（2）以任意公积及各种准备转为股本；

（3）以未分配之盈余滚存及本期纯益转为股本；

（4）重行估计资产价值，公开秘密盈余而以之转为股本。

上述各项方法，不过为便于理论上之讨论而设，实际上公司之将盈余转作股本者，多以几种方式同时并用。例如重行估计资产价值，公开秘密盈余而以之转为股本者，多同时将业已提存之任意公积盈余滚存等项，一并转为股份。其间问题所在，厥为各该种盈余可否转作股本，兹分别讨论于下。

一、法定公积是否可以转为股本？

公司之法定公积，可否转作股本，法律家会计家之见解，颇不一致，有以为《公司法》对于法定公积，仅限制其不得派作股息及红利，但并未规定其不得加入股本。且以法定公积转作股本，不得谓为股利之分派。盖此时公司资产并未因之而减少，资本净值亦未因之而增加，不过将原为净值之公积，转入同属净值之股本，对于公司之偿债能力与收益能力，两无所损，自亦不致减少债权人之保障，故其加入股本，于法意当无抵触。反对之者则以为《公司法》对于法定公积一项，所以规定其不得作为分派股利之用，且规定其非达公司股本之半数，不得停止提存者，实有视为公司对外信用之第二担保之用意，如将法定公积，转作股本，实际上等于撤销其对外信用之第二担保，不免有损债权人之保障，故法律不应予以允许。依作者之意，反对法定公积之转为股本者，其所持理由，偏于理论，似欠充分。不过以前我国公司之将法定公积转作股本者，未能得政府主管机关即实业部之核准，则确系事实。但政府所以不许公司以法定公积转作股本者，非在公司理财上或会计上，主张任何理由，而只为对于《公司法》一种严格的解释而已。因现行《公司法》对于股份制增加，仅规定募集之一法，而对于盈余之转作股本，未经规定，则在原则上只有认盈余不可转作股本。不过政府在事实上所以准许公司将其他盈余转作股本，而只不许将法定公积转作股本者，则因其他盈余原可由公司任意分派，如不许转作股本，则在公司方面，仅可将盈余先行分派，再由各股东将派得之款，重新缴纳新股股款，法律实无从制止。惟有法定公积一项，依法本不得派作股息及红利，故不能假定其有先行分派再行缴纳之两重手续，因而不许其转作股本也。

二、任意公积及准备是否可以转为股本？

任意公积及各项资本准备，《公司法》中并未限制其用途，且亦不禁止其派作股利，当可听其转作股本，原则上不成问题。惟在程序方面，则近来主管部又采取一种法律上严格的解释，即认此转股事项，不能以股东会多数决议之方式决定之，必须由全体股东签具新股认募书，一如另行招募之新股者然。此项办法，亦为主管部只认招募新股为增股之唯一法定途径，而对于盈余转作股本，不认其在法律上有何地位。故仍以上述一贯之见解，对于各股东愿以其可派得之盈余部分转为股份者，视同新股之认募与抵缴，此则应任各股东之自行决定，而不能以股东会之多数决定者也。实业部此项意见，以现行《公司法》之文义观之，自未可认为根据，惟将任意公积及准备转作股本，如在程序上必须取得全体股东之同意，及其签具之认募书，则在股东人数众多而散居各处者，事实上殊难办到。是不啻在实际上对于此等公积准备之转为股本，加以限制矣。

我国公司此时所采用之实际应付方法，则仍以股东会之多数决议，为将任意公积及各项准备转作股本之根据，惟公司对于不愿以其盈余部分转作股本之股东，应即派给现款，而由公司董事负责另招新股东，以补其缺额，于此可见我国《公司法》对于盈余转为股本一节未予明文规定，实予公司扩充计划以一重大障碍。日后修正《公司法》时，自应加以补正也。

在已指定用途之各种准备中，如有对外契约之关系者，自不可将其转作股本。例如偿债基金准备一项，设系在公司发行公司债之信托契约中规定其必须提存者，则此项准备，在公司债未经清偿之前，自不得转作股本也。

三、未分配盈余是否可转作股本？

公司每期决算所得之纯益，及上期结转之未分配盈余，可否直接转作股本，此亦为一实际问题。吾人如将未分配之盈余细加分析，则知其中实包含数个部分，即（1）应纳所得税，（2）应提存法定公积，（3）照章应分配予发起人董事监察人及职工之分红，（4）应提任意公积准备及可以派作股息红利之部分。以上第一部分之应另行提出，交入国库，实不成问题。第二部分之提存，则受法律之限制，该项数额，设混入未分配之净益，直接转入股本，其是否合法，当随法定公积可否转作股本问题之如何解决而定。如认法定公积为不得转作股本，则未分配盈余中该部分数额，自应另行保留。又第三部分之可否转作股本，亦为一事实问题。如果公司章程明定发起人及职员有领受纯益分配之权利，则以发起人及职员应行领受之分配部分，不予分配，而将其转为股本，分给股东，自不能谓为合于章程规定。至于第四部分之数额，本为股东所有，且亦为股东所得任意支配者，则其可以转作股本，自无疑义也。

由上所述，可知未分配之盈余，其所有权及支配权各不相同，则将其直接转作股本，既不合理，抑亦易启争端。因之，苟欲将未分配盈余转作股本，自应先予照章分配，然后以可以转作股本之任意公积准备及未付股利部分，转为股本，方合程序也。

四、重估资产之增价即公开之秘密盈余是否可转为股本？

按重估资产价值时，所有资产之增价，每包含两种成分。其一为以前各年度隐藏之营业利益，其二为由资本收益（capital income）而引起之资本增价（capital increment），例如固定资产在以前各年度内多提折旧而抑低之价值，设因重估价值而仍记入账内，则此时因资产增价而增加之盈余，实为过去年度隐藏之营业利益。又如固定资产因时价之高涨而增加之价值，则为一种资本收益，当视为资本之增加数。资本之增加数，无论其是否转作股本，总当视为股东投入资本（paid-in capital）之一部分，则其转作股本①，反可视为保全此项盈余，不使流作其他用途之一种保障。至于过去年度隐藏之营业利益，揆其性质，实与决算后未分配之纯益相同，亦可分为应补缴之所得税、法定公积、发起人及董监职员之分红、任意公积准备等四部分。不过因其已经隐藏，而后公开，其实际性质如何，不易为人所发觉。我国公司往往于若干年度内竭力隐藏利益，以后加以公开，立即直接以之转作股本，有时未为发起人及公司职员所反对，亦未受行政机关之批驳者，均以此也。

但我人以过去年度隐藏之营业利益，其性质既为未分配之盈余，则当其公开之际，亦当依据《税法》《公司法》《公司章程》之规定，一一计算应行提作未付所得税、法定公积、发起人及职员分红及任意公积准备等部分。其中任意公积准备自可转作股本，其他或予支付，或予保存，当悉依法律章程办理也。

以盈余抵充股本时，在方式方面言之，可有两种办法，即（1）并不增加公司股份而仅增加每股之已缴股款，（2）以增加之部分，增发新股。前

---

① 因资本利益而引起之资本增加，可否入账，可否以之增加股本，与所得税法令之规定，尚有关系。按之我国现行所得税条例之规定，如果以此项数额同时增加资产与资本之价值，必使公司每期所得提存多额之折旧摊提而减少纯益之绝对额，又使公司之资本实额增加而抑低其纯益率，在纳税上将有极大之利益，故为我国所得税法规所不许。但此系目前办法，将来必有变更也。

法之应用，限于公司股款并未收足之时。此时各股东所持有之旧股票当更换新股票，而其手续亦可应用《公司法》关于收取未缴股款之规定，故颇为简单。后法之应用，则公司股款，当已收齐，而其程序，则适用增募新股之规定，约言之当如下述。他如增发新股票等办法，则为另一问题矣。

（1）董事将可以转作股本之各项公积准备数额加以整理，并提出增加股本之方法。

（2）股东会对于上述方案，依变更章程例加以议决，并依股东以财产抵缴股款之办法，选派检查该项抵缴股款之财产，是否确实（实即检查公司全部资产负债之估价是否正确）。

（3）在上述股东会决议以外，更应由全体股东签具认股书，交存公司，以资凭证。

以上各项，完全因《公司法》对于盈余抵作股款并无特别规定，故不得不勉强模仿增加新股之方法办理，已如上述。盖如检查抵缴股款之财产，是否确实，全体股东应签具认股书等程序，均为增募新股之办法，而勉强应用于盈余抵充股款之时者也。

（载《立信月报》1940 年第 3 卷第 2 期第 7—9 页，

《公信会计月刊》1940 年第 4 卷第 2 期第 59—61 页）

03 股份有限公司增减资本问题（节选）

一、增减资本之原因及其方式

公司集资营业，经过相当期间，其营业结果，或为益或为损，斯其营业范围，或须扩充，或须收缩。其扩充营业者，必须多筹资金，而资金之筹措，不外举债与增加资本二道。其收缩营业者，资本之需要自小，故不如将其减少。至于营业之获巨利者，股东可将其所获盈余，转成股本，作为永久之投资。又如营业之有亏损者，股东可将其所受亏损，从股本数额内剔除之，以表示其实存之资本，是皆为公司增减股本之原因也。至于增减股本之原因及方式，则有多种，分析言之，略如下列各项：（1）因事业发达，旧有股本不敷周转，因而增加股本定额，以便向外界加募资金；（2）因合并他公司，以本公司股票，支付被合并公司之代价而增加股本；（3）因公司流动资金过少，不足清偿债务，故应用和解办法，使对外负债在相当条件下转成公司之股东，俾公司得继续营业而不受破产之宣告；（4）因公司营业发达获利颇丰，故债权人（如公司债持票人等）自愿将其对于公司之债权，转为公司之股本；（5）因事业失败，原有股本折耗颇巨，或流动资金过少，故增加股本定额，以便向外增募资金；（6）因公司连年获得甚巨，积有巨额盈余，故以盈余改作股本，增发股票于各股东；（7）因事业无扩大机会，流动资金剩余过多，故减少股本定额，以多余之资金退还股东；

（8）因公司营业失败，亏损太巨，故减少公司之股本额，使与实际之资本净值相等。

以上述各种原因及方式而增减股本者，对于公司新股之招募、旧股之价值、资产之增减，及股本总额之增减等项，各生不同之结果，兹将各种结果，列表于次，以便比较。

增减股本之原因	是否招募新股	旧股票面价值之变动	资产之增减	股本总额之增减	资本净值之增减
1. 因事业发达，旧有资本不敷周转	招募新股	不动	增加	增加	增加
2. 合并他公司	招募新股（新股东即系解散公司之股东）	不定	增加	增加	增加
3. 在和解程序中，债权人以其债权，作为公司之股本	招募新股（新股东即公司债权人）	不动或减少	不增加	增加，但如旧股价值折抵之新增股本数与折抵数相同者，股本总额不变，又旧股折抵数大于新股本者，股本总额减少	增加
4. 因公司营业发达，债权人自愿将债权转成股本	招募新股（新股东即公司之债权人）	不动	不增加	增加	增加
5. 因事业失败，资金不敷周转	招募新股	不动或减少	增加	不定（同3）	增加
6. 因有巨额盈余转成股本	不招募新股	增加	不动	增加	不动

（续表）

增减股本之原因	是否招募新股	旧股票面价值之变动	资产之增减	股本总额之增减	资本净值之增减
7. 因事业不发达；流动资金剩余过多；发还股东	—	减少	减少	减少	减少
8. 因营业极失败，亏损过巨；折实股本数	—	减少	不动	减少	减少

观于上表之分析，可见公司之增股减股，有为实际上之增减者，如上表所示第一、第二、第三、第四、第五等项是也。此项更改，均使公司资本之实际净值发生增减，且使持有公司股权之股东增加或减少，或则股东原有股权之比例，并不变更，但各股东所有公司之净值部分普遍减低（如后述第七项之情形）。但在其中所举第六及第八两项，各股东所有公司净值并无增减，仅股票面额有所增减，故实际上不足以构成公司资本之增减，但因名义上之股本数目发生增减，故法律上亦认其为增股减股，而必须按照法定程序办理也。

此外在后述第三、第五两种情形之下，公司股本，实际上虽经增减，但因股本之增加部分，可与股本之减少部分恰相抵销，以致股本数额并无增减者。此种情形，是否应照增减股本之例，经过法定手续，通过股东会及征得债权人之同意，在《公司法》中并无明文规定。按之事实，此种手续，是否必要，可视情形而定也。

考公司股本数额原规定于章程之中，股本之增减对于全体股东及债权人之权益，有至为密切之关系，故照《公司法》之规定，应经股东会之特别决议，变更章程（第一百六十八条），方得为之。此外，《公司法》对于公司增股减股[①]之手续，各有详尽之规定。当于以下各节论述之。

二、增募新股之程序

前节曾述公司之增股，有由于合并、和解，或以盈余抵充股款者，有因营业发达或因营业衰败而募资金者。此六种增资之原因，手续各有不同，盖由合并而增加股本者，应适用于《公司法》关于合并之规定由和解而增加股本者，应适用于《破产法》关于和解之规定。彼此情形，虽有不同，但使公司股份及股东人数增加则一，故可总称为新股之增募。至此以余盈抵充而增加股本者，无须招募新股，手续殊为简单，然其法律问题则极为繁复，手续亦与一般之增募新股不同。本节当先述各种情形下招募新股之手续。至关于增股之各特别问题，当于后文讨论之。

新股之招募，当使公司股本额增加，因而须变更公司章程，故必须先经股东会通过。又公司增股时，股东有以财产抵充股款者，其人，其财产之种类、价格及公司核给之股数，应于股东会为增股决议时同时议决之（第一百九十一条）。盖股东之以财产抵充股款者，常为独资合伙或公司企业与增资公司之合并，与公司之利害关系极为密切，股东会自应予以详尽

---

① 增股减股，在我国现行《公司法》中，称为增资减资。但公司若以其已经积存之盈余，转作股本，其资本净值在实行增股之时，并未有所增加，所增者只为其股本之定额耳。又公司若以其已经入账之亏绌，转销其股本之一部分，其资本净值，在实行减股之时，并未有所减少，所减者，只为其股本之定额耳。故《公司法》中所称增资减资，意义并不正确，应改称增股减股。

之考虑也。

又我国《公司法》规定公司增加股本，非于股款收齐后不得为之（第一百八十七条）。是以公司创立后未曾收足股款者，如需增用资金，应先收足股款，然后方得决定增加股本。《公司法》第一百九十二条规定，公司增募之股份，其股款得分期缴纳，是以经过增股之公司，其全部股份之已缴股款数，或并不一律。

按公司征募新股时，无论其营业是否良好，但为优予投资者以保障，使投资人减少其丧失投资之危险计，普通股份之发行，未必适合，故得于此时发行优先股（第一百八十八条）。盖公司营业兴盛时，普通股可得之股利，每可较优先股为多，且普通股东有管理公司之权，而优先股东则否。因之普通股东每不愿于此时招募普通股份，以分润其权利。但公司营业亏损或获利不多时，普通股东受损之可能性，又每较优先股东为大。是则增募新股而以优先股之方式发行之，自为一般投资者所欢迎也。

优先股东通常无参加公司股东会之权，但公司在进行最近一次之增股前，已经发行优先股者，如增股之决议，有关优先股东之权利时，除须经普通股东会之决议外，更应经优先股东会决议。至于优先股东会之召集与决议方法，与普通股东会相同（第一百八十九条）。

公司招募新股时，应先仅旧股东分认，如有余额，始得另募（第一百九十条）。此种旧股东之认股权，在营业兴盛之公司，尤为重要。盖营业兴盛之公司，每年所可分配之股利额，往往超过普通公司甚巨，因之新发股票价值，在投资市场之价值，亦多超过于其股票面额，如旧股东无权认购，必臻丧失各种利益也。

公司于股东会决议招募新股时，董事应置备认股书，载明下列各款事项，由认股人填写所认股数金额及其住所，签名丛章（参看第一百九十二条第一项）：（1）公司之名称，（2）所营之事业，（3）本店及本店所在地，（4）公司解散之事由，（5）原发股份总额及每股金额，（6）公司为公告之方法，（7）公司发起人所得受之特别利益及受益者之姓名，（8）董事或监察人当选之资格，（9）增加资本决议之年月日，（10）增加资本之总额及每股金额，（11）股款若分期缴纳者，其第一次应缴之股款，（12）有以金钱以外之财产抵作股款者，其姓名，并其财产之种类、价格及公司核给之股数，（13）倘以溢价发行股票，则其超过票面之金额，（14）发行优先股等，其种类及其各种股份之总数。

又公司增募新股，在事实上亦如创立时之募股办法，订立招股章程，即将上列认股书内应行载明各事项，详细规定于其中。再将认股人缴纳股款之期限及地点等项，一并订入，并可将招股章程及认股书合订一册，以免重复，而符法律规定。

新股股款如定为分期缴款者，则于第一次股银收齐之后，董事应即召集股东会（第一百九十三条）。此时不论新旧股东，一律可以到会，由董事报告关于募集新股各事项，同时监察人或股东会临时选任之检查人，应调查下列各款事项，报告于股东会（第一百九十四条第五项原则及第二项）。（1）所招新股，是否完全认定？（2）各新股第一次应缴之股款，是否缴足？（3）有以金钱以外之财产抵作股本时，对其财产所给股份之数，是否正当？

设使抵作股款之财产估价过高，则股东会亦可仿照公司创立会之办法，议决令其补足，但认股人亦得以银钱退换之。

招募新股竣事后十五日内，公司全体董事监察人应向主管官署将下列各项，呈请登记：（1）增加资本之总数，（2）增加资本之议决年月日，（3）各新股已缴之金额，（4）发行优先股者其优先股应有权利之种类，各种优先股之总额及每种每股之金额。公司增股之未经主管官署登记前，不得发行新股票，亦不得为新股份之转让（第一百九十五条）（《公司登记规则》第二十八条）。

增募新股时所发行之新股票，应编号数，载明股数及下列各事项，由董事五人以上签名盖章：（1）公司之名称，（2）增加资本登记之年月日，（3）增加股份总额及每股金额，（4）发行优先股者，优先股之总额及其优先权利，（5）增加股份之股数分期缴纳者，其每次分缴之金额（第一百九十六条）。

总之，公司添招新股，与设立时之招股，其根本程序本无不同，除上述各项程序因特别情形略有不同外，其余关于设立时招股之各项法定手续，亦适用于增资时之招股也（第一百九十七条）。

公司合并而应用创立合并之办法者，旧公司一律解散，自无所谓增资。其应用吸收合并之财产合并方法者，除公司资金不足，必须增募新股外，亦无增资之必要（增募新股之手续见前）。惟应用吸收合并中之股东合并方法者，则因合并而存续之公司，必须增加资本，以便将新发股票，分给各解散公司之股东。其详细手续兹不赘述。

三、优先股之发行及权利之决定

公司或因营业发达而须增加资本时，或因资本亏蚀，须以增募新股之方法，以整理其债务时，均得审度当时财政情形，发行优先股，并增发股份，如为普通股份，则其权利，将与公司原有之普通股完全一律，此在公司情形良好之时，旧股东必有不愿，而在资本亏蚀过多之时，新股东必有不愿。故可应用优先股之办法，俾新旧股东之权利，可以各事保存，而不影响也。

优先股应有权利之种类，我国《公司法》中，并无具体规定，只云"应于公司章程中订明之"（第一百八十八条）。不过公司之已经发行优先股者，其章程之变更，如有损害优先股东之权利时，则除须经股东会之决议外，更应依优先股东会之决议（第一百八十九条）。由此可见优先股东对于公司通常事务无表决权，即对公司章程之变更，而无害于优先股之权利者优先股东亦无表决权也。

实际上公司给与优先股东之权利，大有厚薄之不同，全视公司在发行优先股时之财政状况而定。其最厚最薄之限度可如下所示：

（一）优先股权利之最优厚者

（1）对于定额股利之分派有累积优先权。

（2）对于公司清算时剩余财产之分派，有优先权。

（3）对于定额股利以外之红利，有与普通股共同分派之权，或在一定限额之内，有先于普通股而受红利分派之权。

（4）对于公司股东会，有与普通股东一律参加表决之权，或对于特定事项，有优先表决之权。

（5）对于董事监察人等职，有与普通股东同一选举权及被选举权，或对于若干名额，有优先当选之权。

（二）优先股权利之最菲薄者

（1）对于定额股利之分派，只有非累积的优先权。

（2）对于公司清算时，剩余财产之分派，与普通股一律，并无优先权。

（3）对于定额股利以外之红利，无与普通股共同分配之权。

（4）对于公司一切事务，既无表决之权，亦无管理或监察之权。

优先股之权利，在上述极度厚薄两端之间，可以章程规定其种种条件，惟在事实上，其条件之厚薄，究应如何规定，当以下列情形为衡。

公司在下列情形之下，所发行之优先股，其权利定须较为优厚。

（1）公司资本已受亏绌，而普通股东又不愿先行减少资本，再行添招普通股。只须先行招募优先股，以期公司资本净值之恢复。

（2）公司负债甚巨，无力支付，势频破产，因之向债权人恳商，将其债权改作优先股，以减轻公司利息之负担及负债之数额，是即所谓整理债务也。

（3）公司急待资金应用，惟因其业务之危险性较大，不克增募普通股，只能增募优先股。

公司在下列情形之下所发行之优先股，其权利定当较为菲薄。

（1）公司收益能力甚强，信用甚著，因扩充营业而须增加资金，原可用公司债之方式，以较低利息，募集债款，惟公司当局不欲增加其固定开支，故改用优先股之方式，以巩固公司之财产基础。

（2）公司收益能力甚强，日后希望尤巨，原极易增发普通股份，以集资金，惟如发行普通股份，而不能由旧股东优先全部认募，则公司日后之股额利益，将为新加入之股东所分润，公司之管理权，亦将被新股东所分掌，此在旧股东方面，自觉不愿。因之不增发普通股而改发优先股，给予优先股以相当定额之股利，而不令其参预公司之管理权，在公司之旧股东，反可借此保全其原有权利，最为得计。

（3）公司储积盈余为数甚巨，其普通股之实值远过其面额之上。此在增加普通股，必须以巨额之溢价发行，旧股东方不受损。惟溢价发行之股份，在一般投资人之心理上，多不表示欢迎，因之为公司方面着想，只有改发优先股，较为合算，盖优先股对于公司净值之持份，可只以其面额为限，而受优先分配之权，对于公司所积存之盈余，照例应归普通股所有，与优先股无涉也。

总之，当公司收益丰盈，财政宽裕信用卓著之时，发行优先股，则其发行条件，必有利于普通股东，如当公司发生亏损、财政支绌、信用薄穷之时，不得已而以优先权利吸引新股，则其发行条件，必不利于普通股东，此自然之理也。惟优先股权利之厚薄，亦非一成而不变者，固可随新发生之情形而变更也。例如，关于优先股东对于公司管理权一点（即参加股东会之表决及当选为董事等项），在章程中可以订明，优先股东在通常情形之下，对于公司无管理权，但若公司停发股息若干期以上时，则优先股东得代替普通股东管理公司一切事务，或得与普通股东，共同管理公司一切事务。盖优先股东之股利，既有数期无着，是必因普通股东之管理不良，以致优先股东受损，则将公司之管理权自普通股东之手移诸优先股东之手，当为情理所许。又如章程中亦可订明，优先股东原与普通股东同掌公司之管理权。惟若优先股利，照发不停，经若干年后，优先股东无参预管理公司之权。此因优先股东既得安享其股息，则对于公司之管理权即不必再行过问，是亦理之当然也。

综上所述，吾人可知优先股之权利，应视发行公司之种种情形而酌量规定，又可预先规定，随公司情形之变迁而有变动。公司发行优先股时如给予之权利，过分优厚，则于普通股之权利，损碍太多。自非为旧股东所乐为，倘给予之权利过分菲薄，则投资人将裹足不前，公司所期望募集之股份，势将无人应募。在此优薄两端之限度内，究应如何规定，是在普通股东会之斟酌妥当耳。

四、公司负债之抵缴新股

有时公司因财政情形不良，对于债务之清偿，发生困难，或其财产虽足偿其债务时，但因流动资金过少而停止支付者，经和解程序，得到债权人以其债权作为公司之优先或普通股份，俾公司减少利息之开支，免除债务之压迫，而能继续其营业。此种改组，于公司及债权人两方均有利益。因公司解散清算时，变产所得，必远少于企业财产之继续营业价值（going concern value），以致债权人及股东两方均受有损害也。

因债权之和解而增募新股者，所有股东会之决议及新股之认募等项手续，除破产法另有规定者外，悉与增募新股之手续完全相同。所异者，新股之认股人，在后者为公司之股东，或与公司无关系之第三者，但在前者则为公司之债权人。

在通常情形之下，公司债权人自愿以其债权转为公司之股本金，其手续与和解相同。惟债权与股票间之转换比率，大概前者当远低于后者。

论者谓公司之债权人因和解或自愿，而将对于公司之债权，抵作股款，在事实上虽颇为常见，但在法律则显有抵触，因《公司法》第一百一十二条二项，固明明有"股东不得以其对于公司之债权抵作股款"之规定。惟照著者之意，论者之说，殊有曲解法意之处。盖《公司法》该条规定，因仅指公司之股东而言，非指债权人而言。债权人在认募公司新股之时，对于公司，至多不过为一认股人，尚未取得股东之资格，故不能适用上项之规定，甚为明显。不过有时公司之债权人，即为公司之股东；倘若将其对于公司之债权，抵作其新认之股款。是否为法律所许，颇成疑问。依照著者之意，股份有限公司之股东，原与公司分离而独立，仍可同时为公司之债权人。股东之资格，与债权人之资格，并不相混。故债权人虽为公司之股东，惟其对于新股之认募，系以其债权人之资格为之，非以其股东之资格为之。故以其对于公司之债权，转作股份，仍无不合。按之实际情形，该公司对其股东，负有债务，若公司未经和解破产，则此项债务，在法律上固不能以其债权人之为股东之故，而允许公司少还若干，则以应行十足算偿之债款，转作股份，有时在公司方面，固所甚愿，或竟为其旦夕以求之事。即对于公司之其他利害关系人，亦并无丝毫妨害情形，则法律何必予以禁止耶？

惟《公司法》此项规定，其所称之股款，当仅指股东于缴纳第一次股款后尚未缴足之股款而言，而其所谓不得抵缴者，亦只适用于公司资产不足抵偿其负债或已经宣告破产之时。例如有一股东，在某公司认有限股 10 000 份，第一次先缴 $5 000，尚有半数为对于公司之未缴股款。嗣后该股东对于公司，发生债权 $5 000。该公司若在财政情形良好之时，收取第二期股款，则在事实上言之，该股东仍不妨以此 $5 000 之债权，抵作股款。因在公司及股东双方，固均可假使其为以现款偿还债务；再以此项现款缴付股款也。惟在公司资产，已不足抵偿其负债或已经宣告破产之时，则公司对外债务，已有不能十足付还之情形，该股东对于公司之债权，已不值其面额。按照《公司法》第一百一十二条规定，各股东之责任，应以缴清其面额之债权，抵缴其对于公司应十足缴清之股款，则公司之普通债权人，势将受其损害。法律予以禁止，固甚合理。盖彼时股东若以对于公司之债权，抵付早经欠缴而并非新认之股款，则股东与债权人之资格，合而为一，为防止股东与公司串同舞弊，以减轻股东之缴款责任计，自不应许其抵缴也。

五、公司盈余之转作股本

此处略，详见《股份有限公司盈余转作股本问题之研究》一文。

六、增股之会计记录

在通常情形下，公司招募新股时之会计记录，与其在创立时关于募股收款之记录，完全相同。所不同者，公司在增股时，得发行优先股，而在创立时则只得发行普通股而已。因之在公司股东会决议增股之时，可在账上借未认股份账户，而贷股本账户，认募股份时，可借认缴股款账户，而贷未认股份账户，收取股款时，当借现金账户，而贷认缴股款账户。如果新发股份，分成优先普通二种者，则应将上述账户，各分优先普通二户，如股款为先缴一部分者，则应将认缴股款余额，转入未收股款账户，如股份系以溢价认募者，当将溢价记入股本溢价或法定公积账户，至不用上法而用他法分录者，亦无不可。

招募新股时，所应用之一切簿册，亦与创立募股时所应用相同。如创立募股时所置用之认股簿、股票簿、股票转让登记簿、股东分户簿、股利簿等，每次添募新股，可以另行分别设置，不与旧股所用诸簿相混。至于股票转让登记簿、股东分户簿、股利簿等，亦不妨将数种新旧股份，合记一册。惟股东人数较多者，则按股份之新旧与优先普通之种类，分册记载，自更明了，且便检查也。

以上所述，为增募新股会计记录之大概情形。但我人当知公司增募新股以前，必已继续营业至一相当年限，故其旧股之实值及市价，或高于票面，或低于票面。在旧股之实值及市价高于其票面者，新募股份当以溢价认出；在旧股之实值与市值低于其票面者，则其旧股当依实值折减，而使新股依票面认出。此则以溢价发行为《公司法》所许，而折价发行，则为《公司法》所不许也。兹将此两项情形，分述于下：

增募股份之溢价发行。公司营业发达增募新股时，因公司账上积有巨额之盈余，实际净值较股本数额为巨，且公司收益力大，每年所能分配之股利率，较一般公司为高，因之新股之认募价格，常超过票面甚巨。例如某公司增股前股本一百万元，分为一万股，而其净值达二百万元，是旧股之一股之实值为二百元。新股东投资于公司后，所取得之权利既与旧股东相等，则其认募股份时所付代价，自当亦超过股票票面一倍。即认购股份一股时，如股款系一次缴足者，即当支付股本溢价一百元，合股票票面价格，计共二百元。但依净值数额计算，尚不能与市场情形适合。例如上举该公司之资本净值为二百万元，但旧股每年可派得股利30%，依市场利率10%，以计算其收益还原价值，当为每股三百元，则发行新股之际，尚不能按其净值计价为每股二百元，而应按股利率计价为每股三百元。反是设其每年平均股利为18%，则其新股认募价格应为一百八十元。此则以股票之市价，常决定于其股利率之大小、公司净值若干，未必为一般股东所注意故也。

但设旧股东得各按其所有股份之比例，认募新股者，则股份溢价款，不必恰如其分，盖新股若未入于外人之手，无论以任何代价认募，均无损于旧股东之权益。

以上所述，为普通股之情形。至增股而发行优先股者，则因优先股常无权享受章程规定股利以外之分配。故无论公司盈余为数若干，不必规定认募之溢价，即有溢价之发生，亦因规定利率超过实际利率之故，而非因公司净值高于股本也。

以溢价发行新股份时，当将股本溢价记入法定公积项下，此外关于上文所述增股时之会计记录，仍可完全适用。

于此尚有二问题焉：即（1）公司增募新股之际，旧有股份依其股利率计算之收益还原价值，设高于依照资本净值计算之数额，则公司明有商誉之存在，此项商誉，应否于增资时记入账册？（2）公司增募股份以前，旧有资产负债应否一一重行估定其价值是也。关于上述第一问题，按一般无形资产估价之原则而论，商誉之作为资产，以出资购入者为限。故纵令公司在实质上有商誉之存在，亦不应于增股时入账以增加净值之数额，所有新股东因公司拥有商誉而多缴之溢价，仍当视为法定公积。至于上述第二问题，则在公司增募新股时可以办理，但非必需办理。此以新募股份之价格，多半以收益还原价值为准，而非以净值数额为准。则资本净值之是否非常正确，与新股东并无十分密切之关系也。

旧股价值之折减及公司财产之重行估价。公司之因营业亏耗，资金不足而增募新股者，必先折抵旧股价值，然后按票面额招认新股，例如某公司股本额一百万元，分为一万股，每股一百元。现悉账面亏绌及资产价值虚估之数，共为五十万元，则在招募新股时，必先将股本额减至五十万元（或将二股并成一股，每股仍为一百元；或股份并不注销，但每股金额减至五十元），方能按票面招认新股。其因公司收益力极低，致产生"负的商誉"者，并应先将公司旧股，折至四十万元或三十万元，以折减之十万或二十万元，作为盈余。而新股之认募，则仍按照票面额为之焉。

发行新股而须折减旧股之价值者，除关于新股之认募缴款等项记录，与创立记录仍无二致外，尚须于记录新募股份以前，作成折减旧股价值之记录。此项记录，与他种组织之企业改组为股份有限公司时，重行估计其财产价值之记录方法相同。不过财产价值重估后之亏绌，尚应与股本科目相对转耳。例如某公司股本一百万元，增募新股前，已有亏绌三十万元，重估资产价值，又应减少二十万元，现将旧股折减至面额四十万元，以十万元作为公积，则其记录如下（单位：美元）：

亏绌	$ 200 000
各项资产	$ 200 000
股本	$ 600 000
亏绌	$ 500 000
公积	$ 100 000

上述各项，为公司在通常情形下增募新股时之会计记录。至如公司因资金不足停止清偿债务，经和解程序，商得债权人之同意，使债权转成股本而实行增资时，其会计记录与上述方法亦大致相同，即旧股价值必先折减，然后以债务转入股本科目是也。新增股本，或为优先股，或为普通股，视和解办法而定。其会计记录与公司招募新股时相同，不过新股东并不以

现金或财产缴纳股款,而以债权抵充股款而已,关于此点,容著专文当为更详尽之叙述。

以债务转成股本,除上述原因外,有时系因公司营业发达,公司债持券人自愿以债券转换股票。此时一切记录,仍与上述相同。

因合并而增股时之会计记录,与招募新股时之会计记录亦完全相同。补助账簿之记载亦同。惟新股东之缴纳股款,系以全部企业抵充而已。

(载《立信会计月报》1941年第1卷第3期第24—35页)

04 股份有限公司股利及分红之分派

公司历年所积盈余，应如何分配，本报第一期早已有详尽之说明，一般言之，纯益一项，其中一部分当转作公积，另一部分则系分配与股东、发起人、董事监察人及职员作为股利与分红。而留作公积之部分，其用途之一，亦为准备于亏损之年，充股利之支付。于此可见公司所获盈余之最大用途，为分配于投资者及创业人与职员；其重行投资于企业者，不过为其一部分耳。本文对于此种股利与分红之原理及实务，分节详论于后。

一、股利

股利之性质，股利为公司纯益中分配于股东之部分，其性质为股东投资之报偿。按公司股东投资之最后目的，为获取高额之投资利息，自此观点（知），股东之购入公司股票，与其自身经营商业，或购入政府或公司之债券，实完全相同。公司董事对股东所负之责任，固为以最完善之经营及理财方法，进行公司业务，然其最后目的，实不过为给予股东以继续不断的高额股利而已。

然而公司之分派股利，与合伙及无限公司之分配盈余情形，亦不尽相同，合伙及无限公司之资本主或合伙人，得以自己之自由意志，支配其盈余，不受任何之限制，但在公司则不然；公司股利之支付，必须不妨碍债权人之利益，亦不损害公司财政之基础。是以公司股东，虽常欲获得最高之股利，而董事当提议分派股利时，必须极端审慎，不能听从股东短视之见解，尽量将盈余全数分派。但设董事审慎过分，不予股东以适当之股利，亦非适宜之道也。

公司应行分派之股利，经股东会根据董事所提之公积及股利红利分配议案为议决后，始为确定。此项决议，一经通过，一部分之盈余数额，即转成对外之负债，即应付股利与分红是也。读者或以为未付股利之收款人，与股本之主权人同为公司之股东，则何以未付股利不能与股本同视为公司之资本？但我人当知股份有限公司为一权利义务之主体，为一法人，且其对外责任有限。因之，其与股东之关系，与独资合伙不同。公司之股本盈余等项，法律上规定作为公司清偿债务之担保，股东对之，不能如独资商店资本主对于其投资额之可以自由更动。然而应付股利一项，既经合法手续决定，即可由股东随时支取而不再作为公司偿债之担保。此其性质，实已为公司对于股东之负债，而非公司资本净值之一项矣。

应付股利一项，既为公司之对外负债，故当公司清算破产之时，得与其他对外负债如应付账款借款等项以同等次序而受清偿。

第一项　分派股利之原则

公司决定股利之分配时，有数要点应加注意，分述于下：

（一）股利应由盈余拨付。按股利之支付，原为公司营业盈余之分配。是以公司某年度并未获利，过去亦无盈余之积存者，即不得分发股利，其已分发者，债权人亦得要求各股东如数退还，良以无盈余而分发股利，不啻将股东原缴股款，以股利名义返还股东，公司实际资本之减少，必损害债权人之利益，故为法律所严禁。

公司当年并无盈余，且以前各年度亦无盈余之积存者，其不得分派股利，固矣。即公司在过去年度中，有盈余之积存，但其积存之数额，为法定范围以内之部分，亦不得派作股利。盖照《公司法》之规定，公司获利时，应自纯益中至少提存十分之一为公积（第一百七十条第一项）。此项法定公积，非积存至股本额二分之一，不得停止提存，已经提存之数，除弥补亏绌外，不得派作股利。但每年提存公积时，其超过纯益十分之一之部分，及每年所提之累积数，已超过资本总额二分之一之数，不在此限（第一百七十一条）。依此推论，法定限度内提存之公积，自不得作分发股利之用也。

按公司无盈余时不得分派股息之规定，本为防止以本作息而设。我国《公司法》不仅限制以股本充作股利，同时复不许以法定公积充派股利，此在债权人利益之保障上言之，本为妥善之办法。但我人当知法定公积一项，除盈余之积存而外，尚应包括股本溢价一项。股本溢价之性质，实际上与股本同为股东投入之资本，其为原始投资之性质也无疑。设公司根本无股本溢价一项，或虽有股本溢价而为数极微，则此项溢价加入法定公积之内，自无充派股利之可能。惟若股本溢价数额极高，或甚至超过股本二分之一（在积存盈余数额甚巨之公司，增募新股时，因新股之实价甚高，故可以有为数极巨之溢价），则按《公司法》第一百七十一条"公积金已超过资本总额二分之一……得以其超过部分，充派股息"之规定，似乎股份溢价亦可充派股利。此种情形，实为以本作息。其他如资本增价准备等项，法律未禁止其扩充股利者，亦同有此项危险。《公司法》之所以未曾严格禁止投入资本之派充股利者，或由于立法初意，仅欲使公司有相等于股本半数之公积为债权人之保障，而未注意于此项公积之来源，究为投入之资本，抑为盈余之提存也。

然在若干特殊情形之下，公司纵无盈余，亦有必须分派股利者，例如矿业或交通公司，因建设工程浩大，非经数年之筹备，不能开始营业，在此期内，自无盈余可言。而在认股投资者观之，投资后三数年内而无盈利可派，当必以久待为不利，以致观望不前，因而此种大事业，必无成立之可能。为免除此种困难起见，我国《公司法》规定：公司依其业务之性质，自设立登记后如需二年以上之准备始能开业者，经主管官署之许可，得以章程订明开业前分派股利予股东，惟利率不得超过年利五厘（第一百七十三条）。此种利息通常称为建立时期之利息，而为开办费之一部分，可于开始营业后分年摊销之。

（二）公司每期支付之股利率应力求其平均。历年股利率之平均，在公司理财政策上实为必要。自股东方面之利害言之，彼等购入股票，或以永久投资坐收股利为目的者，有以一时投机涨价出售为目的者，亦有两项目的兼而有之者，以一时投机为目的之股东，对于历年股利率之平均与否，不甚注意；且股利平均，反不若高低无定者之为有利，因彼等恒欢迎其股票市价之涨落不定，得以从中买卖取利。倘使股利平均，则股票价格涨落必微，彼等将无买卖操纵之机会也。然此等股东，究为少数，且亦非公司所欢迎。多数股东之所希望者，在于年年能确实获得一定之收入，即在卖出此项股份时，亦止希望得一确定可靠之代价耳。且市价变动较少之股票，以之作为担保品，而向他人或银行融通资金时，当可得较多额之借款。因股利率之平均，实为投资收益力之稳定，可以比较的增高股票之市价也。例如甲乙两公司，于五年之间，甲公司每年分派股利一分，并无增减；乙公司则有时高至二分或一分半，有时低至五厘，或竟无利可派，即使以五年股利合计，等于甲公司所派之总数,但乙公司股票之市价,必较甲公司之股票为低。其相差之多少,与乙公司股利不平均之情形,必有相当之比例。盖历年收益平均,即为投资危险性较小之表示,不平均则为危险性较大之表示故也。且因同一原理,股利之平均,并可增高其股票之担保价格及投资价值,盖股票对于投资者,不仅与以一定之所得,且其价格少有变动,则成为稳固之财产,因之若将其作为债务之担保品,必有较大之信用。至于个人投资于股票,希望每年收取股利,以充家庭生活费用者,或公共机关,购入股票,收取股息以充其经常开支者,自更希望其各年收益之能平均稳定,以维持其每年不甚增减之支出也。

再从公司自身之利害上言之,亦可以股利率之平均,表示其财力之坚实;即向银行融通资金时,亦得较厚之信用。虽其股利以低率平均之时,对于银行之信用亦薄,然单有最后一二期之高利率者,与数年间继续有一定之股利率者互为比较,则后者每比前者易得银行之信任。且公司因股利率之平均而使股票之市价较高较稳,则募集新股或发行公司债时,得以较为有利之条件,吸收社会上之资金。盖新股之市价,大抵均为旧股之市价所左右也。

股利率之平均,固为公司理财政策之要图,然股利之支付,究可用何法以使之平均乎?是唯有提存多量之盈余,以为准备耳。公司虽于营业发达获得甚厚之时,务使发给之盈利,常在公司历年平均收益力之下,将收益丰富时所提存之盈余,作为营业衰败时支付股利之用。此为近世各大公司所通用之理财方策,我国公司当局对此应加注意也。

第二项　股息与红利

股利之支付,既为盈余分配之性质,则每年股利率之高低,自应随获利之多寡,及其他各项之分配数额而定,不能预先规定,亦不必预先规定也。但我国公司,常于章程上规定每年支付股利之定率,名曰官利,或曰股息。设某年获得甚巨,除支付定额官利外,尚可支付额外股利。此项额外股利,名曰红利,实则官利率之规定,在法律上并无何等效力。良以公司营业衰落,蒙受损失或获利甚少时,自不能违反《公司法》,而按定额发给官利,则所谓官利者,固可少发或甚至不发。若公司获利甚巨,则除照发官利之外,又必发给红利。是则章程中有官利率之规定,其作用至多不过在公司理财上予公司当局以某种规范,使其每年分发股利,应努力保持此项定率,在获利丰厚之年,不使过分超过此项定率以发给股利,而于营业衰落之年,则又应酌量情形,拨提原已积存之盈余,以维持此项定率,是亦仅为平均股利之一种手段与标准而已,公司固不能保证官利之必须发给也。

我国若干公司之股东及管理者,对于会计原理及法律规定,未尽明了,以为无论公司是否获利,官息必须分派,故以官息作为开支入账,而不作为盈余之分配。① 此种办法,有以股本派作股息之虞,固为法律所不许。盖设某公司本年获利十万元,若将官利五万元,以股息名义,作为开支入账,则其结果,公司纯益仅有五万元。提存法定公积之数额,将为五千元,较之应提存数一万元,减少五千元,此项影响犹未为大。假使该公司本年获利计仅五千元,若犹以为股息必须开支,则该年度公司以支出股息之结果,账上计有纯损四万五千元,是实以四万五千元之股本派作官利而侵及债权人之利益,此种办法,固当受法律之严厉制裁

---

① 自《所得税暂行条例》实施以后,视官利为开支之事实当可减少或消减。因所得税法规,明定官利不得作为收益之减除数也。

也（《公司法》第二百三十三条）。

官利与红利之分，在平常时期，固非必要，然在特殊时期，则颇可应用。例如公司有时供求或战争关系，获得非常之利益。此项利益，除提存公积及各项准备外，所余较常年为独多，依法均可分派于股东。惟公司为保持稳健态度起见，不愿以普通股利之名，将全数发与股东。盖股利支付之平均，为公司理财政策之要图，若因本期获有非常巨利，即分派高率之股利，倘下年难以为继，反使公司信用，发生不良之影响。故公司虽获非常巨利，每仍以往年之股利率为标准，而发给普通股利，另用特别股利（extra dividends）名义，发给股东；使一般社会知此项特别股利，非可每年希冀，因之公司股票之价格，不致大有变动，诚良法也。

在特殊时期分别公司股利为通常股利与特殊股利两者，为外国公司常采用之办法。此种区别，与我国公司官利红利之分，稍有不同。盖我国公司官利红利之分，每规定于章程之中，是为经常办法，而非临时办法也。

第三项　优先股利与普通股利

公司之发行优先股者，其股利亦分为两种，即普通股利与优先股利是也。决定每期优先股利之分配率时，应按照发行优先股时所订章程中关于优先股利之各项规定办理，但其支付手续则与普通股利相一致也。

在通常情形之下，优先股利常按规定之利率发给之。如为非累积的优先股，则某年度公司营业状况不佳，不能按照规定利率全数发给时，其发给股利，不妨减低。如为参加的优先股，则公司营业情形特别旺盛时，除规定股利率外，尚须支付若干特别股利。其情形比较复杂者，为累积优先股之股利。累积优先股股利之发给，如遇本期实际收益不足或不能派付全数时，其缺额应转入下期，而与下期股利，同时补足。故若干学者，主张此种未付股利应以下列分录记入账册。

  盈余 $×××

    未付优先股利 $×××

俾得表现此种负债于账册之中。然此法每使盈余账户，表示借差，或因或有负债（contingent liability）而使盈余项目之账面价值，有所减少，故不足效法。未付优先股利，在公司及优先股东方面观之，实不足构成公司之负债，惟在普通股东视之，宕付优先股利，固无异于负债，盖此种债务如不清偿，则普通股东将无享受股利之希望也。职是之故，未付优先股利，在决算表上自当有所表示。其表示之方法，实以在资产负债表上，用附注说明，最为妥适。

二、股利与红利之支付

第一项　支付股利之手续

当公司股东会决定本年度分派之股利率后，公司即应计算每股可领之股利额而开始派发。① 分发之具体手续如下：

---

① 每股应领之股利额，平常时期根据股利率加以计算，极为简单。但公司募集股份，所有各认股人缴纳股款之日期，必有相当之迟早，断不能完全一致。在事实上缴纳股款之日期，迟延至数月之久者，颇多其例。则其第一期应派得之股息及红利，自须按照迟缴日期扣算，方称公允。关于此点，公司章程中，每有"股款於缴纳之次日起息"之规定。章程中即无此项规定。股东会亦可为相当之议决。惟附有股利票之股票，则因其股利票为流通证券之一种，公司不能向持票人扣算迟缴股款之利息。此时只能于认股人缴纳股款时，加收迟延利息或违约金耳。

（一）对于股东为分发股利之通知或公告。

（二）持有无记名式股票之股东，即凭股票发给股利。持有记名式股票之股东，则凭股东总账发给股利，但支付股利时，应依所得税暂行条例及施行细则之规定，为各股东扣缴证券存款利息之所得税。

（三）分发股利，通常以现金或银行支票支付，亦有委托银行代办支付之手续者。

公司分发股利时之会计记录，在股东会决定纯益之分配方法时，即应作成转账记录，将本年度应付股利数，借记本期损益或公积、盈余滚存等科目，贷记未付股利之负债科目。当时并应即将各股东所应领受分配之数，详为核算，记入后述股利簿内。至各股东领取其应得股利时，则其记录应为借未付股利，贷现金或银行存款，而扣缴之所得税，则应贷入代扣所得税账户之贷方，以备缴付国库。此项记录，可记入现金簿内。

第二项　股东领取股利之凭证

公司派发股利，每给股东以相当之凭证，俾股东凭向公司领款。此项凭证之最为通用者，计有股利折、股利票、股利通知单及股利凭单支票（voucher check）四种，兹将其分别例示说明于下，以便各公司之采用。

（一）股利折。公司将每张股票发给股东时，可随带发给同号之股利折一扣，折内注明股票上所记股东之姓名及股数，并印有相当之格式，俾股东于领取股利时，填写股利期数、股利率、股利金额、发给年月日等项。其格式大致可如下示。

印花〇字〇〇〇号计〇〇〇股 〇〇股份有限公司股息折 股东〇〇〇存执	期数	第一期	第二期	第三期	第四期	……	第十五期	第十六期	第十七期	第十八期	第十九期
	股利率										
	金额										
	发给年月日										
	经发人盖章										

此项股利折为其同号股票之附件，如其股票有转让过户分析或调换等情事，则此折亦须随同转让过户分析或调换。（股利折之反面，可印成与股票反面相同之过户表格。）股东凭折向公司领取股利，由公司职员将折内空格，按照期数填写，作为公司已发股利之凭证。惟会计手续之完备者，除将发给股利之利率金额及日期填明于此折外，另须股东填具收据，盖用照章预存式样于公司之印鉴，以为该股东已向公司收到股利之凭据。

考股利折之应用，在我国比较旧式之公司中，最为常见。此因旧式公司之股东，往往仅以堂名记号为股票之记名，而不将其真实姓名及地址告明公司，实际上几与无记名者相差无几。在此种情形之下，股东领取股利，原只可以股票为凭，惟又以股票为有价证券，往来携带，恐有失灭、损坏，故附发股利折一扣，以便凭以支款。其实在今日力求手续简便之时代，股利折之携带与保管，亦已嫌其笨重。且依照《印花税法》，折据须于每年贴用印花，费用颇不经济。且近来各公司对于股利之发给，又多采用下述三种比较简单之手续，因之股利折之应用，在实务上已逐渐减少矣。

（二）股利票。一公司之股东，如为数甚多，或一部分为无记名者，则公司为减省手续起见，往往应用股利票，为股东领取股利之凭证。此项股利票一式若干张，连着于股票之上，一如我国最通行之公债票及其息票。股利票上只书明与股票相同之字号、股数、公司名称及第几届股利票等字样，至于该股票之股数，则预先印成一百股、五十股、十股、五股、二股、一股等种类，而以印刷之花纹颜色区别之，一如公债累及其所附息票然。应用此等格式之股利票者，每期股息，只须由股东剪下股利票凭向公司领取可矣。

按公司每期派发股利，或只有官利而无红利，或兼有官利红利，或官利不足规定之额，当早经股东定数额。该期每股应派金额几何，既已规定，则百股、五十股、十股、五股、二股、一股等种类之股息票，其每届可以支领之股利数额，亦可早已分别算定。故公司可以凭票发款，收回该票；毋须于发给之时，再行计算其每票应得之金额。至于票上不书明年份月份，则恐分派股利之年份，不能预定其连续与否耳。应用此种股利票之公司，股东每期领取股利，手续极为简单。但此利股利票如有遗失，则被人冒取股利之危险较大，是其缺点。且一股票上所附着之各期股利票在若干年后必须用罄，则须更换新股票，亦有不便。但此项股利票上，毋须贴用印花，在发行股票张数甚多之公司，则颇可减省巨额之印花税费也。

公司发讫股利，收回此等股利票后，应将其贴入特设之股利票粘存簿。

该簿须为每张股票开用一页，首端注明股票字号及股数，其下分成与股票上所有股利票大小张数相同之空格，并印明同样之期数。如将某字号某期股利票收回，即将其粘入该页该期之空格，以为每张股票已付股息若干期之凭证。

股利票粘存簿　　　第　　页			
股票〇字第〇〇〇号计〇〇〇股			
第九期		第八期	第七期
第六期		第五期	第四期
第三期		股利票 第二期 已粘入	股利票 第一期 已粘入

（三）股利通知单。设公司股东，均属记名，在股东总账中有姓名地址可查，而股东人数，又并不甚众者，则公司发给股利，可用两联单式之通知单及收据，按址寄交各股东。股东收到此项通知单后，将附下之第二联收据，盖用存留式样于公司之印鉴，再持向公司领取股利。兹将股利通知单及收据之格式，例示如下：

中国营业股份有限公司 第某期股利通知单			
股票〇字第〇〇〇号 　左列股息请将附上收据盖用存留式样于本公司之印鉴于　年　月　日前凭向本公司股务科或某某银行领取为荷	股票种类		此致 中国营业股份有限公司 印花　股东〇〇〇印 民国　年　月　日 敬礼
^	股数		^
^	本期官利率		^
^	本期红利率		^
^	股利金额		^

中国营业股份有限公司 第某期股利收据		
股票○字第○○○号 兹收到左列股利合具收据为凭	股票种类	
	股数	
	本期官利率	
	本期红利率	
	股利金额	

此致
○○○股东　中国营业股份有限公司启

民国　　年　　月　　日

敬礼

上式"股票种类"一格内，可照填"普通""优先"或"第一优先""第二优先"等字样。如公司之股份只有一种者，则此格可以取消。至于两联中其他"股数""利率""金额"等空格，则由公司职员先行填就，再行寄发与股东，股东收到此项通知单后，只须盖用印鉴于收据之上，即可持向公司或其代发股利之银行，领取股利，手续亦甚简便也。

（四）股利凭单支票（dividend voucher check）。在银行股务甚为发达之地方，公司可用股利凭单支票，以发给股利于股东。此项支票之作用，一如通常之抬头人支票，经抬头人即收款人之背书，即可凭向代发股利之银行支款。惟于票上附带书明此款作为某公司第几号股票若干股份某期股利之支票，股东收款时在支票上之背书，即为收到该款之凭证。代发股利银行，收回此等支票后，可以抄录清单，连同付讫支票，送还委托代付之公司，以作凭证。此项支票须由公司与代发股利银行预先商定，印成特定之格式，使其不能另作他项支款之用。兹例示其格式如下：

中国营业股份有限公司第三期股利支票					
凭票请付					
先生国币　元　角　分					
此款系作本公司下列之股利此致					
重庆中国银行　台照　中国营业股份有限公司					
经理　某某　签印					
民国三十年四月一日签发　　甲字第一号					
股份种类	股票字号	股数	本期官利率	本期红利率	金额
				共计	

此项凭单支票，兼有通知单、收据及支票之作用，故其应用最为简便，惟公司所在地之银行业务如不发达，或股东多不在银行开立存款户者，则此项支付方法，不便应用也。

第三项　股利簿

公司设置股利簿，用以记载逐期各股东应领股利数额及其是否付讫、支付日期等项，为总账未付股利科目之补助账簿。兹例示其格式如下：

股息红利簿

民国_____年份　第　　期　股息___%　红利___%　每股应得 $ _____

股票号数	股东姓名	股数	应得官利	应得红利	总计	支付年月日	备考

每当某年度股利率确定以后，即应将其年份、期次、股利率及每股应得数额，记入股利簿之上端。然后根据股票簿记录之次序，将每一股票之持有人，及其所有股数，应领受股利数，一次记入簿内，支付年月日一栏

则暂留空白，不须填注。俟后各股东陆续领去股利时，即在各该股东之行内，填注支付之年月日，故簿内未曾填明支付年月日栏之各股东，均为尚未领取股利者，此等未领数额之总数，应等于总账未付股利科目之余额。

股利簿最好于每期分派股利时设置一册，每册之中，只记一期领付之股利，以免混淆。股东人数众多之公司，每期投利常不能于一年内支付完毕，故本期股利开始支付之际，前二三期之股利，或尚有相当之未付余额，因而公司若只设立一个未付股利科目，则其余额每每包括几期之未付数，不仅包含一期之未付数。为分别表示起见，公司总账可分设"第一期未付股利""第二期未付股利"等科目，每一科目为各该期股利簿之统制账户。

第四项　支付股利之其他方式

以现金（或银行支票）支付股利为最普通之方式。然在若干特殊情形之下，公司得以其他方法支付股利，如抵偿股款、分发股票、发行公司债、发行股利债券等等。此等方式，在我国虽有发生，其例不多，英美公司则行之者甚多也。

（一）抵偿未付股款。公司设在创立之时，各股股款并未全部收足，嗣因营业上之需要，决定收取未缴之部分。如果此时恰已决定支付股利百分之几，则股东会亦可决议将应付之股利全数，抵偿未收股款。例如某公司股本总额二百万元，分为一万股，每股二百元，先收二分之一，共计一百万元。现因营业发达，需用资金，决定于民国二十九年（1940年）三月起，收取股东未缴股款一百万元。民国二十八年（1939年）底，公司获利甚巨，决定分发股利计为实缴股本百分之十五。此时股东会即可决定将股利全数，抵缴未收股款，各股东缴纳股款时，每股只须付八十五元。

兹将上述事项之分录，表示如下：

未付股利　　　　　　　　　　　　　　　$150 000

　　未收股款　　　　　　　　　　　　　　　$150 000

某月某日股东会决议以民国二十八年（1939年）度股利百分之十五抵缴未收股款，见股东会决议录第四十五页。

上述未付股利抵缴股款之例，系对于全体股东之普遍办法，设一二股东，在收取股款时屡催不缴，同时其应行收受之股利，亦已有一期或数期未曾收去者，则经通告之手续，亦可以宣布其历期之未取股利，一律转抵其未缴股款。如前例，甲股东有股份五股，应缴股款四百二十五元，逾期未缴。查阅未付股利簿，知悉民国二十七年（1938年）股利为实缴股额百分之十，民国二十六年（1937年）股利为百分之十二，民国二十五年（1936年）股利为百分之十五，该股东全未取去，则可将此等股利，全数代其转抵股款，并照章通告，催收余数二百四十元。此时分录如下：

未付股利　　　　　　　　　　　　　　　$185

　　未收股款　　　　　　　　　　　　　　　$185

以甲股东民国二十五年（1936年）、民国二十六年（1937年）及民国二十七年（1938年）未领股利，全数扩充该股东催收未缴股款之一部分。

若该余数二百四十元逾期仍未缴来，即得依法取消其股东之权利，而催告该股份之转让人，代为缴纳，或将此项股票拍卖，以拍卖价金，抵偿未收股款数焉。

（二）发行股票。公司之增股改组，而不另募外股者，可以应发股利及历年积存之盈余公积准备等项抵充股款，然后增发股票予各股东；此时股利之支付，即以发行股票之手段为之。例如某公司额定股本一百万元，在民国二十四年（1935年）年底分配其纯益后，账上积存法定公积三十五万元，公积五十五万元，营业扩充准备三十万元，民国二十四年（1935年）底未付股利十五万元。现经股东会议决增加资本一百万元，即以未付股利、营业扩充准备及公积全数抵充。每一股东得收受其原有股数一倍之新股份。分录如下：

公积	$550 000
营业扩充准备	$300 000
未付股利	$150 000
股本	$1 000 000

某月某日临时股东会决议以公积营业扩充准备与民国二十四年（1935年）度未付股利全数增加资本，计旧股每股派得新股一股。

英美公司之以分发股票为支付之手段者，其情形与我国不同。盖英美公司之股份，并不须全数募足，而每有巨数之未发股份留存账内，或持有巨数之库藏股票。当其以分发股票之方式支付股利时，即可以库藏股票及未发股票分给各股东，而不必发行新股票也。此时，上述分录之贷方科目，当为未发股份或库藏股票。其发出库藏股票时，其作价与其面值不同者，并当以公积科目转销其差额。

（三）发行公司债。除以分发股票之方式支付股利外，公司并得以发行公司债之方式支付股利。此种情形，在我国尚无先例，在英美各国则较为普通。盖英美各国，往往发行短期票据以支付股利，或以额定而未认足之公司债券发股利，借使流动资金暂时留存公司以资运用也。在我国，公司债之发行，受有严格之限制，必须经过繁复之法定手续，故欲临时发行少数短期债券，以支付股利，直不可能，只有于公司发行巨额债券，而尚未募足者，则规定以未经认募足额之债券分发股利，将来或可发生也。

（四）发行股利券。英美公司，在其获利颇多，而流动资金仍嫌不足之时，常发行股利券（dividend scrips）以支付股利。此项办法与签发应付票据相类，其期限可长可短，且可规定于一定期限内，随时收回之。收回之际，或以现金，或以股票，或以公债券，亦可于事前规定。在未收回前，亦有按一定股利支付利息者。因之股利券本身，亦得知公司债券之流通于市面焉。

（五）分派财产。英美公司每有以分派财产为支付股利之另一办法，通常所分派之财产为公司所有之有价证券，盖因有价证券可以分割，而价值上不受损害也。此法在世界大战之后，美国各公司颇多行之，因在战时，各公司均购入巨量之政府自由公债，故直接分发此项债券予各股东，以为股利，借代现金之支付。美国若干公司之股票为少数大股东所拥有者，有时亦以土地或长期投资之转让代替现金以支付股利。

分派财产以支付股利，在我国尚无先例，惟按之《公司法》规定，似无违背，则此后实例之发生，当在意中耳。

三、发起人特别利益及职员分红

公司每期决算，所得盈利，除提存公积准备及分发股利（包括股利及红利）而外，公司发起人及各职员工人，亦每得分润若干，以酬其创立公司或执行业务之勤劳，而鼓励其继续之努力。关于此项办法，各公司多于章程中为相当之规定，以免各方利益，临时有所争执。惟其规定之具体办

法，各公司有种种不同，兹举某某等公司章程中实际规定为例，以资讨论（公司名称均属假定）。

例一，懋华印刷股份有限公司章程第二十五条规定如下：

本公司每届决算，如有盈余，先提法定公积十分之一，次提应缴之所得税及股息八厘。如再有余，作为一百份分派如下：

股东红利	五十份
发起人特别报酬	十份
董事监察人花红	十五份
职员工人花红	二十五份

前项职员工人花红应照各员工每年所得之薪工额比例摊派。

例二，福中机器股份有限公司章程第四十条之规定：

本公司每年年底总决算后如有盈余，除应行缴纳之所得税外，依照百分比例，分派如下：

公积	百分之二十
股利	百分之六十
发起人酬劳	百分之五
董事监察人及职员分红	百分之十五

例三，通运烟草股份有限公司章程第三十六条规定如下：

本公司每届决算，如有盈余，先提法定公积金及所得税，次作十成分配如下：

股利	六成
董事监察人分红	一成

经副理及职工分红　　　　　　二成

职工福利准备　　　　　　　　一成

经副理及职工分红之分配方法及职工福利准备之用途由董事会决定之。

例四，大华贸易有限公司章程第十八条规定如下：

本公司每届决算如有盈余先提法定公积及股息一分，如再有余，由董事会议定分配办法提交股东会通过后执行之。

在上示四例之中，吾人可以观察其各种分红方法之异同。公司如有盈余，应先提存公积十分之一，再照所得税法规，计算应行缴纳之所得税，此为各公司相同之办法，而不能以章程变更之者也。其余部分之分配，则法律一任股东之自由决定，因之在各公司方面，亦每互相悬殊。兹从各方面以讨论之如下。

（一）公司章程有将发起人董监职工之分红办法完全规定者，如例一是也。有对于分派方法完全不为具体规定，而一任每届董事会及股东常会之意思以资决定者，如例四是也。前法自觉呆板，但可免除各方利益之冲突。后法较活动，但各届董事及股东会，自不能将红利分派适当，而为各方面所满意，是一疑问，依照著者经验所及，凡大规模之公司，其董监职工人数极多，各方利益相差甚巨者，则以采用例一之具体规定为宜。若公司股东及职工俱为关系密切之亲友，且人数亦不甚众多者，则采用例四之弹性规定，亦未为不可也。

（二）公司章程有规定先提股息再派分红于各方者，如例一及例四是也。有并不先提股息，而将股利与各项分红同时分派者，如例二、例三是也。依理言之，公司职工平日对于公司之工作，必得有相当之薪资，以作报酬。此项报酬，不论公司营业，为益为损，均须支付。至于股息（interest on investment）一项，在股东方面观之，原为投资上应得之报酬，与地租（rent）、工资（wage），同为经济学上之生产成本。惟照法律规定，公司无盈余时，不得以本作息。是股东在投资上应得之报酬，已不如职工薪资之可靠。如不许其于盈利中尽先提取通常之利息，则殊不足以奖励股东之投资。此例一、例四规定先提股息之办法，所以优于例二、例三也。至于发起人董监职工之分红，应在股东取得通常股息以后之余利中派发，亦属合理。因发起人创设公司之计划，及董监职工，经营业务之结果，若不能使公司获得资本通常报酬以上之红利，则亦何贵乎有此公司，何贵乎有此经营？例如，上述福中公司之资本为一百万元。某年决算，只获盈利四万元（假定所得税已除去）。此时照章分派，全体股东只得股利二万四千元，合之股本，只有年利二厘四毫。此在公司方面言之，营业成绩，显属不良，设立计划，显有错误，但发起人仍可派得二千元之特别利益，董监职工仍可派得六千元之分红，实觉其太占便宜也。

（三）关于职工花红之分配，有将其分配标准规定于章程中，使公司当局无上下其手之可能者，如例一是也。有将其分配权授与董事会者，如例三是也。公司当局对于花红之分派，如果能公允无私，则例三所定办法，固属较富弹性。但公司职工与其当局，如有互相疑忌之处，则不若例一之规定，反可以防止彼此争议耳。

至于花红之分派，普通多为现金。但公司若以本公司股票债券或其他财产分发职工，以代现金（即以应付现金，代为抵缴增股股款或公司债款），如上节所述支付股利之方式者，亦属常见之事。且以公司股票簿分派与各职工，使成为公司之股东，而可永为公司忠心服务，实为近代工商管理家所极力提倡，谓可借以改良劳资两方之关系者也。

四、积存盈余之分配享受权

本报第一期所载《股份有限公司决算及盈余分配问题》一文及本文各节已将公司分配盈余之原理及方法，以及各分配项目之性质及内容，一一详论。惟有一项问题，尚待讨论，问题维何，即公司积存盈余之分配享受权是矣。盖公司每期决算所结得之盈利，其分配方法，大都于章程中有具体规定，只须照章办理，自不生任何问题。惟公司若将以前各年度积存之盈余，于以后年度补为分派，则因各方利害关系，有时每生复杂问题，不可不一为研究，以期明了。

公司历年积存之盈余，除法定公积一项，须待公司解散清算之时，与股本一同分派外，其他各项，如任意公积各项资本准备，以及盈余滚存等等，均可依股东会之决议而随时分派。其享受此项分配之权者，在原则上只有股东，惟股东有优先与普通之分类者，其优先股东对于公司历年积存之盈余，是否与普通股东有一同享受分配之权？又如发起人董监职工等人对于公司每年获得之纯益，得依章程规定，参加分配其一部分者，对于公司历年积存之各项盈余，是否亦得享受同样之分配？凡此种种问题，在法理上及实务上，均值得加以分析与研究。因照著者经验所及，公司股东与职工间，其因积存盈余之分配而起争执者，甚多先例。苟能明定其对于积存盈余之分配享受权，则此种争执，即可避免。

第一项　优先股东对于公司积存盈余之分配享受权

考优先股东对于公司盈余之分配享受权，原应详订于章程之中，以免发生疑义，大概言之，优先股股利之分配权，有所谓累积的、非累积的及参加的、非参加的等类之区别。凡此各类，对于公司积存盈余之权利，各自不同，兹分别述之如次：

（一）非累积的优先股。所谓非累积的优先股者，公司每届决算，倘有盈利，则此种优先股东，得照一定之股利率，先于普通股东而受股利之分派。倘该届决算，并无盈利，或盈利不足，则此种优先股息，可以少派，或竟不派，是以非累积的优先股，只对于当年度之盈利，有优先享受定额或定额以下之分配权，与公司来年度或上年度之盈利无关。故对于公司在派发定额股息以外所积存之盈余，当无享受分配之权。（公司章程中另有规定，或普通股东会另有决议者，不在此限。）例如，某公司以前积存之盈余，为数甚巨，本年始有非累积的优先股之发行，年终决算，本年适未获利，则本年优先股东，可以不予分派，即如公司，从上年积存盈余之中，拨出巨款，派发普通股股息。此种优先股东，亦无主张参加分派之权。因以前各年度所提存之盈余，其所有权应属于原已发行之普通股，当与本年发行之优先股无涉也。即在以后各年度中，公司如于某年获得巨利，除照派定额优先股利及普通股利外，并提存公债或准备，则优先股东对于此等盈余项目，当亦不能有参加分配之权，因在获利年份，公司既已将优先股息，按照定额如数派发，则所有提作公积准备之额外盈余，当属普通股东之所有，亦与优先股东无涉也。

（二）累积的优先股。所谓累积的优先股者，公司某年度之盈利，如不足派发定额之优先股利，则可将其不足之额，转由以后获利年度，补发足额，倘未补足，则普通股不能享受股息之分派是也。此种优先股东，对于公司之积存盈余，有无参加分派之权，当视其定额优先股利之派发，有无累积之缺额而定，如有累积缺额，则此种优先股东，对于积存盈余，仍有先于普通股东而受分派之权，惟以补足其累积之缺额为止，倘无缺额或缺额业已补足，则公司所有之积存盈余，只有普通股东可以参加分派也。

（三）参加的优先股。参加的优先股，除应得定额之优先股息外，仍有与普通股同受红利分配之权。其于红利之参加分配，或以一定之数额为限，或于普通股享受定额股息之分派后与普通股一律，或与普通股之红利成某项之比率，均当于公司章程中明定之。参加的优先股，如非为累积性质，则对于公司在发行此项优先股前所已积存之盈余，当无享受分派之权，其理由与上述非累积的优先股相同。（公司章程另有规定，或普通股东会另有决议者不在此限。）至对于发行此项优先股后各年度所积存之盈余，其享受分配之权，或与普通股一律，或与普通股成某项之比率，均视其原定参加红利分配之规定，是否与普通股之红利一律或与之成某项比率而定。① 惟其参加红利之权，如以一定之数额为限者，则又当视其为累积的与非累积的，而定其对于积存盈余之分配享受权。如定额红利之参加，具有累积的规定，则此种优先股东对于公司之积存盈余（不论其在发行优先股以前各年度或在以后各年度所积存）均有参加分派之权，直至补足其累积的定额为止。如定额红利之参加，并无累积的规定，则优先股东之定额红利，倘于其年

---

① 例如，某公司章程规定"公司每届决算如有盈利，（除照提公积及照付所得税外）先发优先股息八厘，次发普通股息八厘，如再有余，优先股与普通股各照其实缴股款额一律分派"。则此种优先股东，对于公司在发行优先股后各年度所积存之盈余，有与普通股东一律之分配享受权。如章程规定优先股之红利率当为普通股红利率之半数，则优先股东对于此等积存盈余之分配享受权，亦为普通股之一半。

度未能发足，则只有对于从该年度纯益所提存之盈余，有主张分派以补足其定额红利之权，对于在发足定额红利年度之纯益中所提存之盈余，自不能再行参加分配，因之公司在未能发足优先股定额红利年度之纯益中所提存之盈余，当与自其他年度之纯益中所提存之盈余，分别表示，不可混为一数，以期明了，而便分派。①

第二项　发起人董监职工对于公司积存盈余之分配享受权

公司章程对于发起人董监职工等人，如未有任何分红之规定，或虽有

---

① 参加的优先股对于红利之参加分配，以一定之数额为限者，其情形甚为复杂，兹为分别举示实例如下，以资补充说明。例如某公司章程规定，先派优先股息八厘，再派普通股息八厘，如有余额，则优先股参加红利之分派，可有下列两种方法：

（一）续派优先和红利二厘，如再有余，则尽普通分派。此项续派之定额红利，又可为：

1. 累积的；即优先股应派之红利每年二厘，如有缺额，应于以后各年余利项下尽先派足，方可派发红利与普通股或为

2. 非累积的；即优先股发派之红利每年二厘，如当年余利未能尽先派足，则在以后年度，毋庸补足。

（二）优先股与普通股一律分派，惟优先股之红利，以派足二厘为限，此外所有余利尽归普通股派受。此项情形与上示（一）项之异点，即在（一）项之中，优先股对于二厘之红利，亦有先于普通股而受分派之权；在本项则优先股之红利与普通股一同分派，不分先后也。

优先股之权利，若为上述（一）1之情形，而其红利之分派，以前积有缺额者，则此种优先股东对于公司之积存盈余，（不论其在发行优先股以前或在以后各年度所积存）均有尽先享受分派之权，直至补足其红利累积的缺额为止。如再有余方可派与普通股东，惟以前提存盈余各年度之普通股息，推定其已分派足额，因股息若未派足，事实上自难有盈余之提存也。

优先股之权利，若为上述（一）2之情形，而其红利二厘，于某年度未曾发足者，则优先股东只有对于从该年度纯益中所提存之盈余，有主张尽先分派以补足其该年度额红利之权。（假定该年度普通股息，亦已发足。）

优先股之权利若为上述（二）项情形，而其红利二厘，倘于某年度未曾发足者，则优先股东，只有对于从该年度纯益中所提存之盈余，主张与普通股一同分派之权，惟以补足二厘之定额为止，其超过之数额，一律归普通股享受。

规定，而未有具体之分配比例，仅授权与股东会或董事，斟酌情形以定其分红数额者，则发起人董监职工对于公司之盈余，自不能主张其分配权。但若公司章程对于发起人董监职工等人之分红，有具体之规定，如上节所举各例者，则此等发起人董监职工，对于公司未分配之盈余，有请求照章分派之权。惟对于照章分配之中所提存之盈余，不论其为法定公积任意公积或各项准备，均不得再行主张其分配权，因公司每届所获之盈余，除照章分配与发起人董监职工之特定部分外，均属公司本身所有，亦即为股东所有，与发起人董监职工无涉也。惟公司当局有时在各届纯益之中，先提若干数额作为某项准备，而再以其余额，按照章程规定，以分派其一部分与发起人董监职工者，则此种先提之准备，亦为未分配盈余之性质，发起人董监职工对之，自亦可主张其参加分配之权也。他如上期损益之整理项目，以及秘密盈余等等，均为未分配之盈余，故发起人董监职工，亦可请求照章分配。

依理论之，公司所以允将其盈利之一部分，给予其发起人董监职工者，实所以酬其创业及经营之劳绩也。惟创业经营之劳绩，只与营业盈余有关，而与资本盈余无涉。因资本盈余之发生，或为股东之输纳与捐赠，或为资本资产之增价，非可归功于发起人之创业与董监职工之经营，故无派给分红之必要。因之在未分配之盈余中，理当分别其为资本盈余与营业盈余二部分。其营业盈余部分，应予照章分配，而其资本盈余部分，则只有公司股东，可以主张分配权耳。

惟考我国之《公司法》，对于资本盈余与营业盈余之划分，并无具体之规定，且此两种盈余，在我国公司会计之实务中，又多混杂不分；因之有若干公司之发起人董监职工，对于公司历年积存而未经分配之盈余，不问其来源如何，一律主张其分配权。故为防止争执起见，若在公司章程之中，将发起人董监职工，对于资本盈余不得参加分配之意明白规定，则最为妥善合理矣。

（载《立信会计月报》1941年第1卷第4期第36—46页）

05　政策决算的利弊

潘序伦讲　徐杰伦速记

顾总经理、诸位先生：

今天兄弟承贵行的邀，来和诸位多年老朋友见面讲话，心里觉得非常高兴。今天兄弟来得早一点，为的是要参观贵行各项设施，刚才顾总经理给我看贵行通讯等刊物，里面载着贵行种种设施的消息，都充满了新的气象，使得兄弟心里非常钦佩。贵行成立以来，虽仅有八年的历史，但自顾总经理来行以后，各方面事业的推动，突飞猛晋，一日千里，所以我觉得贵行的前途，真有无穷的希望。

刚才听了顾总经理介绍兄弟的话，兄弟实不敢当。顾总经理要我讲一点修养方面的话，兄弟更不敢当，因为讲修养话，说的人总要能够以身作则，兄弟自觉人微言轻，不配做人表率，所以不配讲修养方面的话。兄弟对于银行学术，可说全是外行，并没有什么心得，所以也不能讲。对于经济财政等问题，久已抛荒，未加研究，自己觉得无可讲述，所以今天还是讲我的老本行，叫作非会计不讲。

可是在今天选择会计讲题，兄弟认为有几点首要注意的：（1）要寻个非技术性的题目而大家都是要听的，使不学会计的诸位要听得懂，会计家要听得不无聊，（2）要与银行道德业务有密切之关系，（3）要与兄弟历年来所要宣传的宗旨相符，所以兄弟选定了"政策决算"问题，作为我今天的讲题。

兄弟首先要向诸位声明一点，就是"政策决算"这个名词，是兄弟杜撰出来的，不是会计学上固有的名词。讲到决算，大概可分为二种：一种是"法理决算"，就是我们编制决算书表，依照会计学的原理和各项法律的规定而编成的。至于全不按照法令规定与会计原理而办理决算，随企业当局的意思而编制出来的决算表，我造出一个名词，叫它作"政策决算"，今天我要请教诸位的问题，就是"政策决算的利弊和它的纠正方法"。考决算问题，对于银行本身，原也有莫大之关系，现在我国各银行自办决算，往往采取政策决算的方式，随当局意旨而编定决算表，可说是一般的现象。我们知道外国人要明了某一企业机关的营业情形和财务状况，第一着就是要看它的决算表，要是照政策决算来编制的表册，那是毫无一看的价值。且此种决算表，不仅没有益处，而且有很大的害处，因它所表现的数字，一定要教读者发生重大的误会。

一、政策决算的意义

兄弟二十年来和社会接近，觉得社会上一般人士，对于会计，有两种不同的观念：第一种人认为账目是一成不变，无可上下其手的，好比一是一，二是二，二加二等于四，很呆板的，还有一种人认为账目是绝对靠不住的，可以随意做的。这两种观念，对于会计的认识，不是太过，便是不及。后者认为账目完全可以上下其手，未免过分。会计方面当然有许多原则，有许多法律规定，不能随便违反。前者认会计为呆板，则所见又似太浅。这两种人的偏见，我们都要纠正。因为账目的呆板，是仅就簿记而说的，如传票、登账、过账，日计（记）表的编制等事项，固然是一分一厘不能有误，但讲到会计方面的高等问题，如估价折旧等等，那完全是意见的问题。譬如一个大工厂，叫十个会计师、十个工程师来估价，我相信结果必不相同，等于受试的人，大家答解一个同样的题目，但他们的答案，要不是互相抄袭的话，决计不会雷同的，所以十个人办理一个企业机关的决算，结果亦难相同。但会计决算，不是没有法律上原理上的标准，总有一个中心作为指标。决算的结果，总不应太离开了这个中心标的。但前面所讲的第二种人，认为账目是绝对可以做的，就是主张"政策决算"的人。政策决算倒因为果，先定了所要表示的损益数额而来倒填他的决算表，这就是政策结算的意义。

二、政策决算的方式

政策决算有两种方式：一种是要把盈余利益多表示一点，或者把损失少表示一点；还有一种是要把盈余利益少表示一些，换句话说，便是要把好的成绩表示得不好，或者把不好的成绩表示得好。我们中国人都讲中庸之道，乡下人怕被窃盗，赚了钱，怕人家说他赚钱，因之说没有赚钱。城市人要争面子，亏了本，装成赚钱的样子，在这种情形下面，政策决算也好算合乎中国人所谓中庸之道。各业应用政策决算的前例有很多，讲到银行业，应用得更多，某一银行不日便要关门清算，但把它的决算表摊开一看，表中一定还表示着盈余利益，绝不会有损失的表示。

三、政策决算的目的

对于国家社会整个抗战有关系的企业金融机关，它们的决算政策，也就是全国经济金融政策的一部分，它们的关系是太大了，我今天不预备讲。

今天我所拟讲的,仅是一般工商企业的决算问题。简单地讲,增加盈利,或减少损失的目的,无非是下列各项:(1)欺骗股东,因为管理当局增加盈利的表示,可以说是管理成绩的良好,可以继续达到其贪恋禄位的目的,而减少损失,是恐怕股东知道他们管理成绩不良,要撤去他的职务。(2)欺骗债权人,因为增加盈利的表示,可使债权人看得起他的信用而借钱给他。(3)欺骗预备投资的人,因为增加盈利之后,预备投资的人,都来踊跃投资,管理当局可以高价出售他靠不住的股票。再从另一方面讲,运用政策,减低盈余利益的目标,无非要一是欺骗政府,少纳所得税和过分利得税。二是欺骗股东,因为恐怕股东看见赚钱很多,一定要议决分派巨额红利,这往往是管理当局所不愿的。或者另有一种欺骗股东的方法,就是管理当局想把一般股东手里的股票,用低价来买进,自然把盈利结得很少,使一般股东误认这种股份没有投资价值而愿意以低价脱手。三是欺骗职工,因为赚钱之后,职工照章多可分红,运用政策决算的方法,减低盈利逃避职工的分红,也是企业当局常做的事。

四、政策决算的方法

讲到方法,兄弟在十几年当中,虽发觉很多的事实,但其方法也很简单,凡要增加利益或减少损失的,不外施用下列几种手段:(1)不提或少提折旧,(2)虚估存货价值或虚报存货,(3)不计提呆账准备(是银行最普通的情形),(4)把收益支出当作资本支出,(5)以损失作为递延资产。以上是讲运用政策增加利益或减低损失的决算方法。反之,工商界赚钱很多,而欲减低盈利,可以一是多提折旧,二是多折存货价值,折得很低很低,把成本打二折三折结账,甚至于隐匿存货,根本不将某一部分存货记在账上，三是多提呆账准备，四是把资本支出当作收益支出，五是以盈余记入负债账户，六是预提种种非必要之准备账户，以上是讲到运用政策，减低盈余利益的决算方法。

上述各项方法，归纳起来，可分为三类：（1）涉及《刑法》诈欺罪的，（2）《税法》须处罚的，（3）破坏会计原理的。第一种当然是绝对的干不得，第二种干了也很危险。

五、政策决算的效益

一般企业家和商业家对于政策决算，分为反对和赞成两派，各有各的理由，现在把它约略分述如下：先就赞成的一方面来说，运用政策决算，增加盈余或减少损失，可以暂时维持该机关的信用，不致牵动经济金融大局，因为我们知道现在金融界好比纸老虎不能戳穿，一戳穿，影响很大。这是采用政策决算的一个强有力的理由。还有一个理由，企业的盈亏真相，倘使完全透露，则职工便要吵得加薪，股东也要吵得分红，使企业的基础不得稳固。所以有时殊有隐蔽真情，减少盈余，减少分配，以巩固企业财务基础的需要。

六、政策决算的弊害

讲到政策决算的利弊，实在可说利少而弊多。兹把它的弊害列举几项如次：（1）欺骗各利害关系人，使受直接间接的损失，（2）根本破坏会计的作用，使决算表成为毫无价值之物，彼此先后无从比较。因为就会计原理而言，决算表好像是一张照片，我们用会计原理来编制决算表，好像用照相机来拍照，爱克斯（X）光镜来检验身体，庐山真面目，一丝一毫都能呈露在眼前，不可逃避。现在我们用政策来办理决算，好比用

凹凸镜来照相，所呈现于吾人面前的俱非庐山真面目，则吾人何贵乎有此照相？因为政策决算完全是自由式的绘图，不是照相，既使决算表失它的价值，且又破坏一般社会对于决算表之信任心，这是我们会计师所应根本反对的。

七、判断的标准

兄弟希望诸位银行家和会计师合作，在可能的范围，把企业政策决算的习惯，加以纠正。因为政策决算弊多利少，不是经常的办法，而是权变的办法，我们最好不做这种事情。我要引证西风杂志上一篇小品文字，题目为《尊伪论》，这里我所谓的"伪"，不是伪组织的"伪"，难道伪组织还可以尊重它吗？这篇文字的作者，大概这样说：家里不懂事的小孩子，常常要吃糖，家里不能没有糖，后来我们买了糖，小孩子看见了要吃，我们说这是药，小孩子听了是药，于是不敢要吃了。父母出门看病，小孩子常常要跟出去，我说：我们到医院里去看医生，于是小孩子就不敢跟出去了。作者还举了许多好笑的例子，他说从来大家都讲"伪"是要不得的，但有时候"伪"实在要得。我想判断"伪"是否正当，是否要得，应有两个标准：第一，要看对方的程度是不是小孩子。我们的对象，到底应不应该骗他，给他看政策决算表？这是我们正确判断的。第二，我们要判断我们的伪言伪行对于自己，有没有好处，对于股东，对于人家有没有实益。如果真正为了人家，对自己没有好处，这个伪总算勉强要得。所以我们对于政策决算，只好在万不得已的时候，用它来应变，到底不是一个经常的办法，希望国家法律有明白的制定，同时希望诸位银行家对于工商界竭力倡导，今后银行的放款，要一天一天注重借款人的决算表，不要只注重抵押品。我们做会计师的要担负责任，对外宣传讲解，使大家明了政策决算的弊病。今天兄弟所讲的没有什么价值，费了诸位许多宝贵的时间，十分抱愧。

（载《本行通讯》1941年第11期第24—27页，

《立信会计月报》1942年第1卷第5期第39—40页）

06 币值变动声中几个困难的会计问题（节选）

一、概况

"会计是用有系统的方法，将各个人或团体一切经济活动的可以货币数额表示者，把它记载和整理，差使这等经济活动所影响于财产上的增减变化，得以正确明了，因而计算他的财产状况和营业成绩，并把这等财产状况和营业成绩，加以审核观察和应用的技术。"

鄙人在此首先引述这一段空泛的会计定义，实不是浪费笔墨，因为以后常要引用到这条定义，来申论会计方面不易解决的困难问题。

考会计记录表示的一切经济活动，只以能用货币数额表示为限，因之会计记录，也可说是货币记录。会计记录既然建立于货币上面，即不能无一项根本的假定，即货币价值，从会计方面说来总认为一定不变。其实货币价值，即是它的购买力，在平时亦有变动。但它的涨落，数量较微，且能互相抵销。只有经济学家去研究它的变动，我们会计人员，多不加以注意。我们始终承认"一块钱"总是"一块钱"，一宗货物值一万元，总有一万元的价值。但在这非常时期，已使我们感到会计根本的假定已发生了根本的动摇。物价水准，比之战前，已高起二十倍至五十倍，有多种资产的市价，已涨到一百倍以上，会计记录把现在的一块钱仍旧当作战前的一块钱，仍旧把它做记账的单位，怎样会不发生问题呢？

好有一比，建筑师计划工作的准绳，不外靠着一枝尺。倘它的尺是蜡做成的，这管蜡尺渐用渐短，用了四五年竟短了三四十倍，你看他用什么方法来测量绘图打样呢？今年测绘的一尺，比去年所测绘的一尺，实际上短了许多；今天测绘的一尺，比昨天所测绘的一尺，实体上也会差得很多。这一部分所量的尺寸，那一方面所量的，又不相同，你叫这个建筑师，怎样能绘成一张图样，来表示这一座建筑物的真相呢？这个图样，即使打成了，恐怕好比用橡皮来建造的房屋，各方面的尺寸和形状，没有一处不走样呢？这样说来，可知币值常常变动，会使会计记录变成歪曲而不正确并没有意义的记录，因此引起的问题实在说不尽。惟从目前我们在实际方面所感觉到的困难来说，可以分五个方面，加以研究，看我们有没有解决或减轻这种困难的方法。

这五方面的问题便是：（1）财产估价问题，（2）损益计算问题，（3）盈余分配问题，（4）纳税问题，（5）增加资本问题。

其实这五项问题原是互相牵连的一个大问题。这里不过为讨论的便利起见，才把它分成五项问题罢了。在本文讨论中间，仍多彼此联系的地方，不能把各个问题绝对划分清楚。

二、财产估价问题

币值的变动，当然要使每一种财产的估价发生问题，但在实际上，这一方面的问题，倒没有我们所想象的多。在这里我们可以把财产分为三类：（甲）债权债务，（乙）流动资产，（丙）固定资产。现在把它分别讨论如下：

（甲）债权债务。从经济学分配论的观点来说，币值的变动，最使社会上一般的债权人和债务人，受到苦乐不均的影响。币值上涨，债权人占了便宜，债务人吃了亏。币值下落，债权人吃了亏，债务人占了便宜。这多是社会财富极不公平的分配方法，也是社会经济上一项严重问题。但在会计方面看来，债权债务的估价，可说仍旧丝毫没有问题。现在的"一元"，虽在经济方面讲起来，它的购买力缩小了数十倍，但在法律上说起来，仍旧有同样的偿债力，拿了新发的一元钞币，仍可清偿十年前所欠的一元旧债，债权债务的真实价值，除了坏账问题而外，是和它的账面价值相等。所以币值的变动，虽已产生了债权债务两方极端不均的苦乐，但在会计本身方面，还没有发生估价问题，所以我们可把它撤除不讲。

（乙）流动资产。流动资产一项的估价，依照中国的法律和税法，是应当适用"成本和市价孰低"的原则。在目前币值跌落物价高涨的情形下，可说是全以成本为估价的标准。流动资产除了债权而外，大部分为存货。存货照成本估价，是适合于会计稳健的原则，且稳定了商人缴纳所得税利得税的负担。所以在商人方面，认为并无问题。因之在会计方面，也就没有问题了。倘若要提出一个问题，那便是存货估价的计算方面，有"先进先出"和"后进先出"两种不同的方法。怎样叫作先进先出法？即谓用低价购入在先的存货，应当作为尽先应用或出售的货，而用高价购入在后的存货，应当作为盘存的货。应用这项方法的时候，凡存货周转得很快的企业，它存货的估价标准，差不多和时价很相接近。在采用后进先出法的企业，把用高价购入在后的存货，作为尽先用去或售出的货，把用低价购入在先的存货，作为期末盘存的货。这项方法，使存货的估价，减至极度，因而该企业当年所结利益，亦可少结。这两种盘存估价方法，都经一般会计学者和会计实务家所承认，可各自决定采用的方针。大体说来，先进先出法较能使存货的估价，表示决算日的真实状况，而后进先出法则较为稳健，在这物价狂涨声中，稳健政策自然是值得赞许的。

（丙）固定资产。币值的变动，对于债权债务和其他流动资产的估价，在会计实务下还没有发生重大的困难问题，已如上述。但对于固定资产的估价，则不幸发生重大而不易解决的困难问题，考固定资产的估价问题，几完全为折旧的计算和提存问题，普通会计原理所昭示我们的，便是"成本减折旧"的原则，而所谓折旧，乃把使用年限除成本而得的数额。依照现行法令规定，固定资产自然仍当照此简单原则，提存折旧。但在实际方面，那就大生问题。因提存折旧的目标原有两项，一为成本计算的正确，二为资产换新的准备。而上述原则，在今日非常状况下面都没有达成此项目的可能。例如某种机器，在战前的购入装置成本，只有一万元，可以使用十年，则每年折旧当是一千元（残值从略），此数当即计入它的制品成本。但该项机器，如在目前，购入装置，须费一百万元，每年折旧，应提十万元，新旧两厂，使用同一机器，制造同种物品，而旧厂的折旧成本，只及新厂百分之一，试问是否合理呢？何况这种成本的计算，对于制造效能的测验，成品售价的规定都属毫无用处，不仅毫无用处，且易使人发生误会，所以依照原来成本计提折旧的方法，不能达成计算成本的目的。更进一步来说，折旧准备的积存，它的用意，尤在每年保留相当价值的资产，以便到了旧资产用坏而要换新的时候，有这财力，可以重新购置这项资产。现在该旧机器每年若照提一千元的折旧，即使连提十年，只积有一万元的准备，为数仅及它现值的百一，所说准备，全是空言。所以依照原来成本计提折旧的方法，不能达成换新准备的目的。

从会计原理说来，固定资产应该照成本估价，不应该逐年按照市价的涨落而时加增减。但固定资产的价值，如已高涨或低落极大，和它的成本相差过巨。且这种涨落，已无恢复原价的希望，那时自不妨把固定资产的价值按照新价值重新估计入账。重估以后，它折旧的提存，即照重估价计算，俾仍可达到计算成本及准备换新的两项目的。但在我国，因为所得税法令关系，固定资产重行估价一举，似乎有无限的困难。查现行《第一类营利事业所得税征收须知》所附《资产价值方法》，载有《折旧率计算表》，后附《说明》第九条云，"固定资产在经过相当年数使用后，其原价遇有增减或减少时，就其增加或减少后之价额，按照未使用年数之折旧率计算"。看了这条的语气，似乎觉得所有税法规对于固定资产的重行估价及调整折率，不仅没有予以禁止，且予以明白认可。但因条文简略，所有增减价的处理方法，并未明白予以规定，而政府在此抗战时候，不得不竭力增加税收，所以对固定资产的增高估价，把它叫作投资收益（此项名称见于最近财政部对于重庆自来水公司电力公司呈请增作资产转占资本恳免纳税之批示）。这项收益（国民政府）财政部认为应该加入当年度收益一致照课所得利得两税。照这样说来，则固定资产的减价，自不准列作收益的减除数，只有把纳过直接税后的可分盈余，作为抵补，或径把资本额减少。这两种办法都为纳税人所不肯做，以固定资产增价减价两事，在事实上都办不通。

（略）

（载《立信会计月报》1942年第2卷第3期第1—4页）

07 假账问题

主席、诸位先生：

兄弟今天承中央文化运动委员会的邀请，来和大家见面，心里觉得很愉快。不过兄弟毕生只知从事会计师方面的工作，对于文化本来是一个外行，不配讲话。今天打算还是三句不离本行，和各位谈谈会计上的一个严重的问题——假账问题。刚才主席说，这一个问题表面上看起来好像与文化无关，但是实际上分析起来，和文化关系很大。这话不错，为什么？中国向来就名为文化之邦；我们天天在提倡新生活运动，在喊礼义廉耻，诸位先生，我们现在真正配称文化之邦吗？我们的礼义廉耻还继续存在吗？老实说，我们现在如果不赶快考虑假账问题同时谋得清彻的解决的话，那么，礼义廉耻谈不上，文化之邦也大有问题！自己因为吃了这一行的饭，对于假账问题的严重性，知之深而忧之切，所以不揣冒昧，拿来和大家谈谈。不过在未讲之前，我先得声明两点：

第一，兄弟今天谈这个问题，并不是对哪一方面有所辩护，更不是对另一方面有所责备。兄弟只是很客观地把这个问题做一次通俗的详尽的解剖，使大家明白它的真相和严重，赶快去想办法挽救，免得它毒害社会、破坏道德、腐蚀文化。当然，这个问题当前是不是可能解决，实在是一个疑问，但是我们不能坐视它继续蔓延下去，总想要尽可能地去求得解决。

第二，兄弟今天谈这个问题，并不准备高谈会计学的理论，也不准备提出会计上的学术问题，搬弄一大串名词术语，使大家感觉乏味。兄弟只想把诸位日常所见所闻的关于假账方面的事实加以分析，让大家更清楚它的真相而已。

谈到假账，大家一定首先想到一个问题：账为什么要假？这点很简单，假账的目的就是想欺骗别人。欺骗谁？欺骗的对象有种种不同，在中国来说，民国廿五年（1936年）直接税法未颁布以前，欺骗的对象有三种：第一种是欺骗债权人，第二种是欺骗股东或董事会，第三种是欺骗主管人员。民国廿五年（1936年）以后，假账欺骗的对象又增加一种：就是欺骗政府。欺骗政府有两种目的：第一是逃避捐税，第二种是逃避管制。逃避捐税的目的，是想少纳或免纳税款，因为在实施直接税制以前，政府对商人间接征税，商人可以把税额加到商品的成本里，取偿于买主，用不着造一个假账。实施直接税制以后，政府照营业额征税，商人为了减少纳税数额起见，便发生假账的现象。逃避管制目的是想多赚几个钱，因为抗战以后，政府为了管制物资，颁布了许多管制的法令，商人们为了逃避政府的管制，也不惜造假账。总之，凡是假账，不管他想欺骗谁，其目的完全是自私自利，完全是为了多赚几个钱。

不过，我们要作进一步的分析，目前的造假账，内账比从前复杂得多。在以前，造假账的目的，不过在欺骗债权人，欺骗股东或董事会，欺骗高级主管人员，而目前的造假账，则在欺骗政府。以当前情形而言，欺骗债权人的只占少数，比方拿借款来说，商人向银行借款，照例应该提出各项决算表。在战前，商人为了取得银行的信用，可能捏账假账，银行为了决定是否贷款给商人，便很留心审核所提出的决算。现在商人向银行借款，虽然也照例具备这项手续，但是银行并不重视它，银行所重视的是抵押品。而在物价不停上涨的今日，抵押品是始终涨价的，总可以担保借款的偿还，所以借款没有问题，商人的假账虽然也有，但是很少。至于欺骗股东，那就是占更少数。在战前，做生意未必一定赚钱，甚至往往会亏本，当经理的生怕生意不好，老板责备，打破自己的饭碗，所以不管是否赚钱，总得在账面上渲刷一下，所以常常捏造假账。现在是商人皆大欢喜的时候，反正行行都赚钱，所以用不着欺骗股东，而做股东的根本许多自己就在做生意，更犯不着自己欺骗自己。谈到欺骗主管人员，当然也有，但也不算顶厉害。在一般政府机关里，由于职员生活的困苦，不免常有营私舞弊、捏造假账之事，不过只限于少数有银钱实物经手的人，一般工作人员就很少有机会参与。至于在工商界方面一般职员的收入比较政府机关工作人员高，最低级的职员月入也有万把两万元，比站前增加四百倍以上，而且很多工商机关年终还可以分红，所以不是真正过不去，就犯不着造假账。

那么，造假的以什么最多？欺骗政府最多！他们一方面为了逃避捐税，一方面为了逃避管制。比方拿银行来说，政府银行我不清楚，至于私家银行和钱庄，我可以说，他们的账没有一家不是假的！这种便是公开的假，连秘密的假都谈不上！如果今天财政部的人在座，你问他现在私家银行和钱庄的账究竟真不真，我相信他绝对敢说："当然是真的，哪有假账！"为什么？一句话可以说明白，现在财政部规定的存款利率有两三分，试问现在谁愿意以两三分的利率把款存到银行里？我当会计师的，是对账目负责的，不能乱说！在座诸位恐怕也有和银行钱庄有关系，相信不会说我是武断！我们现在都有两套甚至三套账，这账事实并不难找出。记得两年前会计师分会写了假账盛行，流弊太大，打算发起一种"扫除假账"的运动。当时我曾经和一位工商界的领袖说："现在我们要发动一个扫除假账运动，你的感想如何？恐怕不见得赞成吧？"你猜他怎样回答："反对的恐怕不是我们，而是公务人员。"我问："为什么？"他说："公务员的假账比我们还要多吗！"他这句话分析起来也有相当的道理，现在政府机关流行着一句口头话，就是"真造假报"。这种假账是否营私舞弊，下面再说，不过我们不能否认，在现行法令之下，许多政府机关的账目都是假的，都是"真账假报"。昨天我碰到一位现在某机关服务的朋友，他告诉我："现在假账太多了，我问会计长商量一件报销的公事，他就当面教我造假账！"这种现象非常普遍，一般机关里假账最多的要算旅费一项，因为现在规定发给的旅费和实际需要相差很远，你说不许他们造假账，大家不愿出差，公务就会陷于停顿。所以当主官的或任会计职务的，往往为顾全事实起见，彼此心照不宣，不但不禁止人家造假账，甚至还教人去造假账。横竖旅费是无论如何不会够的，管他多报一两个人，或者多报几天，或者报一个假病，而造假账的人，有良心的，照实际用去的报销，那就算是天字第一号的公务员，狡黠一点的，当然不免从中上下其手。这种情形也不止旅费一项为然，其他相类的事实还很多很多。

那么，现在我们要问问造假账真的都是完全出于自私自利的动机吗？是不是没有一点可恕的地方？我们从道德观念上分析一下，欺骗别人当然是一件不道德的事。大的不必说，举一个小例，比方我天天爱到某馆子吃酒，朋友问我是不是天天去吃酒，我说不是，但是后来有一天被他发觉了，他纵然口头不说什么，心里一定在想："这个家伙不诚实，要提防他！"可见欺骗在良心上，在道德上是不应该的事情；事情小的为人所不信，事情大的就为朋友所不屑，为社会所不齿。这种观念差不多几十年来已经深植人心，但是假账也是一种欺骗，而一般人反漠然视之，甚至一些在社会上很有名望，平时奉公守法、兢兢业业的人，对于这种欺骗也好像觉得理所当然，没有什么稀奇！至于工商业界，并不是个个都是奸商，也有很多人格高尚的人士，但是对这种欺骗也恬不为怪。

　　在这种情况之下，我们不能不虚心地去分析一下：为什么工商界、公务员们要去造假账呢？为什么他们把欺骗人家的事情视为并不引起良心的责备呢？我们认为这里面也有不得已的苦衷，比方拿报销来说，如果不造假账，事情便办不通，刚才举的旅费问题便是一个例了。我们曾经把这个问题请教一位现任某机关会计长的老朋友："站在你的立场，当然认为假账是违法的啰？你对于现在各机关旅费报销的情形作何感想？"他说："旅费假账当然是有，不过在我的主张，报销的人应该就实际开支数字报告，一次不准报两次，两次不准，第三次就会准的，当然我们希望政府能够把旅费标准随时调整，杜绝旅费假账的发生。"在我看，他的话不免带点官腔。如果说实报可以办得通，一次不准，报两次三次，一方面当主官的未必尽如这位朋友的见地，报上去没有把握，反而会把事情弄僵。另一方面，一件事情办两三次也不胜其烦，现在是战时，一切要争取时间，谁也不愿意那么办；如果说随时修改旅费给与标准，在目前物价上涨之速与机关公文之慢，事实上也无法补救。修改一条法令，最少两三个月才批复，多则三四个月以上，批下来又再转令下去，在交通邮递如此困难的今日，当下面接到法令的时候，给与标准早就已经不适用了，何况修改法令往往不止牵涉一部分，（如何）被上面接纳呢？旅费如此，其他项目亦复如此。所以造假账在目前差不多是无法避免的。

又比方拿私家银行钱庄来说，政府规定的贷款利率和黑市相差太远，事实上办不通，在规定利率没有变更以前，如果不造假账，那就只有关门大吉。在政府的立场说，也未尝不可以叫他们完全关门，可是现在政府并没有采取这一着。所以只要他们开门一天，他们便一天要造假账。在目前情形之下，工商界造假账是有他们的借口的。借口什么？事实需要。

为了说明这点，我先引一段故事。从前在上海某小报看过一篇文章，题目奇怪得很，叫《尊伪论》，我到现在还记得它大概的内容。他首先说，"虚伪当然要不得，不过有的时候也实在有它的需要"。跟着便举了两个例子：我家养了一个小孩，当他看到我和太太出去的时候，他一定吵着要跟去。我们因为怕街上人多车多，不易照顾，又怕他吵着买小吃，容易吃出毛病，所以每次一定要欺骗他：小孩，我们要到病院去，你去不去？他因为从前有了生病吃药的经历，当然不敢说跟去，只好乖乖地在家里耍。他又举另一个例子：我家有一个老头儿，年纪大，身体坏，已经患了第三期的肺病。他心里很忧郁，生怕自己不久人世，我们便安慰他：你放心好了，你的病没有关系，医生说总有一天会好起来的。最后便下这么个结论："可见欺骗并不一定是件坏事，上述两个例子的动机都是好的，是不是为了自己的私利，对别人也还有好处。"

像这种说，今日的工商界也可以借用。比方说，某经理主持的某工商团事业，去年赚了好些钱，但是他怕把真账目公开后，股东尽量地要求分息，职工尽量地提出分红，政府尽量地征他的税。这样还不要紧，万一明年时局紧张，或者物价暴跌，事业就会关门，所以在账目上尽可能表现出不很赚钱。在这种情形之下，便需要造假账。这种打算，在会计上说，是"稳健主义"。政府少征点税，股东少分点息，职工少分点红，事业便更稳健，即使遇到了风波，也不致塌台。事业不塌台，便是经济界金融界多福，也是社会国家多福。为公为私，都有好处。从这点来说，某经理的假账就可以问心无愧。因为他的动机不是为了自己，是为了事业的前途，为了经济金融的繁荣，为了社会国家的安定，这种做法在会计上是"非自利说"。

此外还有一种情形。我们常常听到社会上一般人和工商界人士有两种不同的说法：一种是说政府定的直接税率实在太高，我们没有办法支持。另外一种刚为相反：中国的直接税率并不高，外国比我们高，人家最高竟有达到百分之百的，而我们最高的不过百分之六十。关于这点，我们要讲公平话。我们的直接税率表面上并不高，但实际上的确是高。为什么？因为现在物价涨得太快，工商界所赚的钱，许多都是一种"浮利"，表面上的利润，不是真正的利润。甚而至有在表面上看赚钱，而事实上则亏本，因为它的表面上的浮利加上成本，不能从事再生产了。举例说，比方某商人以一百元买进一玻璃杯，隔相当时间后以一百五十元卖出。从表面上看，他已经赚了五十元钱，但是当时产地价格已经上涨到一百六十元一只，商人就不能以所得再买进货。这样就等于亏了本，至于运费、伙食、薪金、铺租、税额等项还没有算进去，否则亏本更多。像这种情形，目前并不是没有。因为物价实在上涨得太快了，拿外国直接税率来和我们比较，当然表面上是比我们高，可是人家物价并不如我们涨得这样快，合法利润始终存在。像美国、英国吧,从参战到现在,物价不过涨百分之一二十,事实上等于没有涨。如果我们的物价不是暴涨如是之快,当然税率百分之六十是低的。

我说这种话,并不是有意为工商界辩护,也不是存心责难财政当局,不过这是事实,现在社会上便有许多人不很明了这种情形,也有对他们说明的必要。谈到这里,也许有人会问我:"那么,照你的说法,你是主张削减直接税率,替商人张口的啰?"不!现在是抗战的时候,工商界少赚几个钱甚至亏一点本也是应该的,现在物价不容易稳定,物价很没有办法使它不减少不缺乏。(抗战已八年,海口全被封锁,国际路线运输量又极有限,这当然是不可避免之事。)谁的生活不苦?你在战前也许住洋房,坐汽车,吃大餐,拥有多少万万的家产,但是现在不是战前,有苦应该大家吃,我赞成商人少赚钱,甚至多捐献多亏一点本。不过事实也要顾到,现在一元钱不能作战前一元钱用,假如不造假账,任何一种生意,它账面上一定表现出盈余的,所以工商界认为现在情形是"虚盈实税"。本来,直接税的征收应该在利润上面去征。至于从资本上面去征,商人就吃老本。在这种情形之下,工商界一定会捏造假账,逃避赋税,其动机完全是为了保全自己,这种事实在会计学上是"自传说"。

从以上事实的分析,可见公务员和工商界的假账都有他们不得已的理由。我们常常看见一些人平生做事很认真,在别的地方一点不含糊、不放松,但是对于假账却安之若素,良心上仿佛并不觉得怎习难过,差不多大家相习成风,熟视无睹。兄弟对于这种现象无以名之,名之为"良心的变态",欺骗人家本是良心过不去的事,而现在大家公然欺骗、普遍欺骗,而自感良心上没有什么难过，这种当然不是人类正常的心理。尤其在我们高唱新生活运动，提倡礼义廉耻的时候，岂有认骗人为应有之事！其实，所谓道德观念，是因时间空间而不同的……可是欺骗就不然，我们长了这么大年纪，从来没有听说某地的人认为欺骗别人是应该的。而我们现在的欺骗别人，也可说是相互欺骗，竟然到了相习成风、毫不为怪的程度，竟然到了良心麻木、公然行之的程度，我们不能不认为是一个当前道德上、文化上最严重的问题，也是国家财政上最严重的一个问题！我个人的意见，政府要筹款，并不一定要从直接税着手：现在每年直接税收不过几十万万，在国家财政上这个数字并不算大，也可说关系很小，而实际道德上、文化上的损失就非常之大。如果没有这笔收入，从债公、献金、捐募等方面也可以补偿。

说到这里，我们可以触到问题的核心了。假账的内容既如此，其对道德、文化损害的严重复如彼，那么，我们怎样办呢？是不是有办法可以克服它呢？要克服假账，先要明白假账所以发生的真因，兹就个人意见，说明如下：

第一，以上分析公务员和工商界之所以一定要捏造假账，还不过是表面的原因，认真追溯起来，其根本症结是在物价。物价如果不涨得那么快，成本和利润很容易算出来，尤其再生产的价格不至早晚不同，工商界人士用不着多费心思去捏造假账。在目前情形之下，假账完全是物价暴涨后所发生的一种现象。物价管制不了，假账终是无法铲除。

第二，直接税的办理欠善有很重要的关系。自抗战以后，（国民）政府陆陆续续设置了一些管制物价的机构，陆陆续续颁布了一些管制物价的法令。管制当然是非常需要的，不过管得不好，流弊就很大。最近国家总动员会议已经撤销，经济检查队也没有了，如此管制物价的法令也不要了。这种办法，当然可能使假账减去了一部分。到去年，（国民）政府颁布了"直接税简化稽征"的办法。（国民）政府抽税用不着一家家去检查，由各行业工会拟订一个标准经（国民）政府核定后，税局便根据这个标准以工商单位每年缴的营税额的多少去定所抽的税额。这样一来，似乎不需要再造假账了。其实并不尽然，假账的确可以减少，但并没有减少好多。过去造假账的技术是表现利益之小，而现在则转移到表现营业额的少，所以假账仍然不免。这种情形，在座诸位都很清楚，你们到街上买东西，商人常常不开发票，这就是逃避营业税和直接税。有些商店发票是照开的，不过有两种，一种是预备纳税的，一种是秘密藏起来，真真不造假账的还是极少数。

照这样说，在目前我们怎样去对付假账呢？个人意见认为：

第一，我们先求诸己，站在会计师的立场，我们不核假账。本来会计师的任务相类于警察，警察任务在防范奸宄，维持社会治安，会计师的任务防止假账，维持社会信用，应该从积极方面劝告大家干涉人家造假，不过在目前情形之下，这点没有办法做到；不但没有办法做到，而且被人家误会，说我们帮人家造假账。我觉得与其替人家审核假账，反而被人家误会，倒不如索性暂时不干。像兄弟一样，已经干了二十多年的会计师，它是我的终身职业，可是从去年起我就宣布暂时不做查账的工作，除了和纳税无关的账，如慰劳总会案、美国援华会案、新兵服务社案等，兄弟还接受，其余就不愿办理。我相信任何一位同业，从他宣布暂停查账工作后，他绝不至饿死，因为还可以干别的工作。兄弟不当会计师，便当我的教员去，他们也相信可以找到别的工作，不至于失业。兄弟认为假账绝不会永远那么普遍继续下去，抗战之后便可以逐渐减到最低限度，至时我们就可以恢复我们的工作。也许因为我们不肯同流合污，取得社会人士的信任，暂时不干，将来工作更多，所谓"失之东隅，收之桑榆"。至如有人说，现在当会计师全体都不干，也不见得假账就可以绝迹，那么，我们可以答复他：不错，我们全体不干，假账依然会存在，不过我们不愿同流合污，玷污了自己的神圣任务。这种消极的抵抗，也许可以引起社会人士和政府的注意与反省，决不是没有效果的。

第二，希望大家不造假账。公务员姑且不说，工商界就应该不造假账，固然现在税率不算低，不过多纳一点税也是对国家的一种应有的贡献。为了抗战的胜利，为了民族的生存，为了子孙万世的自由幸福，毁家纾难也可以，何况多纳一点税！公务员、教职员、文化工作者，他们已经为抗战而贡献一切力量，为民族生存而吃最大的苦，工商界的朋友虽然享受不如战前，相信绝不如他们的苦。对外打仗的时候，有苦应该大家吃，工商界同志不应该落在他们之后！而现在距离抗战胜利并不远，我们只要一年多的光荣，在这一年多里，即使多纳一点税，也不至于受多大的影响。也许有人说，现在税率不公平，政府不体谅我们的苦衷。其实，在大敌当前的时候，计较得这许多公平不公平，大家该记得，民国廿八（1939年）、廿九年（1940年）的重庆大轰炸，管你是多大的事业，炸弹一下，全归于尽！现在好了，敌人没有力量来炸我们了，但是你不能说敌机不来炸，便松懈了自己对国家的责任，斤斤计较起公平来了。

第三，希望大家发动舆论制裁，光是会计师不查假账，劝告人家不造假账还不够，还要有一种力量去纠正它。我们先决定一个前提，造假账是一种欺骗。欺骗别人是不道德的、良心不安的、为社会所不齿的，然后根据这个前提发动舆论力量予以制裁。人总是要顾全信用的，"人而无信，不知其可也"！尤其是工商界人士，谁都不愿意丧失自己的信用，尤其不愿意公开地丧失自己的信用。对一个人造假账，不过丧失一个人对他的信用，他的顾忌还少，如果公诸报端，使大家都知某人或某号造假账，这就等于丧失他们全部的信用。这点对他们的威胁最大，如果舆论能够做到这点，假账可以减少很多。

第四，以上三种方法，都是治标的方法，要根除假账，还是要从治本着手。治本方法是什么？就是物价稳定和修改税制。光就物价来说已经超过本题之外，我不能多说。当前的物价始终是我们最严重的一个问题，政府当局早就在苦心焦虑，想求得它的稳定，但是物价上涨的主因很多，也很复杂。在目前情形下，没有办法使它绝对稳定，不过我们不能因此就不努力求得稳定。只要物价稍微稳定，假账现象一定可以大为减少。其次就修改税制来说，我在上面已经说过，直接税每年所得很有限，假定说，直接税不能废（我不是不赞成直接税，在理论上说，直接税当然比间接税进步得多），那么，所以"简化稽征"还不够。以利益多少作为抽税标准固然害多利少，以营业税额大小作为抽税标准也不能杜绝假账，比较平允的方法，是按照货品涨价的程度抽税。哪一种货品涨价高于物价指数时就多抽一点税，低于物价指数时，就按实际情况，或者少抽，或者不抽。工商界对现行税制已经有过研究，他们也表示请求修改税制，这点能够做到，假账也可以大大地减少。

总括一句，目前的假账是社会上一种"变态的心理"，是物价高涨后的必然结果，现在已经到最普遍、最严重的阶段，我们不能设法补救。根本补救的办法当然最重要的是稳定物价，不过物价不易稳定，不得不思其次，其次就是修改税法。在这两种办法没有做到前，只有一方面希望舆论制裁，另一方面希望反求各人的良心，不造假账，多纳一些税，固然减少自己一些收入，使自己的生活苦些。但是苦也是短期的，而且还有人比我们更苦，我们的敌国人民比我们更苦，快到胜利的时候，更苦些也得忍受，因为战争的胜败决定于最后五分钟。大家不肯受苦，会影响抗战，延长抗战，大家少赚些钱，多吃点苦，胜利会快些到来。

以上所讲，都是大家时常耳闻目见的事实，兄弟不过站在会计师的立场向大家作一次分析而已，耽搁大家宝贵的光阴，很抱歉。

（载《文化先锋》1945年第5卷第14期第3—8页）

坚守家国情怀的爱国者

01 义勇军赋怀

更不见当年暴秦势力莫与京,蚕食鲸吞肆兼并。又不见齐楚燕赵,日日纷争,坐令虎狼羽翼成。古今情事初不殊,大好河山强占据。异军苍头看突起,誓死抵抗无犹豫。白山黑水风凛凛,人乏饷糈①马断饮。大呼杀贼向前进,转战不分昼与寝。冰天雪地寒澈②骨,械弹两竭犹奔突。前仆后继胫膝没血,将军誓愿阵前殁。如此义勇气盖世,宁可秦越相坐视。匹夫兴亡与有责,投袂缨冠③尚何俟。弦高犒帅救郑国,输财助边汉卜式。今古人岂不相及,毋令后人笑我拙。吾闻海上花国选总统,敛钱将以饷义勇。须眉如何逊巾帼,对之能无增愧色。又闻救济难民特组游艺会,得资悉数酬赈灾。但冀解囊多慷慨,一举两得数善备。勿再观望与徘徊,同胞救国典乎来。

(载《上海商报》1932年12月19日第6版)

---

① 饷糈,音 xiǎng xǔ,粮饷。
② 澈同彻。
③ 投袂缨冠,挥动袖子,散乱头发,形容匆忙急迫,立即行动。

02　王志莘潘序伦发起募集思源助学基金宣言

志莘生寒素之家，幼年孤露，赖母氏劬劳鞠养，仅获就学；其间辛苦艰难，迄今思之，犹为泣下。序伦亦早孤，家不逮中人，勉完普通学业。吾二人者各几几辍学矣，顾年少气盛，立志向上，间复执役，博酬金以充学费，而前程辽远，急足违，心无所为计。天鉴孤寒，乃有素未深识之厦门李昭北先生，以志莘为可与有为也，慨然邮赠三千元，供国外留学费，得此意外之将伯，屏当成行，感奋乃至无地。同时复有南洋兄弟烟草公司总理简照南先生，以实业家而宅心慈善，念青年苦学之可怜，手斥巨金，悬格考选，序伦谬承录取，送美留学，时逾三年，费逾万金；微简先，以伦之力微，岂能办此？今者，志莘序伦虽所学愧无心得，幸荷社会不弃，亦既执掌一部分业务，勉行所志。清夜追思，不禁相与泫然①曰：生我者父母，教我者师长，而资我以有成者，其惟二先生乎！客说魏公子无忌："公子有德于人，愿公子忌之。若有有德于公子，不可忌之。"今二先生施而能忘矣，曾受者而遂忘之乎？不忘奈何？如所受以璧返二先生，二先生不纳也。抑亦非二先生意也。二先生何意乎？亦惟挚爱有志无力之青年，而欲助以有成耳。盍承二先生之意，广二先生之德？志莘序伦力虽未逮，其

---

① 泫然，泫音 xuàn，伤心流泪的样子。

勉为之。相与议定，志莘出三千元，序伦出一万元，合组助学基金，名曰"思源"。既饮我矣，而勿思之乎？既饮且思矣，而勿还以饮人乎？志莘所出，命曰昭北基金；序伦所出，命曰照南基金；各以思其人也，亦使饮此者还复思之也。一切组织，具如简章。他日志莘、序伦而力有加也，固不敢以此戋戋①自画也。

嗟乎！人之欲善，谁不如我！其始也简，其毕也巨。人有同于志莘、序伦之所遇而有所思也，他日受此金者，勉焉成其所学，而有所思也，风雨鸡鸣，盍兴乎来？志莘、序伦其虚席以待。

1929 年 11 月

发起人：王志莘　潘序伦

（载《国立浙江大学校刊》1930 年第 21 期第 278 页）

---

① 戋戋，戋音 jiān，少，细微。

03　为苏属数十万难民请命

溯自国难以来，吾民之流离转徙无论矣，而委会道路为讲中瘠者，亦宁能胜计，幸赖世界红十字会上海总会联合江北各分会，本饥饿溺之怀博施济众，于覆帱①之下喘息稍安。

惟是普遍之救济，方有待于筹维，乃广袤之灾区，又复项背相望，战事方兴未已，灾黎蚁聚愈多，诚哉如水益深，如火益热，哀哀吾民黄杨厄运，何竟悲惨悲惨至此耶？

近据江苏各旅沪同乡团体联合救济会缘起所载，"大江以南灾民之趋避江北者，数远数万人"。此外接踵奔赴，尚源源不绝，无衣无褐，露宿风餐，疾病侵寻，伤残迭乘，是皆吾苏民也！奚能恝然。苏属各县同乡爰有共同组织联合救济会之创设，解衣推食，髣髴②生死人而谋肉白骨，大德曰生，善莫大焉。

但灾区既广，灾黎③若是其多，源源奔赴者，暂姑勿论，即就现在以观，灾民之救济筹维，经费已属不赀④。谁无父母，谁无妻孥⑤，兔死狐悲，

---

① 覆帱，施恩。
② 髣髴，同彷佛。
③ 灾黎：灾民。
④ 不赀：指数量大。
⑤ 妻孥：妻子儿女。

物伤其类。人之欲善，谁不如我，想我同乡诸君，同深民胞物与之怀，施舍为仁之义，一滴杨枝之水①，再生种福之因，斯其时乎？

聚沙为塔，款不论其多寡，集腋成裘，期在善与人同，幸祈慨解仁囊，广施义粟。指囷②之美，庶不让乎先贤，则报施不爽，食德岂仅垂裕后昆，爰呼将伯③，谨为数万灾黎顿首请命。

（载《新闻报》1938 年 1 月 19 日第 2 张）

---

① 杨枝之水：起死回生甘露。
② 指囷：慷慨资助朋友。出自《三国志·鲁肃传》。
③ 将伯：请求长者帮助。

04 当今会计人员对于国家社会应尽之职责

全国无线电听众、全国会计界同仁：

我国抗战建国的工作，进行到现在，已历六个年头，我们全国数十万的会计界的同人，在此大时代中间对于国家社会和抗战工作，应该担负什么责任？这是我们应该给予检讨的问题。本人今天想把这项问题，来和全国会计界同志检讨一下。

基督教《圣经》中说，耶稣是世界的盐。我们也可以说会计界人员是全面抗建工作中的盐。怎样说呢？盐在食品中间，不仅给予人生以必要的原料，且调和了食品的滋味，更紧要的是对于食品和身体，发生了防腐的作用。目前抗战工作，照一般人的意见，都认为七分靠在经济、三分靠在军事。我们会计的工作，在经济方面讲起来，实在和食品中间的盐，同一重要，因为会计工作成为公私机关事业中主要工作的一部分。会计上了轨道，能使整个机关或事业的各项工作，得以协调。尤其重要的，会计人员可以防止机关事业中不良分子的腐化，使他们得保存他们健全的道德，得以尽他们应尽的职责，所以我们会计人员，实为抗战工作中七分经济方面的重要分子。我们会计人员对于国家社会，如果能尽我们应尽的职责，我想全面抗建工作，必能顺利完成。万一我们不克尽此职责，全面抗建工作必受着重大的障碍。我们想起了这项问题，我们不能不凛然感觉到自身职责的重大，并不得不向全国会计界同仁恳切地呼吁，把握着一致的态度，直向着唯一的目标，努力前进。

我们现在来检讨几个具体而重要的问题，目前抗建工作中最重要经济的工作不外为（1）增加国家税收，（2）节省国库糜费，（3）管制工商，（4）限制物价等几项。我想这几项紧要工作，若得我们会计人员的赤心协助，决不难顺利推行，达到完满的目的。试就增加国家税收来讲，目前国家最重要最该扩充的税源是直接税。但工商各业和个人应缴直接税的估计，完全靠在他们账上的记载。目前纳税义应务人的账目，不能不说有许多的诈伪。诈伪的目标，在于逃税。此风倘若听其蔓延，不加阻遏，则不仅对于国家税收大有影响，且使国民道德整个堕落。凡我服务于工商的会计同志，务要激起爱国爱人己之心，对于其所主管的账目，至少不可有丝毫诈伪的行为，以助长其业主逃税企图。设业主有诈伪逃税企图，我们会计人员应立即谢绝其工作。这一点是我们会计人员对于国家社会应尽最低的职责。我工商会计界的同志，果能人人如此，我想国家税收必能大大增加，对战时财政社会金融亦大有裨益。

次就节省糜费来讲，现在政府厉行超然主计制度，便是希望我们会计人员来负积极监督国库收支的责任，全国百万公务员中，自难免有相当数额之不良分子，在那里假造报销账目，侵吞国家公币。倘我会计人员，尽能激起天良，严守岗位，对于各机关的账目，绝对抱着不做假账、不隐蔽舞弊的态度，则不难使全国全体的公务员顽廉懦立，国库许多不正当不必要的支出，定可一扫而空。

再论管制工商限制物价等要政，目前政府当局，正为此事苦心焦虑，大声疾呼，我会计界同志，倘能把各业的存货账目、进货销货账目，记得整确，不允作伪，则极便囤积及售价之检察。管制工商及限制物价等工作的推行，实不应发生任何困难。

自然我会计人界的同仁，果要尽他尊严的职责。第一要不怕外界的威胁、不顾私人的利害，秉着革命牺牲的精神，来伸张会计的正义。最近会计界发生两件不幸的事情，也可说是两件光荣的事情，一件是广西某工厂的会计主任李喻秋君因严格执行他的会计职务，举发了该厂庶务员的中饱事实，便被该庶务员枪杀于办公室内；一件是某部查账员顾咸曾君，为着尽量举发了该某部附属机关账目上的积弊，严办了此等舞弊的人员，竟于上月在本市南岸遭人枪击，致受重创，幸未致死。我们会计界中有这两位奋不顾身的勇士和会计界的仇敌（即制造假账侵吞公款的人们）奋斗的确是我们会计界光荣，在我个人尤其觉得光荣，因为李、顾两君多是我们的学生，并且在立信会计师事务所或立信会计学校担任过职务。我们会计界的同仁，若能效法李、顾两君，不仅自己绝不作伪舞弊，并且要严密防止他人的作伪舞弊，则我们对于国家财政工商管制及物价限制等项工作，定有为他人所不能企及的贡献，因为我们所主管的会计工作，实在是国家财政和社会工商的中心工作。我们倘不同流合污、作伪舞弊，弊端绝难发生，也绝难长久隐蔽。那时候，我们会计人员在抗战过程的七分经济中间，的确发上了盐的功用，国家社会亦决不会仅以"无关紧要的技术人员"曰我们了。

不过还有一点要向一般社会人士吁请原谅的，我们会计稽核人员，对于各界的工作，从积极方面说来，固然不免委给他们以莫大的协助，从消极方面说来，有时不免要给他们莫大的麻烦和妨碍。但念到社会要因防止不法行为，所以设置法院和警察，社会因要防止经济的弊端，所以需要会计。在会计人员严格执行他尊严的职务，担当重要的责任的时候，各方面利害关系人总要记着，这是他们会计人员应尽的天职，并非对于任何人事有什么私怨：务要原谅他们，所给与各方面麻烦和不便，不要仇视他们，否则上文提的惨剧随时随地都有发生的可能了。

我们国内百万会计同志呀！我们就业于国内各地的数万立信会计同学呀！我们务要不为威屈，不为利诱，不造假账，不隐弊端，借以协助政府对于工商和物价的管制，维获国家税收，扫除营私舞弊，增进国民道德。

（载《会计知识》1943年2卷1期第1—3页）

第二篇

潘序伦书介与书评

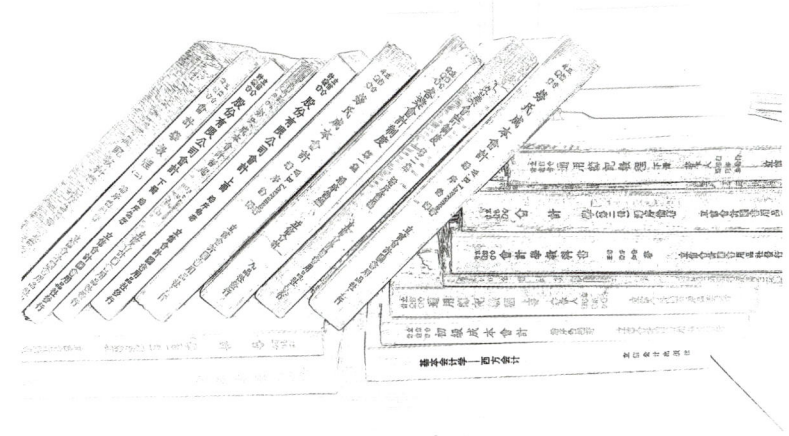

导读

诚如李云良在《读编辑立信会计丛书经过书后》①一文中所言："潘序伦先生曩主各大学会计讲席，桃李成阴，传授至广。十年来，以会计师为业，所计既当，声誉鹊起，蔚为斯业之泰斗。而迩岁以还，鉴于我国会计学术之消沉，毅然于从业之余，竭其精力财务，以宏斯学于中国。既编《立信季刊》②，风行于世。复有"立信丛书"③之著述，方兴未艾。以一人之力，导我先河，诚可谓毅勇卓绝者矣！"

"立信会计丛书"与《立信会计季刊》是潘序伦从事出版工作取得的代表性成果。两者形成了相辅相成、互为促进的关系，是书刊良性互动的典范，也是发扬会计学术的重要阵地，为中国会计事业的进步建立了不可磨灭的功绩。

书评与书介从某种意义上来说是沟通"立信会计丛书"与《立信会计季刊》之间的桥梁。潘序伦十分重视书介与书评，不仅在《立信会计季刊》中设置了《书评》《书报评介》《资料》《附录》等栏目，搜集和整理国内外最新学术动态资料和出版成果，以飨读者，而且在《申报》等大型报纸上也刊登了"立信会计丛书"的相关出版消息。本篇选取的《为讨论"改良中式簿记"致徐永祚君书》《论连环账谱》《史学园地里的一朵新葩——读中国会计史稿（上册）后》三篇书评，在某种程度上体现了会计文化的继承性与发展性，是研究中国近现代会计历史文化的重要参考资料。

---

① 李云良.读编辑立信会计丛书经过书后[J].出版周刊，1934（100）：14-16.

② 《立信季刊》是指《会计季刊》，由立信会计学校同学会创刊于1931年。自1933年起，《会计季刊》更名为《立信会计季刊》，所属机构变更为立信会计师事务所。

③ "立信丛书"是指"立信会计丛书"，由潘序伦主编。

书介

01 编辑立信会计丛书之经过与现状

立信会计师事务所编辑部

一、编辑之宗旨

考会计一学,应用殊广,上而国家地方之财政,次而工商企业之经营,下至个人家庭之收支,莫不须借会计,以资记载,而便整理。良以管理收支及经营企业上所有一切方略之决定与实行,均有赖于正确详明之账目,以为根据,而会计纪录,即为是项目标而作者也。昔者,会计之在我国,向不甚为人所注意,以致方法幼稚,组织紊乱,至于今日,国家地方财政之未能整理,工商企业经营之未能发达,以及个人家庭经济之管理失当,其原因虽有种种,而会计制度之不良,亦不失为其中主要原因之一。故在今日之我国,对于会计学之研究,实为吾人当务之急矣。

幸也最近数年之间,国人对于必须改进会计之认识,已渐见普遍,以会计为研究讨论之对象者,亦日见增多。各机关及工商企业之实施或改革会计制度者,尤多纷纷而起。是诚为我国民生问题上良好之现象。不过今日我国会计界所同感严重之问题者,既为国内会计读物之过度缺乏。盖吾人日常所恃为参考之资料,与商科学生之采作课本者,舍欧美诸国之原版书籍外,在本国出版界,竟少适当善本可得。至于外国书籍,文字上既多隔膜,法律习俗上,亦均扞格难合。如此而欲期我国会计学术之迅速进步,会计制度之普遍改良，不亦难乎！

敝所同仁，日处身于会计事务之中，感受此项需要，尤为切迫。数年以来，无刻不以编辑会计书籍自期，只以人事纷纭，时作时辍，所得成效，既缓且鲜。洎乎①去年春季，实觉此项计划，无可再延，乃分拨时间，集合同志，开始编著"立信会计丛书"，进行以来，忽忽两年，未敢稍用怠人之愚；只求丛书内容完备，切合实用，不惜牺牲巨量之时间与经费。是区区推进学术之微意，当为全国会计界所鉴许也。

二、编辑之方法

著书立说，原非易事，设若草率从事，则虽汗牛充栋，于事何补。本丛书编辑之初，同仁等以次列数端自约：一曰材料必须切实，二曰说理不厌详明，三曰编制注重合理，四曰文笔力求畅达。兹请申说如下。

夫编辑应用技术之书籍，其第一要件，莫若其内容之切于实用。盖否则徒劳无功，灾及梨枣而已。本丛书对此标准，首加注意，各书所作学理及实务之讨论，无一不参照本国实情，其中尤注意于法律规定及商界习俗。一书之备作学校教本者，则对于课程标准，教材分配，均经详细研讨，书成以后，复必用油印讲义于本所附之会计补习学校中先行试教一二次，以观其是否合用。若有欠妥之处，不惜再三更改，务待教师学生均认满意，始付剞劂②。书中每章之末，皆附有极丰富之问题习题，以备学者之习作。其中比较繁复之习题，为数不少，为便利教师阅卷起见，又另编习题详解，以供参考。凡此种种，无非对于切实之标准，而为努力。此其一。

---

① 洎乎：洎音 jì，几乎。
② 剞劂，音 jī jué，本意为刻刀，指雕版或出版。

本丛书中对于理论之研讨，实例之说明，其重要者均不厌求详，列举例题，反复申述，总使学者阅读以后，即可全部明了，而无扞格不通或一知半解之苦。此其二。

一书之取材既切实矣，说理亦详明矣，然若无妥善合理之编制方法，则系统紊乱，读者仍难免茫无头绪。此犹一团体之各个分子虽佳，但无良好健全之组织以绳之，则仍与一盘散沙等也。本丛书对于各书之编制，悉经苦心计划，不论巨纲细目，均使支节相承，其间组织系统，均使可合可分。盖如是始能有条不紊，易于了解也。此其三。

除以上三者而外，一书文笔之流利畅达与否，亦颇重要。盖如文字生涩难读，则读者亦每难了解。故编辑本丛书之际，对此标准，亦极端注意，一稿之成，必经数度修润，以待全部顺妥而后已。此其四。

以上数项，不过至编辑本丛书时，同仁等所据为努力之目标，同仁等愚陋无状，实不敢稍存自是之心。倘蒙海内专家，有以教进，则咸幸深矣。

三、丛书之内容

至本丛书之内容，已出版者计十有二种，正在印刷及编辑中者亦有十有余种，依所定计划，预计再度两年，可有会计专门书籍约三十种，出而问世。本丛书为图读者之购置便利起见，均归商务印书馆代为发行。兹将各书名称及内容，略作说明如次。

甲、已出版者

（一）《高级商业簿记教科书》　潘序伦编著

我国近来坊间出版之簿记书籍，虽已不下数十余种，但就编者十余年中教授簿记之经验看来，仍多未能完全适用，因而有本书之作。本书说理以浅显周到明了为主，各章所举实例，特别增多，且不厌求详，反复讲解，故内容较国内出版之他种簿记书籍，约增半数，而卷帙则倍之，共计三十余万言。至于编制顺序，则由浅入深，由简入繁，先论借贷，由分录逐步推进，以至决算；次就商事企业所习用之账户，分章详论，次论特种分录簿、统驭账户，及结账时账目之整理与决算，次论次要之补助分录簿，复次论合伙及公司所特具之记账方法，最后论寄售会计、支店会计、单式簿记，及簿记实务与规则。此种编列方法，就编者历年教授经验观察，深信学者在读习时循序渐进，决不致有索解艰涩之感。

本书备国内商科大学初年级及高中商科学生之用。查教育部规定之高中商科课程表，簿记一科，定为六学分，教授一学年，每星期三小时。今本书共分四十章，每学期各授二十章，其间支配，迭经实地施教，认为恰当，并无过多过少之缺憾。

本书又为学者便利实习起见，对于书中实习题所应用之账册表单等文件，另编有《实习题应用文件》全套，又为便利教师批卷参考起见，并演有《习题详解》一书。惟须有学校教务处来函证明购买详解之人，确系该校之簿记教师，方可发售，以免流弊。

本书自民国十九年（1930年）出版以来，先后再版已至五次，行销已达三万余册，各校之采为教本者，日见增加，足证其编制之适当，内容之完美。现订正版亦已出书，不仅原版错字均已改正，内容方面，亦多增改，且定价方面，较前更见低廉。幸国内商科学校注意。

（二）《英文高级簿记会计》 潘序伦编著

本书内容，与《中文高级商业簿记教科书》相同。精装一巨册，计四百五十页。文字浅显,颇便于英文程度稍浅者之修习。商科大学一年级或高中用作教本,最为合宜。所有上列中文高级商业簿记之《实习题应用文件》及《习题详解》,亦可移用于此书。

(三)《会计学》 潘序伦编著

本书内容,共计十编,都九十余万言,分订上下两册,第一编叙述会计学之基本原理原则,第二编详论会计之记录,第三编说明会计上各种实务之处理手续,第四、第五、第六三编讨论特种企业之会计记录,计为合伙、公司及工业三者,第七编详论各项财产之估价及其会计上之处理,第八编为决算表之分析与解释,第九编为企业之解散清算与破产,而最后一编则为遗产及信托会计。其所涉之广博,论理之精细,以及编制之慎密,实为著者两年来精心殚虑之结晶。非但在国内会计学出版界为空前之作,即较之欧美诸会计名著,亦无多让。

本书适足供大学商科每星期三小时两学年教授之用。第一学年用上册,第二学年用下册,上册已经出版,下册正在排印中,至本年十月底亦可出书。本书亦附有《习题详解》,不日出版,惟购买者以学校会计学教师为限(以下各详解亦同)。

(四)《高级会计学》 潘序伦、王澹如合编

本书为根据潘著《会计学》而加改编者,全书达四十万言,共分二十二章,首三章述会计学之基本原理原则,自第四章以迄十二章,乃就一般组织之企业及特种组织之企业,而讨论其会计之记录,自第十三章至第二十章止,则就各项资产负债及损益,研究及估计其内容,第二十一章则就决算表所示各项数额,加以分析与解释,最后一章则讨论一企业收束

清算时之会计原理及方法。举凡会计学上之重要问题，均已详细涉及。各章编制，互相联络，一气呵成，极便阅读。

本书备作国内大学或高中商科二年级学生教本，适足供每星期三小时，一学年六学分教授之用。凡在一年级习过簿记或初级会计者，均可适用，若已读过潘著高级商业簿记教科书者，习之尤宜，盖本书程度，以衔接该书为编辑之标准者也。

本书亦附演有《习题详解》，不日出版。

（五）《公司会计》　潘序伦编著

本书完全参照我国现行《公司法》之规定而编成，全书共分十九章，都二十五六万言，关于公司之设立、集会、股份及公司债之发行，以及改组合并清算等项之会计手续，无不详为论述，切合大学商科每星期三小时计一学期教科之用，即各公司之会计职员，亦应人手一编，以作职务上之参考。

（六）《成本会计》　劳伦斯原著　潘序伦译

本书内容，理论与实务并重，除研究成本会计中各项步骤之原理原则外，对于此项理论之如何应用于近代制造工业，阐述尤详。至论编制，则可分为三步，初述成本会计之性质重要及其功用，继之以成本会计原理之概要，最后则详论成本会计之各步实施方法。叙述时，为使学者易于明了起见，书中随时插入实例，或用分录，或为算式，务求其清晰详明。此外，复附有各种图解及表解，学者按图索骥，对于成本会计之整个机构，得不难融合而贯通之。又为应事实上之需要起见，特于篇末，附有问题习题多则，再附有实习题一则，是无非欲使学者于学理与经验两方，均得同时并重也。

此书原为英文本，我国各校久已采作教本，其内容之丰富，编制之完善，举例之明了，均非其他成本会计书籍所能企及。今译者以极简洁忠实之笔，译为中文，全书连习题约计四十万言，大学用作教本，工厂人员用作参考书，最为合宜。自本年二月初版出书，未及三月，即行再版，可见各界对于此书，其需要若此之急也。本书亦附有《实习题应用簿册》及《习题详解》，均已出版。

（七）《成本会计教科书》 潘序伦编著

本书为根据上译劳伦斯原著《成本会计》而改编者，全书约二十万言，适合高中商科每星期三小时一学期教科之用。其说理之精细，编制之妥善，与上列成本会计一书相同，不过删其次要及过详之处，而留其纲要也。本书每章之末，亦附有极多之问题习题，以供学者习作之用。

（八）《政府会计》 潘序伦、王澹如合编

本书系根据我国现行法令，参酌西邦政府会计原理编纂而成。所包内容，及于政府会计制度之全体，计分总论、预算、收支、决算及审计五编，均以整个政府为主，以各个机关为附，而说明其程序。书中关于簿记方面，悉照统一会计制度作成，而对于预算账各科目之分录与结算，更详为解释及举例，务使会计程度较低者读之，亦易了解。又考我国原有各官厅簿记书籍，对于账册之登记，类多无习题之编制，初学者未易得益，本书除列登记实例外，又加入习题若干，使研究者得自行演习之机会。书末并附录关于政府会计之重要法令三十余种，极便查考参阅之用。

全书内容，虽有四十五万言，惟例题习题及附录占去半数。故本文并不甚多,甚合商科大学及高中采作一学期三学分教科之用。若政府机关会计人员得手此一编,则处理一切会计事务,亦均能了如指掌矣。

(九)《银行会计》 顾准编著 潘序伦校订

本书著者为本所会计夜校银行会计科专任教师,内容分成二十七章,都三十万言,依次论列银行业务、银行组织、银行会计总论、银行各部分之实务与会计,以及决算等项目,此外对于储蓄会计、发行会计、成本会计、会计检查等项,亦均详加论述。全书取材,注重我国各银行之实际情形,而对于近来我国银行会计方面之改进,尤多讨论。

本书备作商科大学教本及银行职员参考之用,高中商科之程度较优者,亦可适用。全书编制及分量,曾极力求其适合此种需要,如用作教本,则足敷一学期三学分或一学年四学分教授之用。

本书另附有《实习题应用簿册》及《习题详解》,不日出版。

(十)《交通会计》 张心澂编著 潘序伦校订

本书为我国会计文献中之创作,计分五编,一总论,二邮政,三邮政储汇,四电政,五航业,共三十万言。著者担任或主持交通部会计稽核事务,垂二十年,经验之丰,国内罕有伦比。此书之能切合我国实际情形,有由来也。交通界人员及大学会计系交通系教师学生允宜人手一编,借作参考。

(十一)《各业会计制度》(第一集) 各专家著 潘序伦编

本书内容,约计三十余万言,集合各业会计制度九篇,计有航业、证券经纪商、矿业、影戏业、卷烟业、橡胶业、纺织业、国外汇兑、电气事业等。著者均系各业会计专家,内容切合我国实情。会计师及各界用作参考，大学商科用作教本，诚属一时无两。至于第二集第三集则正在努力编辑中焉。

（十二）《会计名辞汇译》 立信会计名辞讨论会编著

我国会计名词，素不统一。去年本所同仁等着手于"（立信）会计丛书"及《会计季刊》之编辑，第一步所遭遇之困难，即为译名之无一定标准。于是集合同仁，时加讨论，积有结果，乃有本书之编辑。本书搜集会计名词二千四百余字，每字之下，先附录我国原有译名，再列本会选定拟定或暂拟之译名，末附备注，以资说明。至于名词之选择，则全凭三项标准，即涵义切当，习用普遍，及用字简赅是也。本书虽以时间匆促，难免无疏漏之处，要为目前会计界关于会计名词之最有用之参考书籍。

考此书出版以来，由本所广赠会计学术界同仁，征求意见，刻承同志不弃，纷纷惠投佳稿，或增辑遗词，或讨论译名，或研究编列方法。兹在《立信会计季刊》中，将此等惠稿，先行陆续发表，同时再将本书，酌量采纳各家意见，加以修改，不日即可再版出书矣。

乙、在编辑中者

上列会计书籍十二种，均已于本年八月前陆续出版。尚有下列各书，则正在编辑之中，兹先将各书之编辑计划，一一发表，借以就正于有道。

（十三）《审计学》 潘序伦、顾询编著

本所潘顾两会计师之编著此书，于四年前即已着手进行，惟因审计一学，既为会计各科中最高深之一门，且中外会计之实务又属情形各殊。苟使随便移译他国审计学一类书籍，而不将本国审计上所特有之情形，详加列论，自行著述，则虽草草成书，仍未见有若何价值。著者因欲此书之达于实用完善,于是下笔既迟,而修改则频,迄今全稿告竣,其间已数易寒暑与稿页矣。本书现正以油印讲义,在本所会计学校试教,并请专家复阅,以便在内容及编制上作最后之修正。预计至迟明年二三月间,定可出版。

又本书计共二十九章,都凡三十万言,举如审计之意义、种类、效用,查账之准备工作,资产负债表审计,详细审计,证明书及报告书之编制方法,以及我国会计师业务等项,靡不根据我国实情,参酌欧美学理,一一详加叙述。每章之后,并附问题,堪作大学会计系高年级学生教本,并适于会计师查账员参考之用。

(十四)《审计学教科书》 潘序伦、顾询编著

本书为根据上列《审计学》一书节编者,备供高中商科及职业学校一学期教科之用。盖因上书内容过丰,说理过细,必须加以删节,方能合于高中程度者之习读也。全书约计十六万言,准与上书同时出版。

(十五)《查账报告书及工作底稿》
(十六)《审计问题》 } 顾询、钱迺澂编著

审计一科,名虽为学,实则应用之时,性质殊偏于术。故查账员仅用书面工夫,而不讲求实务,自不足以臻得心应手之妙,而图胜任愉快之功。本所有鉴于此,除编著审计学而外,另由顾、钱两会计师搜集各种工商企业、政府机关、慈善团体等等之查账报告书及证明书,以作楷则。又编辑全份查账工作底稿,以资仿照。至于审计问题,有关于检查弊端者,有关于估价原理者,有关于报告方法及查账程序者,亦为根据实际情形,参照英美各书,编成一百数十则,俾研究审计学者,多得实习之机会。故本书如与《审计学》或《审计学教科书》互相参照习读,更可收事半功倍之效。

（十七）《会计问题》（第一第二集） 陈文麟、施仁夫、唐文瑞、顾准等合编

本书内容甚巨，故由本所编辑部同仁合力编辑，以为修习高级会计学者之补助学程。第一集包括较为简易之会计问题约百余则，其程度及分类，适与潘著会计学相符。内中半数附有详解，半数则仅列问题，留待读者自解，以当练习。第二集搜罗多种会计难题百数十则，大都系英美会计师考试之命题，专供高等及专门之会计人员所练习者，用作大学会计系三四年级学生教本，颇为适宜。

（十八）《会计数学》 李鸿寿、莫启欧编译

坊间所出之商业算术，类皆浅近，所述多系利息、现值、年金、债券等较为简易之问题，故只可供初中或高中教本之用。本书则材料之搜集特丰，内容之讨论持详，除对于利息、现值、年金、偿债基金及债券等之计算，作详细而高深之研究外，他如折旧、生存、年金、人寿保险以及房地产投资等计算，无不作精密之叙述。最后并加论对数及级数二章，以供计算上参考之用。

按数学一道，最重练习，若仅凭空文讲解，颇难彻底明了，欲求熟练而能自由运用，更非多做习题不为功。本书为适应此项需要起见，特于每章之末，附有习题多则，以供学者之演习。

本书附表特多，如复利表、现值表、年金表、年金现值表及对数表等，均极详尽。其中复利表现值表、年金表等之利率，由一厘以下以至二分，而期数亦由一期至三百期之多，查阅极便，此实亦为本书特色之一端也。

全书正文约二十余万言,足供大学或高中商科一学期三学分成一学年四学分之用。

(十九)《各业会计制度》(第二、第三集) 各专家著 潘序伦编辑

本书第一集业经出版,兹续请各业会计专家担任撰著,预计内容,有出版业、报馆业、纱厂业、面粉业、旅馆业、人寿水火及其他保险业、典当业、餐馆业、信托业、百货业以及学校医院俱乐部等会计制度,此后拟每年出版一集。本书可作商科大学会计系之教本,及各界会计人员之参考用书。

(二十)《立信会计论文集》 各专家著 潘序伦等编辑

本所编纂立信会计季刊,已经出版六期,内中极多有价值之专著,足为大学教科之参考读物,尤足供各会计专家之研究资料。兹择其尤精而有永久之价值者,编辑成书,第一集不日出版,内容有会计专门论文约二十篇,计四十余万言。此后拟以年出一集为度。

(二十一)《铁路会计》 张心澂编著

我国铁路会计一科,坊间出书,久鲜善本。兹特请张君编著此书,已将完稿。张君为手订我国铁路会计则例之一人,对于铁路会计,非但学识精深,抑且经验极富。故此书之出,定为本丛书生色不少。全书约计三十万言,大学采作教本,铁路会计人员用以参考,实最适宜,准于明年二三月间出版。

(二十二)《管理会计》 潘序伦编著

考会计学之全体,以其对象及作用而剖分之,得三部焉。一为簿记及初级会计,乃讨论会计记录及决算表编制之方法者,为簿记员所应习也;

二为高级会计,乃研究决算表之内容者,为会计员所应习者;三为管理会计,即研究如何应用会计资料于工商管理之上,此则为工商企业、管理当局所必须具备之智识矣。我国公司商店之董事经理,每以自己并非会计专家,故对于会计报表之意义及其利用之方法,多欠了了,或且不求甚解。如此则一机关虽具有善良之会计制度,编制完备之会计报告,对于业务之管理,究有何益哉?盖为董事经理者,虽不能期其具有自行记账或自行编制会计报告之能力,然不可不必其具有了解及利用会计报告之智识,亦犹音乐会之听众,虽不能期其自行唱演,然必令其有欣赏之能力,以辨别音乐之美恶,而后音乐之奏演,始有益于听众也。我国工商管理人员,对于会计一科,多乏相当之智识。同仁等特编此书,以供是类读者之需要。全书内容,对会计记录及报表之了解与应用,特加注意;而对于会计簿记之日常工作,则略而不述焉。

(二十三)《决算表之分析与解释》 黄组方编著

此书之作用,不仅如上述之管理会计,足供一般会计程度较深之管理当局之参考而已。凡属银行家、投资家及专门会计师之任各业财政顾问者,莫不应深加涉猎,是盖应用会计精深之研究与探讨也。黄君组方,原为本所同仁,精研会计,对于决算表之分析与解释,尤具专长,兹为本所编著此书,其内容约计二十五万言,实为管理人员、银行家、投资家以及会计师所必备之参考书,用作大学会计系教本,亦殊适宜。

(二十四)《中级会计学教科书》 陈文麟编著

本丛书内高级会计学一书,内容较丰,卷帙较巨,在程度较浅之商科高中或一般职业学校,以会计为一学期之学程者,未易采作教本。今此书之作，即为适应上述一般中级学校之需要者也。编者陈君，在本所会计学校任教有年，故能独出心裁，编成极合用之教科书本，内容约计二十二万余言。

（二十五）《银行会计教科书》 顾准编著

本书为顾君自著《银行会计》一书之节本，亦以适于中等学校教科之用为主旨，内容约十六七万言，编著方法，大致与《银行会计》原书相同。

（二十六）《无形资产论》 杨汝梅（众先）著

本书著者杨博士，对于会计一科，有深切之研究。前在美国著有 *Goodwill and Other Intangibles* 一书，立论精审，欧美学者，奉为圭臬。即会计名家 Paton 氏所编《会计学大全》（*Accountants' Handbook*）一书中，亦数数引用其议论。我国学者，对于会计一科之研究，年来渐涉高深，惟对于无形资产一项，则尚少详尽之讨论。兹特请杨博士于百忙中为本丛书撰著此书，当可为一般研究会计学者所珍视之读物也。

（二十七）《遗产会计》 潘序伦著

我国家庭遗产之分配，素不经法院或外人之手，故实无遗产会计之必要。非若欧美法例重重，必须经专家之手，以为管理及分配也。但近年以来，国内关于遗产之纠纷，时见发生，且政府对于遗产税之征收，亦不过迟早问题，是则《遗产会计》一书之著，实已有其相当之需要矣。考我国《民法继承编》各项规定，与英美各国之法律迥不相同，因之我国遗产会计之原理方面，亦几与他国完全相异（大意见潘著《会计学》第十编），著者于此，精研有素，拟即着手编著，以为政府法院、遗产管理人及各利害关系人之参考也。

（二十八）《会计学大全》⎫
（二十九）《会计学辞典》⎭本所编辑部全体同仁编辑

美国 Accountants' Handbook 一书，每版行销辄数万册。英国 Accountants' Dictionary 与 Bookkeeping Dictionary 等书，亦多为各界所争备。盖以其内容广包，可便于日常之检查也。本所同仁于编著各项专书之余，立志编此两种巨著，以完成其"（立信）会计丛书"之使命，惟因卷帙浩繁，故预计告成出版之期，约须在二年之后耳。

（载《立信会计季刊》1934 年第 6 期第 253—268 页）

02 二年来之立信会计丛书

本所编辑科

本所自民国二十二年（1933年）开始编辑"立信会计丛书"以来，自民国二十六年（1937年）春季为止，已出者约有二十三种。民国二十六年（1937年）夏秋两季，虽本所业务极为繁忙，丛书之编辑与改订工作迄未停止，迨立信会计专科学校设立，业务停顿，本所除参加救国公债劝募委员会及其他救护，救济慰劳团体之会计工作外，仍认为学术工作不能中止，故"立信会计丛书"之修改与编辑工作，仍未稍停。忽忽迄今，已历二载，虽自认为成就极少。但举新版与改订新书籍之已经出版或即将出版者，则尚得十七种之多，兹约述如下。

过去三年中丛书原有各种之已经修订者，计有下列各种：

一、《股份有限公司会计》 潘序伦著

二、《会计学》 潘序伦编著

三、《劳氏成本会计》 潘序伦译

四、《会计名辞汇译》 潘序伦　顾准编著

五、《政府会计》 潘序伦　王澹如编著

新版书籍，则有以下几种：

一、《决算表之编制与内容》 黄组方编著

二、《决算表分析法》 黄组方编著

三、《决算表之分析与解释》 潘志甲译

四、《陀氏成本会计》 施仁夫译

五、《会计审计法规》 王逢辛编辑

六、《会计学概要》 李鸿寿编著

七、《簿记初阶》 李文杰编

八、《审计实习题》 唐文瑞编

以上除二、三、八各书已在排印中，不日即可出版外，其余各书均已出版。

正在编著中之书籍，不日可以出版者，计有下列各种：

一、《会计制度之设置》 钱素君编

二、《企业预算》 钱迺澂译

三、《审计问题》 潘序伦 钱迺澂编著

四、《中华银行会计制度》 顾准编著

综观过去三年来本所之研究编辑工作，其方针不外下列两点：第一，已经出版各书，尽量采用近十年来我国发生之实际的理财与会计经验，与欧美日益进步之会计理论，加以改订，务求各书内容既切实用，不蹈空论，复能不因会计学术之进步而减少其价值；换言之，丛书之改订工作，实亦为本所同仁会计学术研究之结果；第二，新版书籍，大致偏重专门之会计学科，或一般会计较精深的研究，此则以过去十年来我国会计学术已有极大的进步，各界于会计之了解已较普遍，专门研究已感必要故也。

改订版各书内容提要：

《股份有限公司会计》 潘序伦著

本书系著者根据十年来执教执业经验，将原著《公司会计》一书，大加修订增补而成。全书计十四章，四十余万言，分论公司之设立、创立记录、股份、组织及管理、决算、公积准备、股利及分红、公司债、股本增减、合并解散清算、和解破产等等，立论解释，一以我国法律及实务为准绳。其中决算、公积准备、解散清算等章，并有若干重要之创见。

《会计学》 潘序伦著

本书自民国二十三年（1934 年）出版以来，国内大学商业会计专科学校用为教本者颇多，最近作者复将本书大加修订，其中会计之记录，财产之估价解散清算和解破产，遗产及信托会计等各编，均经依据现行法令及最近会计理论改编，内容视前益为精深实用。又原版分订二册者，改为四册，计第一册包括第一、第二两编，第二册计第三、第四、第五编，第三册第六、第七两编，第四册第八、第九、第十三编。

《劳氏成本会计》（Lawrence 著） 潘序伦译

本书自民国二十三年（1934 年）译成出版以来已历三年，原书内容精审广博，译笔忠实流畅，于我国企业成本会计制度之采用及成本会计教育之普及贡献颇大。最近复经译者根据劳氏 1937 年改订版改译一过。按原书新版于标准成本、发行成本及分布成本会计制度讨论綦详，较第一版增益颇多。改译之际，复将全书重行校勘一过。

本书所附习题，另行编印一册计例题一百余则。

《会计名辞汇译》 潘序伦 顾准编著

本书初版于民国二十四年（1935年），近经编者重加改订，计所列名辞增至二千八百余则，另就常用会计名词而译名纷歧者，编者名词之解释及研究一篇，增入书内。各词译名均经编者详加研究，解释研究一篇，尤为编者十余年来研究之结晶，极富学术上之价值，于我国会计名词之统一，贡献极大。

《政府会计》 潘序伦　王澹如编著

本书系根据我国现行法令，参考欧美政府会计原理编纂而成。所包内容，及于政府会计之全体，全书计分总论、预算、收支、决算及审计五篇，均以整个政府为主，以各个机关为辅而说明其程序，书末并附录关于政府会计之重要法令三十余种，极便查考参阅之用。最近复经编者根据会计法及其他新颁法令将本书大加增订，内容益趋完备。

（后略）

（载《立信月报》1939年第2卷第1期第8页）

03　遗产税著述介绍

潘序伦

金国宝著《遗产税》

自政府锐意改革财政，创办所得税以来，国人之对于直接税制度，乃感莫大之兴趣。学者之间，辄以此为讨论之焦点。报章杂志，琳琅满目，顾多编于所得税，而遗产税尚未与焉。此或由于遗产税之犹未开征。兹者遗产条例，业由中央政治全体审查完竣，将送立法院审查，是则遗产税之开征，为期不远，吾人之对于遗产税，已至不容忽视之时矣。

金君国宝，国内著名之经济专家也，近有遗产税之著作，展读之余，深服其著作之精湛，爰志数语，以兹介绍。

尝考遗产税之书籍，在各国文学中，本不多觏，而住者尤寥寥可数，或则偏于一国，或则侧重历史，或则专究法制。例如胜正宪氏相续书一书，专述日本之相续税。韩樑氏《遗产税论》（*Handig's Inheritance and other lilee Taxes*）一书，又限于美国各州之遗产税。休尔茨《遗产课税论》（*The Taxftion of Inheritance*）一书，虽遍论各国法制，但偏于历史方面，此书出版于一九二六年，美国之赠予税，及其他各国最近之办法，均付阙如，已微嫌陈旧，且此书偏于理论，于如何举办之手续，及实务方面之问题，均无一语道及，尤为缺点。其他各书，更自邻以下矣。

金君所著之《遗产税》，以数月之时间完成，虽金君自认系于急迫间草就，然以之与各国遗产税名著相较。颇有此善于彼之感。其对于遗产税上各重复问题，将各国已往及现行之办法，作比较之研究。借判其优劣，而于实行部分及实务问题，如调查估价税等差别逃税赠与程序手续，尤不厌求详。我国正将举办遗产税，此书尤可供政府之参考。予人民以认识，非仅为学者研习已也。财政部赋税司高司长序文中有云："敷陈学理，旁参事实，详征博引，多具卓见，汇惟嘉惠后学，抑且贡献政府以理论与实际兼备之意见，其有俾于政府推行遗产税，岂浅鲜哉！"高君之语，实非过誉之辞，读其书者，当知其非谬也。

虽然，此书亦微有美中不足者二点：（一）遗产税之征收，在各国已成一致之趋势，遗产之应否课税，似已不成问题，惟在我国，事属创举，开征伊始，难免不遭反对。是则于遗产税之理论，有讨论之必要，藉以启迪人民对于遗产应税之观念，于我国素重家族制度之环境下，视遗产为天赋之权利者，尤觉有讨论之价值。即使为学者研习便利起见，亦应增补一章或一节，将历来讨论遗产税之学说，一并列入，更为完备，质之金君，以为如何。（二）此书对于英法日美各国办法，论列甚详，且均系根据最近法令，而德国则仅系一九二五年之情形。最近如何，有无变更，均未道及，似觉有补充数语之必要。

闻金君亦自承第二点为全书之瑕，为欲弥此缺憾起见，拟补习德文，异日再修正。是其治家之勤，与著作之一丝不苟，视诸泰西名家，诚不稍逊。良可为后学模范，学者读其书，兼学其治学之道也可。

（载《立信月报》1937年第9期第8页，

《出版周刊》1937年新第235期第13页）

04 编纂立信会计丛书之动机与经过

"立信会计丛书"编纂之始,远在民国十七年(1928年)。当时鄙人执业会计师于上海,深感会计智识之未曾普及,会计学术之未尽发达,以为会计人才之缺乏,为我国工商事业会计改进之障碍。爰一方创办会计补习学校以传习会计智识,复为谋教材之适用起见,开始编著高级商业簿记教科书及公司会计(□经改订,后改名为股份有限公司会计)二书,试教于补习学校,先后于民国十八(1929年)及十九年(1930年)成书问世。当时因业务栗碌,编辑研究工作旋作旋辍,初无编纂丛书之计划也。

民国二十二年(1933年),鄙人所创办之立信会计补习学校办理已经五年,高级学校设立渐多,教材亦日感缺乏。当时各界人士对于会计专门知识日益认识其重要,而立信会计事务所同仁数年来执秉教学所获心得与经验,似亦觉有加以整理发表之必要。故是年秋季,一方创办《立信会计季刊》,同时亦即开始编纂整个立信会计丛书之计划。是时鄙人摒绝杂务,昕夕从事于读书研究及编著译述工作,幸得诸同仁为助,至民国二十四年(1935年)夏为止,三年之间,成书者凡会计学、成本会计、银行会计、政府会计、交通会计等书。连同□作中学采用之节本教科书,及民国二十二年(1933年)前已成之高级商业簿记教科书、公司会计等二书,共得十四种,丛书遂获稍树基础。民国二十四年(1935年)以后,国内经济建设日趋发展，所得税亦筹备开征，鄙人执业会计师，不得不于会计方面勉尽绵力，借为各界服务，是以丛书之编纂，进行略迟。然至民国二十六年（1937年）夏季为止，络绎出版者尚有《初级商业簿记教科书》《实用官厅会计》《铁道会计》《审计学》《查账报告书及工作底稿》《会计问题》《会计数学》《无形资产论》《所得税原理及实务》等书，合民国二十四年（1935年）夏季以前所出十四种，共得二十四种。前后五年之间，丛书幸得稍树规模，是不得不感谢社会各界之赞助鼓励，与诸同仁之努力。而友人张心澂、吴萼诸氏，特为丛书，著交通会计、铁道会计及实用官厅会计诸书，是又弥足珍感也。

自民国二十五年（1936年）起，丛书版税收入，为数颇觉可观。惟鄙意以为是项文化工作所得报酬，似宜仍用之于文化事业，故计划创办立信会计专科学校于上海，即以立信会计丛书为基产之一部，思借版税收入为专校之经常开支，另于校内特设编辑研究二室，专事丛书之修订编纂工作。讵筹备略有头绪而抗战军兴，上海处战事最前线，百务停顿。是时立信诸同仁，举全力服务于后方救护筹募工作，无暇从事于本业。旋中国军队转逆，淞沪失陷，同仁等身处租界，如坐囹圄，百无聊赖，益集全力于丛书之编订。三年以来，幸复稍具成就。综计自民国二十六年（1937年）至目前为止，丛书之经修订者有《股份有限公司会计》(旧称《公司会计》)、《会计学》、《劳氏成本会计》(旧称《成本会计》)、《会计名辞汇译》、《政府会计》、《会计数学》等六种。丛书之络绎问世者，有《决算表之编制及内容》《决算表之分析与解释》《陀氏成本会计》《中华银行会计制度》《会计审计法规及续篇》《会计学概要》《簿记初阶》《审计实习题及电业会计》等十一种。

此外修订已竣,即将印行者计有《银行会计》《会计学教科书》及《政府会计》(第二次修订)三种,续版书籍编撰将竣即将出版者,计有《审计问题》《会计制度之设置》《企业预算》《棉纺织业会计》及《会计大全》等数种。以目下情形而论,丛书先后出版者已达三十五种,连行将出版者计之,约得四十余种。凡在会计范围内各种学科之书籍,已经稍稍具备矣。

民国二十六(1937年)年以后,编纂丛书之进行方针,与前略有不同者计凡二点。第一,各种丛书仓促编写,错误遗漏之处所在都有。近年来国内会计实务与会计学术均有进步,旧作自宜多加改编,以期渐臻完善,故口后改订各书计十余种,其间且不乏改订至二三次者。第二,新版各书,除少数初学入门书籍以外,多数为专门性质之著述。如改订后之《股份有限公司会计及会计名辞汇译》《决算表之编制与内容》《决算表之分析》《中华银行会计制度》各书,均经数年之研究,并根据十余年来执业所悉之实务经验编撰而成。明知内容粗疏,仍无当于大雅,但较之初期出版各书,自审或不无相当进步耳。

丛书编纂工作截至目前,已满十载,虽已小有成就,但去完善之域,仍觉甚远。盖目前丛书所列各书,在质的方面言,因未能达精审之地步,即在量的方面言之,每种学程之书籍,多数仅有一二种,而未能使读者有选择参考之余地。故本丛书增改编纂工作,尚有待于继续努力。鄙人不敏,深愿与立信同仁尽其毕生之力,以期为我国之会计学术稍树基础,并以之请益于当代高明焉。

(载《服务》1940年第3卷第5—6期合刊第1—2页)

书评

01 为讨论"改良中式簿记"致徐永祚君书

玉书我兄先生惠鉴：

近来吾兄从事于改良中式簿记工作，努力服务社会之精神，深可钦佩。复承见惠尊著《改良中式簿记概说》十册，及《会计杂志·改良中式簿记专号》十册，嘱为分发敝所同仁，加以批评。此种无固无我之态度，殊可钦佩。弟不才，于会计原理，并无深切之研究，本不敢轻于尝试，只以嘱之再三，不得不勉贡其愚，维希管正是幸。

尊著中主要部分，全在改良大纲十条。其他如账户分类账簿、组织账簿表单格式及登记方法记账规则等节，均根据改良大纲而编制，属次要之问题，似可暂缓研究，兹所欲与吾兄讨论者，即在此大纲十条也。于此十条之中，弟大多数表示赞同，少数表示附条件的赞同，间有一二条，则觉尚有慎重讨论之余地，未敢曲为附和，兹分条述之如下。

（一）尊定改良大纲第一条，主张"改良中式簿记，必须采用新式会计与复式簿记之原理原则，凡中式簿记法中理论及效用与复式簿记法相符合者，仍旧沿用"。此项原则固无弟表示反对之余地。唯有一点似须声明者，即以簿记之上，冠以"中式"两字，且以之与复式簿记相对峙，似系采用般通俗之意义，而非由科学之眼光立论也。窃尝谓世界各国，风俗习惯固有所谓中西之分而科学上之原理原则，则不应有中西之别。如日历之有中西，衣服之有中西，则风俗习惯为之也。医学之有中西，则周中医与西医根本上之出发点不同，偏于哲学，重于科学也。至于簿记一样，若以书写有横直之分，字体纸张有中西之别，而谓之曰若者为中式，若者为西式，若者为旧式，若者为新式，则仍系从风俗习惯上立论，而非从科学上原理原则立论也。若在科学之立场论之，簿记只有"可以结算损益之簿记与无从结算损益之簿记""以人名账为主之簿记与不以人名账为主之簿记""以现金为主之簿记与以财产为主之簿记""单式簿记与复式簿记"等区别，而无所谓"中式簿记与西式簿记""新式簿记与旧式簿记"之分别。盖即在英美诸国簿记会计最发达之城市，其中规模简陋之企业机关，亦何尝无"以现金为主""以人名账为主""无从决算损益""不完全""单式"等簿记。考其内容，与吾国一般小商店所用之簿记，实体上无甚差异。而我国老式商店中所用簿记比较完全者，如前者盛极一时之典当票号，现在之钱庄以及其他规模较宏组织较备之商号，其簿记之内容，几无一不可以结算损益，而所有财产账目亦不专限于现金账、人名账之一部分，其记账方法之完备优良程度，与西国所用者，实无多让也。总之科学之原理原则，彼此固无二致，何来中外新旧之分。故弟对于通俗商人所用中式簿记、旧式簿记等名称，一时不敢贸然赞同，盖所谓"中式簿记"者，是否指其为单式而言？如在中式为单式，则"中式簿记"之合复式原理者何多耶。如以中式为以收付现金为主之簿记方法，则在英美诸国中一般组织简陋之小商店，其有采用现金收付为主者，吾人亦将称之为"中式簿记"耶。故鄙意以为吾国簿记一端，本无如中西医学之久成对峙形势，不过因吾国所应用之方法，尚不及西人所常用者之完备而已。年来我国各界对于簿记之术，逐渐进步，中外一致，转瞬可期，而吾兄于改良簿记进行顺利之时，特别提出所谓"中式簿记"者，加以改良，以求其与所谓"西式簿记"者永成对抗并立之势，是则与"科学统一"之原则，似有不符也。

（二）尊定改良大纲第二条，主张簿记书写之法，不用横写而用直写，以符旧习。按我国账簿之素采上下书篇，亦与吾国书籍中文字向用直排而不用横排者同一原理。在可以适用而无困难之情形下，弟深为赞同。唯在大规模之企业组织，账簿之记录甚繁，必须应用种种专栏，以便于计算金额之总数，而求过账工作之节省者，则似不可以"保存国粹"之虚名而坚主直写。盖直写不能多立专栏，记账过账工作，终不如横式之简便可行，如欲于直写之账簿中使用专栏，则账簿过高，书写及阅看均属不便。故窃意横写直写于原理上固无区别，唯依科学之立场观之，其取舍之标准，当以何者便利于应用为依归。我国关于数学簿记等书籍，其中算式公式等文字。即在旧书之上，亦以横排者为多，现在坊间所印书籍，其中如夹有许多数字及算式者，亦多将全书文字改用横排，是亦为求实际之便利计，固毋庸拘泥于习俗者也。我兄云直写并无不便，则系指账簿中不用专栏之时而言。或指使用专栏甚少时而言。但账簿之用多栏，实为簿记上一大进步。不用专栏之账簿除范围极小，账目极少之商店，尚能勉强应付外，若在规模较宏，业务较广之企业，其总账内所列账户数目，往往多至数百或千数以上，在应用统驭账户之时，势非在账簿上多用专栏不可。虽依我兄之主张，统驭账户之应用，可将各项日记簿细加分割，另设总日记簿，每日于特种日记簿上计出每一项目之总数，而记入于总日记簿，月终有各账户结算表以为分户账细数与月计表总数互相核对之用，亦可同样得到设置统驭账之功效。然依鄙见观之，日记簿之效用，虽有多种，但其主要之作用，原在将一企业之各项交易，照其发生时间之先后，汇记于一簿，且将一项交易之记载，汇记于一处，以便按时可以查阅交易发生之先后及关系也。故在通常情形之下，日记簿之设，只有三四本者，其运用上尚不致有何困难。设或分割过细，则日记簿之重要作用，或将全失。盖一则不便按日查阅各种交易之过程，二则每项交易之涉及两种或三种事项者，无不需在两本或三本特种日记簿上重复记载也（例如现销交易既须入现金簿同时又须入销货簿之类是）。且以经济之原则而言，账簿之册数，苟能减少，则务求其减少。近来新式账簿之中，所以设置许多之专栏者，亦无非鉴于施行统驭账户制度时，日记簿分割过多之不便，故利用专栏，以减少特种日记簿之册数耳。依吾兄之主张，则凡在交易情形复杂之商店与工厂，其决算表上各科目，几无一不为统驭账户之性质，倘其日记簿亦须分割至数十册之多，则其记录及查阅之不便，为何如乎？至于用总日记簿之方法，无论在记账之工作上或时间上，终不及以采用专栏制度之便捷而合算。盖尊订总记簿之记法，须每日将每一分日记簿中关于每一项目之交易，分别收付，计得总数，然后填入总日记簿，再将各薄收付数加以总计，会合上日结存而求出本日结存。然考日记簿之记录，系顺交易次序而记载，并非如银行会计中之日记簿系根据传票，分别科目而记入，则每日计算每一科目之共收共付，必须在簿中逐一找寻，始得计出，偶有进漏，必须一再查复，则其记账工作之繁重与不便，可以想见。吾人对于记账方法之设计，自亦应严守经济学之原则，以最小劳力获得最大效果为主旨，今有良好简捷之方法而不为采用，而另立其他较为繁复之方法，实为弟所不敢赞同也。

（三）尊定改良大纲第三条，主张记账方法，仍照旧沿用现款式收付之记账法，即日记簿所记各科目之收付，过入总账中并不反其收付，而现金科目本身之收付总数，过入总账时，须反其方向。此为我兄改良方案中最为主要之特色，亦即为弟所最难附同之焦点。盖以现金之收付为记账基础，在确定现金交易之收付，固属便易，然欲分别非现金或转账交易之应收应付，较之复式簿记之借贷分录法，实更复杂而困难。例如某厂机器，在某年之末计折旧一千元。在吾兄所主张之现金分录法应"收机器银一千元""付折旧银一千元"。如谓所收所付者为现金乎？则实际上绝无其事，所谓"会计应表示事实"之原则，为之破坏无余矣，如谓所收者为机器所付者为折旧乎？则又恰与事实相反，因机器业已用去，焉得谓之收，机器之服务实已取得，焉得谓之付耶？故现金分录法在以前企业尚不发达，财产多以现金为主之时代用之，尚无不可，目下各项财产日变繁复，所谓现金一物，事实上既已不复存在（各家所谓现金，实多为银行存款），是以现金为主之簿记方法，在他国原已使用者，无不逐渐淘汰，改以科目为主。即在我国亦显有此项趋势，若再以提倡现金收付为记账之基础，在学术上恐须受开倒车之讥，在科学进步之今日，岂相宜乎？吾兄对于此点之说明，则谓现金一物，在今日仍为最可宝贵之物，故仍可用作记账之单位。信如此也，则普遍商店之货品，亦系最可宝贵之物，其亦可用作记账之单位耶？鄙意总以为所贵乎有会计者，在能表示交易之真相而已。对于其事物之可宝贵与否，不应过问。倘所收者实非现金，而记之为收，所付者实非现金，而记之为付，此种簿记方法，无论如何，终非科学的簿记方法也。进而言之，若谓兄所主张之收付簿记，并非以现金收付为主体，乃以现金的价值之收付为主体，信如此也。则所谓现金之价值者，当即系各项财产之现金价值，其收付仍以科目为主，与借贷仍同一原理，不过反其方向耳。按此种相反记录之办法，于学理上既无较优之根据，于实施时亦并不能如我兄所言之通俗易晓。盖既无正当理由之解脱，则犹徒令人以然，而不告人以所以然，非但熟悉我国旧式账理之商人不能了解现金本身总数之何以于过入总账时须反其收付，而目为奇突。即属通晓复式簿记原理之记账员，亦或莫名其所以相反记录之原由，而大感不顺也。现在世界商业习惯，日趋大同，吾人正应提值一致之方法，以求彼此业务上之便利。例如废阴历用阳历，废中国原有之度量衡制而改用米突制（即公尺、公升、公斤制），国人之所以不惮烦劳而日事习俗上之改革者，亦唯求与全世界相同，不肯独异，使彼此业务上发生不便耳。又如行路习惯，各国均靠右行，而英人独靠左行，各国之资产负债表均将资产列左而负债列右，而英国式者独反之，此种不与世界从同之习惯，已为举世所诟病，则我兄兹将与世界相反之簿记方法，故加提倡，是犹重行提倡阴历，及主张恢复原度量衡制，不仅与事实为无益，且亦将为举世所诟病矣。

（四）尊定改良大纲第四条，主张采用四柱结算法，谓此法较复式簿记之平衡试算法为佳。并谓四柱结算法"功用之大无与伦比"。弟对于此点亦未敢贸然附和。因我兄所拟之四柱结算表格式，除以现金为记载之基本外，其原理与通用之试算表，无甚区别。盖不过将上期试算表与本期试算表合并编制，而在其中间增添两行收付之数耳。兄谓兄之四柱结算表，较之通常之试算表，可以表示较多之事实，故功用较大。殊不知普通试算表之主要作用，原不过在检查过账工作之有无错误而已，并非欲赖以表示企业之财政情形与营业之过程也。故其作用,绝不能与结算表相提并论,亦犹长凳方凳,各有效用,断不可因长凳之位置较多,即谓其构造较方凳为良也。吾兄所拟之四柱结算表格式,除以现金为记账主体之点而外,究其实不过为试算表之一变形耳。表中内容,与吾国原有之四柱清册相较,觉其相距殊远。(盖以前之四柱清册,并不将负债列入。)即以其形式而论,谓之为四柱,实觉牵强,谓之为六栏,则颇适合。如曰此表之中,所包含之数字,及所示之账目情形,较两栏之试算表为多也,则普通簿记教科书中所示之八栏式或十栏式、十二栏式结算表,不仅可以示收付借贷之情形,同时并可示资产负债与损益之数额,其功效之大,岂不较之吾兄所主张之四柱结算表,又增数倍耶。再以四柱表之编制方法论之,亦觉其重复累赘。盖上期试算表之数字,只需取上期该表,一阅便知,何必强令制表人员,每期重复抄写,费去如许无谓之工夫乎?依弟愚见,试算表结算表之栏数及格式,本无一定,有时简单,有时繁复,是在应用之者之善于随机应变,以期适用而已。断不能即谓四柱之胜于二栏,或八栏、十栏之胜于四柱也。

(五)除上述四项以外,尊定改良大纲第六条,主张仿照复式簿记,将各账簿订定格式,编定页数,并每本账簿均附详细登记法。第八条主张依照复式簿记,确定账户名称,并明定适当之分类。第九条主张参用复式簿记,严密规定账簿之组织系统。第十条主张根据复式簿记,订定记账规则。凡此数项,均为对于我国原有簿记之种种缺点,一一采纳复式簿记之原理原则,加以改良,弟当十分同意。至于第七条主张改用戳记,于学理上无多大关系,弟亦不必异议。唯账簿格式,依据上述第二项理由。弟主应以横写及采用世界一致通行之阿拉伯字为原则,如遇可适用直写而无妨碍时,或亦不妨例外采用,要不能以直写为主体。又账簿组织系统,依据第二项理由,鄙意以为应以采用统驭账户制度为适当也。

总之我兄服务社会,改良会计之热忱,深可钦佩。唯弟总以为"改良中式簿记"似只能认为改良簿记运动中之一种过渡办法,而不可视为有学术上之价值,仅能视为小商号不得已之补救办法,而不可作为普遍之宣传。若宣传逾分,则恐将使真正科学之簿记方法,反有妨碍推行之虑矣。未知高明以为然否?窃念学术原理,必待论辩而益明,故敢据陋见之直陈,不迨之处,尚祈有以教之。

附录徐君《改良中式簿记大纲》

一、欲求会计之整理明确,必须采用新式会计与复式簿记之原理原则,此为改良方案一定不易之宗旨。但中式簿记法中理论及效用与复式簿记法相符合者,则阐明之,仍照旧沿用。

二、中式簿记之上收下付,犹之西式簿记之左借(debit)右贷(credit)。此系中西文字书写方向之不同,其记载分明则一也。中式簿记既以中文记载,何必改就西交书写之方向。故改良方案,仍照旧上收下付直书。

三、中式簿记之转账,犹之复式簿记之分录(journal)。惟中式之收付,以现款为主。复式之借贷,以科目为主。故其所表现者,适得其反。此系中西创造记账法者之见解不同,实无优劣存乎其间。以吾观之,中式之收付,反较西式之借贷更觉通俗易晓。吾人但知其相反可耳,何必为形式上之改革。故中式簿记现款式收付之账法(即日记簿之收付过入誊清簿并不反其收付），改良方案仍照旧沿用。

四、中式簿记之四柱结算法（即四柱清册之旧管、新收、开除、实在四柱），犹之复式簿记之平衡试算法。盖中式记账法，以现款为主，故应轧算结余之是否相符。复式簿记法以科目为主，故应求得借贷之是否平衡。其为检算记录及计算之有无错误则一也。但其效用，四柱结算可以表现一个期间敢付之比较与经过及结果，而平衡试算仅能表现一个期间借贷之结果，故四柱结算法实较优于平衡试算法，改良方案仍照旧沿用。

五、中式账记之登记数目，除广式簿记用数码字外，大都均用全写字，即数字间必注明十百千万等位名。较诸西式簿记之用阿拉伯数字记载者，不免书写费时而多占地位。但不易涂改，亦其长处，且熟练者书写亦甚迅速。若照日本式仅书数字，而以线或点区分其位数，则须楷书，旧式记账员，反引以为不便。故改良方案登记数目之用全写字记载，或如广式之用数码字记载，可一任自由，不加改定。唯用全写字记载，究竟多占地位，且不能采用多栏式记账法，实为缺点。倘能改用广式之以数码字（即 丨丨丨川乂8一二三文〇等数码字）记账，则与西式之用阿拉伯字记账无异。既省地位，又可迅速，且能利用多栏式记账法。

六、西式账簿印有一定格式，某格记日期，某格记借贷事由，某格记借贷金额，某格记过账页数，常有一定。故查阅核算，均甚便利。中式账簿仅分上下两栏，记载收付，颇不一律。且过账不注明过页，每页不编定页数。不仅查阅核算，均感不便，且撕毁页数，亦无从查考，实为中式簿记之缺点，故改良方案中特仿照西式簿记，将各账簿订定格式，编定页数，注明过页，并每本账簿均附详细登记法。

七、中式簿记记账，使用戳记。如账目已经过清者，盖"过"或"入"字之戳记。记账遇有错误者，盖"误记"或"错入"之戳记。表示记账至此为止者，盖"止"字之戳记。表示收付数目已平者，盖"两讫"或"平"字之戳记。此项习惯，其用意颇与西式簿记之用销号（√）划双线（‖）及划斜线（／）等相同。故改良方案，仍照旧采用。但中式簿记常有将日记簿中之暂时收付或收付相同之数目，彼此盖一"对销"或"销"字戳记，即不转过誊清簿。又常有将让价抹尾之数，盖一"清讫"或"讫"字戳记，即作了事，不再转账，经由日记簿而转入损益账户，实为中式簿记之缺点，必须改正。故凡此种戳记，即应废止不用。

八、复式簿记记账，必先分清项目，以便记入适当之账户。中式簿记记账常不分清项目，即分项目，亦无适当之分类与名称。且原始记录，并不采用项目。转记之时，过入何项何目，一任记账者之自由。以致混淆不清，勾稽不易，此实为中式簿记之大缺点。故改良方案中，对于账户之分类，特为从新规定。账户分类，应随收付性质而定，各业均有不同，本方案所规定者为一般工商业通用之标准项目。应用之时，尚须酌量取舍，不可拘泥。

九、复式簿记常能应事业规模之大小，账目收付之繁简，以变化其账簿组织，而增进会计上办事之效能。中式账簿无系统与秩序的组织，或失之重复，或失之残缺。且彼此不能连贯，名称亦不一律。以致不能表现正确之财政状况与营业成绩，此亦为中式簿记之大缺点。故改良方案中对于账簿之组织，亦为从新规定。账簿组织，变化无穷，不能执一以绳。本方案所规定者，可集合至极简，分化至最繁，且假定分为五个组织，以便商界斟酌采用。

十、复式簿记记账法，常有一定规则。凡开账记账过账及结账等一切手续，均须遵照办理。故能秩序井然，有条不紊，中式簿记记账法并无规律，一任记账员之自由。以致真到紊乱，流弊百出，此亦为中式簿记之大缺点，故改良方案中特为订定记账规则，凡（一）开立账簿，（二）应记载之事项，（三）记账所用之文字及数字，（四）记账单位，（五）改正错误，（六）盖用戳记，（七）查对账目，（八）结算现存，以及（九）账簿表单之保存，（十）账簿之贴用印花，（十一）经管人员之分别记明等，均有详细之规定。庶几中式账簿，可以变为有系统有秩序有规律的记录。

（载《立信会计季刊》1934 年第 2 卷第 4 期第 203—212 页，

《经济学月刊》1934 年第 1 卷第 3 期第 1—8 页，

《银行周报》1934 年第 18 卷第 3 期第 7—10 页，

《国风》1934 年第 4 卷第 4 期第 23—27 页）

02　论连环账谱

《连环账谱》为我国最早出版之双式会计著作，作者蔡锡勇，字毅若，福建龙溪人，即中国速记术之发明家也。蔡氏幼年肄业于粤东同文馆[①]，毕业于京师同文馆[②]，精于西文，曾随陈荔秋氏出使美、秘、日三国，驻华盛顿四载[③]，返国以后，任事电局[④]多年，继筮仕于鄂，入张之洞幕，襄赞时政，颇得南皮倚重[⑤]。卒于清光绪二十三年（1897年），存年若干，无从稽考。

蔡氏为我国音符速记术之发明者，知者颇多[⑥]，而为介绍巴却利双式会

[①]（原注）见《连环账谱》汤金铸跋。
[②]（原注）见《中国人名大词典》。《教育大词书》仅谓氏毕业于同文馆，而未言该同文馆究为京师同文馆，抑广州同文馆。
[③]（原注）《连环账谱》吴绩凝序，有"异时游欧洲"，并有"公经义国"等语，则蔡氏当亦曾至欧洲也。
[④]（原注）汤跋有"同事雷局多年"一语，余疑雷局为电局之误，盖未闻清朝有雷局也。
[⑤]（原注）据吴序蔡氏官阶，仅一观察而已。
[⑥]（原注）《教育大词书》对于蔡氏发明速记，及清廷特设校传习事，记载颇详，唯间有错误，如误蔡璋为蔡氏之兄，及清廷于宣统二年召蔡氏担任教授等。考蔡氏发明速记术之经过，及速记学校成立之经过，大致如下：蔡氏随陈使驻华盛顿时，见美国国会采用林士力（Lindsley）式速记法，乃根据其原理，参以中国音韵，而成《传音快字》一书。当光绪三十四年（1908年）一月，驻日大使胡维德以其友日人熊琦继一郎所著之中国速记术一书转呈政府；汪荣宝见而大加赞许，宣统元年清廷特电熊琦来华担任教授，氏因他故而未成行。其时，资政院发现《传音快字》一书，即行上奏，旨允设校传习，并召锡勇次子璋为教习，遂于宣统二年（1910年）二月十五日，就北京西斜街资政院筹办处，设立速记学校，以蔡氏所著《传音快字》一书充教材，并更名《中国速记学》。

计之第一人，则不特史缺有间，即治会计学者，亦都未闻其名。按《连环账谱》一书，出版于光绪三十一年，由湖北官书局镌版刊行。蔡氏之著是书大致在其早年，即已着手，几经岁月，始告杀青，故其先后体例，颇有参差。据吴绩凝序，谓"公经义国，酌其准彟之所同而译之，而又务出己意，旁诹博览，掇新法之明备，以善者缀而成之"。又照蔡氏次子璋所作后述，有"缅以岁月，译成首卷，而又旁征泛览，攫摭新法之精以密者，缀成二三两卷"等语，吾人据此，可以略窥是书著作之经过，并知其非为单纯之译本，而系介绍西洋"连环账法"，并使其适合吾国实际应用之著作也。

《连环账谱》，凡两册，都十五卷（连凡例）。凡例对于记账之法则，应设之簿籍，言要而备。设非作者深谙"连环账理"，曷克臻此。其行文之简练，在任何同类会计著作中，无有过之者，所谓"连环账法"，依今日通用之名词释之，即双式会计是也。"连环"两字，用以名双式，颇能表现其方法之精奥。凡例之末则解释"连环账法"甚详备，兹录之如下：

"连环账谱，创自意大利国，欧美两洲经商者，无不效之，其妙处在一收一付，一该一存。凡货物出入，经我手者，必有来历去处。我该即彼存，彼该即我存；我收即彼付，彼收即我付；无彼我之可指者，如买物，则物该银款，银款存某物，所谓连环也。结账时，所该必与所存相符，如有不符，即是错误，亟须查明更正。至总结时（或半年一总结，或一年一总结），以买棉[①]之价，及局用之费，与售布之价比较，多者为盈，少者为亏；其盈亏之数，又必与

---

① （原注）蔡氏书中，上册乃例示一机器厂兼营面粉制造之工厂所用之记账方法，故有买棉售布等语。

我欠人者，及人欠我者对除外所余之数相符，则毫无错误……"

上示例言，对于双式会计之要点，尽述无遗。细按书中例示之记账方法，虽大体与巴却里书中所用之方法无甚出入；但有若干处似觉其受"色庞尼主义"(the cerbonian doctrine)之影响颇深。倘连环账谱起稿于光绪初年，而作者是时确曾游意大利，则其受三式会计之影响，极有可能。盖以德宗一朝，始于一八七五年，正值色庞尼三式会计"拟人说"(personalistic theory)嚣张之时，① 故其曾受色氏学说之影响，不言可喻也。

《连环账谱》之内容，可分五部分，列示如下：

1. 凡例——包括应设置之簿籍，及其性质与记账方法。

2. 第一例——凡五卷，内容如下：

卷一　　设题六十则

卷二　　流水簿

卷三　　汇清簿

卷四　　总账簿（附总结单）

卷五　　期票汇票表

3. 第二例——凡五卷，内容如下：

卷一　　流水簿

卷二　　银钱簿

　　　　钱款杂用簿

---

① （原注）G. Cerboni 创三式会计为 1872 年。

卷三　　汇清簿

卷四　　总账簿（附总结单）

4. 第三例——凡六卷，内容如下：

卷一　　流水簿

卷二　　银款簿

附上卷　钱款杂用簿

卷三　　总账簿（附总结单）汇票期票表薪水表

5. 其他

《连环账谱》序——平江吴绩凝作（附卷首）

跋——花县汤金铸（卷末）

后述——蔡璋

是书第二、第三及第四三部分，系三个完全之例题。其中所用之记录，及处理交易之方法，各有不同。第三与第四两部分，交易虽同，但处理之方法，与所设之记录，则差别颇多。第二部分例题，乃以银元记账，第三、第四两部分，则虽以银两为记账币，但若干种记录，则亦有用银钱与英镑计数；而总结时换算而成银两者。书中所有之账簿格式，皆系中式，金额除结数外，概用广式记账用数字。第二部与第三、第四两部不同之处，乃在后此之"日记簿"，已经分割而成若干"特种日记簿"矣。至于第二与第三两部，则其最著之不同，乃在"汇清簿"之格式，第二部之汇清簿，乃以每笔交易存该，个别区分；而在第三部中，则每月汇总区分一次。

《连环账谱》中所介绍之账簿组织系统，若以所设例题与凡例并观，则亦相当复杂完备，兹图示如下：

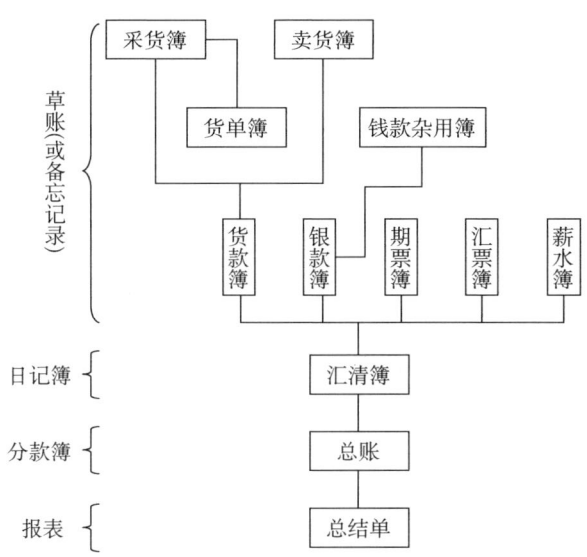

上图中之"买货簿""货单簿"及"卖货簿",即今日所称之"购货簿""购货发票登记簿"(作为购货簿之辅助记录,而非用以代购货簿者),与"销货簿"是也。在"买货簿"中,亦包括各种"固定资产"之购买,故其性质与今日通用之"买货簿"颇有不同。此乃据作者处理交易之方法推观而得者。

"货款簿"一种,在今日实务上,不问"中式会计"或双式会计,皆未见有类似之记录,以上各簿,在凡例中,虽分别清楚,但在全书设例之内,则仅用"流水簿"一种。而将买卖,连同银钱、票据一并记载在内(第一例题),或设"流水"与"银款"两簿,后者专记银款之出纳,而以前者记买货卖货以及他种交易。

"钱款杂用簿"之性质,即"零用现金簿",该簿以钱为计数之标准,而至月终再行折成银两,一笔过入银款簿内,故此簿为一种补助记录性质。

455

"期票簿"专记应付票据。"汇票簿"专记"应收票据",其格式极为完备,各分十一栏。至其性质,则究属"草账"(memorial)或"原始记录",抑为"补助记录",则无从确定。"薪水单"之性质,亦颇难确定,盖亦可为如"薪工单"式之补助记录(或竟属报表性质),亦可为如"工资登记簿"式之原始记录也。

"汇清簿"为日记簿性质之记录。书中第一、第二两例,皆以交易先入"流水簿"与/或"银款簿",然后用"汇清簿"分别存该(即今之借贷),再行过入"总账"内各户。此种办法,为十五世纪末叶流行至近代会计技术改革前一时期内之记账方法;但在第三例中,则"汇清簿"已弃而不用,其记账之方法骤然改变。"总结单"之性质,与今日通行之"结账后试算表"相当,但谓之"资产负债表"固亦无不可也。

全书中三个例题,其所用之记录,与处理交易之方法,颇有差异。各例所用之记录,可据上示全书之纲目观察得之。在第一、第二两例之中,"汇清簿"为"流水簿","银款簿"与"总账"间之媒介,但在第三例中,则此媒介予以屏弃,而以"流水"及"银款"两簿,作为交易过入"总账"之直接媒介;易言之,"流水簿"与"银款簿"乃由"草账"之地位,升格而为"日记簿"矣(如谓"流水"与"汇清"两簿合而为一,亦无不可)。此种技术方面之变化,原为会计在方法上进展之重大关键,亦为会计现代化之划时代的进步,不料在蔡氏书中,早已有所阐明矣。由此言之,《连环账谱》一书,实为现代化双式会计之著作,而在我国学术史上,自有其价值极大之贡献与不可湮没之功绩也。

虽然,是书出版之后,不特于工商界中无丝毫响应,且其书亦竟不传，在此三十余年之中，国人之曾读此书者，能有几人？此一代人大儒累年心血之作，竟成覆瓿当薪之物，学者遭遇之不幸，宁有甚于此者耶？尝考会计学史中，曾有重要贡献而遭受冷酷之际遇者，原不仅蔡氏一人，诸如 Grammateus、Carden、Stevin、Hamilton 等人，皆曾为人所遗忘者也，此辈若非在其他方面别有建树，则其名姓恐将永远湮没而不见经传，犹今日国人知有蔡氏其人者，以其发明音韵速记术之大师耳。蔡氏介绍双式会计之功勋，及其创拟适合中国书写与计算习惯用之双式会计之贡献，所以不为人所注意者，其所著之书，设例详备而释理不足，固属重大关键（蔡氏书中，对于"汇清簿"过入"总账"不标明其联系之参考，实为该书最大之缺点；当时读者如不能明了是书例示之制作记录之程序而加以仿效者，恐以此缺点最关重要）。但以当时社会背景毋须双式会计，恐亦为一极重要之原因也。盖当《连环账谱》出版之时，我国之工商业，虽已受外人经济侵略之刺激，而入转变之阶段，然以业务之简单，管理之未臻系统化，双式会计之需要，决不能为当时之"企业家"所感觉，盖以流行数千年之"中式会计"，根深蒂固，当时"企业家"既未感觉该项简陋记账方法之不善，自无采用仿效"双式会计"之需要也。此种情形，正与色庞尼之遭遇，颇有类似之处；色氏在双会计式流行近五世纪，且经国法明令一体采用之意大利，独倡新说，以为记载账目最合理之方法（色氏所创之三式会计，所以有 logismography 之称者，即以此故；而蔡氏则在企业经济仍然十分简陋，而"中式会计"流行亘久之中国，介绍双式会计，其学说之为人所漠视者，良有以也。

近代之史家，曾谓世间一切文物制度之肇始与嬗演，莫不受当时社会背景之推动，而与之发生因果之联系，各种方法与学说之能为人所实际采用仿行者，亦以符合社会环境为必要条件。会计学术之导源与进展，自亦不能例外。有周一代，疆域渐广，政事渐繁，乃设六官，以分掌国事，六官之制既立，乃有天官下之参互、月要、岁会制度之设，驯至我国会计技术之导源，有如史传之悠远，其间关系，判然可稽。宋元之间，朝廷地方之征课，日见繁广，而人民之经济生活，亦渐趋于复杂，于是四柱计算之法；即赖此种环境之冲动，而得发扬光大，由官署而流入民间。至于西洋会计技术之起源与演进，史乘所记，情形亦复如是：巴比伦以贸易之繁盛，而有"尼浦耳泥表"（nippur tablets）七百三十张；埃及因农产之富饶，而有"鳄鱼纪录"，罗马则以建筑工程之浩大，乃有造坝典册，凡此种种，皆为流传至今之古代会计记录，而无一不与当时经济活动有因果之联系也。

至言双式会计，则决非因巴却利之 *De Computis et Scripturis* 一书而成立流行者也，盖亦为经济活动进化过程中之一环耳。据信史所载，双式会计在十二世纪时，已具肇始之征象。当西历1278年至1340年间，热那亚、威尼斯与佛罗稜萨之商人，大抵皆采双式记账之制度。今日我人得见之双式记录，虽以热那亚之"胡椒账"为最早（此项记录系在1340年作成），但以1339年热那亚之大火，以前所作之双式记录，已被全部毁灭矣。其后百年，法兰西佛会修士巴却利始有算术几何及比例概要一书之问世，而有双式记账方法之介绍，但是书所介绍之方法，原为已经二百年实地试用与进化，而为当时之人认为适用之记账制度耳。由此言之，巴氏所以为人尊为双式会计之鼻祖，其介绍之方法所以至今仍为各国实务所采用，其制度所以仍为今日科学会计之骨干者，要非偶然幸遇，盖有历史的背景在焉。

巴氏以后，创新方法者，不一而足，但结果则无一不随创造者之生命以俱逝，是因双式会计既能适用于经济组织复杂极甚之 20 世纪，宜乎他种方法之不得不望而披靡矣。《连环账谱》虽为双式会计之著作，且能适用于我国固有之书算习惯，然竟至不能风行，其故实不得不归诸当时我国之企业社会，尚无需此严密完备之记账耳。

《连环账谱》一书，已由立信会计师事务所编辑部加以诠释，刊于第十三期《立信会计季刊》中[民国三十年（1941 年）三月一日出版]，读者可参阅，以窥该书之全豹也。

（载《计学杂志》1941 年第 1 卷第 1 期第 3—8 页，

《立信会计月报》1941 年第 1 卷第 5 期第 1—3 页）

03　史学园地里的一朵新葩
——读《中国会计史稿》（上册）后

郭道扬同志编写的《中国会计史稿》上册，已由中国财政经济出版社正式出版。这是我国会计理论工作者、会计教育工作者和会计专业工作者的一本很好的参考书，也是作者对于会计科学潜心钻研、敢于探索的可喜成果。

1980年11月，中国会计学会在广东佛山举行年会时，曾对本书的"讨论稿"组织过座谈讨论，作者吸取了各地会计学专家、学者的意见作了修改，使本书在"讨论稿"的基础上，大大提高了一步。这种谦虚认真、孜孜不倦的探索精神，是值得我们学习的。

我国古代的文化遗产是极其丰富的。对于古代文学方面和哲学方面的许多光辉成就，中国人民常引以自豪。但对中国古代在会计方面究竟有什么光辉成就，则研究者固不多，知者更鲜。这不能不说是一个缺憾。

其实，会计在我国是有悠久历史的。孔子就曾经做过会计这一类的小官。《孟子·万章篇下》："孔子尝为委吏，会计当而矣已。"史载在我国西周时代，就设官为封建王朝掌管财物赋税，进行"月计，岁会"。姑且不论西周时代，就从春秋时代孔子算起，会计在我国也已有数千年的历史。在长期的封建社会里，我国已积累起一套丰富的财政、会计理论，早在元明以前，就已居于世界先进行列。可是它一直不曾得到人们应有的重视，总被认为只是记账、算账，事属雕虫小技，不登大雅之堂。直到新中国建立，才真正获得重视，被承认是一门独立的科学。可是由于"左"的思潮的影响和十年内乱的破坏，会计工作也出现了"三起两落"，也就当然很少有人去从事会计史的探讨和研究了。

《中国会计史稿》的出版，为我国史学园地填补了一项空白点，这是一个十分可喜的收获。古人说："以铜为镜，可以正衣冠；以古为镜，可以知兴替；以人为镜，可以明得失。"这本书为我们在会计领域里认识过去，继往开来，提供了借鉴。其有益于发展我国自己的会计科学，是无疑的。

在四顾茫茫的原野上，从事拓荒，难度是很大的。本书作者以坚强的毅力、辛勤的劳动，经过调查研究，搜集了大量资料，阅读了大量的历史档案、文献和考古文物，加以潜心钻研，整理梳洗，终于写成这样一部洋洋数十万言的巨著，对我国会计科学作出了可贵的贡献，这是十分难能可贵的。而更值得珍视的是，他以马克思主义、毛泽东思想为指导，来占有材料，分析材料，从事作科学论断的态度和方法。比如对于上古之世民间流传的种种传说，都带有神话色彩，在材料处理上，是一个难题。本书却能坚持科学分析的态度，既不轻信它当作真人真事去作繁琐的考证，也不轻率地加以全盘否定；而是尽可能地扬弃其神话迷信色彩，结合考古发现，有分析、有区别地运用史料。又如对书中引自大量古籍的引文，作者都尽可能地以确切的涵义进行去粗取精、去伪存真的阐释；而不是用"六经注我"的办法，"削足适履"地引以为自己的观点服务。尽管有些观点还有值

得推敲的地方，但这种脚踏实地的治学态度，在今天，仍是需要大加倡导的。作为会计史学的拓荒者，他所迈出的这一步，确是可喜的第一步！

直书与独见，是我国史学工作者治学的优良传统。本书以敢于创新、不受旧框框拘束的精神，体现了这个传统。例如，"四柱清册"这种中国封建时代的一种会计报表形式，人们一向认为它始于宋代，而本书则根据考古文献资料，断定"唐代中后期已经有了'四柱清册'的名目"，"四柱结算法在唐代已处于萌芽新生之阶段"。历史贵乎信实。这里也可以看出作者治学严谨的学风来。

本书的结构、条理和文章，都具独到，达到内容上的系统性、全面性，又突出重点，达到了观点与材料的统一。对于一些词义比较艰深的古籍引文，本书还用通俗的语言，恰当地一一加以解释。凡兹这些特色，使史学园地里的这朵新葩，更显得闪耀夺目。

快读之余，请为推荐于我国会计界同行和史学界同志。我要向本书作者的拓荒精神致敬，感谢他给我们提供了多好的精神食粮；同时，并深愿我国史学园地里，开放出更多瑰丽的花朵来，以便为我们的祖国和人民积累更多、更好的精神文明财富。

（载《上海会计》1982年第11期第45页）

第三篇

潘序伦书刊序言

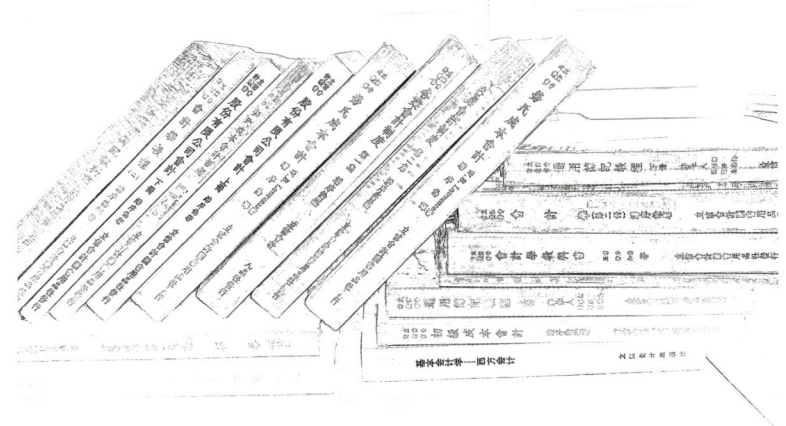

导读

余肇池在《评潘序伦〈会计学〉》[①]一文中提出,潘著会计学上下二册,都凡九十万言。在出版界尚未发达之中国,允推巨擘。非大著而何?故特乐为批评,而介绍于学者焉。要之潘先生之大著,究不能不认为国内空前之作品。且于吾国会计学术方面,有莫大之贡献。无论用作大学教本,或参考书类,比诸国外名著,未遑多让。

潘序伦在《会计学》一书的序言中述及自己"对于会计一科,学于此,习于此,执业于此,而衣食寝处于此者,先后几二十年"。正是由于长期的坚守与专注,潘序伦才取得了丰硕的成果,可谓会计史上辉煌的一页。纵观潘序伦的人生历程,他的一生是为会计的一生,他为我国会计事业的进步奉献了毕生的精力与才智。潘序伦的思想变迁、心路历程也散见于其撰写的书刊序言中。这些书刊序言既有潘序伦对年轻学子的谆谆教诲,又有其对会计学术鞭辟入里的分析,还有其对会计"后浪"的殷切期望,不仅是立信会计出版事业的见证者,而且是中国会计文化的记录者。

---

① 余肇池.评潘序伦《会计学》[J].社会科学,1935,1(1):240-245.

图书序言

01 《簿记及会计学》序

AUTHOR'S PREFACE

Although good foreign textbooks on bookkeeping and accounting abound, yet we can hardly find one that answers the following needs:

1. A book of small size that acquaints the general bookkeeper or junior accountant in a comparatively short time with the fundamentals of bookkeeping and accounting: a short cut, so to say, to the advanced study of accounting.

2. A simple book that supplies a working knowledge of accounting to the general student of commerce who is not preparing himself for accountancy.

3. A book in simple English and based on situations in China for the Chinese student who naturally is more interested in Chinese than foreign business practices.

It is for the purpose of meeting these needs that this volume is written.

S.L.PAN.

CHINAN INSTITUTE,

  CHENJU.

02 《公司会计》序

大凡学子编著一本书籍,总得自己或请他人写几篇序言,作作介绍。我这本书没有什么价值,犯不着小题大做,请了许多名人来替我做序文。至于我自己呢又素来不会做文章,就是会做文章,也犯不着为了这本书做,因为本书的内容,无论何人只要把目录揭开一看,便晓得它的大概。读了序文,倒反要觉得没头没脑。我现在只用极简单的言语,把我编著这本书的意旨连先后经过的情形来说一说。

我在三四年前,在几个国立大学内担任会计科的教授,那时教到公司会计一科,便感得一种困难,因为外国教科书中的教材,是照着外国的法律习惯而做的,有许多不适用于我国。那时我便想编一本适用于本国的公司会计,但为兼了学校管理的职务,没有空闲执笔;况且对于公司会计的经验,又可说是完全没有,所以有志难偿。近几年来在上海执行会计师业务所有本国公司的账情,见过了着实不少,所以对于编著这本书的胆子大了许多。去年和今年工商部及立法院为了修订公司条例的事情,常常向我下问,我趁此机会,把我国《公司法》彻底地研究一番,对于这本书的编著又添了不少兴趣和助力。因为公司会计的方法和制度本来全靠着法律规定,倘要编著适用于本国的公司会计,一定先要彻底明了本国的公司法规。

我在去年已把这本书的草稿写好,但是为了业务繁冗,隔了多时没有工夫去把它整理。今年六月，因为劳动过度，生了疾病，医生嘱我离沪休息，我便到莫干山去住了四十多天，在这个当儿，方才把这书的全体匆匆地整理就绪。

像我这样抛开了书本整日在市侩中间讨生活的人，哪里能够写出好的书来？这本书中间谬误不合的地方，一定是不少，要望当世会计专家不吝指教。但转个念头一想这本书还是我国公司会计教科书中的第一本，我国公司里的职员尤其是会计科里的职员，也许值得买一册做做参考。至于以后商科大学或商科职业中学里公司会计一科，有了这本书，似乎比用外国教本那样生吞活剥的总要好些了。

最后我要声明，我编这本书的初稿，完全是得着王君澹如的助力方才告成。至于校对的事务，全全靠顾君谘博的助力，这是我所最感激的。

1929 年 11 月宜兴潘序伦

03 《高级商业簿记教科书》编者序言

一、我国近来坊间出版之簿记书籍，不下数十余种，惟就编者十余年中教授簿记之经验看来，尚觉未能完全适用，因有本书之作；书稿经多人校阅，窜易至再，且用油印讲义在编者自办之会计专修夜校试教，陆续将书中过详过略及编列次序不甚适合之处，再加订正，结果在授课及受课者双方，均感适当，乃决定付梓。

二、本书说理以浅显周到明了为主，各章所举实例，特别增多，且不厌求详，反复讲解，故内容较国内出版之他种簿记书籍，约增半数，而卷帙则倍之。学者在读习时循序渐进，决不致有索解艰涩之感。

三、本书各章顺序，由浅入深，由简入繁，先论借贷，由分录逐步推论，以至决算；次就商事企业所习用之账户，分章详论，次论特种分录簿、统驭账户，及结账时账目之整理与决算，次论次要之辅助分录簿，复次论合伙及公司所特具之记账方法，最后论会计上之杂项问题、单式簿记，及簿记实务与规则。此种编列方法，就编者历年教授经验观察，最称允当。

四、本书国内商科大学初年级及高中商科学生之用。查教育部规定之高中商科课程表，簿记一科，定为六学分，教授一学年，每星期三小时。今本书共分为四十章，每二十章适授一学期，合授一学年。每学期除例假及大考时间外，实际上课时间定为十八周，每星期三小时，全学期共计五十四小时，则本书教材可以分配如下：

上学期		下学期	
第一章	一小时	第二十一章	四小时
第二章	一小时	第二十二章	五小时
第三章	二小时	第二十三章	三小时
第四章	三小时	第二十四章	一小时
第五章	二小时	第二十五章	一小时
第六章	一小时	第二十六章	二小时
第七章	三小时	第二十七章	二小时
第八章	三小时	第二十八章	一小时
第九章	一小时	第二十九章	一小时
第十章	四小时	第三十章	二小时
第十一章	二小时	第三十一章	三小时
第十二章	四小时	第三十二章	二小时
第十三章	二小时	第三十三章	三小时
第十四章	三小时	第三十四章	三小时
第十五章	二小时	第三十五章	二小时
第十六章	三小时	第三十六章	三小时
第十七章	五小时	第三十七章	二小时
第十八章	二小时	第三十八章	三小时
第十九章	一小时	第三十九章	一小时
第二十章	三小时	第四十章	四小时
共计四十八小时		共计四十八小时	

上项时间支配，迭经实地施教，认为适当，并无过快或过慢之弊。

每一学期除大考及本书内应有之复习外，应举行月考三次，每次二小时，共需六小时，连实际授课时间，适合五十四小时。

本书每章之末，所举问题，其发问答解之时间，大致亦已包括在上表所分配之时间中，惟问题之加添或删减，不妨由教师酌量定之。

至于练习题则应令学生于自修时间习作，惟教师应将练习题中不易了解之处，预先在上课时间讲解清楚，且在讲解之后，倘有剩余时间，亦可令学生在黑板上做出习题中相当之一部分，此项时间，亦包括在上表分配之时间中。

倘使学生程度较低，或将本书用作初中教本，各章教授时间，不妨酌量加长，而将第二十九、第三十五、第三十六、第三十七等四章略去。此举于簿记全体之智识，并无妨碍，如此则上学期以授至第十六章为止，下学期教授自第十七章起，仍计有二十章，最后三章，为簿记之实务，颇关重要，不宜略去。惟倘使时间实在不敷，则略去亦与簿记全体之智识无妨。

五、本书每隔若干章，在教授上成一段落时，即有复习一章，将学生已经习得之各项知识，全部加以复习，一而再，再而三四，务使学生对于簿记方法，由简入繁，彻底纯熟，较之他书之仅备一次复习者，自信效力增加数倍；本书之教师及学生，须知复习为簿记最要之着，万万不可略去。

六、编纂本书之第一目的，在使学生真正明了商业簿记各种方法及其原理，俾可一隅三反，触类旁通，为研究高等会计学之初步，故对于原理方面，论述尤较他书为详。

七、本书第二目的，在使学生对于簿记实务方面，得有相当之经验，俾在学校卒业后，可以径任簿记员之职务，故书末列入簿记实务及规则两章，更殿以实习题一章，实习题中全以商店日常收入发出之各种营业文件，为记账之根据，使习者犹如置身商店之中，实任簿记之事。

八、凡普通高中或大学文科工科政治经济科等，以簿记为选科之一者，亦可将本书作为教本，惟习题应略去半数，以节省学生之自习时间。

九、本书教材之选择及编列，虽经编者精心考究，但仍恐为臻完善，所望国内簿记教师及会计专家详加指示，俾得于再版时重加订正。

十、本书之编辑得吴君实、顾询、葛益栋、韩曼涛、顾准五君之助力甚多，附志于此，以表谢意。

1930 年 6 月宜兴潘序伦

04 《政府会计》引言

本书之编辑，有五义焉。我国年来所有会计书籍，其关于政府会计方面者，大都只注重官厅簿记一部分，而对于政府会计之整个制度，大都无完备之论述。本书以政府会计命名，则所包内容，自及于政府会计制度之全体，举如预算、收支、决算、审计等事项，均以整个政府为主，以各个机关为附，而说明其程序。此一义也。我国官厅簿记一科，佳著虽多，但因时代变嬗，非失之过旧，即失之过简，未能完全适合于近日教科及参考之用。本书以现行法令为根据，内容论述，稍为详尽，以足敷学校一学期教授之用为度。此二义也。我国政府会计，民国（时期）以来，屡经改革，进步不少。但全国制度，迄未统一，中央对于各机关之会计，实无统制之可能。国府关心计政，于前年设立主计处，谬以鄙人主持会计事务，彼时即创建立统一会计制度之议。兹得主计当局，赓续原议，努力进行，遂于去年有中央各机关及所属统一会计制度之颁行。各机关对于此项制度，间有主张异议者，但鄙人则以为此制在原则上殊属无可訾议，在实行上或不免稍有困难。此盖因我国政府机关会计人员，其曾受相当会计教育及训练者，为数无多，对于统一会计制度之原理及内容，未易了解故也。本书关于簿记方面，全照统一会计制度编纂，而对于预算账各科目之分录与结算，更详为解释及举例，务使会计程度较低者读之，亦易了解，或可为推行统一会计制度之一助。此三义也。我国原有各官厅簿记书籍，对于账册之登记，类多无习题之编制，初学者未易得益。本书除详列登记实例外，又如加入习题若干，使研究官厅簿记者得自行演习之机会，或可谓为编制方法之进步。此四义也。至于审计一端，倘照狭义之会计而言，本应独立研究，不过官厅方面，办理会计事务人员，对于审计常识，实不可缺。且以政府整个之会计制度而言，则审计当然应包括在内，故本书取广义解释之会计，而殿以审计一编焉。此五义也。依上所述各点观之则本书之编辑，纯为普通学校教科及政府各机关会计人员参考之用，书中所述，无非摭拾陈言，摘录法令，既少研究之章，复无心得之点，故其不能厕身于著作之林，实无庸鄙人自讳焉。至于各章之用，引用时贤著作之处甚多，而陈启修君之《财政学总论》、吴贯因君之《中国之预算与财务行政及监督》、贾士毅君之《民国财政史》、杨汝梅君之《近代各国审计制度》及殷公武君之《会计监督与预算制度》等，引用尤多。本文中不及一一备注，附志于此，以免掠美。再本书由本所王君澹如搜集材料，草拟初稿，彼此探讨，以底于成。此外复承同学袁君树德、周君永年、王君复炎及周君孝迈等热忱相助，亦当于此，永志弗忘。

1933年7月宜兴潘序伦序于上海立信会计师事务所

05 《会计名辞汇译》序言

我国会计之学,导源甚古,礼记周官篇中,即有日记月要岁会之说,然而数千年来,斯学失传,于今虽欲追寻数百年前政府工商机关之会计记录,亦已渺不可得。至于研究阐述会计学之书籍,数千年来更鲜发见。故我国原有之会计名词,除极普通之"存该收付""日流暂记"等字,供通俗之用外,别无其他相当术语。最近二十年来,欧风东渐,新式会计,渐见通行,国内研究会计之士,日渐众多,关于会计之译著,亦年有出版,较之以前,显有进步。考欧美会计之学,近世最称发达,我国现有会计书籍,无非译自彼邦。惟译者既各不相谋,故译名亦绝不一致。以前我国文化机关,曾有科学名辞审查会之设,然彼时我国会计一科,程度过于幼稚,故会计名词未在审查之列。迨民国十五年(1926年),上海会计师公会有会计名词审定会之组织,而推鄙人主其事,但在会同仁多以业务羁身,不克多所讨论,因之亦一无成就。数年之前,立法院及财政委员会均曾有拟订会计名词之举,然所拟订者,仅及于政府会计之一部。至于年来出版之会计书籍中,虽有附列中英名辞互相对照以便检阅者,但挂一漏百,太不完备。且译名多系个人主张,从未有汇齐多数名词,比较各家意见而为有系统之研究者。直至民国二十年(1931年),朱祖晦、程彬及舒公迟三氏,合著《会计名辞试译》一种,收集会计名词,多至一千二百有余,内并列举我国各家旧有译名，末附著者拟译之名，至是而我国会计学者对于会计名词，始有有系统之研究。编译会计书籍者，查阅称便。今年本事务所同仁，着手于"立信会计丛书"及《会计季刊》之编辑。第一步所遭遇之困难，即为译名之无一定标准；虽有朱君之作，可供参考，但其所包会计名词及所列举旧有译名，尚不十分完备，因之补加搜集，并为试译或另译，而成本编。兹将欲向读者声明各点，列举于下。

一、本篇所列英文名辞，计二千余。内中有非真正之会计名词，不过因其为合计书表中所常见者，故亦并列，以便检查。

二、本篇所列原有译名，取材各书，虽较朱著多至一倍以上，但因时间匆促，仍不能遍读诸籍，不过年来我国较为重要之会计书籍，除最近一二月内出版者外，大致均已涉及矣。

三、凡译名之选择，其第一要件在于涵义切当，第二要件在于习用普遍，第三要件在于用字简赅。但第一与第二及第一与第三各点，每有互相背驰之处，盖习用已经普遍者，其涵义未必切当，而译义较为切当者，又因素未习用之故，转觉其生涩难读。且涵义切当者，译字每觉太多，而用字简赅者，涵义或有太略也。本篇译名，固着重在第一要件，但果真习用已久，则亦勉取从众之义，不为故译新辞。至于译名太简，难涵全义者，则另附简略说明，此中审慎抉择，颇费周章。倘祈敬者鉴谅此意。

四、凡原有之译名，编者如认为可以袭用，剧将其列入"原有译名"栏内。凡编者未在他书中见有相当译名者，均为自行试译。在自译诸名中，编者倘自认为适当，则将其列入"拟定译名"栏内，倘尚未敢自是，而待当世有道之指示与讨论，则将其列入"暂拟译名"栏内。至于一字具有二义或三义者，则译名亦分别列举。其只有一义，而有二个不同之译名，均属可用者，则有时因习用已久之关系，亦听其并存焉。

五、本编"原有译名"栏内所载各项名词，均自各家会计书籍中搜集而来，兹将各书名称、著译者名称，及其简写，表示于下，以资索引：

简写	著译者	书名或篇名
（工）	陈家瓒	《工业簿记》
（日）	日本	《会计名词拟译》
（立）	立法院	《立法院拟订会计名称》
（因）	杨笃因	《稽核账目研究》
		《成本会计研究》
（交）	前交通部	《铁路会计则例汇编》
（朱）	朱祖晦　程　彬　舒公迟	《会计名词试译》
（沈）	沈立人	《中华会计学校函授讲义》
		《成本会计》
（余）	余天栋　徐觉世	《实用商业簿记》
（法）	国民政府	《现行法令》
（吴）	吴应图	《会计学》
		《审计学》
（宗）	吴宗黑	《会计浅说》
（封）	封瑞云	《莫氏官厅会计学》
（财）	财政委员会	《财政委员会拟订会计名称》
（徐）	徐永祚	《决算表之分析观察法》
		《决算表之审查手续》（会计杂志）
（陈）	陈掖神	《近世簿记法大纲》
（国）	中国银行	《中国重要银行最近十年营业概况研究》
（勋）	李懋勋	《铁路会计学》

（续表）

简写	著译者	书名或篇名
（张）	张忠亮　李鸿寿	《会计学原理及实务》
（童）	童传中	《高级商业簿记》
（嵇）	嵇储英	《会计学》
		《簿记学》
（杨）	杨汝梅	《近代各国审计制度》
		《新式银行簿记及实务》
		《新式商业簿记》
		《会计及审计》
		《新式官厅簿记》
（萼）	吴　萼	《最新官厅会计学》
（葆）	刘葆儒	《近世会计学》
（邹）	邹祖烜	《实用簿记》
（肇）	杨肇遇	《成本会计概要》
（德）	徐广德	《查账要义》
（刘）	刘大绅	《簿记》
（暨）	蒋沧浪　丘瑞曲	《暨南大学会计学讲义》
（潘）	潘序伦	《公司会计》
		《成本会计》
（潘）	潘序伦　王澹如	《政府会计》
（树）	刘树梅	《记账学》
（谟）	李　谟	《工业会计揽要》

六、本编英文名辞之排列次序，为我国之一般人士未尽熟谙英文排法者之检阅起见，统照各名词全体之字母次序排列。例如流动资产固定资产等，乃照current assets及fixed assets排列，而不照assets，current及

assets，fixed 排列也。此项排法，在检查时，有便有不便。但照英文辞典排法，在我国人检查时，亦有便有不便也。究应依照何法排列，编者初无成见，尚祈读者发表意见，以便于再版时改正。

七、本编所列各名词，有属于特种会计之性质者，则于"类别"一栏中，量为注明。其属于普通会计之性质者，则不另注明。至于译名之意义较奥，或来源用法各异，有待于注释者，则在"备注"一栏中，用极简单之语句，指示其大意焉。

八、本编所录会计名词，各家译法不同，其间颇多可以比较优劣研究当否之处；且有时译名非详加解释，不能了解其意义。本编所列备注，又以篇幅关系，不克详明。故编者当另为《会计名辞之研究》一文，继本编出而问世焉。

九、本编之辑，不过继续朱祖晦等氏之工作，而为统一我国会计名词进一步之努力。自惭智识肤浅，译才短绌，深盼国内会计专家，对于本编所载各项译名，不吝加以修正及补充，尤盼将修正意见随时见示，俾可于再版时照改，以期逐渐完善，则不独私人之幸，抑亦全国会计学界之幸已。

1933年12月宜兴潘序伦作于上海立信会计师事务所

06 《会计学》序言

我国会计学术,导源虽古,而进步甚迟。至今各地旧式企业机关所用之会计制度,仍不脱单式簿记之窠臼,至习新式会计者,其所见所闻之原理实务,又多囿于欧美之成说与先例,而与我国之法律商情,辄有扞格不相合之弊。遍观国内二十年来关于会计一科之刊物,尚少一较为详备适用之本,以供国人研习参考之需,是诚吾国会计未能迅速进步之一原因,亦为吾会计界同仁不容再缓之工作也。序伦对于会计一科,学于此,习于此,执业于此,而衣食寝处于此者,先后几二十年矣。近数年来,无日不以编著会计学一书自期,然而人事纷纭,时作时辍,泊乎去年春季,本所乃开始编辑"立信会计丛书",而会计学一书实为全部丛书中最称主要之一种,从事编辑,无可再延。爰排除百务,昕夕从事,寒暑无间者,凡十有四月,计先后窜易撰稿,多至五六次,幸得同志六七人之从旁相助,草草成书,付之剞劂,以飨读者。全书计分上下两册,都凡九十万言,其内容之是否合度,立论之是否正当,编制之是否适宜。以鄙人之愚陋无状,何敢稍存自是之心。唯愿千虑之中,或有一得,足供国内学者之考究耳。兹先将本书之编制方法,说明于下:

原夫会计之作用,在乎以数字表示人类社会之经济活动。其表示之方法虽有多种,然概括言之,无非列举其资产与负债,而表示其某一时日之财政状况，此为横断面之表示；又列举其收益与费用，而表示其某一期间内事业之经过情形，此为纵剖面之表示，于是事业之全部情形，可以一览无遗，是以会计之中心，无非表示一事业之资产负债及损益，而会计学之中心，则无非为研究资产负债表及损益计算书如何可以为正确之表示而已。故说明资产负债及损益之性质，及资产负债表及损益计算书之编制及作用，实为会计学全部之纲领也，列总论编第一。

夫资产负债及损益之种类，及其增减变化，纷繁复杂，不可究诘，苟不用有系统有秩序之方法，既省时又详明之记载，将千变万化之交易，按序记录，分类而整理之，则所谓资产负债表及损益计算书者，势将无法编成，而事业之现状及过程，亦将末由而为总括明了之表示，此则会计记录之研究尚矣，列会计之记录编第二。

虽然，会计记录一编所讨论者，仅及会计上普通之原理原则，但各项会计事务之处理方法，随商业情形而有种种之不同，是对于会计上之各项实务，亦不可不一为叙述也。列会计之实务编第三。

会计之记录，既能适当而详备矣，会计之实务，亦能通晓而纯熟矣，则对于各账项之分类汇总，而归结于决算表之编制，当可达到其目的。然有特种企业，或因其组织之殊异，或因其业务之不同，而其会计记录之原理及实务，亦与一般企业，不能尽同。是在普通会计学之范围，亦应叙述其大概，俾能各为编制适当之决算表以示其财政状况与营业情形者也。列合伙会计编第四，公司会计编第五，及工业会计编第六。

以上各编，已将处理各项普通及特种交易之会计原理及实务，以及汇集各项交易记录而编制决算表之方法，一一叙明。照此种种方法而编成之决算表，其外表形式之可以期于适当明了，固已不成问题。虽然决算表之编制，不仅须求其形式之适当，尤有待于内容之正确。倘仅凭其形式，而不详究其内容，则决算表之究能表示一企业之真实财政情形与否，仍在不可知之数，是以吾人于此，当进一步而将资产负债之内容，加以讨论焉。列财产之估价编第七。

夫决算表之形式，既明了矣，其内容亦正确矣，然对于明了正确之决算表，苟不能善为利用，是亦如眇者之于光，聋者之于声，不通文义者之于图书典籍也。故会计学更进一步之研究，则为讲求应用决算表之方法。列决算表之分析与解释编第八。

以上各编所述，均为一企业在继续营业中之会计原理及实务，唯考世间一切人的集合，未有能终生长存，聚而不散者。当企业停歇解散之际，所有财产之估价，以及试算表之编制，亦有其特殊之原理与方法，列企业之解散清算与破产编第九。

凡关于业主生存期间所以处理及表示其业务之会计原理及实务，在上列各编均已详论。唯人生不能无死亡，死亡之后，所有一切遗留之财产不能不由他人代为适当之处理，以结束其事业，此则遗产及信托会计所讨论之范围也。夫吾人一生之经济的活动，以死亡而终止，以遗产之处理完竣而结束，因之所以记载与表示人生一切经济活动之会计，亦以遗产及信托会计为最后之一编焉。

兹为求读者充分明了本书之编制方法起见，再将本书之次序列表示之如下：

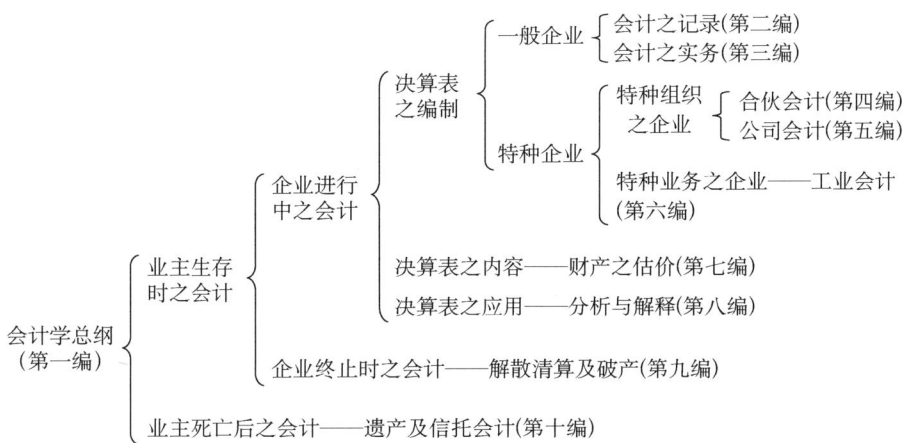

本书之编制方法，既经约略叙明，则对于理论上之主张，亦宜一加声述。考本书立论之主干，不外谓以流动资产表示企业之偿债能力，以固定资产表示企业之投资财力，故流动资产应以时价为准，固定资产应以成本为准，因之关于账户之分类，决算表之编制与排列，财产之估价与其分析解释等种种理论，莫不依上说为根据，以求其先后之一贯，至关于资本支出与收益支出之划分，清算会计与遗产会计之原理等等，鄙人自信之主张，亦与当代会计学家稍有出入。此则希望读者之注意与批评者也。

复次论本书之内容，则凡普通会计学所应包括之范围，大致均已涉及，即预算之统制及图表之应用等比较新颖之材料，亦莫不设法采入，上下两册适足供大学或专科学校继续教授两年之用，故仅以"内容详备"之末节为言，则不仅在国内已经出版之会计学各书中，堪称创作，即以欧美普通会计书籍相比拟，当亦无容多让。此则舍本逐末，恐为当代大方所笑耳。至于学校教科，首重实习，故本书各章习题，尽量多列，务使教师学生，得有充分选择之机会，且另印习题详解，俾教授此书之教师，得检阅之便利焉。

最后鄙人应向读者声明者，则本书之成，自非著者一人之力。本所编辑部同仁王君澹如、陈君文麟、李君鸿寿、黄君组方、施君仁夫、唐君文瑞、顾君哲云、沈君慰萍等，或为搜集材料，或为草拟初稿，或参讨论之役，或任校正之事，或演习题之详解，盖非同志之助，此书将永无完成之日，是不可不志感也。

1934年6月潘序伦序于上海立信会计师事务所

07 《成本会计教科书》序

余译美国劳伦斯（W. B. Lawrence）氏成本会计一书既竟，颇觉其内容过丰，不合高中商科及职业补习学校教科之用；即各工厂程度较浅之会计员，亦恐其陈义过深，引证过繁，未易了解。因再将原译全稿，摘要拘元，删繁就简，而成本编；其中编制次序，亦较原书颇多改进，总期全书一气呵成，学者易于习诵而已。

再本书编纂裁剪之役，由施君仁夫分任其劳，于此附志谢忱。

1934 年 6 月潘序伦于上海立信会计师事务所

08 《会计学教科书》序

余既编著《会计学》一书,觉其内容过丰,陈义亦深,不适于程度较浅之读者,因请王君澹如将《会计学》删节过半,由余重加编次,而成是书。关于簿记方法及账簿组织等项,则尽量减少,成为两章。至若决算表编制分析之方法,财产估价之标准,则论究不厌求详。在已经修习簿记或初级会计者读之,程度适相衔接。至关于本书编著之方法与理论之主张,则在《会计学》序文中曾详言之矣,于兹不再述云。

1934 年 7 月宜兴潘序伦于上海立信会计师事务所

修订重版附言

本书初称《高级会计学》,原不过表示继续拙编《高级商业簿记教科书》而编辑之意。但读者对于此项名称,颇多误会,以为本书内容,定多深奥。故特为改名《会计学教科书》,以侪于立信会计丛书其他各种教科书之列。又本书经许多学校采作教本,试教结果,佥以原书内"制造工业之会计记录"及"长期投资"两章,内容过深,或说明过简,不易为初学者所了解。兹故将制造工业一章略去,并将长期投资一章尽量节短,俾适合于会计学生第二学年之程度。他如原书末章,关于企业解散清算破产时之会计处理方法,为求浅易起见,特将破产会计删去,盖《民法》及《公司法》中之规定，亦皆仅至关于清算为止也。至于会计原理方面，则在第十三章对于资本支出之解释，已改照通俗的解释，而将偿还负债不作为资本支出。关于此点，编者系遵照多数批评家之指导而出此。凡此数点，为本书重要之变更，至于其他更改之处，因其无关宏旨，故不具述焉。

1935年10月潘序伦作于立信会计师事务所

第二次修订本附言

本书自民国二十四年（1935年）修订以来，迄今又历五载，历承各校教师暨会计同道加以批评，深为感愧。编者亦自觉书中有若干处所未臻妥善，爰决定为第二次之修订。所有改订各点约述如下：

一、原书第二、第三两章，叙述资产负债资本与损益之基本观念，其中关于资产负债表与损益表之编制方法与原书第七章决算表之编制一章略有重复之处，爰将二、三两章合并为一，所有说明，力求简约，故并称之为"会计之基本观念"。

二、原书第五章账簿之组织，对于特种日记簿及专栏之应用，所用说明方法，未易使学者了解，故就其中一部分重行编写。

三、原书第八、第九两章，论商业之组织及创立企业之记录，于合伙及公司会计为纵分的叙述，此项编制方法，是否妥善，同道中颇多意见。此次改订，仍将上述二章之内容并入合伙公司财务各章，不为另立专章。

四、本书初版本有"制造工业之会计记录"一章，嗣以程度过深教学不便，故于重版时删去。此次改订，觉制造业会计为学者修习估价问题时不可不备之知识，爰仍为加入一章。惟该章内容，只以不用成本会计制度之制造业为限,故较之本书初版之制造工业会计记录一章易于学习。

五、关于财产估价各章中,存货估价一章略事扩充使之自成一章,投资则为短期投资与长期投资二者合并设立一章,内容方面较之原书,更动较多。其中长期投资之利息计算部分,为谋教学双方之便利计,已予删去。

六、本版第十九章资本,及第二十二章企业之解散及清算两章,悉照拙作股份有限公司会计及会计学两书改正,并将原书材料之不切合我国商业理财实务者,悉予删去。

七、本书所用会计名词,已根据作者与顾准君合编《会计名辞汇译》一书所列名辞全部改正,以资统一。

本书经此次改订以后,自审于教学方面或当较前稍见便利。特其是否完全妥善,作者实不敢自信,还祈海内同志垂教焉。

1940年6月潘序伦于立信会计专科学校

09 《银行会计》序

我国工商界最先采用新式簿记者，厥推银行一业，而簿记方法最称完备与繁密者，亦惟银行为然。二十年来，时贤对于银行簿记会计一科，颇多佳著，惟因时代嬗移，业务进展，昔称适用之方法，在今日已渐目为陈旧，今称普通之业务，在昔日或未见端倪。因之银行会计一科，惟有重编新本，方足以符事实之变迁，应时代之需求。本所附设会计学校，自始即有银行会计一科之设，顾君哲云英年好学，执是教之教鞭，已历多年，居常搜集关于银行会计之材料，盈笥累箧，近复自编讲义，亦复积成巨帙。去年春季，本所同仁鉴于国内会计专门书籍之十分缺少，群致力于"（立信）会计丛书"之编纂，而以《银行会计》一书，任诸哲云。一载以来，哲云整理旧稿，搜集新材，三易其稿，二次试教于本所会计学校，兹已幸观厥成，付之剞劂。鄙人详读全书，深喜其取材之丰，编制之当，内容之完备，文字之畅达，国内银行职员以及商科学子，得此一编，则对于银行会计一科，必能增出许多研究之兴味，可无疑也。

1934年7月潘序伦序于上海立信会计师事务所

10 《交通会计》序

我国交通事业,向以路电邮航四政并称,因其范围之广博,与夫营业之繁荣,自不得不有特别会计之设施。曩者,北京交通部聘任国外专家,订颁铁道会计则例,是为我国改进交通会计之初步,亦即政府会计堪称完备之一端。他若邮政会计亦向由外卿主办,近来储汇业务,已经划分独立。至于航政一途,最近始有国营招商局一处,仿行新式会计,则为我国会计专家所自定。惟有电政一端,历年积习相承,向来只有收支账目,而不为财产损益之计算,诚属交通会计中最欠完善而亟待改进者也。吾友张君仲倩,服务于交通部先后凡二十年,屡参会计设计之役,复掌稽核整理之事。对于路电邮航各种会计之因格利弊,莫不洞若观火,了如指掌。前年奉交通部会计长之简命,首即着手于电政会计之革新,今夏电政会计制度,已经政府修订颁行,此后我国交通会计,大体上已臻于完备之域,惟是交通会计之原理实务,至为繁赜。遍观国内,除政府所颁会计法令章则,可备检查参证外,迄未见有专家之著述,足资研习,凡我国会计学术界及会计职业界,无不引以为憾事。兹者,本所编行《立信会计季刊》及"立信会计丛书",屡承张君以关于交通会计之专著见投,吉光片羽之传布,殊引起读者研究交通会计之兴味,因力促张君完成此书,俾加惠于同道。兹者,皇皇巨帙,已告成功,不独服务于交通事业者,得获南针而称庆,即我国会计界同仁，亦无不以觏此创作为深幸也。至于铁路会计一科，则因政府行政系统，已独立于交通之外，且其内容更较邮储电航等政为繁，故将由张君为本所丛书另著一编，以行世云。

1934 年 7 月潘序伦序于上海立信会计师事务所

11 《各业会计制度（第一集）》序

《各业会计制度》一书之编辑，在英美先进诸国，虽已数见不鲜，而在我国，则尚属创例。尝见我国商科各校，每于其学程之中，设立各业会计制度一科，但一考其所用教本，都系英美之书，其中所言，固皆以各该本国之情形为依据，今即以之移置我国，以供学子之研求，则必嫌其不适用之部分多而可以适用之部分少。盖我国经济落后，百业待兴，有若干工商企业，在英美各国，早已视为重要，但在我国，则尚未见其创始。关于此等企业之会计制度，以我国情形而论，当不能谓为急切待解之问题。我国工商各界之会计制度，其亟待研习而改良者，允推国内现有之各种企业。然中西之营业习惯，彼此互异，法律规定，又复有别，若径以他国适用之会计制度，施行于我国，其必感有格格不入，削足适履之苦，可以断言。本所年来着手于"（立信）会计丛书"之编辑，原以打破此种困难为目标，复以改良各业会计制度为职志，但遍观丛书之中，其他各书之所研究与讨论者，大致以普通会计之原理与实务为范围，能求普通原理之真能应用于各业，则不可不将国内各业之组织及营业情形，分别检讨，尤不可不将国内各业所原有之会计制度，量为容纳，更参以良好之惯例，绳以本国之法制，方克有济。爰请国内各业会计专家，分任撰述各业会计制度，务求既切实用，又合理论。惟此项专著，均属创作，苟非兼长会计学理及经验者，殊难执笔，一载以来，所得之文，仅有九篇，姑先于今夏付梓，称之为第一集，用作各大学商科教本，堪称适宜，即会计员会计师之任事于各业，欲求切实明了会计学原理之实施情形者，对于是书，或亦甚有参考之价值也。至于国内其他重要各业之会计制度，刻正恳求国内专家，续任撰著，本书第二集、第三集之编撰，当可指日观成也。

1934年7月潘序伦于上海立信会计师事务所

12 《高级会计学》序

余既编著《会计学》一书，觉其内容过丰，陈义亦深，不适于程度较浅之读者，因请王君澹如将《会计学》删节过半，由余重加编次，而成是书。关于簿记方法及账簿组织等项，则尽量减少，成为两章。至若决算表编制分析之方法，财产估价之标准，则论究不厌求详。在已经修习簿记或初级会计者读之，程度适相衔接，故名之曰《高级会计学》。至关于本书编著之方法，与理论之主张，则在《会计学》序文中曾详言之矣，于兹不再述云。

1934 年 7 月宜兴潘序伦序于上海立信会计师事务所

13 《"改良中式簿记"之讨论》序

我国簿记学术,肇端极早,而发展殊缓,一般商人所用簿记方法,迄今仍不能免幼稚紊乱之讥。在欧美诸国,学者精研其理,各界实施于用,进步较速,功效亦著。至于今日,学理已臻成熟之期,应用亦早达普遍之域。故为我国目前之计,惟有急起直追,舍己之短,取人之长,则桑榆之收,尚可不嫌其晚。幸也。近年以来,国人为时势环境之所迫,经会计学家之倡导,对于簿记,重要之认识,已渐见普遍。以簿记为研究讨论之对象者,亦日见增多,各机关及工商企业之采酌欧美成法,以实施其簿记之改良者,犹多纷纷纭纭而起。最近徐君永祚,有"改良中式簿记"之倡议,一时颇引起国内会计学术界之注意。考徐君之改良方案,系采仿欧美复式簿记之原理原则,使我国旧有簿记,改成有系统有组织之方法,记录趋于完备,计算得以正确。惟为适应旧式商人之习俗起见,记账原理,仍以原有之收付法为主,账簿组织、原始簿不用专栏而尽量为之分割,总账不用统驭账户而改设四柱结算表。此种账法,亦能自成一种系统,对于我国改良簿记之过程中,自不能否认其功效。然本所同仁对于徐君之主张,尚未能为无条件的赞同,对于其所极力提倡之收付簿记法,是否能在会计学术上有永久存在之价值,是否可为我国改良簿记之最后目标,尤不能无疑虑。同仁之愚,以为收付簿记法,实难及世界一致采用之借贷簿记法为完善而合理;自账簿组织言之,不用专栏与统驭账户,事实上亦不迨一般簿记法之省事易为也。曩者同仁等对于"改良中式簿记"之讨论研究,迭为文登载于《立信会计季刊》。兹本执经问难之旨,将其汇刊成册,聊备我会计界同仁及关心改良簿记者之参阅与研讨。甚愿国内学者对于此项问题,发表宏见,俾可得一正当之论断,则不仅为同仁之幸,抑当为徐君之所愿也。至于徐君改良中式簿记之详细理论与方案,读者可参阅徐君出版之《改良中式簿记概说》及《会计杂志》,本书不赘列焉。

      1934年12月潘序伦序于立信会计师事务所

14 《初级商业簿记教科书》序

我为《立信会计丛书》，编纂了一本《高级商业簿记教科书》，觉得说理举例，都还详细明白，从编制上讲起来，也还合于高中商科和大学商科初年级采作教本的用途。但我有许多在补习学校里担任教科的朋友，都说那本书程度太深，篇幅也嫌太多，不适合于初级中学、职业补习学校和民众学校的学生，也不适合于有志自修簿记的商店职员，都催促我另编一本程度比较浅近，内容比较简单的簿记教科书。可是我近来正在纂著《审计学》一书，没有余胜的时间，所以就把编纂这本书的工作，交付本所编辑部同仁施仁夫和陈文麟两先生，但对于这书的编制方法和选择材料等问题，仍是我和施、陈两君共同商定的。

现在施陈两君已把这书编成，我把书稿一再校读，觉得它的内容，比我编的《高级商业簿记教科书》更要浅显。并用白话体的文字，一定会使程度较浅的学生，更易了解。至于编制方面，一气呵成，也是几经考虑的结果，认为适宜于初级学生的，所以便把它的名称定为《初级商业簿记教科书》。

说起《立信会计丛书》的编制方法，凡是有了一本程度较深的书，必于同时再编一本内容较浅的书，这书出版以后，我想各种程度的会计学生，对于《立信会计丛书》，不会再感觉缺少什么了。

1935年5月潘序伦序于上海立信会计师事务所

15 《实用官厅会计》序

会计之学,贵能实用,然学者著书,每易涉及空泛,不切实际,甚且以外人所述,奉为圭臬,侈译成章,即为专书,其于学以致用之境,相出岂不远甚。此非言作文可以不重理论,惟于讨论原理法则之际,必需顾及事实。其供作教本之用者,尤贵能随时插入实例,以资对照,而便学习。同乡吴萼君近著《官厅会计》一书,特定其名曰《实用官厅会计》,其意盖在斯乎?夫政府组织,恒随国别而异,更随时代而殊,则其所用之会计方法,自无强其必需完全一致之理,故编著官厅会计,务须以本国现行法令章则为根据,而以本国政治制度为依归。今读吴君此书,完全合于此两项条件,所附实例,又多采自各级政府之实际账表格式,并为之设计五种不同之簿记组织,以期学者对于各级政府机关之记账方法,均能熟谙,而不致生隔靴抓痒之弊,尤为此书之特色。余与王君澹如前亦曾编《政府会计》一书,其中虽亦附有登记实例,但自审尚嫌不足,今此书所举之例,甚为完备,正堪与拙著相互为用,爰特恳得吴君之同意,将此著列入"立信会计丛书",并为弁言卷首,以介绍于读者。

1935 年 7 月潘序伦于上海立信会计师事务所

16 《各业会计制度（第二集）》序言

《各业会计制度》第一集，刊行以来，一载于兹，存书早罄，亟待再版，会第二集之编辑，亦适告竣事。统观两集之内容，觉其中颇有改革编制之必要。盖每集之中，各有普通商业会计及成本会计，参杂其间，读者选读，颇觉不便。不若将属于商业会计者，编为一集，而将属于成本会计者，另为一集也。至计划中所需撰述之其他各业会计制度，正请国内专家继续撰述，将来再拟分别增入此一二两集中焉。

1935年8月潘序伦于上海立信会计师事务所

17 《铁道会计》序

铁道交通,为一国经济机构之脉络,铁路愈发达,则国民经济愈进步。故欲求铁道事业之发达,必先有精密完善之会计,故关于铁道会计之研究,实不容缓。我国各路之管理,错综纷歧,其会计尚多未能统一之处,同时,国外资料,更于国情扞格不入,以是铁道会计一书之编著,凡非兼具高深学识与丰富经验者,颇难着手,国内铁道会计书籍之缺乏,非无因也。吾友张君仲倩,历任交通部要职逾二十年,屡参会计设计之役,复掌稽核整理之务,对于我国铁道会计之沿革,与夫各路会计之特点,知之綦详。前曾为本所"立信会计丛书"撰著《交通会计》一种,在我国会计界放一异彩,惟以篇幅关系,未能将铁道会计部分列入,因特另编一单行本,书成之日,嘱余作序,余但见其搜罗资料之特丰,编制体裁之清晰,不独为一有价值之专著,且以之供各大学采作教本,甚为适宜,其对于会计学术上及应用上之贡献,良非浅鲜也。

1936年1月潘序伦序于上海立信会计师事务所

18 《无形资产论》序

无形资产之性质及其处理方法，为会计学上最难解决之一问题。自来虽有不少学者，咸致力于此问题之研究，然终学说纷纭，莫衷一是，未能得一统一完善之答解。杨众先博士前在美国著有 *Goodwill and Other Intangibles* 一书，对于一切无形资产之性质及其会计处理方法，分析至为详尽。其论无形资产之性质也，既将其与企业收益之关系详为阐明，复将其涵义之演变情形细为绎述。其论无形资产之会计处理方法也，一以会计学之本质为依归。故其立论之精审，无与伦比，欧美学者久已奉为圭臬，即会计名家派登氏（W. A. Paton），在其所编《会计大全》(*Accountants' Handbook*) 一书中，亦数数引用其议论焉。我国会计学术之研究，年来渐涉高深，然关于无形资产一项，则尚少详尽之讨论。本所施仁夫君有鉴及此，特将此书译出，以为"立信会计丛书"之一种，全部译文仍请杨君亲为校正，是则此书之译，不啻为杨君本人之作，我全部"立信会计丛书"得此一部理论高深之名著，参列其间，实自觉其生色不少也。

1936 年 6 月潘序伦于上海立信会计师事务所

19 《陀氏成本会计》序

《陀氏成本会计》一书，与劳伦斯（W.B.Lawrence）所著《成本会计》同为美国会计书籍中之善本，惟按两书内容，各有特色，劳氏之书，偏重一种完善之成本会计程序及处理方法，而用简洁之笔调加以论述，系统分明，条理井然，学者读之，极易领悟，第缺少讨论研究之文，不免稍涉呆板。陀氏之书，简要清晰，固不弱于劳氏，而其所论各点，多采综合方法，列举各种处理程序，比较其优劣，并就各种环境评断其适用之程度，故非仅属一种单纯之叙述可比，是可知两书实各有其优点。四五年前，当本所开始编辑"立信会计丛书"之初，鄙人即将劳氏之书译出，问世迄今，深得国人之乐用，对于我国会计学界未始不有相当之裨益，然数年以来，常以陀氏之书，亦有介绍于国内之必要，使读者可以得一比较，而不致为一家之言所囿，爰请本所施君仁夫担任译述，兹当此书译竟付印之日，特志数语为序。施君译笔真切，畅达流利，吾知各界采作教本或用为参考，定能获得相当之满意也。

1937年夏潘序伦于上海立信会计师事务所

20 《电业会计》序

电光电热,家户靡能舍此,而制造工业,泰半须恃电力以运转机器,故电气事业,影响于国民生计至重且巨。年来我国电厂,纷纷设立,其创立较久者,多经锐意整顿,进步颇速,此固我国工业发达,社会进步之征兆也,但于电业会计,尚无专著,经营此业者,咸感研究参考资料之缺乏。杨君迪先,前服务于本所,后在南京首都电厂主持簿记稽核有年,对于电业会计,夙具心得。兹出其演讲旧稿,网罗散帙,裒集成书。余为校阅一过,觉其要言不烦,备而无缺,从此吾国电业会计制度得以此书为嚆矢而从事改良,则杨君编著此书之功,诚不可没矣。

1937 年 7 月潘序伦于立信会计师事务所

21 《劳氏成本会计》序言

余于民国二十二年（1933 年）移译 Lawrence《劳氏成本会计》一书，出版以来，瞬经五载，国内各校采作教本者，日见其多。惟彼时匆匆成稿，译意间有与原文欠合之处，所拟各项术语译名，在当时原为试译性质，尤多改进之余地，且即就劳氏原书而论，其编制次序及资料内容亦非无可以讨论改良之点，原拟根据译本自行改编，以期适用，乃劳氏于去冬已将其原著大加修改，再版出书，余一加复阅，则知原书中未尽惬意之处，均已为适当之修正。因之余另编本书之意，不得不为之搁置，爰即抽闲握管，将劳氏改订之书迅予重译，阅三月而竣事，自觉译文与原意尚能相合，不致参差过甚。所有各项术语译名，亦经五年来逐步研究，颇多改进，此后各校采用此改译本为教科书，或各会计员用作参考书，较之原译本，定增不少便利也。

再本书各章习题，较之原书，增改达三分之二，均由本所唐君文瑞及吕君仁一助译，习题详解则由夏君治濬改译，吾侄志甲为之订正，均由立信会计图书用品社另本印行，以便学生及教师之分别采用。

1939 年 1 月潘序伦于上海立信会计师事务所

22 《股份有限公司会计》(原名《公司会计》)序

第二次修订本序言

旧作《公司会计》一书，成稿于民国十八年（1929年）间，经民国二十年（1931年）第一次改订后，屈指迄今，已历七载。当时匆匆完稿，取材未见精审，研究未臻周详，故早蓄改订之志。惟以所校各事昕夕栗碌，兼以忙于编著会计学、审计学等书，本书之改订，遂以延迟。迨民国二十五年（1936年）"立信会计丛书"之编辑，已可告一段落，故于业务余暇，将旧作大加改订，制版业已就绪，定于民国二十六年（1937年）秋间出书，不料战事爆发，百业停顿，本书因而停印。本人亦无所事事，因复取第二次修订原稿，细加探研，再予增删，而成本书。付梓之余，特举数点，以待教于海内专家。

一、旧作共计十九章，其间或将一事分成二章（如第十及第十一章公积准备，第十二及十三章公司债及偿债基金，第十五及十六章合并等），或以一章对于公司会计之全体，为概括的叙述（如第五章特备簿册，第六章会计科目等），兹为使编辑体例之合理起见，区分全书为十四章，分述概论、设立、创立记录、股份、组织及管理、决算及盈余之分配、盈余公积及准备、公司债、增减股本、合并、解散清算及和解破产等项。所有空泛而不必要之概论已予删除，叙述同一事实者，一律归并为一章，结果虽使

每章分量多少不均，然其便于研习，或较旧作进步也。

二、旧作于论述各种问题之际，虽亦曾力求适合国情，然一以当时我国公司所有发行公司债，及合并改组等项实例，不如今日之丰富。同时若干有关系之法律如破产法等，尚未颁行，益以作者本人才疏学浅，故尚未能使全书内容，真正适合我国读者之需要。改作本书之时，特根据新颁行之法令、新发生之实例，以及作者十年来研究心得，将旧作大加改削补充。即有若干欧美公司习见之情形，为我国所未有，而为本书所应加以说明者，亦必举示我国法令及习惯，加以比较。因之旧作与本书内容，实已大不相同。著者私意，以为本书实系《中国公司会计》之创作。惟其立论说理，是否确当，举例是否详明，倘不敢自以为是。所望国内专家，不吝指正耳。

三、旧作名称为《公司会计》，然以我国公司，计有四种，欲将四种公司之会计特点，一一阐述，必使本书内容芜杂异常。今本书所述，仅股份有限公司会计一种，故正其名为《股份有限公司会计》，以昭翔实。

此外如习题问题一项，原为旧作所未具。为便于教学自修起见，特予增添，附印于各章之后，此则细微末节，未足语于改订也。

最近我国政府颁布所得税各项暂行法规，于民国二十六年（1937年）度开始征税，股份有限公司决算如有盈余，亦应照纳盈利所得税，因之公司盈利之分配，连带发生许多变化及问题，亦为本书所应论及者。惟我国所得税之征收，甫经开始，法律方面，关于税率、资本、免税及计算方法等问题，均在迅速修正之下，多数尚未确定，若处处据以论列，恐一转瞬间反不适用。故本书除第六章讨论盈余之分配时，根据所得税暂行条例及施行细则，加入所得税之计算外；其余各章，均暂将应行涉及之所得税问题略去，一所以求简便，二亦因所得税系另一专门会计科目，非在本书中所能详及也。

最后应向读者声明者，则本书之改编，有赖于本所编辑科副主任顾君准之协助者极多，志之以表谢忱。

1938 年 1 月潘序伦于立信会计师事务所

第三次修订本序言

拙著《公司会计》初稿，于民国十八年（1929 年）付梓。民国二十年（1931 年）一为修订。嗣于民国二十七年（1938 年）再度增改，等于新著，并正其名曰《股份有限公司会计》。迨民国三十三年（1944 年），政府为预筹经济建设大计，就已定第一期经建原则，着手为《公司法》之修订。翌年，立法院通过新《公司法》三百六十一条，所有以前颁行之《公司法》及《施行法登记规则》以及其他补充办法均已融汇于一编。其时余在陪都，承立法院《公司法》起草委员张肇元、盛振为诸兄，迭以该法案之内容就商，余亦得以多年研究及经验所得，提供菲献，甚至条文字句及次序，亦多商讨，对于旧法中若干问题，而为本书前版之所提出讨论者，已尽量予以解决。现此法之公布施行，已将两载，本书之修改，早不容缓。无奈余公私栗碌，寝夕不遑，更无暇执笔。顾福佑学弟慨允担任修改工作，将本书中涉及《公司法》之应行改正部分，重照新法予以改正，并由同仁顾谘博兄为之校阅，最后由余酌加增删，成稿付梓，记其梗概，以弁书首。

1947 年 9 月潘序伦序于上海立信会计专科学校

23 《决算表之分析及解释》(潘志甲版)序言

决算表之分析解释,在会计学中虽为一新兴之学科,但因近代信用调查制度日趋严密,遂益见其重要。四五年前,余为求"立信会计丛书"之完备,即约黄组方君编著是书,黄氏孜孜于是,阅四载而成书,不日将出版矣。去年秋季,余获读美国葛师孟氏《决算表分析》一书之改订版,觉其内容精湛,有裨实用,复以我国企业决算表分析与解释之实务,迄今尚未十分发达,因以为是项学科之著述工作,固不可废,而介绍译述,仍甚重要。值我侄铦甲,归自美国,遂嘱其于课务余暇,移译葛氏是书,时逾半载,幸观厥成,遂付剞劂。

畴昔我国各校会计学程,不乏决算表分析一科,徒以国内无适用之教本,遂不得不采用西文书籍,而学子之自行研究者,尤觉不便。今是书译成出版,益以黄组方氏所著《决算表分析》一书,可与此编相互参证,教授肄习略可敷用。倘因是书之出版,而使我国会计学术,得有进展,我国信用调查制度,得以改善,则尤为余所切望者矣。

1939年8月潘序伦于立信会计师事务所

24 《决算表之分析》序

原夫会计之功能，首重应用，应用之方法，端赖分析。吾国会计，肇源虽早，程度甚稚；十年以来，斯学渐昌，著述渐多。但关于会计分析之专著，除一二翻译陈浅之作而外，尚无所见。本所编著"（立信）会计丛书"工作，进行已历八载，各书大致已备，惟决算表分析一书，仍付缺如。黄君组方，青年饱学，所有英、美重要会计书籍，博览殆遍，对于决算表之分析方法，研究尤精，前任教于本所会计学校，课余编制《决算表之分析》一书，费时三年，稿亦三易。书虽成而黄君病，承将稿付余及吾侄志甲，代为复阅。余受托之后，屏除业务，细心校读，夜以继日，费时六旬，觉其书内容之渊博，研究之精深，在吾国会计文献之中，堪称杰作。所有本书立论之根据，内容之取舍，编制之方法，字句之增删，无不悉心斟酌，将吾与吾侄所见，就黄君病榻而熟商之，每至意见不相纳处，辄不顾黄君病体之孱弱，而侃侃争辩，声震邻室焉。甚矣，余于斯学之一意孤行也！毋乃为佳著之难得，故求全责备之心切也！兹者，书稿虽已杀青，黄君病犹未痊。深愿黄君早复健康，共为斯学继续努力焉。

1939年夏潘序伦序于上海立信会计师事务所

25 立信会计教科书序

抗建期中,百端待举,各界为谋事业管理之愈臻严密,对于会计人才之需要,倍见殷切。惟目下内地会计人才之供给,尚不足以应一般之需要,因而训练人才之会计教育,渐为国家与社会所重视,而日见发达与普及。我人观于今后国家建设之日繁,大规模企业之日多,会计事业之前途发展,正不可以限量,此我人在艰苦抗建期中,引为庆幸者也。

比年以来,政府及各界有识之士,咸认会计人才之训练,实为当务之急,故专校专班之设,为数不少。惟以时值非常,交通梗阻,内地各处,罔不遍呈书荒现象,影响所及,会计一科之教育,亦有无书可用之慨。但以会计之基本训练,其有关技术方面者,决不可以忽视;口授笔述,浪费实多,或枉费光阴,或徒耗精力,教者虽觉舌疲唇焦,而学者则尚或难于领悟也,余客岁来渝,鉴于此种现象,亟有补救之必要,爰即竭力成法,以所编"立信会计丛书",运销内地,以救会计界之书荒,但因种种困难,不易克服,故至今仍未能为尽量之供给,每一念及,辄觉疚心,商之本所同仁,佥以为非另编会计教科书一套即在重庆印刷发行,实不足以期普及。余亦以为欲求解决内地之书荒,舍此实无有效办法,遂即毅然进行,纠集同志,商定计划,决定目下需要,暂编七种会计教科书,计为:(一)《商业簿记》,(二)《会计学》,(三)《初级会计学》,(四)《成本会计》,(五)《银行会计》,(六)《政府会计》,及(七)《审计学》等。各书程度,以适合高级职业中学之教学为主,其内容则务求彼此衔接,所有讨论上之重复,力求避免,借使七书自成一有系统之教本。各书内容之大纲既定,即商请本所素有教学经验诸同仁,分任编撰,而由余任校阅之责。半年以来,终日孜孜。今者,七书初稿已次第杀青,本年六月底前,皆可先后在渝付印出版,此后内地各级学校之训练会计人才者,当可不复有书荒之叹矣,至于内地会计学校方面所需专门或较深之读物,余当竭其全力,设法将"立信会计丛书"运入内地,或择其中之尤感需要者,在内地印制出版,以尽余生平服务会计学术之素愿也。

1941年3月潘序伦序于重庆立信会计师事务所

26 《实用政府会计》序

粤稽一国政治之澄清，行政之整饬，其道虽多，要以纳财政于正轨为第一要义，而纳财政于正轨之道，端有赖于会计。我国政府会计，自主计处成立以来，实行超然制度，经立法及主计当局十余年来之努力，会计机构之建立，会计制度之设计，法令规章之颁行，灿然大备，所惜会计学术界对于现行政府会计一科，尚少完善之专书，足资研习。余虽尝有政府会计之著述，惟因向服务于工商会计，对于现行政府会计，少实地之经验，兼以法令规章时有变更，故不无隔膜之处。本所桂林分所主任蔡君经济，服务政府会计机关有年，屡参与现行制度之设计，复于广西大学任教政府会计一科，对于斯学之理论与实务，均有深刻之研究。近出其教育服务之心得，著为《实用政府会计》一书，嘱余为之校阅，余读而喜之。因其于原理及实务两端，均有所发挥，而现行政府会计法令及各级政府机关之会计制度分析尤详，实为研究现行政府会计者不可不备之书。故不仅为本所所设会计学校增一适用之教本也，爰乐而为之序以当介绍云。

1941 年 6 月潘序伦序于立信会计师重庆分事务所

27 《商业常识》序

从事会计工作,常须与工商界接触;然于工商界之底蕴机构,苟无相当之了解,曷足以应付？本所丛书之已刊行者,多属研讨会计学术本身之著作,对于商业社会概述之书籍,尚付阙如。余自入川以来,曾举办会计职业学校及补习学校多处,所有商业常识一科,苦于无书可用,而一般商科学校,亦有同感。吾友陈君瑛民,主持上海中华职业学校商科十有余年,本其商业教育之经验,及留心观察社会之所得,著有《商业常识》一书,所搜材料,既甚广博,复极新颖,立论精辟,文笔简洁,图表习题,均甚丰富,洵属优良教本。余既庆后方书荒声中之获有佳著,复欣是编之列为本所丛书,爰乐为之序。

1942 年 3 月潘序伦序于立信会计师重庆分事务所

28 《商业应用文作法》序

吾国自欧风东渐，工商各业，突飞猛进，规模制度，迥异往昔，商业上之应用文件，亦因事实之需要，日新月异：或为招徕生意，或为承揽供应，或以传递消息，或以应付业务。商业活动之范围，既甚广泛，应用文之体式，亦殊繁多。

抗战以还，国府西迁，后方事业，空前繁荣，工商部门，尤为发达。余既设立信会计图书用品社以供应会计用书，复感一般商业文件之亟需介绍，爰请庞君翔勋，纂成是书。庞君执教中华职业学校高科应用文多年，对应用文素有研究，其所著《现代应用文作法》一书，阐理详明，材料丰富，发行未及一载，业已再版三次。此次编著本书，所收资料，新颖广博，举凡商业上需用之文件，应有尽有，而立论之谨严，阐述之晓畅，选材之缜密，编制之清晰，尤属难能可贵。想此书一出，各级职校学生暨商界从业人员，定必人手一编，无限欢迎也。

1942 年 11 月潘序伦序于立信会计师事务所重庆分所

29 《公有营业会计》序

年来政府推行计政,至著成效,且因时势之推移,公有营业,日增月盛,会计工作人员,成千累万。《公有营业会计》一书,遂成为今日不可缺少之作。余子舞咸,留美精研会计,返国以来,主各大学会计讲席者,先后十余载,前年担任资源委员会会计工作,对于我国公有营业之会计制度,多所擘划,近主陕省计政,又有年矣。兹根据其多年研究心得,发为交章,而成是书,理论实务,兼搜并蓄,且对于我国公有营业会计制度之改进,尤多贡献,是诚我国会计文献之明灯,会计学者之津梁也。承以全稿寄示,亟为付梓,并志数语,以表欣佩。

1943年元旦潘序伦序于重庆立信会计师事务所

30 《政府会计人员手册》序

建国开源，初隆百业，我会计人员遂时为各方所争揽，而实际服务，未始无握算持恒，兴利去弊之效。政府机关为推行主计制度，物色俊贤，假以名器，为数日众，所至尤周；亦可见计理钩稽，确已有迫切之需要。惟是现有会计书籍，率皆以阐发基本之学识与技能为主，关于组织、管理、计划、执行、考核及交代等项，多不预焉。而一般从事会计人员，对于以上各端，类均茫无所措，欲求增进工作效率，势须另辟蹊径，俾得有所遵循，事半功倍，因是此等会计实务专编，遂成今日各方所企盼，并为刻不容缓之举。

吾立信同学汪君元铮，从事政府会计工作，历年有余，学验俱优，对于著述甚为努力，前为适应事实需要，辑有政府会计人员服务须知一书，曾将原稿见示，观其博征详采，条分缕析，足补各书之阙略；有助训练之不及，可资后学津梁，深为佩慰。当以陪都编印会计书刊，辄因交通滞塞，输运维艰，不易达于他处，为调剂各地供需起见，改在西安发行，初版出书，转瞬售尽，洛阳纸贵，确系事实。

原书近经汪君公余之暇，加以改编，名曰《政府会计人员手册》。展诵之余，深觉内容搜集较前益臻完备；编制较前更为精审，将法令融会事实，由艰深纳入平易，书中各章于叙述吾国现实情况以后，复就诸项特殊问题，撮加评议，尤属难能可贵。允为会计人员之良范，堪称服务之准绳，凡有志从事会计工作者，固宜人手一册；即其他行政、出纳、审计人员，亦有阅读之价值，洵不可多得之佳作也。爰乐赘数语，为之刊行，不仅可弥余之憾，抑足慰公务会计界从业员之渴望欤？

  1943年12月5日潘序伦于立信会计师重庆事务所

31 《工业会计》序

于君心潭致力于工业会计之研求孜孜不倦，著述特多，经验学识皆有独到之处，谅已为吾会计界人士所深悉。

前于君编著《工业会计与管理》一书，内容丰富，叙述翔确，刊行后纸型寄渝再版，不幸全部被毁，至堪惋惜。于君乃决心将前书补充修订，重行付梓，书成予获先睹其稿，深佩其精神之贯注，计划之周详，其有助于工业建设当非浅鲜，爰于修订本刊印之日，略缀数语为序，并表示无限之快慰焉。

1943 年 12 月潘序伦序于重庆立信会计师事务所

32 《商业概论》序

李士特氏（List）以商业发展，为社会进化之表现。我国经济建设落后，经过此次大战，急待努力扩充。况以中英中美诸国商约之更订，国际商务，尤将多所改观。故商业知识，不仅为殖货之士所当贯彻，即一般国民，亦宜共晓。且以往之粗谙门径，聊资应付者，今则尤须提高水准，作更慎密之探讨。顾国内商业书籍，素感缺乏，其内容充实，编述详明者，尤不可多得。吾友陈君瑛民，主持大中学商科教育垂二十年，历编簿记会计商学诸书，夙为学人所推崇。入川以来，曾应本所之请，编著商业常识一书，为各商科学校所采用。兹复广搜博采，精心撰述商业概论，洋洋三十万言，仍列入"立信（会计）丛书"。其特点之可举者四：理实并顾，搜罗宏富，一也。持论公正，见解透彻，二也。体制清新，剖析详赡，三也。深浅衔接，程序自然，便于教学，四也。全书辞意条贯，纲举目张，先后参考中外著作，不下八十余种。每下一义，必多方推敲，不稍苟且。故语无虚发，事皆征实。其于商务经营，主张分工合作，敬业乐群，俾增效益。他如管理之科学化，交易之合理化，生产之标准化，企业之专一化，皆有精辟之指陈，足为新商业界所取法。陈君过去著述，彰彰在人耳目，此书体大思精，益为学者所珍视，盖可断言。余既集资为之付印，爰抒所知于其端。

1944年4月潘序伦序于立信会计师重庆分事务所

33 《成本会计制度设计方法》序

设计会计制度，实为会计上之艰巨工作，而成本会计制度设计方法，则尤感觉其工作之艰困。盖系于工厂管理之方式，技术之程度综绪万端，尤须因地制宜。若制度设计过简，即不能得管理上必需之资料，过繁，则手续繁复，计算之成本亦因而过巨，所得不偿所失。有时，于设计中之偶失检点而发生若干部分之重复疏漏，其企业财务上不特不能收统制之效，反因记载之差误，致引起管理上有谬误之措施。是故，从事设计工作者，非深知会计制度之各种原则及其设置之程序，不宜贸然将事也。

张君文中所著《成本会计制度设计方法》一书，其目的即在阐明成本会计制度之原则及其设置之程序，俾读此书者对于会计制度之一般方法，有深切之认识，借知各种原则在各种不同企业组织下之实际运用，而从事设计工作，是能应付裕如矣。

潘序伦序于经济部 1947 年 4 月 19 日

34 《调查统计》序

现代文明先进之邦，凡百事业，莫不讲求效率。鉴往知来，力求切合实际，一切设施，均由无计划趋于有计划，于是政治计划与经济计划之说，高唱云表，故计划之编制，苟无正确之统计数字以为张本，难免闭门造车，南辕北辙。当轴者有鉴于此，对于凡百事业，无不责其有精确之统计，借以明了事态之真相，鉴往知来，执简驭繁，统计之为用诚伟矣！虽然，世界各域，文化未尽发达，政治未尽修明，我国统计之学方在萌芽时代；基本国势普查之统计迄未举办，坊间统计书籍，寥若晨星，良足惋惜。萧承禄君有鉴于此，本其研究统计十余年之经验，编就《调查统计》一书，出浅入深，切合实用，举凡统计资料之搜集，统计资料之整理，统计资料之陈示、分析与研究，详晰无遗，末复殿以各项调查统计实务，使治斯学者对于统计之理论与实务，读之均能有深切之认识，尤为统计学中之佳作，不可多得也。忭阅之余，爰为之序，以当介绍。

潘序伦序于上海立信会计师事务所

35 《材料管理与会计》序

材料管理为工厂管理中之重要部门，其影响于企业之成败者綦切，盖以材料管理之良窳，影响于成本之高低者至巨，而欲求材料管理之严密，必须有优良之会计纪录，故材料管理与合计，具有密切之关系，为治工商管理或成本研究者，所必须研究对象之一。

"立信（会计）丛书"编印迄今，对于成本合计之书籍，已出多种，而于材料管理之书籍，则尚付阙如。魏君水若曾参加高等考试经济行政人员及会计审计人员考试及格，历任交通及工业各界材料管理及会计职务，亦已有年，学验俱富，顷以其近著《材料管理与会计》一书嘱为校阅。经校阅一过，觉其理论与实务并重，简明扼要，颇切实用，立论亦有独到之处，爰为列入"立信会计丛书"，并为之序。

1948 年 9 月潘序伦于立信会计专科学校

36 《商业算术》序

顾子谘博,服务于我立信会计事业者,已将卅载,对于编辑工作,尤感兴趣。十余年前,与余及唐君文瑞,一再合著会计学行世,而顾子亦竟以工作过度致疾,至今不愈。年来世事纷纭,中原版荡,生其时者,无不傍徨忧虑,对于研究著述,实难安心从事。此所以十年以来,吾立信编辑工作,几陷停滞之中,良可慨也。去年夏秋之际,余摆脱一切尘俗,思续为此事努力。顾子于病榻之余,首告奋勇,以吾"立信(会计)丛书"久缺《商业算术》一编,而各校需要甚殷,因首为编辑成书,付之剞劂。吾知经此发端,立信同仁必有继起,而吾立信著述事业,有中兴之望矣。不亦快哉。至于是书编制之完备,叙述之明晰,其合于教科之用,毋待赘言。余只于顾子之努力,及对于立信编辑工作之关系,略书所感,以弁其首。

1949 年 1 月潘序伦于上海立信会计编译所

37 《会计准则》译者序言

现代会计学说,二十年来,大有更变,二十年前之会计,以财产估价为其中心问题,一切理论与实务,无不以"资产价值"为主轴而发展。其后一般学者逐渐了解于资产价值之来源,实为其可能产生之收益;资产不能产生收益,即无价值之存在。因之"收益之决定"或"损益之计算",逐渐代替"财产之估价"而成为会计之中心问题。但无论在理论上或实际技术上,均难以时时变动之"价值"为计算收益之基础,只有以一成不变之"成本"为计算基础,所得结果方较可靠。因之近来,一切会计理论与实务,又无不改以"成本"为核心而发展,循致所谓全部会计工作,可以一言概括之,即"配合成本于营业收入(revenue)以决定收益"是也。

此一观念之改变,对于世界经济之趋势,亦显能适应。以前工商企业多属私营,唯一目标,端在获利,而资产时值之涨落,亦为不劳而获或无偿而失之利益或亏损之主因。现在环境转移,私营企业及其营利目的可能减少,但不论在社会主义或共产主义国家,不论事业之为公营或私营,亦不论其所采观点为个人观点或大众观点,有同一基本问题,必须由会计为之答解,即一事业所费力量及所得结果究属几何,两者相抵,净得几何,则其事业之究否值得举办,可以决定。在会计方面所谓力量,称曰"成本",所谓结果称曰"产物"(product)或"营业收入",而其相抵后之净得，则称"收益"。以此种种观念替代已往私营企业之"损益"观念，则会计之为用，可以社会化矣。

吾人无不承认，目前公私事业为适应新的经济环境，必须采用某种精密或粗疏之成本会计，以测量其所费力量与所获结果之是否合度。此所谓"成本会计"者，当为会计学中所称"狭义的成本会计"。不过吾人须知，一切会计，如就其测量所费力量，以求所得结果之一广泛目标而言，实无不具有成本会计之作用，而目前改用成本为中心之一般会计理论与实务，已为名副其实之"广义的成本会计"，其能适合乎现代之需要，可无疑也。

以成本为中心之会计理论，创之者虽非少数学者，但能集其大成，使成将"整套凝固而又协调一贯的理论"（a coherent coordinated consistent body of doctrines）者，则本书之著者是也。本书著者及本书在近代会计学上所作之伟大贡献，本书原序已为详述。其中所主张各点，虽尚不能获得当代会计学者一致之同意，然已卓然成为一家之说，则毋待译者赘言。

我国计会学术之研究及会计书籍之编著，十五年前，颇多进步，而译者亦为其中共同努力之一人。十数年来，世事动荡，国内经济，亦形纷乱，学术研究之风，荡然无存，益以币值迅速变动，出人意表，以"币值不变"为基本假定之会计理论及实务，自不免随之而崩溃也。会计学者，于兹虽欲有所述作，实苦无从下笔。因之新的会计理论，尚少为我国会计学子所研习，其有待于吾人之继续努力，自不待言。译者兹以闲散之身，拟作三年之计，已集合同志三数人，将现代会计学中最主要之新文献，陆续移译，以享读者，但暂秉述而不作之志，以事从于此。盖非待吾国经济及货币情形已臻稳定，有关工商事业各项法令，重行订颁，则虽欲为我国会计有所著作，恐亦无从着手也。兹所译者，为会计基本原理之第一册，希望为我国消沉已久之会计学术界，稍添研究赍料。至于译文，虽力求不失原著真义，但译者能力浅薄，仍有待于读者之指正云。

1949 年 6 月潘序伦于上海立信会计研究编译所

38 "立信会计译丛"总序

我国会计学术之研究及会计实务之改良,在民国十年(1921年)至二十六年(1937年)间颇多进步,国内会计教育日见普及,而会计著述亦年有加增。我立信同仁亦曾在此期间致其最大努力,陆续编著"立信会计丛书"及季刊《立信会计季刊》,共达数十种之多。其后抗战军兴,同仁等分赴内地,在困难环境之下,国内学术研究工作,不免遭受顿挫,固不仅会计一科为然也。在民国二十六年(1937年)至民国三十四年(1945年)间,同仁等在大后方,对于会计教育及出版事业,仍继续致其全力,原著"(立信)会计丛书",亦多勉予修改,以适应当时法令及环境。惟因币值变动甚速,一切会计记录及报表,多丧失其意义,因而会计原理及实务,均成为纸上空谈,不着实际。不过十余年来,西方各国会计理论及实务,已多进化,新著迭出,迥异曩时,我国学者允宜急起直追,予以研究,以资攻错。因复集合同人,再度致力于会计编辑工作。惟因我国经济现状及工商组织,正在演变之中,币值方期稳定,法规亦待修订,若云改良会计,似觉言之稍早。爰将他国会计新著之有重大贡献者,先为移译付印,以飨国内读者,不论篇幅之大小,惟择内容之精新,私拟在二三年内,秉述而不作之志,选译二三十种,使我国会计学子,多得新颖读物,总名之曰

"立信会计译丛",作为"立信会计丛书"之新篇。俟至相当阶段,再将前著"立信会计丛书"陆续改编,以适应我国新的环境及需要。谨略叙缘起,借作嘤鸣之求,所望国内会计学者多予指正及协助云。

1949 年 8 月潘序伦于立信会计研究编译所

39 《合并决算表》译者引言

本书译自 W. A. Paton 教授所著高等会计学（*Advanced Accounting*）（1910年版）第三十四至三十六章，内容自成片段，意丰而辞简，理辟而例详，将会计技术上一项最繁密错综之编表方法，阐述殆尽，盖有条而不紊，斯深入而能达，诚会计文献中之佳著，而为会计家所不可不读。移译既竣，为作引言，以介绍于吾国当代之事业管理当局、会计从业人员及研究高等会计理论与技术之学者。

考"合并决算表"虽为管制大型私营企业之工具，但其种种原则及方法，非不可移用于公营事业之管制。诚如现代许多精密进步之科学管理方法，以前虽多用于私营工商企业，但日后公营事业大量发展，欲求其免于资财之浪费，增强工作之效率，表示正确之情况，则除采用科学管理之原理原则而外，宁复有他途可循？夫会计为各项事业在科学管理中必不可缺之一项工具，而合并决算表之编制，又为会计技术中发展至最高度之一项方法。此后若无组织错综之大型事业则已，如其有之，则欲表示其整个财务业务之正确状况，舍合并决算表外，实无他法可循。译者亟将此书译成付印，正欲对于此后我国公私大型事业之管理，作及时之贡献耳。

或谓我国公私企业，规模不大，组织简单，作合并决算表之编制者，实务上尚少先例，子译此书，其应用之不广，当可预期也。应之曰，唯唯否否。合并决算表之编制，在我国会计实务上，虽少先例，但此乃我国事业管理当局大多未明此项工具之用途所致，尤因十余年来，通货膨胀，币值跌落，一切会计报表，均不足以表示事业之状况及过程，则合并决算表之编制，自无任何意义。若以我国已往之公私企业而论，其合于编制合并决算表之条件，而有刊布合并决算表之需要者，其例之多，固难列举；以后经济事业更趋发展，其组织自必更见复杂，彼此间财务业务关系，亦必更见错综，而彼此间之管理及统制关系，又必更形密切，则其有待于合并决算表之编制，以表示若干联络事业之整个情形，必为币值相当稳定后企业会计方面首要工作之一项也。

考民国二十年（1931年）所颁行之《公司法》，对于一公司投资于他公司，原受有严格之限制，即一公司投资于其他各公司之总额，不得超过其本身股本之四分一，而握有他公司之股权（包括所代表之股权在内）不能超过该他公司股权总数之五分一。因之所谓握有他公司多数股权之统制公司，以及纯粹之股权公司，在我国旧《公司法》之规定下，原无组织之可能。但按之事实，一事业独力或与他事业合作创办他一独立事业者，其例仍不胜枚举。苟欲为此等事业机构，编一表示其业务财务全貌之会计报表，则合并表编制工作中所涉种种问题，如所谓公司间（即企业间）购销损益关系之销除，多数股份少数股份权利之分配等，将无一可以避免。再查民国三十四年（1945年）《修正公司法》之颁布，将一公司投资于他公司之限制，几已全部取销，此后《公司法》究将如何改订，虽不可知，但按之目前事实，一事业或一公司创办他一事业或他一公司，而握有其全部或大部股权者，仍多其例；即以某一最大规模之公营建设公司而论，其所管制之若干事业单位，有一部分股权已曾出售于私人，而成为本书中所称"少数权利"之性质，某一新设之公营贸易公司，在其统属之下，已设立许多专业化之贸易公司。此等公司之本质，即为统制公司之性质，若欲将其财务与业务，作整体之表示，则本书所论种种方法，将无一不可适用。我国十五年前会计技术显呈迅速进步趋势，但自对日抗战开始以后，工商会计，只有退化，遑言改进；惟此乃临时现象，吾人既望工商业有伟大之建设，则不论私营与公营，无不有待于会计之改进，而合并决算表之编制，实为改进中之一大任务。是则本书之译刊，虽绌于篇幅，而实富于改进我国事业会计之旨趣也。

更进一步言之，会计学之内容，原可分业务与资本两大观点，而予论述。所谓业务会计者，以性质不同之业务为对象，而分别讨论其处理方法之会计也，如商业会计、工业会计、银行会计、铁道会计、纱厂会计等均是。所谓资本会计者，以来源不同或组织方式不同之资本为对象，而分别讨论其权益分配之会计也，如独资会计、合伙会计、公司会计、合作社会计等均是。公司会计为资本会计中最繁复之部分，而合并决算表之编制，又为公司会计中最繁复之部分。以后资本主义虽将衰落，但资本仍不能不继续存在，私人资本，虽须受到限制，但非私人资本，则发展当无止境。合并决算表为资本会计最高度之发展，但其原理及方法之为用，固不限于私人资本所创设之事业，其中所用各项名辞，或须略加修改，即可将其完全适用于公营或公私合营事业，译者固知此一会计技术之应用，将永随资本及事业之发展而日广也。

1949年9月潘序伦于立信会计研究编译所

40 《决算表之分析及解释》（潘序伦版）译者引言

二十年来，各国会计基本学说及编制审核决算表之方法与技术，改进颇多，但在决算表之分析与解释方面，则未见有显著发展。且前经会计学者所创立之种种分析方法，近来或被视为不切实用，或被认为有待改进，盖会计学者对于会计资料所作分析解释工作，尚未可认为已届成熟阶段也。

反观我国，一般企业所编制之决算表，根本未上正轨，兼以十数年来，币值变动剧烈，一切会计资料，无不失其真义，遑论分析解释。不过币值不久终有比较稳定之日，而一切事业之管理，不久必须倚赖其会计资料所表示之情况与过程，以作南针，则会计资料之分析解释工作，不久将受事业界之重视，殆为必然之事，吾辈会计员对之，正应及早从事于准备工作，以应日后之需要。

本编译自 W. A. Paton 教授所著《高等会计学》(*Advanced accounting*)（1940 版）第二十九至第三十三章。其中见解，颇多独到，如比率分析法之简化、资金表之改良、讨论式决算表之提倡、"等值货币"决算表之编制等，在我国会计文献中，均属崭新资料，凡属会计学子及从业人员，均宜涉猎一过也。

1949 年 10 月潘序伦于立信会计研究编译所

41 《基本会计学》序

我在1930年及1931年曾集合立信同仁的力量编著了《高级商业簿记教科书》，后数年双与王澹如君合编会计学教科书，以作高级中学及补习学校簿记会计两科的课本。二十年来两书都曾重版至数十次之多。其后在1934年我又编著了《会计学》一部，计有四册，百余万言，以作大学及专科学校学生修习两年之用，也曾先后出版了十余次。我国修习簿记会计的学生和职业青年想来多少都曾读到过这些书籍。

这三种会计教科书有了这样众多的读者，其中《高级商业簿记教科书》一种也曾随时参照教学两方的实际经验先后予以修订，共达五次之多，《会计学教科书》和《会计学》也各经两次的修订。但会计学的基本理论就在这二十年中逐渐改进，会计记录汇总分析报告等方法也都随着理论上的变化发展而成实务上的变化。因之，我以前编著各书在今天已都有彻底改编或重写的必要。

我在十年前已怀抱着另著本书的心愿。在1940年至1945年间，我在重庆也曾先为本书决定了名称，编定了目录，且已着手拟稿，但因冗俗纷乘，始终没有成书。嗣后五六年间，我因他种工作的忙迫，更没有工夫来完成这项任务。直到去年春季，我才摆脱了一切俗务，重理十年前研究编辑工作，并为本书的编著作了一年的准备，到本年2月，才开始执笔，一口气写了五个月，可说没有一天的间断，直到 7 月初总算完稿，其中也曾与国内的会计学者和富有经验的会计教师讨论本书的编辑计划和内容，先后不下数十次。我对于同道这些厚意的协助真是十分感激。其中不能不特别提出的，是立信同事顾询、卢贻珍、钱素君诸先生，和立信同学孙庆元和欧阳锐铃诸君，都悉心校读了本书的初稿，并提出了许多宝贵的意见。因之我对于本书的内容苟觉得有一些不惬意的地方，都曾不惮烦劳地一一予以修正。我妻张蕙生本着她十几年来教授这项课程的经验，随时给我以协助，并为本书编集习题全份，另册发行，这都是我所应特别表示感谢的。

又本书第二十章分部会计，第二十三章制造业会计，第二十九章决算表的分析和第二十四章永续盘存制的后半章都是翻译斐南（H. A. Finney）教授所著《会计学原理》(*Principles of Accounting Introductory* 1948 年第三次改订本）的第二十七章、第二十二章、第三十章和第二十九章。费氏的著作向以能"深入浅出"驰名于当世，这几章的内容确有这样的好处，附志于此，以免掠美。

由于我学力的薄弱和时间的不充分，本书的内容哪里会使读者十分满意？可是校读本书初稿的几位同道都认这本书比我以前所编所著各书已有显著的进步，这一点我自己也不能否认的。

我现在为本书另写几条编辑例言附在这篇序文的后面，使读者能了解我的编辑计划，而予以指正。我很希望国内会计学者和采用本书为教本的教师同学们多多对本书作严格的检讨和批评，使我能在本书再版三版时，作继续不断的修正。

1950 年 7 月潘序伦于立信会计研究编译所

42 《初级成本会计》序言

余前在民国二十三年（1934年）曾就所译美国劳伦斯氏成本会计[①]一书摘编而成《成本会计教科书》一册，以供高级职业学校采作教本之用，当时行销甚广，只因无暇改编，十年来未予续印。兹因国内事业界着重于成本会计之研究与推行，而余最近改译《劳氏成本会计》第三次修订本既竣，觉其内容较前更丰，若干章陈义太深，引证太繁，程度较浅之读者，未易了解，故仍另编本书，以供中等学校及补习学校教科之用。书中所用各种图表格式，大都仍取自新版《劳氏成本会计》，惟在内容方面，较前更改已多。每章后各附习题，最后附有实习题，并为此实习题另印应用簿册。考成本会计为实用科学，学者重在习作，尤期其对于整个会计制度，能融会贯通，故实习题之习作，实不可省，教学两方其注意焉。

1950年1月潘序伦于立信会计研究编译所

[①] 此处是指《劳氏成本会计》一书。

43 《高级商务簿记教程》序言

我在1930年，曾集合立信同仁的力量，编著一本高级商业簿记教科书。二十年来此书曾经修订四次（最后一次是在1947年5月），重版了数十次，行销了近百万册。按此书内容虽系对簿记基本技术及原则的讨论，但那时著者身处资本主义社会中，所采立场自不免受环境的支配，因之凡在书中说到资本利益等观点，引述法律条文等规定，自与现在新民主主义社会不相符合。不过两年来正值我国经济建设的高潮，各方面无不急切需要大批的簿记工作人员，因之职业青年及学生对于簿记一科的学习风气，不仅已普遍于各大城市，且渐达到一般乡村。所以高级商业簿记教科书的内容虽已陈旧，而行销之数，不仅未见退减，反而续有增加。我未能早为此书作修改的工作，使成为比较适用的教本，对于一般读者，当然觉得十分抱歉。但我在这两年来，也曾经努力编著了几种簿记会计教程，其内容虽还赶不上时代的前进，但已把旧著中不适合于现代社会各点改正了不少。今春，通用簿记教程成书，我立即开始考虑改编高级商业簿记教科书的计划，随即觉得彻底修改一本旧书，实在不比另写一本新书的工作为简易，且旧书虽经大刀阔斧的修改，但多少总免不了留着陈旧的痕迹，反不如另写一本新书，倒可从基本上着手改造，因之就在最近半年内写成此书，并改称它为"教程"，以别于旧著的"教科书"。

按簿记核算原是指导和管理各种经济机构的经济活动的重要工具。在此新民主主义时代，社会经济事业原包括着五种成份，即国营经济、合作社经济、农民和手工业者的个体经济、国家资本主义经济和私人资本主义经济。我在编著本书时首先考虑到的问题，就是本书对于簿记核算方法的讨论，应否以五种经济为共同对象，或只以某一种经济为对象？如只以一种经济为对象，则应以哪一种为对象？我经过了多番的考虑，并与国内许多会计同道和本所同仁作几度的商讨以后，才作如下的决定：

本书既是高级商业簿记教科书的重写本，自当仍以商业为对象。至于本书虽以"高级"为名，但所包括的内容仍只是双式簿记的几项基本原理，如借贷的法则、账户的设置、账簿的组织、记录的方法及报表的编制等等。这种基本原理及方法对于五种经济成分原是都可适用的。但在实际应用上，每种经济成分的事业都各有其专用的账户、特殊的账簿组织及记录方法，在这样一本只供初习簿记的人所读的教程中，如果勉强予以普遍的叙述，不仅在章节编排方面将产生极大的困难，且必使全书篇幅增加到初学者难以读完的程度。因之本书的举例，为求初学者的易于了解起见，只以一种规模较小、业务较简的贩卖商店为对象。这种商店在新民主主义的社会中仍属于私人资本主义经济的范畴。因之，本书的对象在形式上，就只能以私人资本主义的经济为限，所以在本书第二十七及第二十八两章中对于资本及盈余的叙述，完全以私营企业暂行条例及其施行办法为根据。

有些人认为社会经济活动应以生产领域为主，而以流通领域为辅，商业中的贩卖业不过在流通领域中作种种活动，根本上没有涉及生产领域。照这样说，现在着手编著簿记教程，自应放弃已往偏重商业的规点，而改用工业生产活动为对象，才能免"舍本逐末"的毛病。这项批评我是愿意接受的。但以我二十余年来编著簿记会计教科书的经验来说，教科书的编制必须由浅入深，由简达繁，才能使读者收事半功倍之效。工业生产程序，在人类社会的经济活动中可说是最繁复的程序，因之工业簿记也可说是各业簿记中组织最复杂、程序最繁重的簿记，实在不是初学簿记的人所能易于了解的。"行远自迩，登高自卑"，商业簿记是簿记中迩卑的阶段，工业簿记则已是学习簿记者高远的前程。在我看来，初学簿记的人们第一步应先学习商业簿记，进一步再习工业簿记，这就是近年来一般会计教师所提倡的"螺旋式进修法"。本书既是初学簿记的阶梯，为顾到教学两方的便利起见，似只宜以商业为讨论及举例的对象。学者在修完这本教程后，当然还要继续修习有关生产活动的工业簿记方法，这样逐步进修，自能升堂入室，那就无所谓"舍本逐末"了。

又有些人认为私营企业在现代经济社会中，已成为不重要的成分，在这样一册多少具有基本性的簿记教程中，何必再把它来作叙述的对象，而不把国营经济来作对象呢？我对于这一问题可提出答复如下：允许私人资本主义经济在相当时期内的发展，是我国新民主主义社会革命的特征之一，且私人资本主义经济的存在时间将不会很短，而是相当长久的。因之一本专以私营企业为对象的簿记教程，在今天还不能说没有它的需要。至于国营经济都是大规模的事业，所设会计科目很多，所用账簿组织很繁，簿记事务的处理程序也多比较复杂。即以固定资产的折旧来说，在商业簿记中只要说及"折旧"和"折售备抵"两个科目，就够明白了，但以国营企业来讲，就必须说到基本折旧、基本折谳旧备抵、大修理折旧、大修理折旧备抵、解缴基本折旧基金及解缴大修理折旧基金等等，其处理程序和记录方法，比之私营商业簿记至少繁了三倍。假如写一本以国营企业为对象的簿记教程，而把这些有关国营企业的特殊科目及处理方法略而不提，则其内容既不同于私营企业的簿记，又不成为国营企业的簿记，怕要犯着"画虎类犬"的批语。假如要谈及这些科目及其处理方法，则这本簿记教程的内容定将包括只在高等会计学中才可提出讨论的许多问题，必使初学簿记的人们刚才入门，便觉有目迷五色头绪纷繁之苦。因之关于国营经济事业的许多特殊会计问题只得留在我正在继续编著的《高级会计学》中再行叙述和讨论了。

又有些人认为合作社的组织不久将普及于城市和乡村的任何一角，目前所编的簿记基本教程何不以它为对象？我对于这一点的答复如下："合作社簿记"或"合作会计"等名词，只可说是"净值会计"的一支，而不是业务簿记或会计的一支。消费合作社或供销合作社所用的业务簿记就是商业簿记，生产合作社所用的业务簿记就是制造业簿记，信用合作社所用的业务簿记就是银行簿记。此外实无所谓独自成为一科的合作簿记。至于合作社因资金来源的不同和盈余分配方法的不同而自有其"净值会计"，但这一部分至多只够一章或两章的叙述而不能成为独立的合作簿记教程。现在国内出版的"合作簿记"书籍已有多种，但一考其内容，可说都是"商业簿记"，不过用合作社的簿记事项来作记录的资料罢了。考"商业簿记"的名称倒是一种业务簿记的基本类别的名称，现在已出版的几本合作社簿记或会计既多以供销业务为对象，在实质上仍应称为"商业簿记"，只有另写一本完全以合作社的资金来源及盈余分配为对象的簿记或会计，才可认为真正的"合作簿记或会计"。(我前曾写一本股份有限公司会计,在全书六百余面中,从不谈到公司的业务会计,而只谈到它的资本及盈余会计,自以为颇能名副其实。)因之本书称为"商业簿记",倒可说确实表示了它是典型的供销业务的一种基本教程。

我在这篇序言中说了那么多的"空话",无非要表明我在择定本书的对象及范围时,并没有对于某些基本问题忽略而不加考虑,经我考虑而得的结果是否正确,当然不敢自信,但至少对于许多会计同道和立信同仁所经指出的许多问题,总算已经仔细地考虑过了。

至于本书虽仍是一本商业簿记,但与出版在前的一般商业簿记及初级会计相比较,在基本内容上至少有四点的不同:

一、本书开端即着重于资产及其来源的解释,以别于私有财产制度下着重于资产及其所有权的解释。

二、本书把资产的来源分成(一)业主所供给的、(二)外界所供给的及(三)企业本身所累积的三大类,而不把盈余归入资本之列,不仅可以表明资本主不应独占盈余的观念,且可把会计在基本作用上应彻底划分资本与收益的观念,明显地建立起来,这不仅是合于新民主主义经济的一项观点,但也可说是合于社会主义经济的一项观点。

三、本书既以"资产＝来源"的方程式为基本出发点,对于表示业主占有企业一切净值的"资产－负债＝资本"一方程式,自不再予重视,至基于这项方程式而编制的"报告式资产负债表"也不再予提示。

四、一反以前已出版的商业簿记教本的编法,本书对于商品账户基本上采用了永续盘存制度,只有在不得已的情形下,才改用了实地盘存制度。

这样的叙述方法似不仅符合于生产的实际程序，且能进一步奠定学者进修工业簿记的基础，又能使初学者对于商品流通及损益计算的情形更易了解。

我还想接着本书再写一本会计学教程，以代替我的旧著会计学教科书，使读了本书的人们可有继续进修的资料。同时会计同道及立信同仁中也已有人正在以工厂及合作社的簿记事项为对象，而分别写成可供初读簿记者学习的工业簿记及合作簿记，这样可使需要不同的读者得有选择他所自认为适当的读物。

本书的后半部有几章是摘自我所编著的《基本会计学》，第二十六章《商品的永续盘存制度》是摘抄原由顾询先生所写的《通用簿记教程》第二十三章，原文中的表式及数字或觉有太繁之处，仍由顾先生代为改简。至于本书全稿承同仁顾询、卢贻珍、潘葆墀、王服周诸先生的校阅，并给予不少的指教。每章后所附习题都是吾妻张蕙生女士所编集，并由侄女志琴作成习题详解，另册出版，以备采用本书为教本的教师们的参考。这都是我所极表感谢的。

想到此书出版以后，它的读者或会仍如《高级商业簿记教科书》的读者一样的众多，因之我深深感到，对于广播簿记基本知识于一般青年的使命和责在是怎样的重大。国内同道和读者如在本书中见有错误和不妥之处，务请不吝批评赐教，俾在再版时予以改正，是所至幸。

1951年6月潘序伦于立信会计编辑研究所

44 《简易商业簿记教程》序

簿记的学习现在已普及到小城市及乡村里的一般职业青年和城中的一般家庭妇女。且各地正在推行"建账运动",对于浅近的簿记读物的需要,定必大有增加。但这些读者对于簿记技术的学习,大概多只以能应付简单的簿记工作为目标,所以应为他们编纂一册程度比较浅近,内容比较简单的教本,希望他们一读即能了解。蕙生因此将序伦所编著的《高级商业簿记教程》删节过半,编成本书,定名《简易商业簿记教程》,以应需要。书稿承徐可南先生校读两过,改进不少,我俩在这里同志谢意。

1951 年 8 月潘序伦张蕙生于立信会计研究编译所

发刊词与复刊词

01 《经济汇报》弁言

吾校之有经济研究会已数载矣,颀颀学子类能于国内外之经济问题加以精审之讨治,有得辄录存之,以备析疑而启改错。于是有《经济汇报》之辑,而学会诸子持之有恒,发行已至五期,属于理术二者,虽不敢自诩有何贡效,然亦不无细流土壤之裨,此则于本编刊发时足用自慰而自勉者。然而为学之道,日进靡既。矧国民经济之学乃社会科学之一,随人民生活状态而奄忽以渝,今日所奉为科律者,明日或取用覆瓿,往哲不云乎?九仞无泉犹为弃井,此吾辈所当穷年矻矻赓续讨治,而不克中道阻画以隳前续者也。吾意学会诸子必能贯彻斯旨,使此判日益昌大,而为国内经济界之唱于斯,不仅吾校之幸矣。

1925 年 12 月宜兴潘序伦

02 《会计学杂志》发刊词

吾国会计之术，导源往古，自《周礼》司会，汉代主计，以至唐之度支，宋之会计，皆勾稽出纳之为。而簿籍莫存，则操术末由探索。其较近略可考见者，如前清官署之支销清册，有旧管新收开除实在，诸名类颣① 若画一，纤悉靡隐，始用于国计。而社会日用，浸以化之。市肆所陈，率分流水、钱总、誊清等式。暂识出纳者曰流水，稽核银钱者曰钱总、誊清之用。如其所备其记载货物之购取者曰货源，记载货物之销售者曰批发，曰零售。凡此诸账，与今日外人习用新式簿记中之所谓日记账、现金出纳账、总账、进货账、售货账等不谋而合。是可见吾国原有之会计方法虽不能谓为缜密无缺，要亦具科学科学之方式，足为改良之基础。然而商人累叶相传，对于旧时之术，莫之或废，亦莫之或改，一如士食德而农服畴，工用其高曾之规矩者然。

居尝思之，以谓吾国人之雄于商者，何时蔑有，何地蔑有，然不闻有一人精研改良会计之术者。此其故何欤？岂非因吾国习俗轻视工商，群以钩稽锱铢之术为鄙贱，而未肯注意及之欤？挽近世界习俗已移，竞尚公商，严计损益，借会计之术，以察往观来知己知彼。操胜商场之道，舍此术。

---

① 颣，音 jiǎng，明、直。

其奚属吾国商人近亦渐知斯术之重要,渐知改良研究之不可以已。国内商校,复多设有专科,习之者众,诚不可谓非吾国商业前途之幸矣。

间尝考吾国旧式会计方法,厥病有三:一、记载出入未能悉合于相等价值互易之原则,仅为一较详备之单式簿记。二、于同营一业之人,尤不能举其账簿组织与会计科目互相画一,以致同业各肆,不克将其资产盈朒,互为正确之比较。三、私人营业大都秘守账目,不肯示人,并不肯假手于会计师等,以致账理账目,虽有谬误缺漏之处,亦竟相沿莫改。由第一说,则须易单式为复式。由第二说,须统一同业所用之账簿组织及会计科目。商人盈朒①之结果,不仅可与自己先后之营业相较,更可与他人之营业相较。由第三说,须使商人账目为一部分之公开,却人疑虑增己信月,且时时请助于专门之会计师,为审核改良之计。凡此三点,胥赖吾辈尽力提倡。而提倡之法,舍刊行会计杂志莫属。吾校会计学会诸子,有鉴于此,特组斯会,以改良吾国原有会计为目的,以研究会计学术提倡会计职业为先务。数载以来,举殚心讨究之结果,笔之于书,成此巨编,其有益于当世,不得言矣。夫民不可与虑始,可与乐成,谋之能臧,则具是依,岂惟商人会计一端云尔。将见社会日用之浸以化之者,不于彼而于此。

1926 年 3 月宜兴潘序伦

---

① 盈朒,朒音 nǜ,盈亏。

03 《会计学报》会计师潘序伦先生序

理财之道不一,而会计综其成;治商学营商业者,莫不专力于斯。证之欧美各国,以会计为大学主要科目之一,学者集合研究,各抒心得,政府提倡鼓励,著为专条,其重视可知矣。

我国会计,导源往古,《周礼》有日记月要岁会之说,惟以记载缺乏,其时制度,漫不可考。降及明清,则有户部红册四柱清册诸簿,市肆沿用,析为流水、钱总、货源、批发、门庄、誊清等簿,与西式簿记,不谋而合。特以司会计者,既无学识训练,又少研究精神,代相因袭,步武成规,较诸欧美各邦,瞠乎后矣!

年来受外人经济侵略之影响,国民逐渐感觉守旧之非计,改弦易辙,效法他邦者,日见其多。钩稽出纳之术,向所视为市侩之事,不足语于大雅者,亦既蔚为商校专科;习之者日众,倡之者亦日多。暨南商科,昉设有年,民国十二年(1923年)间,即有会计学会之创设,刊有《簿记与会计》一册,颇为各界所赞许。予与会计学会诸子同游有年,素谂该会会员,皆能尊闻行知,富于进取精神,兹者集合平时研究与心得,纂为此帙,俾益社会,夫岂浅鲜。

予业会计有年,深知欲谋吾国会计之改良,非注力研究不为功;诸子诵习多年,对于中外会计学识,或明梗概,或究内容,今复编辑书报,以心得公当世,我国会计之改进,或将于此报之刊行卜之乎?

1928年3月宜兴潘序伦

04 《立信会计季刊》第二卷第一期弁言

夫昌明学术,端赖多士之研求;广钬见闻,每喜群言之荟萃。矧计学之辙途弥广,在我国之需要尤殷。同仁等灌输有志,创夜校于曩时;切磋是期,爰程功于季刊。赖莘莘学子之匡襄,幸草草雏形之粗备。溯发行之岁月,已及年余。睹卷页之几微,仅征四册。愿宏力弱,才短心长。内容自觉其芜疏,各界猥承其赞许。览既往之缺点,恒切疚心。抱寸进之希几,滋深自励。因陋就简,雅非夙愿。改良发展,请自今始。现值季刊(《立信会计季刊》)第二卷第一期,开始续刊,用是广征同志,锐意刷新;尤期恢拓篇章,力求完善。冀餍阅者之希望,稍抒饷世之衷藏。惟念《周官》司会,实开计政之端倪;欧美成规,尤待吾人之绅绎。纵殚精而竭虑,愧绠短而汲深。所盼海隅宏博,频加鞭策于来兹,并世专家,弗吝鸿篇之贲锡。既以增是刊之光荣,庶堪备各途之流鉴也。

(载《立信会计季刊》1933 年第 2 卷第 1 期第 1 页)

05 《会计学报》序

夫一种学科之发达，有赖于学术界之倡导者殊多。我立信会计学校之设也，虽不敢谓为倡导会计学术之先驱，要亦负担其倡导责任之一部分，自成立以来，迄今已逾八载有半，毕业同学之散处海内外各地者，为数达六千五百余人之多，平素向有同学会之组织，除联络情谊外，亦为研究会计从事深造之总枢纽。曩者，各同学会以研究心得，编行《会计季刊》，出至四期，改由本所续编，至去年秋季，归中国会计学社办理。今各同学积数年研求之结果，复感有重行出版刊物之必要，乃有《会计学报》之刊行，可见其研究与推广会计学术之心切为何如矣。

虽然，一种刊物之发行，欲求其销路畅而效力宏，以遂其推广会计学术之志愿，必于编辑方面力求其切合时代之要求。然则，当今时代对于会计学报之要求如何？曰一方新式会计之需要甚切，他方旧式会计之根蒂犹固，应如何加以改良革新是也。鄙意会计学报欲达到此项目的，可注重于各种会计制度之调查。盖我校同学，为数甚众，凡农工商学政各界，所在均有，且都从事会计工作者，则不独各就其本业着手调查，既为便易，复以各人对于该业营业情形，熟悉异常，当能自由运用其既有会计知识与经验，以图改良。学报所载制度，除业已获得各该企业当局许可者外，可不标明其商号或公司名称，如能参合同业而汇集记述，然后再加以改良方案或整个完善会计制度之设计，更由各同学以及其他读者提出讨论研究，则其价值尤大。附录方面，亦可多刊各种会计规程或章则。如是，则不数年间，百业会计或能逐一改良，焕然一新，亦未可知。前余编辑《立信会计季刊》，首重各业会计制度之拟定，然对于固有会计制度之调查，则未能多所尽力，此则亦望诸同学之努力者矣。

其次，除会计制度之调查而外，会计理论之探讨与介绍，当甚重要，唯所载论文亦以浅近为主，尤以文字方面宜明显畅达，条理井然，即上述会计制度之调查，亦应以有系统有组织之方法叙述，否则若将各种资料庞然杂陈，徒使人阅之不得要领，则其内容纵有价值，亦殊难引起人之注意也。

以上两端，公为鄙人偶感所及，录之于此，以贡献于诸同学之前。是为序。

1936 年 6 月于上海立信会计师事务所

06 《立信月报》发刊辞

本所自民国十六年（1927年）春成立以来，行将十载，向以服务社会职志，并以改革我国会计制度、促进工商各业为己任，除执行会计业务外，复于民国十七年（1928年）附设立信会计学校，而于民国二十二年（1933年）开始编纂"立信会计丛书"。顾同仁等犹觉有未尽其职责者，爰有《立信月报》之编行。编行本报之旨趣维何？敢举其荦荦数端于下，以告读者。

本所同仁，服务于社会之时期既久，所闻所见之事实略多，学识经验，虽不能谓有若何成就，然愚者之得，未敢自是其是，实有贡献社会，以就正于当道之必要。本报之编，即所以为其传达之机构，冀就一切会计商事及法律方面，略输管见。此其一。

本所业务，薄负时誉，近数年来，进展较速，此皆社会人士热烈赞助之结果，然各界之期望与同仁等者愈切，则同仁等之责任亦愈大，能不益自奋勉，力求上进，编行本报，亦所以自相切磋，尤望海内贤达，予以更多之指示及批判。此其二。

本所同仁，于服务之暇，恒搜集各项有关商事法律及会计方面之资料，以为执业之帮助，深觉此等资料，对于社会各界，或亦有可资参考之价值，更何敢自私其私，亦将赖本报以公诸世焉。此其三。

本所服务社会，处处与社会有密切不可分离之连系。凡委托办理案件之政商各机关，凡保送职员来校读书之工商管理当局，凡采用本所丛书之学校教授，凡本校学生之家属亲友，与夫其他一般爱护本所及本校之社会人士，关怀必殷，谅莫不以详悉本所及本校之内部详情为望，本报实负传递各项消息之责任。此其四。

窃念本所十年以来，略具相当基础。本报之使命，将仍本以往服务社会之初愿，而达到改良我国会计制度促进工商各业之目的，尚望各界垂教，时加匡正，本所同仁，实翘企以待之。

（载《立信月报》1936年创刊号第1—2页）

07　工商业决算问题专号序言

本报复刊以来，瞬历一载。时值新岁，恰当本报发行第三卷第一期之日，亦为企业界办理民国二十八年（1939年）度决算之时。本所同仁，深感企业界办理去年度决算，较以前各年之情形，远为复杂。盖除所得税外，过分利得税定于民国二十八年（1939年）度开征，则民国二十八年（1939年）度决算之办理，与所得税及过分利得税之报缴，均有密切之关系，此其一。民国二十八年（1939年）之中，物价激涨至二三倍，存货估价利益之计算究应如何决定，与以前各年之情形迥异，此其二。上海各业，承前年抗战之余，战事损失为数独多，悬记账上究应如何处理，此其三。益以非常时期之中，事业界环境特殊，凡与办理决算有关之法律会计问题，均有待于讨论。本所同仁，本服务社会之宗旨，爰就本报第三卷第一期，编为工商业决算问题专号，藉以贡献本所同仁一得之愚。惟同仁所讨论之点，以限于篇幅，只能及其大概，各业各商厂之实际情形彼此殊有不同，故其处理方法，自必互有区别，未能执一以概其他。工商各业倘于决算问题之实际办法有所垂问，不论面询函询，本所同仁定秉知无不言、言无不尽之义，尽量答复，区区协助工商之微意，尚祈各界垂鉴焉。

（载《立信月报》1940年第3卷第1期第1页）

08 《立信会计专科学校卅年级级刊》序

本校同学，刻有级刊之编印，索序于予。夫求学之道，固赖乎受教自修，穷思冥索，而同学间之切磋琢磨，相互讨论实不可少。今本校开办方半载，第一届同学除于发起各种讨论会之外，复创议编印级刊，资以发表各生读书之心得，而交换其智识，其于诸生学业研习之裨益，自可预想，将来级次增多，各级同学集合编印校刊，其基础规模，行将于级刊之发刊奠定之，以余对于诸生期望之切也，故乐而为之序。

1940 年 1 月潘序伦

09 《立信会计月报》发刊词

我国自发动抗战以来，匆匆已经四载。在此四载之中，全国之人力物力逐渐西移，即学术文化亦随之而向内发展。盖抗战建国之基，已不在昔日号称富庶进步之东南各省，而在此百端待举之西南后方矣。数载以来，后方各地百业勃兴，百工俱起，举凡生产、制造、运输、销售各事业，靡不欣欣向荣，日增月盛。其营业规模之大，投资数额之巨，迥非昔日企业可比。因而对于管理方面亦不能不格外加以注意。尝考会计一端，不仅为各事业科学管理之一要紧部分，亦为各事业对内对外最繁重之工作；故新兴各业莫不于兹道倍加注意。惟我国会计学术之发达，才近十数年间事，故受过会计训练之人才为数尚少，灌输会计学识之读物亦为数不多。而此人才读物之双重饥荒，尤以内地为甚。其不能供应抗建间各事业殷切之需求，盖至显然。各方贤达亦正在谋所以补救之道矣。

本所在沪成立十有五年，对于会计工作，始终从教学做三方面分头猛进，未敢后人。设立信会计专科学校及补习学校于沪，现有学生二千人，先后卒业者万余人；又本所同仁在各大学商科任教者凡十余人；此教育方面之工作也。编辑"立信会计丛书"四十余种，及《立信会计季刊》《立信月报》，以提倡会计学术之研究，供给工商业以必要之知识与消息；此学术方面之工作也。至于实务方面，则本所同仁之服务于社会，已十五年于兹，想早为国人所共见共信，无待赘言矣。

兹者，本所同仁鉴于后方抗建工作之日亟，会计人才与读物之供不应求，爰欲从国人之后，本其在沪之初衷，为后方服务，以尽其自己岗位上应有之最大努力。除在重庆成立分事务所，以从事实务工作，及已在重庆桂林两地设立信会计分校，并与社会部社会服务处、重庆市青年会等机关合作，广设会计补习班，以从事教育工作外，更拟在学术方面略效绵薄。盖无论从会计实务之改进方面着想，抑从会计人才之陶成方面着想，会计学术之研究，会计读物之提供，皆应为其急切之先务也。

环顾后方各出版物，其涉及政治、经济、军事、文化各方面者，诚已满目琳琅，美不胜收。独于应用科学如会计者，竟不一觏。本所出版之两种定期刊物——《立信会计季刊》《立信月报》——又以邮递关系，不能大量运销内地。因决定在渝编行本刊。其内容三分之二属于会计学术之探讨，三分之一属于会计时事之提示与评论，冀以最经济之篇幅，熔沪所两种刊物于一炉，以期稍解后方人士对于会计一科求知之饥渴。又因沪所三年以来各出版物多不能行销内地，而其中或不乏颇有价值之研究题材，与较为重要之实用价值，故本刊不避重复之嫌，择要复排，以就正于内地各专家，此亦各大杂志发行重庆版之意旨也。

兹者抗战胜利年献岁之始，适为本刊创刊号问世之时，谨以最诚挚之态度，希望后方各地会计学术界、工商实务界诸君子对于本刊不吝指教，裨逐渐成为后方有价值之定期会计读物，直接有裨于会计实务之改进，会计人才之陶成，间接有助于工商百业管理之健全，以奠定抗建工作中一重要基础于稳固，则幸甚矣。

1941年1月潘序伦于立信会计师重庆分事务所

10 《立信会计专校第一届毕业纪念刊》校长序

王荆公云:"合天下之众者、财,理天下之财者、法,守天下之法者、吏也,吏不良则有法而莫守,法不善则有财而莫理。"以今语释之:财者、国计也,法者、制度也,吏者、人才也,是言治国之本,理财为先,国政如是,他事亦然。然理财首在确定会计制度,树立财务准绳,所谓善法是也;而会计制度既经厘订,犹须训练专才,以利推行,所谓良吏是也。序伦学于会计,业于会计,既创立立信会计师事务所以求改善我国会计之制度;复编印"立信会计丛书",以期阐扬中西会计之学术;更筹设立信会计专科学校,以便养成推进会计之人才。兹者,本校二年制第一届诸生已毕业矣,序伦远在陪都,未能躬预盛典,唯伫望今日毕业诸生,学成致用,蔚成将来守法之良吏,其为各界建树会计之准绳,发扬我立信荣誉者,实所深致意也,爰为之序。

潘序伦序于重庆立信会计师事务所

11 《立信会计专科学校复校第一届毕业纪念刊》校长序

慨自晚近以来，国势之隆替，恒系乎经济之荣枯。夷考经济之荣枯，实有赖于会计之学，以其精确密栗之术，察其所以为荣枯之道，而为因应之方；孰者足竟商战之利，则宜务极其力而求胜焉；孰者不足以取胜于时，则宜力救其短以取荣焉。盖百业之荣萃，苟能竭会计之功能，皆足以考见其致此之由。此会计之学所以为百业之先务欤！特是推行会计之学，必先之以会计人才之裁植，序伦与立信会计师事务所同仁有鉴于此，于民国二十六年（1937年）创立立信会计专科学校，以作育会计人才，期供当世之用。莘莘学子毕业去者，项背相望，服务政、学、工、商各界，如水赴壑，尚有供不应求之势，抗战时校移重庆北碚，胜利后复员来沪，招收新生，益以北碚来旧生，光阴荏苒，瞬经两载，又届毕业之期，时则抗战之功既成，建设之业方始。举国上下，尤以经济建设为富国裕民之首要，则今之毕业诸生，学成问世，翊助国家工商业之发展，其责任之重且大，尤倍甚于平时毕业诸生。应如何认清时代与环境，而为适当之应付，备国家之选、增本校之光，胥在诸生之负此使命矣。

抑有进者，本校今年适逢十周校庆，新校舍适已落成。董事长陈其采先生又适来校兼代校长,数美会于一时,盛典足传于后,诸生毕业刊之辑,岂无微意哉!兹者,数声骊唱,惜别依依,万里鹏搏,前程浩浩,勉著祖生之鞭,以无负于所学,有厚望焉。

1947年4月潘序伦序

12 《立信会计专科学校职业训练班毕业纪念刊》校长序

晚近以来,工商政学各界,其组织机构,日以绵密,会计之务亦因以繁剧,于是新式会计之人才,相须甚殷。尤以抗战之中,人士播迁,需才孔急。教育部有鉴于此,以短期训练会计职业人才之任,委诸本校,此职业训练班之所由设也。及胜利复员以还,又以收复之区,百废待举,会计职业人才之训练,尤不容稍缓,遂赓续兴办。今当诸同学毕业之期,尤望能体教育部作育人才之盛意,与本校诸师长启迪之辛勤,出其所学,以为世用;以推行新式会计,使我国各界之会计制度,能与欧美诸国竞爽,退可以收缜密准确之效,进可以为革新改造之规,有厚望焉。

抑有进者,职业训练班,既因社会之需要而兴办,自诸同学毕业以后,亦因情势之迁异而结束。此后本校将不复有职业训练班之设。是以本校诸师长于诸同学之期望,尤为殷切,惜别之情,倍于曩时,临别赠言,敢以本校命名之义,与诸同学共勉焉。

昔孔圣有言,去食去兵,无信不立,则固以立信为建国之首务矣。若退而言会计,则立信为尤要。信苟不立,虽有良法美意,又安所附丽,以收其功乎？新式会计之功能，以立信为之基石；必基石稳固而后可以尽其功能；此虽常言，实为先圣之所昭示，明并日月，愿与诸同学拳拳服膺而信守之也。

1947年12月潘序伦序

13 《立信会计专科学校复校后第三届毕业纪念刊》校长序

一国财政设施之健全,与工商企业组织之完备,端赖于会计制度之确立。而会计学术亦随之以兴,其为用既广且切,固可知矣。序伦于1928年创设立信会计补习学校,复于1939年增设专科学校,历十数载,凡毕业学子其为国家社会服务者甚众。虽以其所学而能致用,然以近岁会计学理之邃密,著论之宏富,技术之精确,已臻于极,于二三年间固未能竟其学,惟于会计学术之大要,可概知其一二,亦得窥其门径矣。诸生基于此,致力于斯道,则深求造诣自非难事耳,若以诚笃公直为怀,不以一己名利为荣,而谋公益为责任,以冀服务为目的,敬于事,忠于职,为国家社会用,则不独可阐发会计学理与彰明会计技术,且可以振世风移陋习焉。戊子夏,三七级学生卒业将去矣,刊印纪念册以留纪念,乞余为序,余不能辞,略为数言以勉之。

1948年夏潘序伦

14 《上海立信高级会计职业学校第一届毕业纪念》潘校长序

列宁在《论学习经济工作》中曾说:"问题要点在善于管理经营,善于适当地布置人员。"当此"发展生产,繁荣经济"的时代,健全财经管理,树立经济核算制度,实为当务之急。本届毕业同学在校三年,早晚所研讨的就是会计实用技术,值此旷古未有的新轻济建设高潮到来,诸位就要出而用世,我很愿就此机会向诸位提出一言。

隆士衡云:"石韫玉而山辉,水藏珠而川媚。"珠玉所在,在旧社会或患人不能知,光彩焕发,在新中国则万不能掩,所以当诸位行将毕业之际,已由人民政府统一分配于华东各财经部门工作,当然是极为可喜。但会计是以实践为基础,尤须在实践中进行学习,随时随地提高自己的政治觉悟,从工作中不断吸取新财经知识,培养自己,锻炼自己,坚定自己,方能发挥高度工作力量,更好为人民服务。

学校是一社会的雏形,社会是一广大的学校,诸位虽然离开了小规模的本校,可是仍肄业于大规模的社会大学。我们原是临时的师生,以后反而变成永久的同学,本刊可说是立信的毕业纪念刊,也可说是我们共同进入社会大学的同学录,希望今后永远维持友爱互助、切磋磨琢的精神。

1951 年 6 月潘序伦于立信会计编译研究所

第四篇

潘序伦论著概览

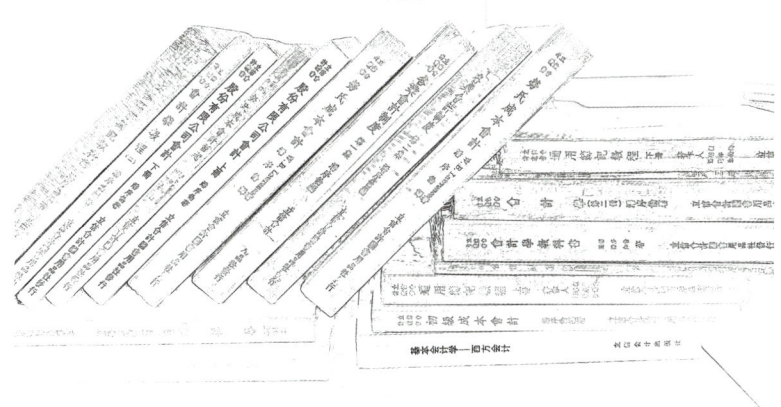

导读

丁洪范在《书评：会计学》^①一文中指出："本书非独以量估胜，即以质而论，在国内会计学书籍中亦'堪称创作'。……会计一事，既属科学，又属技术。非学理贯通者不足以言会计的理论，非经验丰富者不足以言会计的应用。所以编著会计书籍非将学理经验双方融会贯通，鲜能产生有价值的巨著。……所以英美的会计学教科书大概由会计专家根据多年教、学、做三者的结果而编成。"

丁洪范对于潘序伦《会计学》一书的评价颇高，而该书仅是潘序伦论著中的冰山一角。潘序伦的论著是潘序伦多年教、学、做的显著成果，也是其人生道路上留下的脚印，可以作为一代会计人在会计领域内探索的标本。尽管我国已经发生了翻天覆地的变化，会计行业也在不断发展，但潘序伦在论著中所提出的观点，未始没有现实意义。本书梳理了潘序伦论著的概况，以期为会计学者的进一步研究作铺垫，助力于会计学术之推进。无论是近代会计文化的追溯抑或现代人文会计的追寻，始终绕不开潘序伦。潘序伦将传统文化中的诚信学说融入会计文化，以家国天下的情怀及对会计事业的执着和赤诚，感染着一代又一代的会计人。从某种意义上说，本书是一代知识分子的心路史，是中国近代会计史的一个缩影。

---

① 丁洪范.书评：会计学[J].政治经济学报，1935，3（4）：860-875.

潘序伦论文概览

1. 《近来中国之高等商业教育》(载《教育与人生》1924年第2卷第59期)

2. 《改进暨南学校商科大学旧制高中计划书》(载《暨南周刊》1925年第3期)

3. 《中国关税管理问题》(载《南洋周刊》1925年第7卷第6期)

4. 《国民生计问题的根本解决》(载《生活》1925年第1卷汇刊)

5. 《输入超过与经济侵略》(载《太平导报》1926年第1卷第44期)

6. 弁言(载《经济汇报》1926年第3卷第2期)

7. 发刊词(载《会计学杂志》1926年创刊号)

8. 《演讲录：中国关税问题之沿革及解决法》(载《中国季刊》1926年第1卷第2期)

9. 《商业上应向官厅注册之事项与不注册之危险》(载《商业杂志》1926年第1卷第2期)

10. 《对于中交两行发行十进辅币券之意见》(载《上海总商会月报》1926年第6卷第12期,《工商新闻》1927年1月1日第4版)

11. 《会计师查账之应用》(载《会计学杂志》1927年第2卷第1期)

12. 《有限公司经济公开之必要及办法》(载《商业杂志》1927年第2卷第7期,《银行周报》1927年第11卷第28期,《银行周报》1927年第11卷第29期)

13. 《我国银行经济公开之必要及办法》(载《商业杂志》1927年第2卷第11期,《上海总商会月报》1927年第7卷第10期)

14. 《中国国外贸易之不振及其原因(附表)》(载《商业杂志》1927年第2卷第1期)

15. 《公司股东选举问题之争议》(载《银行杂志》1927年第4卷第8—9期合刊)

16. 《经济公开运动说明书》(载《新闻报》1927年5月5日第11版,《新闻报》1927年5月10日第13版,《商业杂志》1927年第2卷第6期,《会计学杂志》1927年第2卷第1期,《太平导报》1927年第2卷第5期)

17. 《对于上海中交两行发行十进辅币券之意见》(载《银行杂志》1927年第4卷第5期)

18. 《政府处置劳资争端之方法》(载《银行杂志》1927年第4卷第13期,《上海总商会月报》1927年第7卷第4期,《钱业月报》1927年第7卷第4期,《银行周报》1927年第11卷第12期,《纺织时报》1927年第399期,《纺织时报》1927年第400期,《太平导报》1927年第2卷第4期)

19. 《对于减租运动之意见》(载《钱业月报》1927年第7卷第4期)

20. 《会计师秘诀》(载《生活》1928年第3卷第21期)

21. 《中国之会计师职业》(载《会计学报》1928年创刊号,《立信会计季刊》1933年第2卷第1期,《银行周报》1928年第12卷第9期,《银行周报》1928年第12卷第10期)

22. 《修改现行注册办法之我见》(载《商业杂志》1928年第3卷第6期)

23. 《会计师职业与信用制度之关系》(载《经济汇报》1928年第4卷第1期)

24. 《论我国公司条例中应增设股份无限公司之规定》(载《银行周报》1928年第12卷第38期,《国货评论刊》1928年第2卷第7期,《新

闻报》1928 年 9 月 26 日第 18 版）

25. 《会计师潘序伦先生序》（载《会计学报》1928 年创刊号）
26. 《会计师资格应否限于党员问题》（载《会计学报》1928 年创刊号）
27. 《修正公司条例草案》（载《银行周报》1928 年第 12 卷第 17 期，《银行周报》1928 年第 12 卷第 18 期，《银行周报》1928 年第 12 卷第 19 期，《银行周报》1928 年第 12 卷第 20 期，《银行周报》1928 年第 12 卷第 21 期，《银行周报》1928 年第 12 卷第 22 期，《银行周报》1928 年第 12 卷第 23 期，《银行周报》1928 年第 12 卷第 24 期，《银行周报》1928 年第 12 卷第 25 期，《银行周报》1928 年第 12 卷第 26 期）
28. 《论分担无限公司之组织及其商业上之需要》（载《商业杂志》1929 年第 4 卷第 4 期）
29. 《对于工厂法草规定盈余分配的意见》（载《潮梅商会联合会半月刊》1929 年第 1 卷第 3—4 期合刊）
30. 《潘会员序伦请纠正戴继恩会计师兼用律师名义行使识务函》（载《上海中华民国会计师公会年报》1929 年第 3 期）
31. 《王志莘潘序伦二君发起思源泉助学基金函聘总经理为基金董事》（载《海光》1929 年第 1 卷第 12 期）
32. 《分担无限公司问题（上）》（载《银行周报》1929 年第 13 卷第 14 期）
33. 《分担无限公司问题（下）》（载《银行周报》1929 年第 13 卷第 16 期）
34. 《极公平透澈而有味》（载《生活》1929 年第 4 卷第 23 期）
35. 《撰述：修改现行商标法之意见》（载《工商半月刊》1930 年第 2 卷第 6 期）

36. 《有限公司会计公开问题》(载《经济学季刊》1930 年第 1 卷第 1 期)

37. 《校务概况：第五学年账目已由潘序伦审核》(载《大夏周报》1930 年第 77 期)

38. 《来件：王志莘潘序伦发起募集思源助学基金宣言》(载《国立浙江大学校刊》1930 年第 21 期第 278 页)

39. 《求学与任职合而为一》(载《生活》1931 年第 6 卷第 8 期)

40. 《立信会计学校之教学方法》(载《立信会计专修学校同学会会刊》1931 年第 1 期)

41. 《营业税的征收和资本额的计算》(载《会计季刊》1931 年创刊号，《经济学季刊》1931 年第 2 卷第 2 期)

42. 《从职业补习教育说到本校》(载《会计季刊》1931 年第 2 期)

43. 《潘会员序伦覆函》(载《上海会计师公会会刊》1931 年第 13 期,《上海会计师公会会刊》1931 年第 14 期)

44. 《会计职业之准备：潘序伦博士在本校商学院第一次公开演讲辞》(载《暨南校刊》1933 年第 81 期)

45. 《我国会计师职业及其对于发展工商业之任务》(载《复兴月刊》1933 年第 1 卷第 5 期)

46. 《会计学发达史》(载《立信会计季刊》1933 年第 2 卷第 1 期)

47. 《查账标准程序之拟订》(载《立信会计季刊》1933 年第 2 卷第 1 期)

48. 《我国公司会计中股本账户之研究》(载《立信会计季刊》1933 年第 2 卷第 2 期)

49. 《工厂材料之管理与会计》(载《立信会计季刊》1933 年第 2 卷第 2 期)

50. 《研究：会计名词之商榷》（载《国立上海商学院院务半月刊》1933年第5期）

51. 《会计职业之准备：潘序伦博士在本校商学院第一次公开演讲辞》（载《暨南校刊》1933年第81期）

52. 《电政会计之亟待改革》（载《交通杂志》1933年第2卷第1期）

53. 《会计之效用（发行所学生训练班演讲录之四）》（载《同舟》1934年第2卷第11期）

54. 《为讨论"改良中式簿记"致徐永祚君书》（载《立信会计季刊》1934年第2卷第4期，《经济学月刊》1934年第1卷第3期，《银行周报》1934年第18卷第3期，《国风》1934年第4卷第4期）

55. 《对于徐永祚氏改良中式簿记方式之批评》（载《商学期刊》1934年第8期）

56. 《会计名辞之研究》（载《会计期刊》1934年创刊号）

57. 《会计名辞汇译》（载《立信会计季刊》1934年第2卷第3期）

58. 《会计名辞汇译（续）》（载《立信会计季刊》1934年第2卷第4期）

59. 《中国会计师业的过去与今后：中国会计师职业概况》（载《新中华》1934年第2卷第1期）

60. 《存货估价问题》（载《立信会计季刊》1934年第2卷第3期）

61. 《清算会计》（载《立信会计季刊》1934年第2卷第4期）

62. 《合并决算表之编制法》（载《立信会计季刊》1934年第2卷第5期）

63. 《学校成本会计述要》（载《立信会计季刊》1935年第7期，《浙江教育行政周刊》1934年第6卷第14期）

64. 《潘著〈会计学〉叙言》(载《立信会计季刊》1934年第2卷第6期)

65. 《改良工厂会计经验谈》(载《长城》1934年第1卷第4期,《同舟》1934年第2卷第7期)

66. 《改良工厂会计简法(附表)》(载《机联会刊》1934年第86期)

67. 《自述》(载《海光》1934年第6卷第10期,《海光》1934年第6卷第11期)

68. 《对于改良中式簿记之批评》(载《商学丛刊》1935年创刊号)

69. 《中国会计学社概况:本社对于国家社会应尽之责任》(载《会计季刊》1935年第1卷第1期)

70. 《会计职业指导》(载《教育与职业》1935年第161期)

71. 《读书指导:怎样研究会计学?》(载《出版周刊》1935年第149期,《出版周刊》1935年第150期,《绸缪月刊》1936年第3卷第1期,《职业青年》1946年第1卷第4期,《文化通讯》1948年第6—7期合刊)

72. 《审核应收账款之原则及方法》(载《立信会计季刊》1935年第2卷第8期)

73. 《我国公司会计中几项法律问题》(载《会计杂志》1935年第6卷第4期)

74. 《我国合伙会计中几项法律问题》(载《会计杂志》1935年第6卷第5期,《经理月刊》1935年第1卷第5期)

75. 《会计师潘序伦自述》(载《国讯》1935年第90期,《国讯》1935年第91期,《国讯》1935年第92期)

76. 《自述》(载《约翰声》1935年第44卷)

77. 《求学经过的自述》(载《立信会计季刊》1935年第7期,《商业会计》1983年第9期)

78. 《求学与执业的自述》(载《长城》1935年第3卷第2期)

79. 《和解及破产会计概要》(载《会计杂志》1936年第7卷第1期,《会计杂志》1936年第7卷第2期)

80. 《清算及和解破产会计原理之研究》(载《会计杂志》1936年第8卷第1期)

81. 《通问:(一)签订销货或购货合同时应否记账》(载《立信月报》1936年第2期)

82. 《非常时期之会计问题》(载《会计学报》1936年第1卷第2期,《文摘》1937年第1卷第1期)

83. 《单位成本之意义及其重要》(载《会计学报》1936年第1卷第1期)

84. 《〈会计学报〉序》(载《会计学报》1936年第1卷第1期)

85. 《对于我国新颁所得税法规之意见》(载《立信月报》1936年第4期)

86. 《本所附设会计补习学校创办日校缘起》(载《立信月报》1937年第6期)

87. 《中国现行所得税》(载《上海青年》1936年第36卷第37期,《圣公会报》1936年第29卷第24期,《广州青年》1937年第24卷第3期)

88. 《论述:各工商厂号在所得税法施行前及应有之准备》(载《立信月报》1936年第4期)

89. 《发刊辞》(载《立信月报》1936年第1期)

90. 《资料:(三)立信会计补习学校简史》(载《立信月报》1936 年第 1 期)

91. 《资料及消息:本所潘序伦、李文杰等会计师呈请修改〈破产法〉》(载《立信月报》1936 年第 4 期)

92. 《会计师潘序伦等为建议修改破产法呈请司法行政部文》(载《法讯》1936 年第 17—27 期)

93. 《所得税的原理和实务》(载《暨南校刊》1936 年第 187 期)

94. 《上海市商会所得税问题研究会议决案之总检讨》(载《立信月报》1937 年第 7 期,《银行周报》1937 年第 21 卷第 5 期,《银行周报》1937 年第 21 卷第 6 期)

95. 《致财政部所得税事务处函》(载《会计学报》1937 年第 1 卷第 3 期,《立信月报》1937 年第 7 期,《立信月报》1937 年第 7 期)

96. 《所得税与工商管理之关系》(载《立信月报》1937 年第 8 期)

97. 《为我国所得税几个重要问题作答》(载《立信月报》1937 年第 8 期)

98. 《本所创办立信会计专科学校缘起》(载《立信月报》1937 年第 10 期)

99. 《告立信会计补习学校全体同学书》(载《立信月报》1937 年第 10 期)

100. 《附录:所得税原理及实务序》(载《会计学报》1937 年第 1 卷第 3 期)

101. 《论述:遗产税著述介绍》(载《立信月报》1937 年第 9 期,《出版周刊》1937 年新第 235 期)

102. 《建造发电厂工程账之研究(附表)》(载《电业季刊》1937 年第 7 卷第 2 期)

103. 《本所纪略》(载《立信月报》1937 年第 6 期)

104. 《所得税中之营业资本问题》(载《绸缪月刊》1937年第3卷第10期)

105. 《家庭预算的重要及方法》(载《快乐家庭》1937年第1卷第5期)

106. 《我国会计职业及会计学之进展》(载《益友》1938年第13期)

107. 《股份有限公司决算论（附表）》(载《信托季刊》1938年第3卷第1—2期合刊)

108. 《股份有限公司清算会计》(载《银行周报》1938年第22卷第5期,《银行周报》1938年第22卷第6期,《银行周报》1938年第22卷第7期,《银行周报》1938年第22卷第8期,《银行周报》1938年第22卷第9期)

109. 《会计从业员应有的修养》(载《益友》1939年第2卷第4—5期合刊)

110. 《常用会计名词之改正及其说明》(载《会计通讯》1939年第1卷第6期,《公信会计月刊》1939年第1卷第6期,《立信月报》1939年第2卷第5期)

111. 《国立编译馆拟定经济学名词初审本中与会计有关各名词之讨论》(载《立信月报》1939年第2卷第10期,《公信会计月刊》1939年第2卷第6期,《服务》1940年第3卷第5—6期合刊)

112. 《论"战事损失"之处理办法并答奚玉书会计师》(载《立信月报》1939年第2卷第4期)

113. 《对战事损失意见》(载《金融导报》1939年第1卷第2期)

114. 《所得税之报缴与爱国心之表现》(载《立信月报》1939年第2卷第4期)

115. 《我国会计学术之追溯》(载《日用经济月刊》1939年第1卷第10期)

116. 《职业青年的业余生活》(载《益友》1939 年第 3 卷第 2 期)

117. 《资料：改订版各书内容提要》(载《立信月报》1939 年第 2 卷第 1 期)

118. 《会计名称研究》(载《商友》1939 年第 1 期)

119. 《复刊辞》(载《立信月报》1939 年第 2 卷第 1 期)

120. 《我国会计学术与会计职业之回顾与前瞻》(载《银行周报》1939 年第 23 卷第 5 期,《立信会计月报》1941 年第 1 卷第 3 期,《正谊会计月刊》1940 年创刊号,《正谊会计月刊》1940 年第 1 卷第 2 期,《正谊会计月刊》1940 年第 1 卷第 3 期,《服务》1940 年第 3 卷第 5—6 期合刊,《立信会计季刊》1940 年第 9 期)

121. 《开发西南之新机运》(载《银钱界》1939 年第 3 卷第 2 期)

122. 《青年会宿舍六年来之收支概况》(载《上海青年》1939 年第 39 卷第 1 期)

123. 《战时工商业办理决算问题：各业年终办理决算问题》(载《商业月报》1939 年第 19 卷第 1 期)

124. 《一年来会计事业与会计学术之回顾》(载《公信会计月刊》1940 年第 3 卷第 1 期)

125. 《股份有限公司盈余转作股本问题之研究》(载《立信月报》1940 年第 3 卷第 2 期,《公信会计月刊》1940 年第 4 卷第 2 期)

126. 《立信会计补习学校简史》(载《立信月报》1936 年第 1 期,《立信月报》1940 年第 3 卷第 8 期)

127. 《编纂〈立信会计丛书〉之动机与经过》(载《服务》1940 年第 3 卷第 5—6 期合刊)

128.《会计人才之出路》(载《上海周报》1940年第1卷第12期)

129.《我国新兴的会计职业(民国廿九年九月十四日)》(载《广大计政》1940年第6卷第6期,《立信会计月报》1941年第1卷第1期)

130.《政府会计之组织及其种类》(载《立信会计季刊》1940年第2卷第11期,《立信会计月报》1941年第1卷第2期)

131.《本届决算后各企业应予考虑之增资问题》(《立信月报》1940年第3卷第1期)

132.《各企业亟应考虑之增资问题》(载《立信月报》1940年第3卷第2期)

133.《过分利得税税率问题》(载《立信月报》1940年第3卷第3期)

134.《敬告国内有志于会计职业之青年》(载《立信月报》1940年第3卷第7期)

135.《为自习会计敬告职业界失学青年》(载《立信月报》1940年第3卷第11期)

136.《华南工商界对于会计应有的认识》(载《立信月报》1940年第3卷第11期)

137.《华南工商界改良会计问题》(载《立信月报》1940年第3卷第12期)

138.《华南商业急速改进的一个征象》(载《立信月报》1940年第3卷第10期)

139.《公库法实施后单位会计制度之改订问题》(载《财政评论》1940年第4卷第6期)

140.《论述:介绍公信通用新式账表》(载《立信月报》1940年第3卷第5期,《公信会计月刊》1940年第3卷第5期)

141. 《工商业决算问题专号序言》(载《立信月报》1940 年第 3 卷第 1 期)

142. 《会计学修习法》(载《立信月报》1941 年第 4 卷第 3 期,《广大计政》1940 年第 7 卷第 1 期)

143. 《我怎样会学成"会计"的》(载《陆军经理杂志》1941 年第 2 卷第 5 期)

144. 《股份有限公司增减资本问题》(载《立信会计月报》1941 年第 1 卷第 3 期)

145. 《股份有限公司之决算及盈余分配》(载《立信会计月报》1941 年第 1 卷第 1 期)

146. 《股份有限公司股利及分红之分派》(载《立信会计月报》1941 年第 1 卷第 4 期)

147. 《中华民国三十年度结账程序述要》(载《立信月报》1941 年第 4 卷第 12 期)

148. 《大学商学院及农法学院〈会计学〉教材纲要草案》(载《立信会计月报》1941 年第 1 卷第 6 期)

149. 《论连环账谱(附表)》(载《计学杂志》1941 年第 1 卷第 1 期,《立信会计月报》1941 年第 1 卷第 5 期)

150. 《轰炸热浪交迫:陪都生活实录》(载《江浙同乡聚餐会三周纪念刊》1941 年)

151. 《发刊词》(载《立信会计月报》1941 年第 1 卷第 1 期)

152. 《国立编译馆"会计学名词"之商榷》(载《立信会计季刊》1941 年第 13 期)

153.《对于现行所得税及过分利得税税率之意见》(载《西南实业通讯》1941年第3卷第1期,《财政评论》1941年第5卷第5期)

154.《讲演:政策决算的利弊:卅年五月十二日上午九时半于本行纪念周》(载《本行通讯》1941年第11期,《立信会计月报》1942年第1卷第5期)

155.《工商业提存特别准备问题及其解决之经过》(载《立信会计月报》1942年第2卷第1期)

156.《闲谈假账》(载《会讯》1942年第2期)

157.《币值变动声中几个困难的会计问题(上)》(载《立信会计月报》1942年第2卷第3期)

158.《币值变动下工商业会计新发生之困难问题》(载《工商管理》1942年第2卷第1期)

159.《营利事业投资于其他营利事业所获利得之纳税问题》(载《立信会计月报》1942年第2卷第2期)

160.《营利事业投资于其他营利事业所获利得之纳税方法》(载《立信会计月报》1942年第2卷第4期)

161.《币值动变与会计》(载《经济新闻》1942年第14期)

162.《商业会计条例之拟议》(载《立信会计月报》1942年第2卷第2期)

163.《经济讲座:当前工商业财产估价和损益计算问题》(载《经济汇报》1942年第6卷第8期)

164.《星五聚餐会演讲纪录:星五聚餐会第四次:潘序伦先生讲:"工商业决算提存特别准备与纳税问题"》(载《西南实业通讯》1942年第

5 卷第 1 期）

165. 《星五聚餐会演讲纪录（自第十四次至第十七次）：第十七次星五聚餐会：潘序伦先生发表之意见》（载《西南实业通讯》1942 年第 5 卷第 4 期）

166. 《星五聚餐会讨论纪录（第十八、十九次）：第十九次星五聚餐会：继续讨论"工业资金问题"》（载《西南实业通讯》1942 年第 5 卷第 5 期）

167. 《星五聚餐会讨论纪录（第十八、十九次）：第十八次星五聚餐会：章乃器、潘序伦两先生领导讨论"工业资金与纳税问题"》（载《西南实业通讯》1942 年第 5 卷第 5 期）

168. 《星五聚餐会讲演纪录（自第二十四次至第二十七次）：第二十六次星五聚餐会：各会员对于工业资金问题之意见》（载《西南实业通讯》1942 年第 6 卷第 1 期）

169. 《当今会计人员对于国家社会应尽之职责》（载《会计知识》1943 年第 2 卷第 1 期）

170. 《我国会计学术与教育之回顾与前瞻》（载《立信会计月报》1943 年第 2 卷第 5 期）

171. 《怎样做一个会计师》（载《社会服务》1943 年第 3 期）

172. 《吾国会计师事业概况》（载《财政学报》1943 年第 1 卷第 6 期）

173. 《吾国之会计师职业》（《立信会计月报》1943 年第 2 卷第 5 期）

174. 《星五聚餐会演讲纪录：第九十六次星五聚餐会：潘序伦先生讲："资产增值问题"》（载《西南实业通讯》1943 年第 8 卷第 6 期）

175. 《对于改订直接税各项税率之刍见》（载《西南实业通讯》1943 年第 7 卷第 2 期）

176. 《星五聚餐会演讲纪录：第一二七次星五聚餐会：潘序伦先生意见》（载《西南实业通讯》1944 年第 10 卷第 1—2 期合刊）

177. 《假账问题》（载《文化先锋》1945 年第 5 卷第 14 期）

178. 《会计人员与"盐"》（载《计人月刊》1945 年第 2 卷第 2 期）

179. 《怎样做一个成功商人？》（载《时兆月报》1945 年第 3 卷第 1 期）

180. 《工业会计讲座》（载《工业月刊》1945 年第 2 卷第 1 期，《工业月刊》1945 年第 2 卷第 4 期，《工业月刊》1945 年第 2 卷第 5 期，《工业月刊》1945 年第 2 卷第 6 期，《工业月刊》1945 年第 2 卷第 7 期，《工业月刊》1945 年第 2 卷第 8 期）

181. 《我国工商会计应有之改革》（载《立信月刊》1947 年第 6 卷第 10 期，《工商经济》1947 年第 1 卷第 4 期）

182. 《会计学之新趋势》（载《立信月刊》1948 年第 7 卷第 1 期，《现实文摘》1948 年第 1 卷第 11 期，《工商经济》1948 年第 2 卷第 2 期，《金融日报》1948 年 1 月 30 日第 3 版）

183. 《改革币制后公私会计处理问题》（载《现代会计》1948 年第 12 期）

184. 《星五聚餐会讲演纪录：币制改革在上海》（载《西南实业通讯》1948 年冬季号）

185. 《存货计价论》（载《立信会计季刊》1949 年第 2 卷第 16 期）

186. 《"基圆"会计》（载《立信会计季刊》1949 年第 2 卷第 16 期）

187. 《论收益之决定》（载《立信会计季刊》1949 年第 16 期）

188.《会计基本方程式和资产负债资本的意义》(载《立信会计季刊》1949年第2卷第17期)

189.《无形资产计价论》(载《立信会计季刊》1949年第17期)

190.《成本与生产量及生产能量之关系及其计算方法》(载《立信会计季刊》1949年第17期)

191.《潘序伦书寿王云五》(载《香港大公报》1979年8月30日)

192.《热烈庆祝国庆30周年》(1979年10月1日)

193.《对马寅老生平的认识及点滴回忆》(1980年10月写于上海)

194.《祝贺中国会计学会在成立会后第一年内所取得的巨大成就》(1980年10月)

195.《应开展"人才会计"的研究》(载《文汇报》1980年12月19日,《武汉财会》1981年第2期)

196.《培养人才也要计成本》(载《光明日报》1981年4月2日)

197.《会计人员是经营管理的"参谋长"》(载《世界经济导报》1982年5月17日)

198.《立信会计在天津》(载《天津日报》1982年10月24日)

199.《史学园地里的一朵新葩——读中国会计史稿(上册)后》(载《上海会计》1982年第11期)

200.《一个会计学家的自述》(载《青年一代》1983年第1期,《人物》1983年第5期)

201.《谈谈会计人员的职业道德》(载《财务与会计》1983年第4期)

202.《创业散记》(载《人物》1983年第6期)

203.《立信会计在重庆》(载《重庆会计》1984 年第 8 期)

204.《紧跟形势要求　提高财会人员素质》(载《武汉财会》1984 年第 1 期)

205.《新技术革命向会计界提出的问题》(载《解放日报》未定文稿《新论》第 88 期，1984 年 3 月 21 日)

206.《编辑出版立信会计丛书的回忆》(载《新编立信会计丛书　立信财经丛书目录》1984 年)

207.《潘序伦回忆录》(载《财务与会计》1984 年第 1—12 期连载)

208.《认真贯彻〈会计法〉，开创会计工作新局面》(载《立信会计选辑》1985 年第 3 辑)

209.《搞活经济和会计立法》(载《解放日报》1985 年 4 月 24 日，《上海会计》1985 年第 6 期，《广西会计》1985 年第 5 期，《财会通讯》1985 年 11 期)

210.《祝贺与希望》(载《安徽财会》1985 年第 8 期)

说明：对于内容完全相同或基本相同的文章，抑或同一文章之连载，编者在整理时尽量将其归入同一篇名；少数文章系合作作品，另演讲稿一般有记录人，文中不予详列。

潘序伦图书概览

潘序伦图书概览

序号	书名	作者	出版年月
1	《立体几何学表解》	潘序伦	1912 年 7 月
2	The Trade of the United States with China	潘序伦	1924 年 5 月
3	《簿记及会计学（英文版）》	潘序伦	1926 年 6 月
4	《会计师业概况：研究职业分析之一》	潘序伦	1928 年 4 月
5	《公司财政（英文版）》	潘序伦	1928 年 9 月
6	《高级商业簿记教科书》	潘序伦等	1930 年 8 月
7	《公司会计》	潘序伦、王澹如	1933 年 8 月
8	《股份有限公司会计》（原名《公司会计》）	潘序伦	1933 年 8 月
9	《政府会计》	潘序伦、王澹如	1933 年 8 月
10	《成本会计实习题应用簿册》（第一册）	潘序伦	1934 年 3 月
11	《各业会计制度》（第一集）	潘序伦	1934 年 8 月
12	《各业会计制度》（第二集）	潘序伦	1934 年 8 月
13	《会计学》（全两册）	潘序伦	1934 年 8 月
14	《高级会计学》	潘序伦、王澹如	1934 年 9 月
15	《成本会计教科书》	潘序伦	1934 年 9 月
16	《会计名辞汇译》	潘序伦	1934 年 12 月
17	《成本会计》（全两册）	潘序伦	1935 年 1 月
18	《会计学》（全四册）	潘序伦	1935 年 1 月
19	《劳氏成本会计习题》	潘序伦	1935 年 1 月
20	《"改良中式簿记"之讨论》	潘序伦	1935 年 5 月
21	《审计学》（全两册）	潘序伦、顾询	1935 年 7 月

（续表）

序号	书名	作者	出版年月
22	《公司登记规则》	潘序伦	1936年2月
23	《会计学教科书》	潘序伦、王澹如	1936年4月
24	《审计学教科书》	潘序伦、顾询	1936年7月
25	《所得税原理及实务》	潘序伦、李文杰	1937年2月
26	《劳氏成本会计》	潘序伦	1939年1月
27	《中国政府会计制度》	潘序伦、顾准	1939年6月
28	《成本会计教科书习题讲解》	潘序伦	1939年10月
29	《公司会计准则绪论》（原名《会计精义》）	潘序伦	1949年8月
30	《合并决算表》	潘序伦	1949年9月
31	《收益之决定》	潘序伦	1949年9月
32	《会计师查核决算表之原理与程序》	潘序伦	1949年9月
33	《存货之管理及计价》	潘序伦、萧克木	1949年10月
34	《决算表之分析及解释》	潘序伦	1949年11月
35	《决算表之编制》	潘序伦、张蕙生	1949年11月
36	《无形资产》	潘序伦	1949年12月
37	《初级成本会计》	潘序伦	1950年2月
38	《基本会计学》	潘序伦	1950年7月
39	《通用簿记教程》（全两册）	潘序伦、顾询、张蕙生	1951年1月
40	《高级商业簿记教程》	潘序伦	1951年6月
41	《简易商业簿记教程》	潘序伦、张蕙生	1951年8月
42	《国营企业会计概要》	潘序伦、余文青	1951年11月

（续表）

序号	书名	作者	出版年月
43	"高级会计学教材"（第一分册《会计循环及决算表》）	潘序伦	1951 年
44	《会计学教程》（第一册）	潘序伦	1952 年 1 月
45	《苏联会计述要》	潘序伦、徐可南	1952 年 1 月
46	《基本会计学——西方会计》	潘序伦、王澹如	1983 年 11 月
47	《会计学教科书习题解答》	潘序伦、王澹如	—

说明：第一，《立体几何学表解》于 1912 年由上海科学书局出版。*The Trade of the United States with China* 系潘序伦于 1924 年撰写的博士论文，于 2013 年由李湖生翻译（书名译为《美国对华贸易史（1784—1923）》），立信会计出版社出版。《会计师业概况：研究职业分析之一》于 1928 年由中华职业教育社出版。其余在 1941 年之前出版的书籍，大都由商务印书馆出版。1941 年 6 月，立信会计图书用品社成立。此后，"立信会计丛书""立信商业丛书""立信会计译丛"等图书，绝大部分由立信会计图书用品社出版。第二，由于潘序伦著述颇丰，而部分文献已散佚，因此会出现潘序伦部分论著未被收录的情况，请读者明鉴。

附录

立信会计图书用品社简史

抗战时期,政府迁都重庆,本社创办人潘序伦先生鉴于自由区会计人员及会计书籍之缺乏,影响建国及会计学术之推进,至深且巨,遂将立信会计专科学校内迁,并积极扩充补校,以期造就大批会计人员。复以商务印书馆代理发行之"立信会计丛书",未能大量供应,盖后方限于物资,兼之商务书类繁多,不遑兼顾,乃与该馆订约,租用簿记会计教本纸型数种,由立信会计师事务所自行印制。一经发行,购者踊跃,几至供不应求。爰于民国三十年(1941年)夏,筹资6万元,组织股份有限公司,定名立信会计图书用品社,设总社于重庆,所以扩大出版计划,而专责成也。是年,续向商务增租"立信会计丛书"纸型,普遍印行。同时以各界会计上所用账簿表单,因印刷不便,时有短缺,财务之稽勾,每为延搁,乃再印制各式账簿表单,以供采用,各界称便。同年冬,为应外埠各地需要,特在桂林设立分社,并先后在成都、贵阳、昆明、西安等地设立特约经销处。至卅二年春,书籍账表销售数量大增,乃自设印刷工厂、雇用技工20余人,自印自制,所有以前商务印书馆发行之"立信会计丛书",主要者40余部,亦经商务同意,将全部版权收回。并于民国三十二年至三十三年（1943—1944年）间，前后收集专著20余种，陆续出版。各式账表印制发行者，亦有60余种，销售范围遍及内地各省，营业蒸蒸日上。民国三十三年（1944年）秋季，在重庆市区自建三楼市房，专供发行之所用。并设总管理处于重庆小什字立信大楼，组织规模，至此粗具。乃未几日寇遽陷湘桂，桂林分社在匆忙中不及迁移，全部遭毁，损失至重。西南一带业务，亦几限于全部停顿。民国三十四年（1945年）八月，抗战胜利，复员开始，此时收复区域对于会计书籍之缺乏，正与曩时大后方相同。为亟谋补救起见，将总公司迁至上海，改重庆为分社，复在上海设立工厂，加紧生产，增印政府机关账簿表单。且于南京设立分社，以供首都各机关之就近采购。总计自创办迄今，在后方四年余，先后供销内地簿记会计书本30余万册，会计账簿表单25万余本。迁沪一年余，亦已供销会计书籍12万册，所有"立信会计丛书"现正积极修订，对于会计或商业新著，尤不惜巨资征集排印，俾国内会计事业，随文化学术之推进而臻于发扬光大，此本社之初志，亟愿国内会计学者、同业先进，有以辅助而砥砺之，则甚幸。

本社董事监察人及主要职员名录

常务董事： 潘序伦　顾询　蒋春牧

董事： 李鸿寿　钱迺澂　叶朝钧　张蕙生　钱素君
　　　　管锦康　王庭桂　黄子仁

常务监察人: 陈文麟　王逢辛

监察人: 李问哲　甘允寿　刘芷休

社长: 潘序伦

代理社长: 顾询

经理: 蒋春牧

副经理: 管锦康

印刷厂厂长: 谢东山

总务主任: 钱荣熙

重庆分社副经理: 包闻天　朱峥

南京分社副经理: 蒋春谊

（载《立信月报》1947年第6卷第4期第16页）

立信会计专科学校关于申请恢复"立信会计图书用品社"的请示

市财办：

原"立信会计图书用品社"是潘序伦先生在抗日战争时期在重庆与生活书店徐伯昕同志合作创办的，到1956年停办。近20年总共编辑出版各种会计书籍200余种，是当时我国较为完整的成套会计丛书，素享盛誉。其中《高级商业簿记教科书》《会计学》《审计学》《基本会计学》等书籍，在（20世纪）30年代和40年代，曾被国内大多数高等学校采用作教科书。

1980年，"立信会计专科学校"复校，归属财政部和市人民政府双重领导。由于当时恢复出版社的条件尚未成熟，就在我校领导下成立了"立信会计编译所"，专门编辑"新编立信会计丛书"和"立信财经丛书"，并承中国大百科全书出版社上海分社的支持和协作，用知识出版社名义出版。三年多来共出版书籍23种，发行249万册。

由于我们立信会计编译所编译的书籍本着理论联系实际的原则，紧密结合社会的实际需要进行组稿编审。因此，颇受欢迎，社会需要量较大。据新华书店上海分店近一年半的统计，本市发行立信会计编译所编写的财经类书籍共179 200册，占同类书籍总发行量847 000册的21%；其中发行我们编写的会计类书籍14万册，占该类发行总量305 600册的45.8%，是同类书籍中的畅销书，经常供不应求。近来，我们经常接到外地财经院校来函来电，要求供应我们编辑的书籍，但由于我们尚未恢复出版社，无法满足要求。1985年，立信会计编译所累计发稿60余种，约1 000余万字，日后，还将不断增加。我们虽然得到了中国大百科全书出版社的大力支持，但是他们的任务亦日益繁重，与我们出版的需要有一定的差距。今后我们除继续争取中国大百科全书出版社上海分社的支持和协作外，我校迫切需要有一个自己的出版社，以解决财会教材供应和出版的矛盾，满足社会的需要。

目前，我们已经有一支由潘序伦教授为主编，王澹如教授和管锦康教授为副主编，以及会计界、经济界的学者组成的编辑队伍。为了出版印刷的需要，又经市财办批准，已经开办了"立信会计专科学校、常熟市梅李印刷联营厂"，年排字能力500万字以上，可印书2万令左右。

为了出版更多的财经、会计类书籍，为四化建设培养更多的经济管理人才，特申请恢复"立信会计图书用品社"。

当否，请批示。

附件：《编辑人员名单》《1981—1984年出版统计》《1985—1989年选题规划》

立信会计专科学校
1984年12月13日
（文献来源：上海市档案馆馆藏资料）